Matthias Drobinski
und Thomas Urban

JOHANNES PAUL II.

Matthias Drobinski
und Thomas Urban

JOHANNES PAUL II.

*Der Papst, der aus
dem Osten kam*

C.H.Beck

© Verlag C.H.Beck oHG, München 2020
www.chbeck.de
Satz: Janß GmbH, Pfungstadt
Druck und Bindung: GGP Media GmbH, Pößneck
Umschlaggestaltung: Rothfos & Gabler, Hamburg
Umschlagabbildung: Karol Wojtyła als Kardinal in Rom, 1978
Gedruckt auf säurefreiem, alterungsbeständigem Papier
(hergestellt aus chlorfrei gebleichtem Zellstoff)
Printed in Germany
978 3 406 74936 0

myclimate
klimaneutral produziert
https://rsw.beck.de/nachhaltig

INHALT

VORWORT

Es ist ein Pilgerzug, wie ihn die moderne Welt noch nicht gesehen hat. Schon in den letzten Märztagen 2005, als der sterbende Papst Johannes Paul II. mit letzter Kraft und stumm vom Fenster in der obersten Etage des Apostolischen Palasts aus die wartende Menge auf dem Petersplatz segnet, haben sich Tausende auf den Weg nach Rom gemacht, aus Polen, Europa, der ganzen Welt, darunter auffallend viele junge Frauen und Männer. Nun, da der tote Papst aufgebahrt im Petersdom liegt, platzt die Stadt aus allen Nähten. Dreieinhalb Millionen Menschen sind gekommen, um Abschied von Karol Wojtyła zu nehmen, der die katholische Kirche ins dritte Jahrtausend geführt hat. So schätzt es die römische Stadtverwaltung – tatsächlich aber weiß niemand, wie viele Menschen sich da auf den Weg gemacht haben, ohne irgendeine Unterkunft gebucht zu haben. Das angeblich so säkular gewordene Europa ist ergriffen vom Sterben des Mannes, der mehr als 26 Jahre lang die katholische Kirche geleitet hat; länger war nur das Pontifikat von Papst Pius IX., der von 1846 bis 1878 im Amt war – und die legendenhafte 30-jährige Leitung der jungen Christenschar durch den heiligen Petrus. Weltweit zwei Milliarden Menschen verfolgen angeblich die Trauerfeier im Fernsehen; in den Straßen Roms erschallen Sprechchöre: «Santo subito!» Sprecht ihn heilig, sofort!

Johannes Paul II. war ein Jahrhundert- wenn nicht ein Jahrtausendpapst. Er war der erste Nichtitaliener seit 455 Jahren auf dem Stuhl Petri, der erste Medienpapst, dessen Reisen und Fernsehpräsenz ihn zum bekanntesten Menschen der Welt machten, gemeinsam mit dem jeweiligen Präsidenten der Vereinigten Staaten. Seine Reisen nach

Polen seit 1979, wo bis zu einem Drittel der Bevölkerung zu den Messen mit dem Papst strömte, seine Unterstützung für die Gewerkschaft Solidarność trugen zum Ende der kommunistischen Herrschaft in Mittel- und Osteuropa bei: Da war ein Papst, dem die Grenzen des Eisernen Vorhangs nichts bedeuteten. Sein Glaube an Gott und an das Recht des Menschen auf Menschenwürde und Freiheit erwies sich als stärker als Materialismus und Marxismus. Nach 1990 wurde er in der zunehmend globalisierten Welt zum globalen Mahner für die unteilbare Würde des Menschen vom Beginn bis zum Ende des Lebens; er war überzeugt, dass auch der kapitalistische Materialismus und der egoistische Konsum Götzen seien, denen die Kirche widersprechen müsse. Bis zuletzt versuchte er, schon von Krankheit gezeichnet, den Irakkrieg 2003 zu verhindern – vergebens.

Nach seiner Wahl am 16. Oktober 1978 rief ein strahlender, energiegeladener Papst der Menge auf dem Petersplatz zu: «Habt keine Angst! Öffnet, ja reißt die Tore weit auf für Christus. Öffnet die Grenzen und Staaten, die wirtschaftlichen und politischen Systeme für seine Macht!» Dieser Papst fuhr Ski und scherzte polyglott mit den Journalisten, er brach mit vielen althergebrachten Gewohnheiten im Vatikan, begeisterte mit Menschlichkeit und Herzlichkeit. Gegen alle Bedenken suchte er den Dialog mit Juden und Muslimen; 1986 beteten auf seine Initiative hin Vertreter der drei abrahamitischen Religionen in Assisi für den Frieden. Und im Jahr 2000 bekannte er in einem mutigen Akt die Fehler und Sünden, die im vergangenen Jahrtausend im Namen der katholischen Kirche begangen worden waren, Ketzerverbrennungen und Judenverfolgungen eingeschlossen. Wie der zitternde Papst zur Jahrtausendwende auf der Schwelle der Heiligen Pforte kniete, wie er als Büßer zum Zeichen der Reue mühsam den Korpus eines Holzkreuzes küsste – das gehört zu den großen Augenblicken der Kirchengeschichte.

Dennoch: Vielen Katholiken in Deutschland und Westeuropa galt er als autoritärer Papst, manchen gar als eine Art geistlicher Diktator, als Vertreter einer lebensfernen Sexualmoral, der am Ende die katholische Kirche in die theologische und geistliche Enge getrieben hat. Der Papst, der in Polen so unerschrocken für die Freiheit des

Menschen eintrat, bekämpfte in Lateinamerika mit all seiner Macht die Befreiungstheologie. Er ließ weltweit Theologen maßregeln, die ihm der Abweichung verdächtig erschienen. Er ließ Bischöfe und ganze Bischofskonferenzen auf Linie bringen, in Lateinamerika und in den Niederlanden – in Deutschland war es der bittere Streit um den schließlich verordneten Ausstieg der katholischen Kirche aus der Schwangerenkonfliktberatung, der auch viele treue Katholiken in die Opposition zum Papst trieb. Johannes Paul II. sagte kategorisch Nein zur Priesterweihe für Frauen und verlangte von Theologen einen Treueeid, der sie verpflichtete, päpstliche Meinungen als Lehre der Kirche anzunehmen, auch wenn sie nicht als Dogma festgeschrieben sind. Er förderte reaktionäre Gemeinschaften wie das Opus Dei und die Legionäre Christi, setzte ungeeignete und unfähige Bischöfe ein, die auf Jahre hinaus die Ortskirchen spalteten. Und er verdrängte den Skandal, dass Priester und Ordensleute Kindern und Jugendlichen sexuelle Gewalt antaten. Dass die katholische Kirche heute weltweit in der Krise steckt, hat seine Wurzel im Pontifikat Johannes Pauls II.

Der Revolutionär und der Reaktionär, der brüderliche und der autoritäre Papst – trotz des Widerspruchs, der sich aufzutun scheint: Keiner der führenden Menschen der Jahrtausendwende hat seine Maximen so konsequent gelebt wie er. Im Zeitalter zunehmender Beliebigkeit blieb er kompromisslos seiner Weltanschauung treu, so radikal, dass er auch vielen Menschen im Westen fremd bleiben musste, nicht willens, ihren Pluralismus zu akzeptieren und ihre Versuche, den Katholizismus mit Moderne und Postmoderne zu versöhnen. Die Kirche musste für Karol Wojtyła die gottgewollte Ordnung vertreten, gegen alle Staaten, Wirtschaftssysteme, Ideologien; sie durfte deshalb ihren Glauben, ihre Normen nicht relativieren, sie musste mit starker Hand die Menschen leiten.

«Du wirst die Kirche ins dritte Jahrtausend führen», hatte ihm Stefan Wysyzński, der polnische Primas, nach der Papstwahl 1978 mit auf den Weg gegeben. Für Johannes Paul II. war das mehr als ein frommer Wunsch. Es war für ihn der Plan, den Gott mit ihm hatte. Und wahrscheinlich kann ein Mensch die Strapazen eines solchen Pontifikats nur in diesem Bewusstsein aushalten: Dich hat Gott gesandt und dir eine Aufgabe gegeben. Nur so waren das Attentat vom 13. Mai 1981 und die vielen Operationen zu überleben. Am Marienwallfahrtsort Fátima sagte Johannes Paul II. im Jahr 2000, durch die Fürsorge Mariens sei 1981 die Kugel des Attentäters Ali Ağca abgelenkt worden. Dahinter steckte die Überzeugung: Das Werkzeug Gottes bricht nicht vor der Zeit. Als Abbild des leidenden Gottesknechts, der die Schmerzen der Welt trägt, ist Johannes Paul II. bis zuletzt seinem Amt und seiner Sendung treu geblieben und hat damit auch viele Menschen berührt, die seine Weltsicht nicht teilten: Dieser Mann war ganz und gar er selbst.

Dieses Buch versucht, sich der Persönlichkeit Karol Wojtyłas zu nähern, der vor nunmehr hundert Jahren geboren wurde – im Bewusstsein, dass eine solche Biografie immer nur eine Annäherung sein kann, dass Menschen immer rätselhafter, vielschichtiger und komplexer sind, als Biografen das ergründen können. Papst Franziskus hat Johannes Paul II. heiliggesprochen und den Wunsch der Rufer des Jahres 2005 nach schon neun Jahren erfüllt. Die Autoren allerdings mögen kein Heiligenbild des Jahrtausendpapstes schreiben; sie versuchen, sein Handeln darzustellen und sein Denken zu ergründen, seine faszinierende und bewundernswerte historische Leistung genauso zu beschreiben wie seine Grenzen und Fehler. So hat ja auch Franziskus in seinem Schreiben «Gaudete et exsultate» beschrieben, was einen Heiligen ausmacht: nicht, dass er perfekt ist und ohne Fehler oder Irrtümer, sondern dass er sein Leben in Liebe und Hingabe lebt. Liebe und Hingabe – das wird keiner Karol Wojtyła mit guten Gründen absprechen können.

♦

Dieses Buch verdankt viel mehreren Vatikan-Berichterstattern der internationalen Presse, die den Papst viele Jahre begleitet und vielerlei Kontakte in die Kurie gepflegt haben. Genannt seien hier die umfangreichen Publikationen des Polen Jacek Moskwa, des Amerikaners George Weigel sowie des Italieners Marco Politi. Sie haben seit der Wahl Karol Wojtyłas zum Papst zahlreiche Weggefährten und Zeitzeugen befragt, die mittlerweile alle verstorben sind; auf diese Weise haben sie wichtige Beiträge zu einem Bild von seiner Persönlichkeit geleistet. Diesen drei Biographen gebührt der besondere Dank der Autoren. Zu nennen wären hier auch die polnischen Historiker, die nach der politischen Wende in ihrem Heimatland in unermüdlicher Fleißarbeit Zehntausende von Berichten der kommunistisch kontrollierten Geheimdienste durchgearbeitet und die wichtigsten Dokumente publiziert haben. Der zeitgeschichtlichen Forschung verschlossen geblieben sind dagegen bis heute die Archive der sowjetischen Geheimdienste, die das Wirken des polnischen Papstes von Anfang an als Bedrohung für den Bestand des von Moskau beherrschten Ostblocks ansahen, nur einzelne Dokumente wurden bekannt. Angeführt ist als Quelle auch mehrmals die in Krakau erschienene «Autobiografia» Johannes Pauls II. Dabei handelt es sich indes nicht um von ihm verfasste Memoiren, sondern um ein Mosaik von Äußerungen zu seinem Leben, die er bei vielen Gelegenheiten gemacht hat. Die Übersetzungen fremdsprachiger Zitate stammen, sofern nicht anders ausgewiesen, von den Autoren.

1. NON SUM DIGNUS

Der 18. Mai 1920 war ein Dienstag. Auf dem Markt der polnischen Kleinstadt Wadowice, 50 Kilometer südwestlich von Krakau, herrschte lebhaftes Treiben. Wenige Schritte davon entfernt erblickte an diesem Tag im ersten Stock des Hauses mit der Adresse Kirchstraße 7 Karol Józef Wojtyła das Licht der Welt. Wie damals üblich war es eine Hausgeburt, sie verlief ohne Komplikationen, der Junge war gesund und kräftig. Die Mutter erzählte ihm später, die Geburt sei auch deshalb so ruhig verlaufen, weil sie durch das geöffnete Fenster Chorgesang aus der nahegelegenen Kirche gehört habe. Sie habe dies als besonderes Zeichen Gottes gedeutet.

Karol Wojtyła war das dritte Kind der Eheleute Karol und Emilia Wojtyła, 40 und 36 Jahre alt. Der Vater war Leutnant der polnischen Streitkräfte, die Mutter Hausfrau, durch Näharbeiten trug sie zur Aufbesserung der Haushaltskasse bei. Ihr erster Sohn Edmund war bereits 14 Jahre alt. Auch eine Tochter wurde ihnen geboren, aber sie lebte nur 16 Stunden. Der frühe Tod des kleinen Mädchens, das auf den Namen Olga getauft werden sollte, hat die Mutter schwer getroffen; Karol erinnerte sich an sie als verhärmte Frau.

Wadowice war eine Garnisonsstadt, es gab mehrere kleine Fabriken und eine Papiermühle. Die Zeiten waren unruhig. Erst anderthalb Jahre vor der Geburt des Jüngsten der Wojtyłas war der polnische Staat mit dem Ende des Ersten Weltkriegs wieder entstanden. Die Nachbarn Preußen, Österreich und Russland hatten das Land Ende des 18. Jahrhunderts unter sich aufgeteilt. Wadowice hatte zum österreichischen Teilungsgebiet gehört, der gelernte Schneider Karol Wojtyła senior hatte als Unteroffizier in den k.u.k. Streitkräften gedient. Der jüngere Karol hat später nie die Version dementiert, dass

*Emilia und Karol Wojtyła, die
Eltern des künftigen Papstes,
bei ihrer Hochzeit in der
Krakauer Garnisonskirche
am 10. Februar 1906*

seine beiden Vornamen auf die Verehrung seines Vaters für die Habsburger zurückgingen: Der erste Name sollte an den – von ihm als
Papst seliggesprochenen – letzten Kaiser Karl I. erinnern, der zweite
an den langjährigen Herrscher Franz Joseph. Der Vater hat demnach
die Habsburger dafür gerühmt, dass in ihrem Reich die Völker friedlich nebeneinander gelebt hätten sowie alle Sprachen und Kulturen
respektiert worden seien.[1] Nach einer anderen Version hatten seine
Namen dagegen einen patriotischen Ursprung: Karol hieß er schlicht
nach dem Vater und Józef nach Marschall Piłsudski, dem ersten
Staatschef des wiederentstandenen Polens.

1918 war die Habsburgermonarchie untergegangen, sie hatte mit
den anderen beiden Teilungsmächten, dem Deutschen Reich und
dem Zarenreich, zu den Kriegsverlierern gehört. Ihre Niederlage
schuf die Voraussetzungen für die Wiedergeburt Polens nach 123 Jahren. Die Konferenz von Versailles gestand der neuen polnischen
Republik einen großen Gebietszuwachs auf Kosten des Deutschen
Reiches zu. Die Frage der polnischen Ostgrenze aber blieb offen,

Non sum dignus

Der einjährige Karol, ein
gesundes und kräftiges Kind
(1921)

weil in diesem Teil Europas noch Kämpfe stattfanden. Dort standen noch Kontingente der Reichswehr, und es tobte der Russische Bürgerkrieg zwischen den zarentreuen Weißen Verbänden und der Roten Armee.

Marschall Józef Piłsudski, der Oberkommandierende der polnischen Streitkräfte, strebte eine Konföderation unter Führung Warschaus an, zu der Litauen sowie weite Teile Weißrusslands und der Ukraine gehören sollten, somit eine Neuauflage der einstigen europäischen Großmacht Polen-Litauen. Als die Rote Armee die litauische Hauptstadt Wilna besetzte, gingen die Polen zum Gegenangriff über. Sie machten riesige Geländegewinne und zogen Anfang Mai 1920 in Kiew ein. In der Garnison von Wadowice war die Freude über diesen ersten Erfolg der neu aufgestellten Streitkräfte groß, auch bei Leutnant Wojtyła, der wegen seiner fragilen Gesundheit nicht zur kämpfenden Truppe beordert worden war. Als sein zweiter Sohn am 18. Mai geboren wurde, wusste er nicht, dass die Rote Armee inzwischen die

Truppen Piłsudskis in die Flucht geschlagen hatte und selbst wieder nach Westen vorrückte – die Nachrichten darüber waren in den Kriegswirren noch nicht in die Presse gelangt.

Im August erreichte die Rote Armee die Weichsel südlich von Warschau und schickte sich an, die polnische Hauptstadt einzunehmen. Der russische Revolutionär Wladimir Iljitsch Lenin hatte bereits eine neue bolschewistische Führung für Polen bestimmt; an ihrer Spitze sollte der aus einer adligen polnischen Familie stammende Feliks Dzierżyński stehen, der Chef der Geheimpolizei Tscheka und somit oberster Vollstrecker des «roten Terrors». Die Polen sahen ihren jungen Staat in seiner Existenz bedroht und warfen alle ihre Verbände der Roten Armee entgegen. Es gelang ihnen, deren Einheiten von hinten zu umfassen und vernichtend zu schlagen.

Der Sieg am 15. August 1920 wurde zum «Wunder an der Weichsel» verklärt. Da er auf das Fest Mariä Himmelfahrt gefallen war, wurde die Muttergottes in einer gemeinsamen Zeremonie der polnischen Bischöfe und der Armeeführung zur Oberbefehlshaberin der polnischen Streitkräfte erklärt. Leutnant Wojtyła war dies sehr recht: Er war ein frommer, gottesfürchtiger Mann. Statt einer Hochzeitsreise hatte er mit seiner frisch angetrauten Frau eine Wallfahrt unternommen. Im Wohnzimmer der Familie stand ein Kniebänkchen, auf einer Kommode ein kleiner Altar mit einem Kruzifix, vor dem Kerzen brannten, neben der Tür hing ein kleiner Weihwasserkessel. Fast jeden Morgen besuchte er die Frühmesse, meist begleitet von seinen Söhnen. Gemeinsam betete die Familie oft den Rosenkranz.

Wie schon zu k.u.k. Zeiten hatte er einen Posten in der Militärverwaltung inne. Er musste nicht in seiner Kaserne wohnen, meist kam er zum Mittagessen nach Hause. Die Wojtyłas wohnten zur Miete, der Hausbesitzer war ein wohlhabender jüdischer Kaufmann, der unter anderem mit Motorrädern handelte. Karol Wojtyła junior beschrieb ihn als freundlich und überaus korrekt. Ein Viertel der knapp 10 000 Einwohner des Städtchens waren Juden. Der «Autobiografia» zufolge erlebte er ein «Gefühl der Zusammengehörigkeit» zwischen den meisten Katholiken und Juden von Wadowice: «Beide Religionsgruppen, so vermute ich, hat das Bewusstsein verbunden,

Non sum dignus

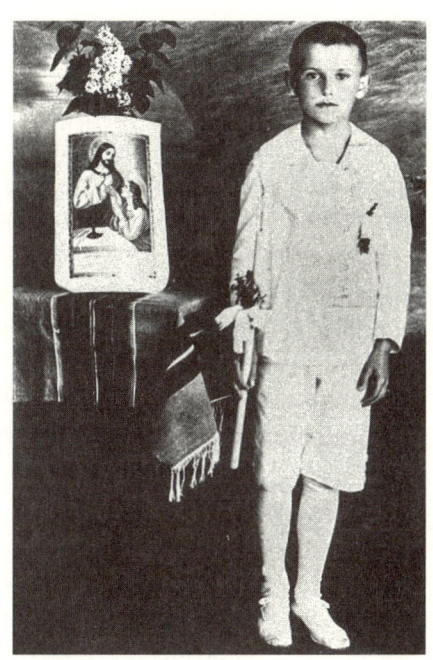

*Der neunjährige Karol am Tag
seiner Erstkommunion am
25. Mai 1929*

dass sie zum selben Gott beteten.» Die Juden hätten sich als «polnische Patrioten» gesehen.[2]

Lolek, wie er mit dem Kosenamen in der Familie und der Schule genannt wurde, war ein ausgezeichneter und fleißiger Schüler.[3] Als er in der ersten Klasse war, gewann ihn der Kaplan Kazimierz Figlewicz, der in der Schule den Religionsunterricht gab, für die Ministrantengruppe. Figlewicz betreute auch die Schulklasse bei der Vorbereitung zur Erstkommunion, er wurde Karol Wojtyłas erster Beichtvater. Der Junge trug bei dem Fest den Kommunionanzug seines Bruders, für einen neuen war kein Geld im Haus.[4] Der Kaplan sollte auch später noch eine wichtige Rolle im Leben des künftigen Papstes spielen.

Figlewicz war für den damals Neunjährigen auch eine Stütze, als Emilia Wojtyła starb, gerade einmal 45 Jahre alt. Die Jahre zuvor war sie wiederholt schwer krank gewesen, auch litt sie permanent unter Rückenschmerzen. Der Sohn äußerte später, als er Priesterseminarist war, gegenüber einem Kommilitonen: «Meine Mutter war eine kranke

Frau. Sie musste hart arbeiten und hatte nie Zeit für mich.»[5] Die letzte Zeit vor ihrem Tod hatte sie aber nicht mehr arbeiten können, sie war gelähmt und bettlägerig. Die Ärzte gaben als Todesursache Nierenversagen und einen angeborenen Herzfehler an. Als er Student war, widmete Karol ihr ein Gedicht, dem er den Titel «Das weiße Grab» gab. Mehrere Papst-Biographen sehen im frühen Verlust der Mutter den Grund für seine tiefe Marienverehrung. Die Verehrung der Muttergottes war allerdings auch eine lange Familientradition: Schon sein Urgroßvater und sein Großvater hatten Marienwallfahrten angeführt.[6]

Nach dem Tod der Mutter unternahm der Vater gemeinsam mit dem neunjährigen Karol eine Wallfahrt in das Dorf Kalwarya am Rande der Beskiden, wo in der Karwoche Passionsspiele Zehntausende Gläubige anziehen. Gemeinsam beteten sie auf allen Stationen des Kreuzwegs, auf dem lebensgroße Figuren das Leiden Christi veranschaulichen.[7] Er kehrte immer wieder an diesen Ort zurück. Am Allerheiligentag 1966, zum 20. Jahrestag seiner Priesterweihe, schrieb er dort in sein persönliches Notizbuch: «Eine wunderbare Vereinigung des Kreuzwegs Christi und des Weges seiner Mutter.» Aus diesem Erbe sei sein eigenes Priestertum geboren.[8]

Neben dem Vater wurde für den Jungen nun sein älterer Bruder Edmund die wichtigste Bezugsperson. Wie er später schilderte, bewunderte er ihn. Edmund Wojtyła studierte mittlerweile an der Jagiellonen-Universität in Krakau Medizin. Er spielte sehr gut Fußball und Tennis, auch war er ein begabter Schachspieler. Seine Begeisterung für Sport übertrug er auf den kleinen Bruder, er brachte ihm Skifahren bei und nahm ihn auf Bergtouren mit. 1930 wurde Edmund Wojtyła mit der Note «Magna cum lauda» zum Doktor der Medizin promoviert. Doch nur zwei Jahre später starb er, er hatte sich bei einer Patientin mit Scharlach angesteckt. Kaplan Figlewicz hatte den Eindruck, der plötzliche Tod des bewunderten Bruders habe den zwölfjährigen Karol noch mehr getroffen als der Tod der Mutter. 50 Jahre später sagte der Papst bei einem Besuch der Jagiellonen-Universität: «Das sind Ereignisse, die sich tief in mein Gedächtnis eingeprägt haben – der Tod meines Bruders vielleicht noch tiefer als der Tod meiner Mutter, ebenso wegen der tragischen Umstände wie

　　　　　　　　　　　　　　　　　　　　　　Non sum dignus

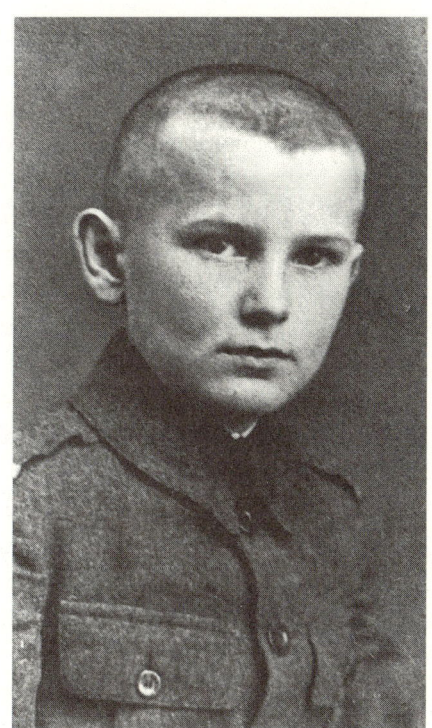

Karol Wojtyła war ein Muster-
schüler, der seine Klassen-
kameraden nie abschreiben ließ
(um 1930)

wegen meiner größeren Reife zu dieser Zeit.»[9] Er bekam das Stetho-
skop des Bruders, es fand später seinen Platz auf seinem Schreibtisch
im Vatikan.

Wadowice war als Kreisstadt Sitz eines Jungen- und eines Mädchengymnasiums. Zwei Laientheater, ein Laienorchester und ein Lite-
raturzirkel sorgten für ein solides Kulturangebot. Karol Wojtyła war
auch als Gymnasiast ein ausgezeichneter Schüler. Sein besonderes Interesse galt der polnischen Literatur und Geschichte sowie den Fremdsprachen, beginnend mit Latein, das ihm sehr leicht fiel. Sein Vater
versuchte auch, ihm Deutsch näher zu bringen, immer wieder redete
er mit ihm auf Deutsch. Als er in die Oberstufe kam, versuchte der
Sohn, mit Hilfe eines Wörterbuchs Kants «Kritik der reinen Vernunft»
im Original zu lesen, war aber bei diesem Vorhaben nicht sehr erfolgreich, wie er selbst später einräumte.

Helden des Fußballs und der Romantik

Wie sein verstorbener Bruder Edmund wurde auch Lolek ein begeisterter Sportler. Er spielte exzellent Tischtennis, vor allem aber Fußball, wobei er sich immer wieder das Knie aufschlug; am liebsten stand er im Tor. Nach den Schilderungen von Mitschülern war er bei Zweikämpfen nicht zimperlich, aber stets fair. Oft traten auf den Straßen und Plätzen, wo sich die Jugend traf, katholische gegen jüdische Mannschaften an. Wenn letztere nicht genug Spieler zusammenbrachten, wechselte Karol die Seiten und hütete das jüdische Tor.[10] Er unterhielt zu einigen seiner jüdischen Mitschüler freundschaftliche Kontakte; Jerzy Kluger, der Sohn eines Rechtsanwalts, wurde sein bester Freund in Wadowice und blieb es bis ins hohe Alter. Von Kluger stammen viele Informationen über die gemeinsame Jugendzeit.[11]

Begeistert hörte er gemeinsam mit Freunden Übertragungen von Fußballpartien im Radio. Sein Lieblingsverein war Cracovia, der erste polnische Fußballmeister, auch als Papst bekannte er sich dazu. Es war auch ein weltanschauliches Bekenntnis: Cracovia galt in Krakau als Club des liberalen Bürgertums, in dem religiöse oder nationale Fragen keine Rolle spielten. Die Nationalpatrioten sprachen abschätzig vom «jüdischen Club». Deren Lager stand hinter dem Lokalrivalen Wisła Krakau, der grundsätzlich keine Juden als Mitglieder aufnahm.

Zu den Cracovia-Stars, die damals die Anhänger des Clubs wie Karol Wojtyła verehrten, gehörten der jüdische Dribbelkünstler Leon Sperling, der Torjäger Adam Kogut und der Abwehrrecke Stefan Fryc. Das spätere Schicksal dieser drei, die auch polnische Nationalspieler waren, spiegelt das Los Polens im Zweiten Weltkrieg wider: Sperling fand im Ghetto von Lemberg den Tod, Kogut geriet als Kompaniechef der Panzertruppe in sowjetische Kriegsgefangenschaft und wurde vom Geheimdienst NKWD im Wald von Katyn erschossen, Fryc wurde als Angehöriger des polnischen Widerstands von der SS ermordet.[12]

Eines tat Karol Wojtyła nicht: Er prügelte sich nie während eines Fußballspiels oder danach. Auch ging er anschließend nie mit den anderen in die Kneipe, um Bier zu trinken, sondern zog es vor, nach

Non sum dignus

Hause zu gehen. An seiner Schule wurde er mit 15 Jahren Vorsitzender des Clubs der Abstinenzler, die sich zur Aufgabe gesetzt hatten, ihre Mitmenschen von der Schädlichkeit des Alkohols zu überzeugen. Übel genommen wurde es ihm offenbar nicht, er galt als religiöser Sonderling, der seine Frömmigkeit nicht verhehlte. Weiterhin ging er nahezu täglich zur Frühmesse. Er wurde Oberministrant und übernahm an seiner Schule die Leitung der Bruderschaft Mariens, eines von Jesuiten gegründeten Laienzirkels, in dem regelmäßig der Rosenkranz gebetet wurde. Als ein Mitschüler ihn fragte, ob er Priester werden wollte, antwortete er auf Lateinisch: «Non sum dignus.» – Ich bin nicht würdig.

Karol Wojtyła nahm gern an Festen teil. Bei Abenden am Lagerfeuer glänzte er als unterhaltsamer Witze- und Geschichtenerzähler; gekonnt ahmte er seine Lehrer nach. Nur an einem Punkt störten sich manche seiner Klassenkameraden: Er ließ niemanden abschreiben, sondern stand auf dem Standpunkt, dass gute Noten ehrlich verdient werden müssten.[13]

Am Lagerfeuer sangen die Jugendlichen auch die Rota, ein patriotisches Lied über den Kampf gegen die Unterdrückung der Polen in Preußen.[14] Im preußischen Teilungsgebiet war im Rahmen des Kulturkampfs Bismarcks gegen die katholische Kirche auch die polnische Sprache massiv unterdrückt worden. Die bekanntesten und am lautesten gesungenen Verse der Rota lauten: «Der Deutsche wird uns nicht ins Gesicht spucken / nicht unsere Kinder germanisieren!»

Das Lied entsprach dem Zeitgeist in der wiedererstandenen Republik, auch die Schulprogramme unterstrichen den Kampf der Polen für ihre Freiheit. Im Mittelpunkt des Literaturunterrichts standen deshalb die Werke des Romanciers Henryk Sienkiewicz (1846–1916) sowie der polnischen Romantik. Diesen Büchern war gemeinsam, dass sie, oft in allegorischer Form, den Kampf um die Freiheit der geteilten Nation zum Gegenstand hatten.

Wie wohl die meisten seiner Altersgenossen hat Karol Wojtyła begeistert Sienkiewiczs Historienromane gelesen, in denen die Polen Kriege gegen die deutschen Ordensritter, die ukrainischen Kosaken sowie die nach Mitteleuropa vordringenden Schweden und Türken gewinnen. Die gedemütigte Nation richtete sich an diesen Schilderungen auf. Nicht minder beeindruckt hat ihn der Roman «Quo Vadis» über die Christenverfolgung im alten Rom; Sienkiewicz bekam dafür den Nobelpreis für Literatur.

Zeichnen sich diese Heldenromane, in denen es auch an amourösen Geschichten nicht fehlt, durch eine gewisse Oberflächlichkeit und schematische Zeichnung der Protagonisten aus, so verlangten die Werke der Romantiker eine tiefer gehende inhaltliche Auseinandersetzung. Auch bei ihnen ist das Hauptmotiv die Hoffnung auf die Wiedergeburt der Nation, verknüpft mit Bekenntnissen zum Katholizismus. Ihre führenden Köpfe waren Adam Mickiewicz und Juliusz Słowacki.

Mickiewicz (1798–1855) stellte die Polen als ein vom Herrn auserwähltes Volk dar. Die Teilung und die Repression des polnischen Geistes bedeute Leiden, doch das Martyrium sei Voraussetzung und Weg zur Freiheit und zur Herrlichkeit. «Polen ist der Christus der Völker», verkündete Mickiewicz, der auch religiös-philosophische Schriften verfasste. Wenn Polen am Ende seines Leidenswegs frei sein werde, so werde es auch andere unterdrückte Völker befreien können. Er wurde somit zum Herold des polnischen Messianismus, der nicht nur den jungen Wojtyła stark beeinflusste, sondern auch sein späteres Wirken als Bischof und als Papst.

Für Mickiewicz kommt nach dem Glauben an Gott gleich der Glaube an die Unvergänglichkeit der Nation; die höchste Form der Liebe zur Nation stelle der Kampf in einer Freiwilligenlegion dar. Dieser Messianismus beflügelte die Polen im 19. Jahrhundert zu mehreren Aufständen gegen die Teilungsmächte, die indes alle brutal niedergeschlagen wurden. Dass die Unterdrücker das protestantische Preußen und das orthodoxe Zarenreich waren, bestärkte die Polen in der Überzeugung, dass sie als Freiheitskämpfer auch Märtyrer des wahren, nämlich des katholischen Bekenntnisses seien. Mickiewicz versuchte selbst, ein Beispiel zu geben: Er scharte Freiwillige um sich, die eine Legion für den Kampf gegen die Armee des Zaren bilden sollten.

Der Gymnasiast Karol Wojtyła machte sich durchaus Mickiewiczs Geschichtsbilder zu eigen. Doch befremdete ihn der Gedanke, Blut im Kampf für die Freiheit zu vergießen. Immerhin beeindruckte er seine Mitschüler damit, dass er Mickiewiczs berühmtes Versepos «Herr Thaddäus» (Pan Tadeusz) auswendig lernte. Die Haupthandlung besteht in einem alten Streit zwischen zwei polnischen Adelssippen, die sich dann aber zusammentun, um die russischen Besatzer zu bekämpfen.

Auch der romantische Dichter Juliusz Słowacki (1809–1849), dessen Hauptwerke ebenfalls zur Schullektüre Wojtyłas gehörten, verkündete, dass Polen eine besondere Rolle im Drama der Menschheit zu spielen habe. Die polnische Gesellschaft, im Glauben an Gott vereint, sei der Platz für den Geist, der über das Schicksal der Menschheit bestimme. Słowacki ging noch einen Schritt weiter als Mickiewicz: Er sagte 1848 voraus, dass eines Tages ein «slawischer Papst» kommen werde, um die Christenheit zu führen:

«Wenn Gefahr droht, dann hebt Gott der Allmächtige
Mit gewaltigem Glockenton
Als neuen Papst
Einen Slawen auf seinen Thron.»

Noch näher als den beiden Verfechtern einer romantischen Nationalmythologie sah sich Wojtyła einem jüngeren ihrer Zeitgenossen: Cyprian Norwid (1821–1883). Auch er sah das Heil der Menschheit in der Religion: «Christus hat die Menschen aus dem Reich des blinden Schicksals in das Reich der Freiheit geführt.» Er fasste jedoch auch die realen Nöte der Gegenwart ins Auge: «Würde und Erfüllung in der Arbeit vermag der Mensch nur zu finden, wenn er sie mit Liebe verrichten kann.» Norwid verlangte Solidarität mit allen Benachteiligten in der Gesellschaft. Er geißelte Materialismus, Gewinnstreben und blinde Technikgläubigkeit in der modernen Welt, wie sie sich nach seiner Auffassung vor allem in den USA zeigten.

Dem Dreigestirn Mickiewicz, Słowacki und Norwid näherte sich Karol Wojtyła auch auf der Bühne des Schultheaters. Das Theaterspiel wurde seine große Leidenschaft. Der Leiter des Laientheaters von Wadowice, Mieczysław Kotlarczyk, der auch am Jungengymnasium

Wojtyła wurde zur Stütze des Schultheaters, seine Schulfreundin Halina Królikiewicz (links) wurde eine berühmte Schauspielerin

unterrichtete, entdeckte sein Talent für die Schauspielerei und förderte ihn. Kotlarczyk, den Wojtyła später als «glühenden Christen» bezeichnete, legte großen Wert auf eine klare Diktion; immer wieder mussten seine Eleven Sprechübungen machen. Gleichzeitig lehnte er Effekthascherei wie theatralische Gestik, Schreien oder Schluchzen entschieden ab – nichts dürfe vom Wort ablenken. Kotlarczyk war neben dem Kaplan Figlewicz der zweite Lehrer aus Wadowice, der

Non sum dignus

eine wichtige Rolle in Wojtyłas Leben spielte. Beide wurden zu Konkurrenten um den Einfluss auf ihren Schützling.

Der Gymnasiast übernahm Hauptrollen und führte auch bei mehreren Aufführungen Regie. An ihm war schon damals der ausgeprägte Hang zu beobachten, die Zuschauer zum Applaus zu bewegen, wie Mitspieler später berichteten. Auf dem Spielplan standen überwiegend historische Dramen aus dem polnischen Repertoire der Romantik und Neoromantik, meist hatten sie einen starken religiösen Bezug.[15]

Das Schultheater hatte für die jungen Schauspieler einen besonderen Reiz: Die weiblichen Rollen übernahmen Schülerinnen des Mädchengymnasiums. Karol Wojtyła war nicht kontaktscheu. Er freundete sich mit mehreren von ihnen an, besonders eng mit Halina Królikiewicz, der Tochter seines Schuldirektors. Sie schrieb später über ihn: «Allgemein herrschte auf dem Gymnasium die Meinung vor, dass er Schauspieler werde. Er war gut gebaut, sah gut aus, war mit einer schönen Stimme gesegnet, er hatte ein hervorragendes Gedächtnis, eine sehr gute Aussprache, er war nachdenklich und sensibel.»[16] Doch war sie es, die später Karriere im Theater machte.

In Wadowice verwies sie ihn bei einem Rezitierwettbewerb, bei dem eine berühmte Schauspielerin aus Krakau die Noten vergab, auf den zweiten Platz. Als er Papst war, hielt er ihr dies bei einem Treffen scherzhaft vor. Die Freundschaft hielt ihr Leben lang.

Jüdische Freundinnen und Freunde

Seine Mitschüler berichteten, dass er bei Festen gern tanzte. Besonders Tango habe es ihm angetan, bei dem die Tänzer allerdings sittsam Abstand voneinander hielten. Auch beim Walzer habe er eine gute Figur abgegeben. Diese Schilderungen führten später zu zahlreichen Spekulationen über Liebschaften oder gar eine sexuelle Beziehung des Gymnasiasten zu einer der Schülerinnen. Als ein junger polnischer Priester dies in einem Artikel über die jungen Jahre des Papstes andeutete, bekam er überraschend Post aus dem Vatikan. Der

Papst schrieb ihm persönlich: «Können Sie sich nicht vorstellen, dass ein junger Mann leben kann, ohne sich schwer zu versündigen?»[17]

Zu einer der jungen Schauspielerinnen aus dem Mädchengymnasium pflegte er eine besonders innige Freundschaft: Regina Beer, genannt Ginka. Sie war Jüdin und zwei Jahre älter als er. Wojtyłas Freund Jerzy Kluger beschrieb sie mit den Worten: «Ein schlankes jüdisches Mädchen mit leuchtenden dunklen Augen und pechschwarzen Haaren, eine hervorragende Schauspielerin.» Kluger meinte auch, sein Freund habe für das schöne Mädchen geschwärmt.[18] Gemeinsam gingen sie nach den Theaterproben nach Hause, sie wohnten in derselben Straße.

Für die polnischen Juden war nach dem Tod des Staatschefs Piłsudski 1935 das politische Klima im Land immer drückender geworden. Der Marschall hatte Polen mit harter Hand regiert, seine Minister waren angewiesen, Streit unter den Glaubensgemeinschaften zu unterbinden. Piłsudski selbst hatte sich mit der katholischen Kirche überworfen; sie hatte ihm den Segen verweigert, als er die Scheidung von seiner Frau betrieb, um seine Geliebte zu heiraten. Nach seinem Tod kamen nationalistische Gruppierungen an die Macht. Zu den antisemitischen Gesetzen, die sie verabschiedeten, gehörte ein Numerus clausus für Juden an den Universitäten.

Der katholische Primas, Kardinal August Hlond, trug seinen Teil zur antisemitischen Stimmung bei. In einem Hirtenbrief erklärte er 1936: «Die Juden sind aktiv im Freimaurertum, sie bilden die Avantgarde der Gottlosigkeit und der Bewegung der Bolschewiken. Es ist eine Tatsache, dass der jüdische Einfluss auf die allgemeine Sittlichkeit negativ ist, auch propagieren ihre Verlage die Pornographie. Ebenso ist es wahr, dass Juden zu Betrügereien und Wucher neigen sowie Menschenhandel treiben.» Immerhin fügte Hlond an: «Aber nicht alle Juden sind so.» Er forderte die Gläubigen auf, «jüdische Geschäfte zu meiden». Doch sei es eine Sünde, Juden körperlich anzugreifen und ihre Geschäfte zu demolieren.[19]

Eine Reaktion von Karol Wojtyła auf diesen verstörenden Hirtenbrief ist nicht überliefert. Als Papst hat er später seine Distanz zu Hlond indirekt bekundet: 1992 unternahm der nationalkatholische Flügel des polnischen Episkopats einen ersten Versuch, den umstrit-

Non sum dignus

Der Krakauer Erzbischof Adam Stefan Sapieha wurde zum großen Förderer Karol Wojtyłas

tenen Primas wegen seines angeblich tugendhaften und vorbildlichen Lebens selig sprechen zu lassen. Dagegen protestierten die amerikanischen Bischöfe und internationale jüdische Organisationen. Aus Vatikankreisen wurde gestreut, dass Johannes Paul II. den Seligsprechungsprozess persönlich blockiert habe.

Auch in Wadowice schlug der antisemitische Kurs von Regierung und Kirchenführung durch. Der Vater von Wojtyłas Freund Jerzy Kluger musste am Klingelschild seiner Anwaltskanzlei zusätzlich einen jüdischen Vornamen anbringen. Doch es gab auch Widerstand dagegen: Nach einer Rauferei zwischen katholischen und jüdischen Schülern erklärte Klugers und Wojtyłas Geschichtslehrer der Klasse unter Berufung auf Mickiewicz, dass Juden und Christen gleichermaßen Kinder Abrahams seien, der jüdischen Religion müsse als der älteren mit Respekt begegnet werden.[20]

Im Mai 1938 besuchte der Erzbischof von Krakau, Adam Stefan Sapieha, Wadowice, um den älteren Schülern das Sakrament der Fir-

*Als bester Schüler seines Jahr-
gangs legte Wojtyła 1938 das
Abitur ab*

mung zu spenden. Er stammte aus einer berühmten Fürstenfamilie,
an der Kampagne gegen die Juden hat er sich nicht beteiligt, antisemitische Äußerungen von ihm sind nicht bekannt. Als Klassenbester hielt Wojtyła die Begrüßungsrede für den hohen Gast.

Nach der Feier erkundigte sich Fürst Sapieha beim Religionslehrer, ob der Musterschüler sich schon zu seinen Berufswünschen
geäußert habe. Der Kaplan sagte: «Er wird Polonistik studieren.» Der
Erzbischof sagte daraufhin: «Schade, dass er nicht Theologie gewählt
hat.» So hat es Johannes Paul II. selbst dargestellt.[21] Sapieha sollte
später zu seinem großen Förderer werden.

Im selben Jahr bestand Karol Wojtyła als Klassenbester das Abitur. Er schrieb sich für das Wintersemester an der Jagiellonen-Universität in Krakau für die Fächer Philosophie und Polnische Literatur
ein. Sein Vater war mittlerweile pensioniert worden und kränkelte,
der Sohn fühlte sich zunehmend für ihn verantwortlich und nahm
die Organisation des Alltags in die Hand. Die beiden beschlossen deshalb, die Wohnung in Wadowice aufzugeben und zwei Zimmer im
Souterrain des Hauses von Verwandten in Krakau zu beziehen. Die

Non sum dignus

kleine Wohnung war feucht, dunkel und kalt, der alte Kachelofen sorgte im Winter nicht für ausreichende Wärme.[22]

Neben den obligatorischen Seminaren in den Hauptfächern belegte Karol Wojtyła ein Seminar «Humor, Komik und Ironie in der Literatur», Anfängerkurse für Russisch und Altkirchenslawisch sowie eine Einführung in die russische Literatur. Überdies nahm er privat Französischunterricht. Auch arbeitete er freiwillig in der Institutsbibliothek mit.

Weiterhin besuchte er fast täglich die Frühmesse. Oft ging er in die Wawel-Kathedrale, an die sein erster Religionslehrer Kazimierz Figlewicz als Kaplan versetzt worden war. Auch schrieb er ein Magnificat, eine Hymne auf die Muttergottes, die aber damals nicht veröffentlicht wurde. Kommilitonen legten auf seinen Platz ein Kärtchen mit den Worten: «Karol Wojtyła, Heiliger in Ausbildung» – er soll es mit Humor genommen haben. Nach den Schilderungen seiner Mitstudenten war er weit davon entfernt, ins Priesterseminar zu gehen. Vielmehr habe er es seine Pflicht genannt, als christlicher Laie bei der Lösung sozialer Probleme zu helfen. Erstmals schrieb er eine Reihe von religiösen Gedichten, erste Versuche nach dem Vorbild polnischer Poeten aus dem 16. Jahrhundert. Den Zyklus nannte er deshalb «Psalmenbuch aus der Renaissance»; das Jugendwerk wurde sechs Jahrzehnte später veröffentlicht.

Seine Leidenschaft blieb das Theater. In Krakau fand er Anschluss an eine kleine experimentelle Bühne und übernahm Nebenrollen. Wieder fand er sich schnell in die Gruppe ein. Kommilitonen berichteten, dass sich auch junge Frauen offenkundig für ihn interessiert hätten, doch er sei in diesem Punkt sehr zurückhaltend geblieben. Einer von ihnen schrieb später, dass Karol Wojtyła durchaus Freude am Leben gehabt habe, er habe gern bei Gesellschaftsspielen mitgemacht und auch die Schlager mitgesungen, die damals in Mode waren. Aber: «Umso mehr hat es uns gewundert, dass er nichts von den anderen Annehmlichkeiten genießen wollte, die sich uns, die wir mittlerweile erwachsene Männer waren, damals eröffneten.» Einer der Kameraden habe über Wojtyła und sein distanziertes Verhältnis zu Frauen gesagt: «Wenn ich diesen Körperbau und diese Stimme hätte, dann stünde mir die Welt offen und ich säße nicht zu Hause herum.»[23]

*Im Sommer 1939 musste der Philosophie- und Literaturstudent
Karol Wojtyła (ganz rechts) an einem militärischen
Sommerlager teilnehmen*

Erstmals betätigte er sich auch politisch: Er beteiligte sich an Protesten gegen die Diskriminierung jüdischer Studenten und legte sich dabei mit rechtsextremen Kommilitonen an, die auch an der Jagiellonen-Universität immer selbstbewusster auftraten.[24] Auf den Druck nationalistischer Gruppierungen hin hatten viele Institute «Judenbänke» aufgestellt, an denen Studenten jüdischer Abstammung in den Hörsälen Platz zu nehmen hatten.

Wojtyłas Freund Jerzy Kluger gab wegen antisemitischer Exzesse an der Polytechnischen Universität Warschau das dort soeben erst begonnene Ingenieursstudium auf und kehrte nach Wadowice zurück. Er trug sich mit dem Gedanken, das Land zu verlassen, tat dies dann aber doch nicht.[25] Die Familie von Ginka Beer, der umschwärmten Kollegin vom Schultheater in Wadowice, beschloss angesichts

Non sum dignus

dieser antisemitischen Welle, das Land zu verlassen. Ihr Vater war Bankdirektor; er bereitete die Auswanderung der Familie nach Palästina vor, nachdem eine Horde junger Männer die Scheiben mehrerer jüdischer Geschäfte eingeschlagen hatte.

Ginka Beer berichtete später, Karol Wojtyła und sein Vater hätten versucht, sie zum Bleiben zu bewegen. Der Vater habe gesagt: «Nicht alle Polen sind Antisemiten!» Karol habe beim Abschied kein Wort herausgebracht. Vier Jahrzehnte später, als er bereits Papst war, sahen sie sich wieder. Sie war zu einem Treffen gekommen, zu dem er frühere Mitschüler in den Vatikan eingeladen hatte. Sie berichtete ihm, dass die Familie nicht bis Palästina gekommen sei. Die Mutter sei im Krieg in die Hände der Deutschen geraten und in Auschwitz ermordet worden, der Vater in der Sowjetunion umgekommen.[26]

Für alle Studenten war zweimal in der Woche und an vielen Wochenenden die Teilnahme an Militärübungen Pflicht. Doch Karol Wojtyła weigerte sich vergeblich, ein Gewehr in die Hand zu nehmen. Nach dem ersten Studienjahr im Frühsommer 1939 mussten die Studenten sogar einen ganzen Monat vormilitärischen Drill über sich ergehen lassen. So verbrachte er den ganzen Juli 1939 in einem Zeltlager der Armee, er las viel, schwamm viel und spielte Fußball. Dass wenige Wochen später die Wehrmacht diese Armee, von der Führung in Warschau großsprecherisch als unbesiegbar gerühmt, in einem Blitzkrieg zerschlagen würde, konnte sich kaum einer der Studenten vorstellen.

2. DEUTSCHER TERROR UND LEBEN
IM UNTERGRUND

Am 1. September 1939 assistierte Karol Wojtyła als Ministrant dem Priester bei der Frühmesse in der Wawel-Kathedrale. Es war Kaplan Figlewicz, den er aus Wadowice kannte. Plötzlich ertönten während der Messe Sirenen, und wenig später detonierten Bomben: Stukas der Luftwaffe griffen Krakau an. Die Gottesdienstbesucher flohen aus der Kirche, Figlewicz aber brachte die Messfeier zu Ende. Anschließend lief Wojtyła schnell nach Hause, er wollte seinen kranken Vater nicht allein lassen.

Der deutsche Angriff traf die Polen völlig unvorbereitet, obwohl die Zeitungen bereits seit Tagen vom unvermeidlichen Krieg mit den Deutschen geschrieben hatten und die Regierung die allgemeine Mobilmachung verfügt hatte. Politiker und Presse hatten jedoch nur Siegeszuversicht verbreitet. Ein General der Kavallerie wurde mit den Worten zitiert: «In Kürze reiten unsere Ulanen durch das Brandenburger Tor!» Im polnischen Generalstab war man der Meinung, die Kampfkraft der Wehrmacht werde völlig überschätzt, zudem verfüge Polen über die bessere Luftwaffe.[1]

Angesichts der vorrückenden Wehrmacht beschlossen die beiden Wojtyłas, nach Ostpolen zu fliehen, in der Hoffnung, dass die eigenen Streitkräfte doch noch eine Verteidigungslinie aufbauen könnten. Mit Tausenden Menschen traten sie den Treck an, der Sohn musste den entkräfteten Vater immer wieder stützen. Die Flüchtlingskolonne wurde mehrmals von Stukas angegriffen, es gab Dutzende Tote. Als Vater und Sohn erfuhren, dass die Rote Armee am 17. September von Osten in Polen eingefallen war, beschlossen sie, nach Krakau zurückzukehren. Ihr Weg führte durch zerstörte Dörfer.[2]

Im mittlerweile von den Deutschen besetzten Krakau verbreitete sich schnell die Nachricht, dass die Regierung, der Generalstab und der Primas, Kardinal August Hlond, nach Rumänien geflohen waren. Hlond reiste von dort nach Rom weiter, wo er Papst Pius XII. über Verbrechen der deutschen Besatzer in Polen berichtete. Die Deutschen verhinderten seine Rückkehr nach Polen; er fand Asyl in einem Kloster im französischen Wallfahrtsort Lourdes.

Nach dem schockierend schnell eingetretenen militärischen Zusammenbruch machte sich in Krakau allgemeine Niedergeschlagenheit breit. Immerhin lag die Stadt nun außerhalb der Kampfzone; viele Menschen hofften, dass schrittweise wieder der Alltag einkehren werde, wenn auch in Anwesenheit deutscher Besatzungssoldaten. Karol Wojtyła schrieb sich für das kommende Wintersemester an der Jagiellonen-Universität ein.[3]

Doch seine Hoffnung, weiter studieren zu können, erfüllte sich nicht. Wenige Tage, nachdem die Wehrmacht und die von Osten angreifende Rote Armee das Land Anfang Oktober 1939 völlig besetzt hatten, erklärten die Regierungen in Berlin und Moskau, der polnische Staat habe aufgeführt zu existieren. Berlin schloss die westlichen und nordwestlichen Regionen Polens an das Deutsche Reich an.

Die Kreisstädte Auschwitz und Wadowice gehörten nun zum Reichsgebiet. Die Angehörigen der lokalen polnischen Führungsschicht kamen in ein Konzentrationslager, der Großteil der anderen Polen musste Zwangsarbeit leisten oder wurde in das von den Deutschen im restlichen Polen errichtete Generalgouvernement vertrieben. Die jüdischen Einwohner mussten in Ghettos leben, bevor sie in Vernichtungslager abtransportiert wurden. Die Großmutter, Mutter und Schwester von Jerzy Kluger wurden in Auschwitz ermordet. Kluger selbst hatte mit seinem Vater rechtzeitig in das sowjetische Besatzungsgebiet flüchten können. Doch deportierte die sowjetische Geheimpolizei NKWD beide nach Sibirien. In ihrem Haus in Wadowice richtete sich die Gestapo ein.[4]

Generalgouverneur Hans Frank, der zuvor als Reichsminister für die Gleichschaltung der deutschen Justiz Sorge getragen hatte, residierte auf dem Wawel in Krakau. Die Besatzungspolitik zielte darauf ab, Polen als Kulturnation zu vernichten.

Die polnische Elite hatte auf ein Besatzungsregime gehofft, das sich an das Kriegsvölkerrecht hält. So wollten die Professoren der Jagiellonen-Universität nach dem Ende der Kampfhandlungen das neue Semester eröffnen. Doch die Gestapo verhinderte dies: Sie erklärte die Universität für geschlossen und verhaftete in der «Sonderaktion Krakau» 186 Professoren. Nach internationalen Protesten kam ein Teil frei, die meisten der anderen kamen ins KZ Dachau, das ein Großteil von ihnen nicht überlebte.[5] In Krakau zerschlugen SS-Männer das Mickiewicz-Denkmal – eine weitere Demütigung der Polen.

Hitler befahl, das Generalgouvernement «in seiner wirtschaftlichen, sozialen, kulturellen und politischen Struktur zu einem Trümmerhaufen zu machen».[6] Die NS-Führung betrachtete die Polen als «slawische Untermenschen». In diesem Sinne beschrieb SS-Führer Heinrich Himmler die Perspektiven für die Polen: «Diese Bevölkerung wird als führerloses Arbeitsvolk zur Verfügung stehen und Deutschland jährlich Wanderarbeiter und Arbeiter für besondere Arbeitsvorkommen (Straße, Steinbrüche, Bauten) stellen.» Persönlich legte er die Schulpläne für das Generalgouvernement fest: «Für die nichtdeutsche Bevölkerung des Ostens darf es keine höhere Schule geben als die vierklassige Volksschule. Das Ziel dieser Volksschule hat lediglich zu sein: einfaches Rechnen bis höchstens 500, Schreiben des Namens, eine Lehre, dass es ein göttliches Gebot ist, den Deutschen gehorsam zu sein und ehrlich und fleißig und brav zu sein. Lesen halte ich nicht für erforderlich.»[7]

Die Polen durften keine Gaststätten, Kinos und Theater mehr besuchen, nicht den ersten Wagen der Straßenbahn benutzen. Es war ihnen nur erlaubt, zu bestimmten Zeiten einzukaufen, aber kein Obst, Feingemüse, Kuchen, Käse, Fisch. Sie mussten deutsche Uniformträger grüßen und ihnen auf dem Bürgersteig Platz machen. Es galten Sperrstunden und vor allem das «Sonderstrafrecht für Polen»: Auf geringste Vergehen standen drakonische Strafen, auf «deutschfeindliche Äußerungen» die Todesstrafe. Die Urteile wurden oft öffentlich vollstreckt.

Die SS erhielt den Befehl, Jagd nicht nur auf Juden zu machen, für deren Ermordung der Begriff «Sonderbehandlung» erdacht wurde, sondern auch auf die polnische Oberschicht. Schon in den ersten Monaten nach Kriegsbeginn wurden Tausende polnische Guts- und Fabrikbesitzer, Lehrer und Professoren, Juristen, Ärzte, Ingenieure ermordet. Zehntausende Angehörige der intellektuellen Elite kamen in Konzentrationslager, ein beträchtlicher Teil von ihnen in das KZ Dachau. Besonders hatte es die SS auf Geistliche abgesehen.

In dieser Atmosphäre des alltäglichen Terrors lebte Karol Wojtyła die nächsten fünf Jahre. Um der Deportation zur Zwangsarbeit ins Reichsgebiet zu entgehen, meldete er sich als Arbeitskraft in einem Betrieb, den die deutschen Besatzer als kriegswichtig eingestuft hatten: dem Solvay-Werk, das Chemikalien für die Produktion von Munition herstellte. Der Mutterkonzern war in Belgien beheimatet und befand sich ebenfalls unter deutscher Kontrolle. Fast ein Jahr musste Wojtyła schwerste körperliche Arbeit in einem Kalksteinbruch verrichten. Er hatte ständig Risse in der Haut und kleinere Wunden. Wie er selbst später schrieb, sah er diese Zeit als Prüfung an. Im Rückblick nannte er es eine überaus wichtige Erfahrung, so das Arbeitermilieu kennengelernt zu haben.[8] Er arbeitete hart, um nicht das Recht auf Lebensmittelmarken zu verlieren; denn er hatte auch seinen Vater zu versorgen, der keinerlei Rente bezog – die Deutschen hatten das soziale Versorgungssystem aufgelöst, an der Alimentierung der nicht arbeitsfähigen Bevölkerung waren sie nicht interessiert. Für Brot und Zucker musste der Sohn stundenlang Schlange stehen.[9]

Nach dem ersten Jahr wurde er an die Kläranlage der Fabrik versetzt, auch hatte er die Mischanlagen für Soda und Phosphor zu überwachen. Im Solvay-Werk herrschte nicht der Alltagsterror für die Arbeiter wie an den Produktionsstätten, die direkt von der SS kontrolliert wurden; es gab keine brüllenden Aufseher, den deutschen Direktor erlebten sie als korrekten Mann. Wojtyła erfüllte seine Aufgaben zuverlässig und war unter den Arbeitern beliebt.

Auch in der Fabrik fiel er durch seine Frömmigkeit auf. Als Wojtyła bereits Bischof war, berichtete einer seiner Arbeitskollegen von damals: «Wenn es um zwölf Uhr zum Engel des Herrn läutete, stellte er seinen Eimer hin, kniete nieder, machte das Kreuzeichen und betete. [...] Er schämte sich vor niemandem.» Ein anderer ergänzte: «In der Nacht um zwölf Uhr kniete er sich mitten in der Reinigungsanlage des Kesselhauses hin und betete. [...] Aber nicht alle Arbeiter hatten für so etwas Verständnis. Es gab auch manche, die ihn, während er betete, mit Hanfwerg bewarfen und ihn störten.»[10]

Zwangsarbeit, Askese und Meditation

Da seine Aufgabe hauptsächlich in der Überwachung von Maschinen bestand, hatte er viel Zeit zu lesen. Zunächst waren es vor allem polnische Klassiker, an erster Stelle Mickiewicz und Norwid, dessen Ausführungen zu Arbeit in Würde er nun besser nachvollziehen konnte. Nach und nach wandte er sich philosophischen und theologischen Schriften zu, ihn trieb die Frage nach dem Sinn des Leidens um. Erstmals las er sich tief in die christliche Mystik ein, vor allem in die Werke von Teresa von Ávila und von Johannes vom Kreuz, die im Spanien des 16. Jahrhunderts ein Christentum predigten, das auf Kontemplation, Askese und praktischer Nächstenliebe beruhen sollte.[11] Beide beschrieben, wie sie durch die Meditation über das Leiden Christi und durch das «innere Gebet», wie Teresa von Ávila es nannte, einen Zustand der Ekstase erreichten. Teresa von Ávila schilderte die absolute innere Ruhe, die sie bei ihrer «Begegnung mit Gott» empfunden habe. Sie habe wiederholt erlebt, wie sich dabei ihr Körper von der Erde gelöst habe. Klar war für sie allerdings auch, dass sich die Liebe des Menschen zu Gott auch in gelebter Nächstenliebe zeigen müsse: «Ob wir Gott lieben, kann man nie wissen; die Liebe zur Nächstenliebe erkennt man aber sehr wohl.»

Das Lebensthema des Johannes vom Kreuz war die Verlassenheit, die «dunkle Nacht der Seele», wie sein bekanntestes Gedicht heißt, das innere Drama der Gottessuche, das ewige Ringen um den richtigen Weg. Erst wenn alle Bedürfnisse, alle weltlichen Dinge beiseitegeschoben sind, erst durch die vollkommene Leere, gelingt die Begegnung mit Gott – auch Johannes vom Kreuz schilderte seine mystischen Begegnungen mit Gott in den Momenten der Ekstase. Wie Teresa von Ávila forderte er eine Reform der Kirche. Sie solle sich wieder ihrer ursprünglichen Aufgaben besinnen und sich den Schwachen und Unterdrückten zuwenden. Teresa von Ávila gründete Mitte des 16. Jahrhunderts einen eigenen Konvent; die Schwestern, die dort lebten, wurden «unbeschuhte Karmelitinnen» genannt. Gemeinsam mit Johannes vom Kreuz richtete sie einen Zweig des Ordens für Männer ein. Die Mitglieder der Gemeinschaft zeichneten sich durch den radikalen Verzicht auf persönliches Eigentum und eine bescheidene Lebensweise aus. So wollten sie ein Beispiel für die ganze Kirche geben. Indes eckte Johannes vom Kreuz mit seinen Forderungen bei seinen Ordensoberen und auch der weltlichen Herrschaft an, er kam als «hartnäckiger Rebell» ins Gefängnis – wo seine wichtigsten Gedichte und Schriften entstanden.

Freunde von Karol Wojtyła vertraten die Ansicht, dass Johannes vom Kreuz ihn auch wegen seines rebellischen Geistes faszinierte, der indes nicht die gesellschaftlichen Verhältnisse umstürzen wollte, sondern Gebet und Askese als Weg zum inneren Frieden predigte. In diesem Sinne entsprach der spanische Mystiker den Vorstellungen von einer gewaltfreien Gesellschaft, die bereits der junge Wojtyła vertrat. Angeregt durch die Lektüre begann er selbst in dieser Zeit zu meditieren; die – oft stundenlange – Versenkung im Gebet sollte zu einer wichtigen Quelle seiner Kraft werden.

Auch Traktate über Mariologie, die dogmatische Lehre von der besonderen Bedeutung der Muttergottes, gehörten zu seiner Lektüre in der Solvay-Fabrik. An einem der wenigen freien Tage, die er dort bekam, fuhr er mit mehreren Freunden in den Wallfahrtsort Tschenstochau zur Ikone der Schwarzen Madonna, die der Legende nach Polen im 17. Jahrhundert aus der Fremdherrschaft gerettet hat, nämlich vor der «Schwedenflut», der Henryk Sienkiewicz einen seiner großen Historienromane gewidmet hat.

Als Karol Wojtyła an einem eiskalten Tag im zweiten Kriegswinter, am 18. Februar 1941, von der Arbeit in seine Wohnung kam, fand er den Vater, mit dem er nach wie vor viel gemeinsam gebetet hatte, tot vor. Er war nur 62 Jahre alt geworden. Der Sohn war zu diesem Zeitpunkt 21 Jahre alt. Er hatte nun keine Angehörigen mehr. Die ganze Nacht über betete er mit Freunden und Verwandten neben dem toten Vater, auch sprachen sie über das Leben nach dem Tod.[12]

Nach dem Tod des Vaters wurde seine wichtigste Bezugsperson Jan Tyranowski, wie der Papst später selbst schrieb. Tyranowski führte eine Schneiderwerkstatt, doch hatte er als junger Mann eine religiöse Offenbarung erlebt und einen Meditationskreis für junge Katholiken gegründet, in dem über die Bibel diskutiert und der Rosenkranz gebetet wurde. Obwohl derartige Versammlungen von den deutschen Besatzern verboten worden waren, traf sich der Lebendige Rosenkranz, wie die Teilnehmer ihren Kreis nannten, auch während des Krieges weiter. Die Treffen waren überaus gefährlich: Den Teilnehmern drohte die Festnahme durch die Gestapo und die Deportation in ein KZ.[13]

Karol Wojtyła war im ersten Kriegsjahr zu dem Kreis gestoßen. Es war Tyranowski, der ihn angehalten hat, sich auf die Mystiker Teresa von Ávila und Johannes vom Kreuz einzulassen. Er nannte ihn im Rückblick «einen der verborgenen Heiligen, die auf dem Grunde des Lebens verborgen sind, wie ein wunderbares Licht in der Tiefe, in der die Nacht regiert».[14] Der persönlich zurückhaltende, sogar als schüchtern beschriebene Schneider, der selbst nicht studiert hatte, wurde von allen Teilnehmern, überwiegend Studenten, als geistiger Führer und moralische Autorität anerkannt. Er gab ihnen Aufgaben, meist Lektüre oder bestimmte Gebete. Auch sollten sie ihre Gedanken dazu aufschreiben, um sie später mit den anderen zu diskutieren.[15] Dass Karol Wojtyła einem solchen Zirkel angehörte, war nicht ungewöhnlich: In ganz Polen entstanden in diesen Jahren solche Gebetskreise. Die Besatzung wurde als Zeit des Leidens verstanden, wie es die Messianisten Mickiewicz und Słowacki beschrieben hatten, auf die aber Erlösung folgen würde, wenn das Volk sich wieder Gott zuwandte.

Für die Mitglieder des Lebendigen Rosenkranzes stand auch außer Frage, dass sie Juden helfen müssten, sich vor den deutschen Besatzern zu verstecken. Die Diskussionen über christliche Lebensführung gingen immer wieder ins Politische über. Karol Wojtyła beteilgte sich nicht an den Debatten über die Fehler der Politiker der Vorkriegszeit.[16] In einem Brief an einen in Wadowice zurückgebliebenen früheren Schulkameraden legte er seine Sicht über die «September-Katastrophe» dar, wie die totale Niederlage und die Zerschlagung des polnischen Staates durch die deutschen und sowjetischen Besatzer genannt wurden: Polen sei untergegangen, weil es am Geist Mickiewiczs, Słowackis und Norwids gefehlt habe. Die Menschen hätten stattdessen um das goldene Kalb getanzt. «Polen ist wie Israel untergegangen, weil es das messianische Ideal nicht erkannt hat», schrieb er.[17]

In dieselbe Richtung gingen seine Ansichten über die polnische Gesellschaft, die er in einem Brief an Mieczysław Kotlarczyk ausführte, seinen ehemaligen Lehrer und Leiter des Laientheaters in Wadowice: «Die Idee des gerechten Polen lebte in uns wie in der Generation der Romantik, aber eigentlich war sie nicht da, weil man den Bauern misshandelt und eingekerkert hat nur dafür, dass er sein Recht auf Selbstverwaltung forderte, dass er seine eigene geistige Würde spürte, dass er ein richtiges Gespür für das Recht hatte. Man irrte herum und es wurde gelogen, und seine Söhne wurden, wie zu Zeiten der Teilungen, von widrigen Winden durch die Welt gejagt. Warum? Damit sie nicht in den Gefängnissen unseres Vaterlands schmachteten. Haben wir uns wirklich von der Fremdherrschaft befreit? Ich denke, unsere Befreiung muss durch das Tor zu Christus geschehen.»[18]

Mit mehreren Mitgliedern des Lebendigen Rosenkranzes schloss sich Karol Wojtyła einer weiteren Untergrundgruppe an, die sich Unia (Union) nannte. An den polnischen Messianismus anknüpfend proklamierten die Mitglieder die Union der Menschen mit den Menschen, der Nationen mit den Nationen und die Union aller Menschen mit Christus. Unter Bezug auf das Urchristentum übten sie harte Kritik am kapitalistischen System; an die Stelle der Nationalstaaten sollte ein Staatenbund der Völker Europas treten. Politik müsse grundsätzlich auf der christlichen Moral, die Gesellschaft auf der Solidarität unter den Menschen beruhen. Im Krieg sei die Bildungsarbeit für die Jugend im Untergrund von fundamentaler Bedeutung, beginnend mit den Werken Mickiewiczs, Słowackis und Norwids.[19]

Zwangsarbeit, Askese und Meditation

Trotz seiner Zurückhaltung in den Diskussionen wurde Wojtyła als Radikaler wahrgenommen, der sozialistische Ideen mit christlichem Humanismus verbinden wolle. Manche seiner Kameraden im Untergrund nannten ihn gar einen Sozialisten. Er unterhielt freundschaftliche Kontakte zu engagierten Linken, die seine vom Glauben geprägte Sicht auf die Welt nicht teilten, unter ihnen war ein erklärter Kommunist.[20]

Viele Mitglieder der Unia wollten mit der Waffe in der Hand gegen die Besatzer kämpfen und schlossen sich der Untergrundarmee AK an. Karol Wojtyła lehnte dies für sich entschieden ab. «Die Vorsehung lenkt unser Schicksal», erklärte er. Das Gebet sei die einzige wirkungsvolle Waffe.[21] Er wolle lieber seinen Beitrag zum «kulturellen Widerstand» leisten, sagte er seinen Kameraden, die sich den «Menschen aus dem Wald» anschlossen, wie die Partisanen genannt wurden, die Anschläge auf die Besatzer verübten. Es gelte, die jetzige junge Generation auf die Zeit nach dem Krieg vorzubereiten.[22]

Vom verbotenen Theater zum verbotenen Priesterseminar

Kultureller Widerstand – das bedeutete für ihn zuerst das Untergrundtheater. Aus Wadowice war mittlerweile der Theaterregisseur Mieczysław Kotlarczyk nach Krakau gekommen, er gehörte zu den Polen, die die Deutschen von dort vertrieben hatten. Kotlarczyk scharte eine Gruppe junger Leute um sich, um im Untergrund Theaterstücke aufzuführen. Auch dies war ein gefährliches Unterfangen: Im Falle einer Entdeckung durch die Gestapo drohte allen Teilnehmern die Deportation nach Auschwitz, denn für die Polen durfte es keine Kulturprogramme geben.

Die Gruppe nannte sich Rhapsodisches Theater. Der Name bezieht sich auf das geschichtsphilosophische Epos «König-Geist» von Juliusz Słowacki, der diesem selbst den Untertitel «Rhapsode» gegeben hat, die Bezeichnung für wandernde Sänger im antiken Griechenland. Im Sinne Słowackis und der anderen Romantiker wollten Kotlarczyk und seine Schauspieler an die vergangene Größe des christlichen Polen erinnern, um ihren Beitrag zur moralischen Erneuerung der Gesellschaft zu leisten, die durch den Krieg demoralisiert und teilweise auch verroht war.

Eine Bühnenversion von «König-Geist» war eines der ersten Stücke, die die Gruppe in einer Privatwohnung aufführte. Es handelt vom historisch belegten Konflikt aus dem 11. Jahrhundert zwischen König Bolesław dem Kühnen und dem Krakauer Bischof Stanisław, der dem Herrscher seinen unmoralischen Lebenswandel und Ungerechtigkeiten gegenüber den Untertanen vorwarf. Auch stellte sich der Bischof gegen die Versuche des Königs, die Rechte des Adels zu beschneiden. Bolesław verurteilte ihn wegen Verrats zum Tode; da der Henker sich aber der Überlieferung zufolge weigerte, das Urteil zu vollstrecken, erschlug der König persönlich den Kirchenmann. Wojtyła übernahm die Rolle des Bolesław. Es erstaunte seine Mitspieler und die Zuschauer, dass er von dem bisherigen Rollenbild eines unmoralischen Gewaltmenschen abwich und diesen als sündig, aber auch reumütig und von Gewissensbissen gepeinigt darstellte.[23] Auch in mehreren anderen Stücken übernahm er die Hauptrolle. Seine Bühnenpartnerin war meist Halina Królikiewicz, mit der er sich bereits in Wadowice angefreundet hatte.

Die anderen Stücke, unter anderem von Mickiewicz, kreisten um dasselbe Thema: Widerstand im christlichen Geist gegen eine ungerechte Herrschaft – eine Allegorie auf die Gegenwart, auf die deutsche Terrorherrschaft im besetzten Polen. Die Macht des Wortes ist letztlich stärker als die Gewalt, das war die Botschaft, die Regisseur Kotlarczyk vermitteln wollte. Karol Wojtyła brachte seinen geistigen Mentor Jan Tyranowski, den Begründer des Lebendigen Rosenkranzes, zu mehreren Aufführungen mit. In seinen Augen verfolgten beide Gruppen, in denen er sich engagierte, dasselbe Ziel: die Vorbereitung auf die Zeit nach dem Krieg, in der ein besseres, gerechteres Polen geschaffen werden solle.

Wojtyła sah in der Kunst die höchste Form des Lobs Gottes, und so lehrte es auch Kotlarczyk, der zur Einstimmung bei der Erarbeitung eines neuen Stücks religiöse Texte lesen ließ. Einer der Zuschauer beschrieb die Aufführungen des Theaters mit den Worten: «Das war Mission, Sendungsbewusstsein, Berufung, das war Priestertum der

Kunst. Die Schauspieler als Priester der Kunst vermittelten höchste metaphysische Werte. [...] Das war die Ideologie, die der ‹Hohepriester› Kotlarczyk verkündete.»[24]

Das Rhapsodische Theater zeigte insgesamt sieben Stücke in 22 Aufführungen, die Gruppe hatte mehr als 100-mal dafür geprobt. Ihre Treffen fanden streng konspirativ statt. Stets musste der Eingang zu dem Haus, in dem sich die Gruppe versammelte, im Blick gehalten werden, da jederzeit deutsche Patrouillen hätten kommen können. Wojtyła war bei seinen Mitspielern beliebt. Er machte Scherze und lachte selbst laut über gute Witze. Er beeindruckte die anderen mit seinem phänomenalen Gedächtnis: Schwierige Rollen lernte er rasch, lange Monologe bereiteten ihm keine Probleme; nebenbei eignete er sich bei den Proben die Texte der Mitspieler an und konnte manches Mal soufflieren.

In dieser Zeit schrieb er selbst drei Dramen zu Themen aus dem Alten Testament. Die Texte las er seiner Theatergruppe vor, sie wurden ausführlich diskutiert. In «Hiob» stellte er scheinbar sinnloses Leiden als Prüfung durch Gott dar. Zunächst murrten seine Mitspieler, sie störten sich an der pessimistischen Aussage des Stücks. Doch Wojtyła legte ihnen dar, dass der biblische Hiob für die Prüfung Polens im Krieg stehe.[25] «David» hat den Kampf des scheinbar Schwachen und Unterlegenen gegen einen übermächtigen und gewalttätigen Gegner zum Gegenstand; dieser Kampf könne allein durch Vertrauen in Gott gewonnen werden. In «Jeremias» ruft der Prophet das sündige und dekadente Volk Israel zur Umkehr auf; andernfalls drohe ihm ewige Versklavung – auch hier war das Vorkriegspolen gemeint.

Überraschend teilte Wojtyła der Theatergruppe im Frühjahr 1942 mit, dass er sich zurückziehe. Er habe beschlossen, Priester zu werden. Er habe es sich sehr lange überlegt und sich auch mit seinem Beichtvater, Kaplan Figlewicz, beraten. Der Theaterleiter Kotlarczyk versuchte in einem mehrstündigen Gespräch, Wojtyła umzustimmen. Gott habe ihm ein besonderes Talent zum Schauspielen gegeben, argumentierte er – Ausstrahlung, Stimme und Sensibilität. Vergeblich: Der 22-Jährige blieb bei seinem Entschluss. Doch hielt er zeitlebens Kontakt zu Mitgliedern der Theatergruppe. Auch als er längst Bischof war, nannten sie ihn weiterhin «Lolek».[26]

Später legte Wojtyła dar, dass der Schneider Tyranowski ihn auf diesen Weg gebracht habe. Auch die tägliche Erfahrung der Erniedrigung und der Ohnmacht sowie seine grundsätzliche Ablehnung gewaltsamen Widerstands hätten in ihm diese Entscheidung reifen lassen.[27] Insgesamt sind elf der etwa fünf Dutzend jungen Männer, die im Krieg dem Lebendigen Rosenkranz angehörten, Priester geworden.

Die Deutschen hatten Polen jegliches Studium verboten. Doch Wojtyła hatte in Erfahrung gebracht, dass Erzbischof Sapieha ein geheimes Seminar eingerichtet hatte, das dieser selbst leitete. So ging er zum Erzbischöflichen Palais, sorgfältig darauf achtend, dass er nicht einer deutschen Patrouille in die Hände fiel. Sapieha erinnerte sich an das erste Zusammentreffen der beiden in Wadowice und nahm ihn in das Untergrundseminar auf.[28]

Wojtyła wurde aufgetragen, mit niemandem darüber zu reden, auch nicht mit Verwandten und Freunden. Denn die Gestapo hatte ausdrücklich verboten, neue Seminaristen aufzunehmen, und unter den Polen mangelte es nicht an Zuträgern. Sapieha hatte hinnehmen müssen, dass mehrere seiner Theologiestudenten nach Auschwitz deportiert wurden, andere wurden sofort von der SS erschossen.

Der Generalgouverneur Hans Frank hatte intern die polnischen Priesterseminare «Brutstätten des Deutschen-Hasses» genannt.[29] Den Erzbischof, der ihm höchst lästig war, weil er gegen den Alltagsterror und besonders gegen die Verfolgung der Juden protestierte, wagte er aber zunächst nicht anzutasten. Die Nazi-Führung fürchtete offenbar den Protest von Pius XII., wenn Sapieha offenen Repressalien ausgesetzt oder gar verhaftet würde. Der polnische Erzbischof war im Vatikan hochangesehen, vor dem Ersten Weltkrieg war er Päpstlicher Kämmerer in Rom gewesen.

Der Gestapo war nicht entgangen, dass der unbeugsame Sapieha nun für viele Polen die höchste Autorität im Land geworden war, auch weil er im Gegensatz zur Vorkriegsregierung und zum katholischen Primas Hlond nicht vor den Deutschen geflohen war, sondern das Los seiner Landsleute teilte. Um seinen Ruf zu schädigen, versuchte Frank, ihn zu einer Demutsgeste gegenüber den Besatzern zu drängen, und lud sich selbst im Erzbischöflichen Palais zum Essen ein. Sapieha ließ Schwarzbrot aus Bucheckern, Marmelade aus roten Rüben und Ersatzkaffee servieren. Als Frank sich darüber indigniert zeigte, entgegnete der Gastgeber, dass alles auf die von den Deutschen verfügten Lebensmittelkarten eingekauft worden sei, Frank habe doch nicht etwa erwartet, dass man auf den Schwarzmarkt gehe.[30]

Doch musste Sapieha ohnmächtig hinnehmen, dass die Gestapo Priester und Nonnen grausam verfolgte. Überdies zerstörte die SS systematisch Kapellen und Kirchen; nur wenige blieben für Gottesdienste geöffnet. Sämtliche katholischen Organisationen waren verboten. Die Polen erlebten somit die deutsche Besatzung auch als Christenverfolgung. Die SS-Kommandos machten sich einen besonderen Spaß daraus, nach der Sonntagsmesse Kirchenbesucher abzufangen, um sie zur Zwangsarbeit ins Reichsgebiet zu deportieren. 1500 polnische Geistliche wurden ins KZ Dachau gebracht, viele von ihnen wurden dort gefoltert, ein Großteil überlebte das Lager nicht. Insgesamt fanden während der deutschen Besatzung rund 2000 polnische Geistliche den Tod, darunter fünf Bischöfe.[31]

Sapieha zeichnete Wojtyła unter den anderen Seminaristen im Untergrund wiederholt aus: Er durfte dem Erzbischof bei Messen in der Kapelle des Palais als Ministrant assistieren.[32] Alle Priesteramtsanwärter sollten weiter ihrer bisherigen Tätigkeit nachgehen; so blieb der geheime Theologiestudent Wojtyła Klärwärter in der Solvay-Fabrik. Während der Arbeitszeit las er die Werke, die ihm als Lektüre aufgegeben waren. Die ersten Texte stammten von Aristoteles und Thomas von Aquin; hinzu kamen die Kommentare zu den prägenden Theologen des Mittelalters. Sie hätten ihm anfangs große Probleme bereitet, bekannte er später, aber er habe sich durchgebissen.[33]

Am 29. Februar 1944 wurde er auf dem Weg zur Arbeit von einem deutschen Militärlastwagen erfasst und zu Boden geschleudert. Ein Wehrmachtsoffizier ließ den Bewusstlosen in ein Krankenhaus bringen und rettete ihm vermutlich dadurch das Leben, wie später Zeugen berichteten. Nach neun Stunden wachte Karol Wojtyła wieder auf. Er blieb zwei Wochen im Krankenhaus, dann kehrte er in die Solvay-Fabrik zurück. Dass er dem Tod nur knapp entronnen war, nannte er später ein Zeichen Gottes, dass er für besondere Aufgaben auserwählt sei.[34]

Im Sommer 1944 wurde das Leben der Seminaristen noch gefährlicher als zuvor. Am 1. August brach der Warschauer Aufstand aus, bei dem die Untergrundarmee AK zunächst den Besatzungstruppen erhebliche Verluste zufügte. Um ein Übergreifen des Aufstands auf Krakau zu verhindern, verhaftete die SS Tausende Männer. Höhepunkt der Massenverhaftungen war der 6. August, der als «Schwarzer Sonntag» in die Geschichte der Stadt einging. Gemeinsam mit mehreren anderen Personen versteckte sich Wojtyła im Keller eines Hauses, kurz bevor ein SS-Kommando anrückte. Die SS-Männer stürmten sofort in die oberen Stockwerke und übersahen die Kellertür.

Sapieha ging nun ein weiteres Wagnis ein: Er gab den Seminaristen, die den Razzien entgangen waren, Unterkunft in seinem Palais. Sie bekamen Soutanen und gefälschte Papiere, die sie als Priester auswiesen. Kaplan Figlewicz bekam den Auftrag, in der Solvay-Fabrik den polnischen Vorarbeiter zu überreden, Wojtyła von der Liste der Arbeiter zu streichen.[35] Der neue Seminarist erklärte dem Erzbischof, dass er angesichts der Schrecken, deren Zeuge er täglich geworden sei, ins Kloster gehen werde. Doch Sapieha verbot ihm förmlich, Mönch zu werden: Solche Männer wie er würden als Seelsorger gebraucht.[36]

Am 17. Januar 1945 verließen die Deutschen Krakau kampflos. Aus Berlin war der Befehl gekommen, die historischen Gebäude und Brücken zu sprengen. Es existieren zwei Versionen, warum dies nicht geschah: Ein Wehrmachtsgeneral habe diesen Befehl ignoriert oder Kämpfer der AK hätten die bereits vorbereiteten Sprengladungen rechtzeitig entschärft. Karol Wojtyła beteiligte sich an den Aufräumarbeiten. Eines Tages kam ein russischer Soldat in das Erzbischöfliche Palais mit einem überraschenden Anliegen: Er wolle über Gott reden. Wojtyła mit seinen Grundkenntnissen des Russischen unterhielt sich mehrere Stunden lang mit ihm.

In seiner Ansprache zum 50. Jahrestag des Kriegsendes erklärte

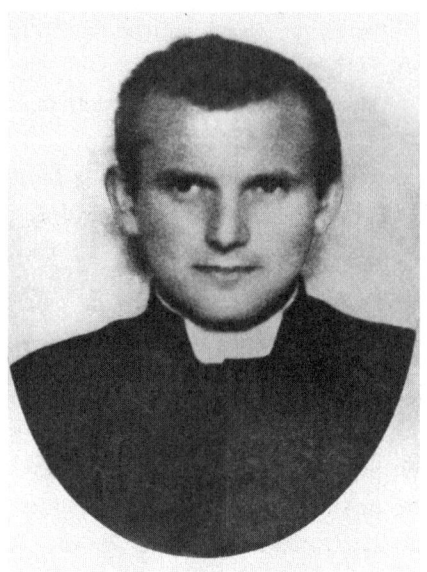

*Der junge Kaplan, der nach dem
Studium in Rom zunächst in
einem abgelegenen kleinen
Bauerndorf eingesetzt wurde*

er: «Nach einem halben Jahrhundert bewahren Einzelpersonen, Familien und Völker noch immer die Erinnerung an jene schrecklichen Jahre: Erinnerungen an Angst, Gewalt, große Not, Tod; dramatische Erfahrungen schmerzvoller Trennung in einer Zeit, in der es keine Sicherheit und keine Freiheit gab; unauslöschliche Erschütterungen durch grenzenlose Vernichtung.»[37]

3. SUCHE NACH NISCHEN IM STALINISMUS

Das Ende des Zweiten Weltkriegs bedeutete für Polen gewaltige und chaotische Umwälzungen. Die Westalliierten hatten auf der Konferenz von Jalta im Februar 1945 die Annexion der Ostregionen Polens durch die Sowjetunion anerkannt. Auf der Konferenz von Potsdam einigten sich die Siegermächte im August 1945 überdies darauf, im Gegenzug die damaligen deutschen Ostgebiete unter polnische Verwaltung zu stellen; über die endgültige neue Westgrenze Polens sollte eine künftige Friedenskonferenz entscheiden. Die Entscheidungen der Siegermächte bedeuteten die Zwangsumsiedlung von mehr als anderthalb Millionen Polen sowie die Vertreibung von rund fünf Millionen Deutschen, die in den Gebieten östlich von Oder und Neiße zurückgeblieben waren. Gleichzeitig kehrten mehrere Hunderttausend polnische Zwangsarbeiter aus dem besiegten Deutschland in ihre Heimat zurück, in der ein Großteil der Infrastruktur durch den Krieg zerstört war. Auch von der Innenstadt Warschaus waren nur Ruinen geblieben, die Deutschen hatten nach dem Aufstand der Untergrundarmee AK im Spätsommer 1944 Haus für Haus gesprengt.

Das Kriegsende markierte für Polen auch den Anfang einer neuen Fremdherrschaft. Denn die Rote Armee und die Geheimdienste Moskaus hatten die Aufgabe, ein von Moskau abhängiges Regime zu errichten. Die Reste der AK gingen wieder in den Untergrund und führten nun einen Kampf gegen die sowjetischen Besatzer und deren polnische Statthalter, die das Land mit Gewalt zu einer sozialistischen Volksrepublik umgestalten wollten. Anschläge waren an der Tagesordnung; die von Kommunisten kontrollierten und militärisch organisierten Geheimdienste Moskaus und Warschaus schlugen gnadenlos zurück. In diesem nicht erklärten Bürgerkrieg

kamen Zehntausende Menschen um, die meisten bei Vergeltungs-
aktionen des von Moskau gestützten Regimes, das auch vor politischen Morden nicht zurückschreckte. Vor dem Hintergrund dieser
Auseinandersetzungen kam es auch zu einer Gewaltwelle gegen
polnische Juden, die den Holocaust überlebt hatten und in ihre Häuser zurückkehren wollten, diese aber bereits besetzt vorfanden.
Trauriger Höhepunkt war der Pogrom von Kielce im Juni 1946, bei
dem ein Mob, der überwiegend aus katholischen Polen bestand,
mehr als 40 jüdische Bürger ermordete.

In dieser Zeit der blutig ausgetragenen Machtkämpfe und Sozial-
konflikte setzte Wojtyła sein Theologiestudium fort, nun nicht mehr
im Untergrund. In Warschau amtierte zunächst eine Koalitionsregie-
rung. Die in Moskau geschulten polnischen Kommunisten, die Schlüsselpositionen in der Armee, in Polizei und Geheimdienst sowie im Jus-
tizapparat besetzt hatten, wagten noch nicht den offenen Kampf gegen
die Kirche, solange ihre Machtposition nicht gefestigt war. Doch zeichneten sich bereits große Spannungen ab, denn der Vatikan unterhielt
weiterhin diplomatische Beziehungen zur polnischen Exilregierung in
London.

Warschau kündigte das bisherige Konkordat auf, mit der Begrün-
dung, der Vatikan selbst habe dies im Krieg gebrochen, als er den
deutschen Bischof von Danzig, Carl Maria Splett, als Administrator
der polnischen Nachbardiözese Chełmno (Kulm) eingesetzt hatte.
Aus der Sicht Pius' XII. war dies eine zeitlich begrenzte Notfallmaß-
nahme gewesen: Die SS hatte den polnischen Bischof von Chełmno
mitsamt einem Großteil des dortigen Klerus ins KZ deportiert, ein
Teil der Priester war ermordet worden. Da die deutschen Besatzer
angekündigt hatten, keinen polnischen Nachfolger zu dulden, wurde
Splett vom Vatikan mit der Verwaltung des verwaisten Bistums
beauftragt. Splett war nach dem Ende des Krieges in Danzig zurückgeblieben. Im August 1945 drängte ihn der nach Polen zurück-
gekehrte polnische Primas Hlond ohne Rücksprache mit dem Vatikan zum Rücktritt. 1946 wurde Splett in einem Schauprozess wegen
«Polenfeindlichkeit» und «Germanisierung des polnischen Volkes»
zu acht Jahren Gefängnis verurteilt.

Suche nach Nischen im Stalinismus

Karol Wojtyła hatte als Assistent am wiedereröffneten Theologischen Institut der Jagiellonen-Universität, wo er Einführungsseminare über die Geschichte der katholischen Dogmatik hielt, eine erste Anstellung gefunden. Er arbeitete in dieser Zeit seine Kriegserfahrungen in einem Gedicht mit dem Titel «Lied über den verborgenen Gott» auf. Es wurde in einem der katholischen Blätter publiziert, die in den ersten beiden Nachkriegsjahren noch existierten, allerdings nicht unter seinem Namen, sondern anonym. Es ist beeinflusst von dem spanischen Mystiker Johannes vom Kreuz, mit dem sich Wojtyła seit seiner Zeit im Lebendigen Rosenkranz eingehend beschäftigte.

Im Februar 1946 wurde sein Mentor Adam Stefan Sapieha in Rom von Pius XII. zum Kardinal ernannt. Bei der Rückkehr nach Krakau empfing ihn eine riesige Menschenmenge am Hauptbahnhof und begleitete ihn im Triumphzug zum Erzbischöflichen Palais.[1] Die kommunistisch kontrollierte Geheimpolizei UB beobachtete die Szene, Sapieha wurde auf Schritt und Tritt überwacht. Drei Monate später setzte der UB seine paramilitärischen Einheiten ein, als am 3. Mai, dem Jahrestag der Verabschiedung der ersten polnischen Verfassung von 1791, mehrere Tausend Studenten sich zu einem Marsch formierten, um gegen politischen Terror zu demonstrieren, unter ihnen der Theologiestudent Wojtyła. Die kommunistischen Behörden hatten den Marsch verboten; die damalige Verfassung hatte sich gegen die Teilungsmächte, darunter das Zarenreich, gerichtet, die damals schon mehrere Regionen Polens annektiert hatten. Die schwer bewaffneten UB-Einheiten versuchten, unterstützt von sowjetischen Panzerwagen, die Kundgebung auseinanderzutreiben. Sie schossen in die Menge, es gab mehrere Tote. Mehrere Hundert Demonstranten wurden festgenommen, darunter der Jurastudent Andrzej Maria Deskur, mit dem sich Wojtyła angefreundet hatte. Deskur spielte später eine wichtige Rolle in seinem Leben.[2]

Wojtyła selbst entging der Festnahme. Wie nach der Öffnung der Geheimdienstarchive mehr als ein halbes Jahrhundert später bekannt wurde, stand er damals bereits auf der Beobachtungsliste des UB. Denn er war an der Universität zum stellvertretenden Vorsitzenden der Brüderlichen Akademischen Hilfe gewählt worden, eines Vereins, der arme und in Not geratene Studenten unterstützte. Vorsitzender war sein Freund Deskur. Der UB sah in dem Verein einen Hort anti-kommunistischer Umtriebe, obwohl die Mitglieder sich ausdrücklich nicht als politische, sondern als soziale Aktivisten verstanden.[3] Die Geheimpolizei interessierte sich auch für das Rhapsodische Theater, das weiterhin bestand.[4]

Am 1. November 1946, dem Allerheiligentag, weihte Kardinal Sapieha in der Kapelle des Erzbischöflichen Palais Wojtyła zum Pries-ter. Er war der einzige an diesem Tag, das war eine Auszeichnung. Die Primiz, seine erste Messe als Priester, las er in der Krypta der Wawel-Kathedrale, auch dies eine besondere Ehre.

Zwei Wochen später bestieg er den Zug nach Paris, um von dort nach Rom weiterzureisen. Sapieha hatte ihn zum Studium an das Angelicum abgeordnet, eine Päpstliche Universität, die der Domi-nikanerorden führte. Nach Meinung polnischer Historiker wollte Sapieha nicht nur die wissenschaftliche Laufbahn seines Schützlings fördern, sondern ihn auch vor der drohenden Drangsalierung durch den UB schützen.[5]

Römische Studien und Begegnungen

Für den 26-Jährigen öffnete sich in Rom eine völlig neue Welt. Er erlebte die kulturelle Vielfalt in einer freien Atmosphäre ebenso wie die großen Unterschiede zwischen Arm und Reich. Auch erfuhr er von den fundamentalen politischen Konflikten, die die Kirche unmit-telbar betrafen: Sollte sie sich der bolschewistischen Gefahr, wie sie Pius XII. beschwor, erwehren, indem sie eine neue christdemokrati-sche Partei und somit auch den Aufbau der Demokratie unterstützt? Oder sollte sie auf ein autoritäres Regime setzen, das die Kirche be-günstigt und von dieser im Gegenzug unterstützt wird? Ein solches Regime hatte sich in Spanien herausgebildet, und der nationalkatho-lische Diktator Franco hatte im Vatikan unter Pius XII. viele Sympa-thisanten. Überdies war die Kirche unter großen Druck geraten, weil die italienischen Kommunisten immer stärker aufkamen. Sie waren dogmatische Stalinisten, doch viele Intellektuelle übersahen dies in ihrer Begeisterung für die Heilslehren des Kommunismus und dem Wunsch, ein neues, postfaschistisches Italien aufzubauen. Wojtyła verfolgte diese Debatten aufmerksam, er bildete sich seine eigene Meinung, die sich auch in seinen Publikationen niederschlug, beginnend mit der in Rom verfassten Dissertation: Der Mensch dürfe nicht gegen seinen Willen zu Überzeugungen und Handlungen gezwungen werden.

Da es im Polnischen Kolleg für Theologiestudenten keine freien Zimmer gab, musste er eine andere Unterkunft suchen, er fand sie im Belgischen Kolleg. Es war eines der kleineren Häuser unter den zahlreichen Adressen für Priester, die vorübergehend in die Ewige Stadt kamen, es hatte nur 22 Plätze. Karol Wojtyła sah dies als großen Vorteil an: Jeden Tag musste er Französisch sprechen, auch freundete er sich mit jungen Priestern aus Belgien und Frankreich an.[6] Einige von ihnen waren bisher in Arbeitervierteln eingesetzt; sie legten ihm dar, dass es zu den vordringlichen Aufgaben der Kirche gehören müsse, sich für die Benachteiligten, Ausgebeuteten und Frustrierten des kapitalistischen Systems einzusetzen.

Zu den Bewohnern des Hauses gehörten fünf Amerikaner, mit denen er sich nicht nur angeregt unterhielt, sondern auch oft Basketball spielte. So machte er auch im Englischen große Fortschritte. Außerdem lernte er intensiv Italienisch und konnte seine neu erworbenen Sprachkenntnisse sofort anwenden: Auf eigenen Wunsch half er in einer Pfarrei in einem Arbeiterviertel aus.

Den Fremdsprachen, die er mit großer Disziplin lernte, näherte er sich über die Grammatik. Dazu gehörten auch Hebräisch und Altgriechisch; ebenso setzte er aus freien Stücken seine Studien in Altkirchenslawisch fort. Ganz offenbar verfügte er über die Gabe, die grammatischen und semantischen Strukturen sehr schnell zu erfassen und dabei die einzelnen Sprachen, die er gleichzeitig erlernte, nicht durcheinanderzubringen. Überdies konnte er sich beim Vokabellernen auf sein exzellentes Langzeitgedächtnis verlassen, das ihn auch beim Erkennen von Gesichtern nicht im Stich ließ. Später als Papst erkannte er auf Anhieb auch Personen wieder, die er jahrzehntelang nicht gesehen hatte und die in der Zwischenzeit entsprechend gealtert waren.

Mit Kommilitonen nutzte er jede Gelegenheit, möglichst viele Winkel und Ecken Roms kennenzulernen, aber auch die italienische Provinz zu erkunden. Sein Freund Andrzej Maria Deskur berichtete später, mit einer kleinen Gruppe habe Karol Wojtyła den damals schon umstrittenen Pater Pio besucht, der als Prophet und Wunderheiler verehrt wurde, weil sich bei ihm Stigmata, die Wundmale des gekreuzigten Christus, gezeigt hätten. Der Ordenspriester habe ihm die Beichte abgenommen und ihm anschließend vorausgesagt, er werde «den höchsten Posten der Kirche» erreichen. Wojtyła habe nach seiner Ernennung zum Kardinal zwei Jahrzehnte später Freunden gesagt, dass sich nun die Weissagung des Paters Pio erfüllt habe.[7]

Nachdem er im Juli 1947 seinen Magister in Theologie mit der Bestnote absolviert hatte, reiste Wojtyła mit einem polnischen Kommilitonen zwei Monate durch Westeuropa; Kardinal Sapieha hatte sich bei seinen alten Kontakten im Vatikan dafür eingesetzt, dass sie eine kleine Summe an Reisegeld bekamen. Sie kamen bei einheimischen Priestern unter, die sie zuvor in Rom kennengelernt hatten oder deren Adressen sie von gemeinsamen Bekannten bekommen hatten. Die erste Station war Marseille, wo sie einen Arbeiterpriester im Hafenviertel mehrere Tage lang begleiteten. In Paris erfuhren sie von den heftigen politischen Kämpfen zwischen Konservativen, Liberalen, Sozialdemokraten und Kommunisten; letztere folgten auch in Frankreich blind den Vorgaben Stalins. Weiter ging es in die nordfranzösischen Industriegebiete, wo sich Wojtyła ebenfalls für die Arbeitermission interessierte. Frankreich, in dem einst stolze gotische Kathedralen erbaut worden waren, war seit 1905 offiziell ein laizistischer Staat, in dem die Religionsgemeinschaften keine Unterstützung durch Regierung und Behörden zu erwarten hatten.

Einen Monat blieben die beiden Jungpriester danach im belgischen Bergbaugebiet um Charleroi. Sie erlebten, dass Arbeiterpriester die Protestkundgebungen und Streiks für höhere Löhne und bessere Arbeitsbedingungen unterstützten. Wojtyła irritierte allerdings, dass manche der Priester dabei gemeinsame Sache mit kommunistischen Agitatoren machten. Für ihn waren aufgrund seiner Erfahrungen in Polen und auch des Studiums der marxistischen Literatur die Parole

Suche nach Nischen im Stalinismus

grundfalsch, dass der Kommunismus eine bessere Gesellschaft und einen neuen Menschen schaffen werde, da diese Ideologie den freien Willen des Menschen ignorierte. Er fuhr selbst in ein Bergwerk ein, um sich ein Bild vom Alltag unter Tage zu machen. In der Region arbeiteten auch viele Polen; zu ihnen hatte vor dem Krieg der spätere Chef der Polnischen Vereinigten Arbeiterpartei (PZPR) Edward Gierek, gehört. Wojtyła las Messen für seine Landsleute, nahm die Beichte ab und hörte viele Klagen über die harte, schlecht bezahlte und gesundheitsschädliche Arbeit. Wie er selbst später schrieb, schockierte und bekümmerte ihn die weitgehende «Entchristlichung» dieses Milieus, er habe seitdem unentwegt darüber nachgedacht, wie dem zu begegnen sei.[8]

Das dritte Land, das die beiden jungen Polen besuchten, waren die Niederlande. Erstmals lernte Wojtyła Kirchengemeinden in der Diaspora kennen. Den niederländischen Katholiken war es zwei Jahrhunderte lang verboten gewesen, neue Kirchen zu bauen und sich im öffentlichen Leben zu zeigen. Viele von ihnen waren deshalb, wie ihm eine mit einem Niederländer verheiratete Polin ausführlich vortrug, verbittert und verhärtet. In der Pfarrgemeinde herrsche eine bedrückende Atmosphäre, die von dogmatischer Pflichterfüllung und nicht von Freude an der Glaubenspraxis erfüllt sei, wie sie es in ihrer Kinder- und Jugendzeit in Polen vor dem Krieg erlebt habe. Doch Wojtyła sah auch andere Aspekte: Der permanente Druck von außen habe die Katholiken stark gemacht, sie hätten es gelernt, für ihre Interessen zu kämpfen: katholische Schulen, eine katholische Universität, es gab sogar eine katholische Partei im Parlament in Den Haag.

Auf dem Rückweg, den er allein antrat, machte Wojtyła Station im burgundischen Dorf Ars-sur-Formans, um die Wirkungsstätte von Jean-Marie Vianney (1786–1859), dem heiligen Pfarrer von Ars, zu besuchen. Vianney hatte täglich mehrere Stunden lang Gläubigen die Beichte abgenommen. Er hatte dabei ausführliche Gespräche geführt, die Kirchenhistoriker heute als psychotherapeutisch bewerten. Gläubige kamen von weit her, um sich ihm mit ihren seelischen Nöten zu öffnen. Wojtyła begriff, wie er später darlegte, dass das einfühlsame Beichtgespräch von fundamentaler Bedeutung nicht nur für die Glaubenspraxis ist, sondern auch für das individuelle Seelenheil und somit für das Zusammenleben in der Gesellschaft. Er wusste sehr gut, dass die Praxis in vielen Beichtstühlen anders aussah: Viele Priester hörten eher desinteressiert zu und gaben routinemäßig als Buße mehrere Vaterunser oder das Beten des Rosenkranzes auf. Das konnte seiner Auffassung nach keine echte Buße sein, deren Wesenskern müssten Gewissenserforschung und Reue sein, begleitet vom Willen zu künftiger Besserung. In Ars habe er die Entscheidung gefällt, die Seelsorge, die er auch als psychologische Betreuung verstand, in den Mittelpunkt seines künftigen Wirkens zu stellen.[9]

Nach der Rückkehr nach Rom widmete er sich vor allem seiner Dissertation. Sein Doktorvater war der französische Dominikanerpater Réginald Garrigou-Lagrange; Wojtyła bezeichnete ihn später als seinen wichtigsten Lehrer. Er war einer der herausragenden Vertreter der Neoscholastik, einer rigiden Form des Thomismus, der Theologie und Gesellschaftslehre nach Thomas von Aquin; seine Schriften beeinflussten nach Meinung seiner Zeitgenossen in hohem Maße Pius XII.

Wie viele Dominikaner, die als konservativer Orden galten, stand Garrigou-Lagrange der «neuen Theologie» skeptisch gegenüber, die unter Berufung auf das Urchristentum die Sorge um die Benachteiligten in der Gesellschaft in den Mittelpunkt ihres Wirkens stellen wollte und daher gesellschaftliche Veränderungen forderte. Es war eine Richtung, die auch den Vorstellungen des jungen Karol Wojtyła entsprach. Er befand sich daher in einem offenkundigen intellektuellen Spannungsverhältnis zu seinem Doktorvater, das aber in den Hintergrund trat angesichts der gegenseitigen Sympathie und des beiderseitigen Interesses, Spiritualität und mystischer Tradition als theologischen Kategorien Geltung zu verschaffen. So stand Garrigou-Lagrange den seinerzeit viel diskutierten Versuchen, die traditionellen Gotteslehren mit der modernen Philosophie in Einklang zu bringen, entschieden ablehnend gegenüber. Wojtyła sollte es dennoch tun – ein Jahrzehnt später in seiner Habilitation über die Phänomenologie Max Schelers.

Der strenge französische Dominikaner erfuhr von dem an sozialen Fragen überaus interessierten jungen Priester aus Polen, dass dieser

Suche nach Nischen im Stalinismus

sich intensiv in das Werk des Johannes vom Kreuz eingelesen hatte. So trug er ihm auf, in seiner Dissertation die Glaubensdoktrin des spanischen Mystikers zu analysieren und historisch einzuordnen. Um die wichtigsten Texte im Original zu lesen, erarbeitete Wojtyła sich die Grundlagen der spanischen Grammatik und nahm ein Wörterbuch Spanisch-Deutsch zu Hilfe, da er in Rom ein spanisch-polnisches nicht auftreiben konnte.[10] Den Text der Dissertation verfasste er auf Lateinisch, es war somit ein polyglottes Unterfangen.

1948 reichte er die Dissertation mit dem Titel «Doctrina de fide apud S. Ioannem a Cruce» (Die Glaubensdoktrin nach Johannes vom Kreuz) ein. In ihr sind viele Erkenntnisse grundgelegt, die später die Theologie des Professors, Bischofs und Papstes ausmachten. Zum Beispiel das Verhältnis von Vernunft und Glaube: Gott und das Geheimnis des Glaubens lassen sich nicht einfach durch die Vernunft in einem Willensakt erkennen, sondern durch Hingabe und Kontemplation, durch die Begegnung mit dem lebendigen Gott, durch die Beziehung, die durch die Begegnungen wächst. So hatte es Johannes vom Kreuz beschrieben, und das entsprach auch den persönlichen Erfahrungen Karol Wojtyłas in den langen, dunklen Nächten während des Krieges.

Das Ziel des christlichen Lebens sei, Teilhabe an der göttlichen Natur zu erlangen, hatte Johannes vom Kreuz geschrieben. Auch für Wojtyła ist diese Beziehung zu Gott der Kern der *conditio humana*: Für ihn kann nicht nur der Mystiker diese Nähe zu Gott erreichen, sondern jeder Mensch, der sich auf den Weg zu Gott macht, der nach dem strebt, was über ihn selbst hinausgeht. Doch nur ein freier Mensch verfüge über den Raum für diese Verinnerlichung, nur in geistiger Freiheit könne Gott erkannt werden. Wer den Menschen den Weg zu Gott versperren wolle und ihnen das Denken vorschreibe, nehme ihnen somit das weg, was ihr tiefstes Wesen ausmache. In seiner Dissertation entwickelt Wojtyła die Grundzüge eines «christlichen Humanismus», das geistige Fundament für seine spätere Auseinandersetzung mit dem kommunistischen Regime. In diesem Sinne verurteilte er später aber auch Zwangstaufen, wie sie an Juden und den kolonisierten Völkern vollzogen worden waren.

Für seinen Doktorvater Garrigou-Lagrange war die Vorstellung, dass der Mensch in seiner Freiheit und Individualität Gott subjektiv erfährt, geradezu revolutionär. Dennoch bewertete er die Promotion mit der Gesamtnote «Summa cum laude». Sowohl in der schriftlichen als auch in der mündlichen Prüfung, die sich auch auf andere Bereiche der Theologie erstreckten, erreichte Wojtyła die höchstmögliche Punktzahl, die Dissertation aber bekam nur 18 von 20 Punkten. Der Grund lag aber nicht in seiner Argumentation, sondern vielmehr in seiner Sprache: Sie entsprach nicht dem rationalen Stil der dominikanischen Scholastik nach Thomas von Aquin, sondern hatte eine die Prüfer leicht irritierende poetische Note – hier schlug Wojtyłas Begeisterung für die Poesie durch. Doch den Doktortitel bekam er in Rom nicht, denn daran war die Veröffentlichung der Dissertation durch den Doktoranden geknüpft. Für den Druck aber hatte Wojtyła kein Geld.

Die zwei Jahre in Rom erweiterten nicht nur seinen persönlichen Horizont erheblich, sondern ermöglichten ihm, Kontakte fürs Leben zu knüpfen: Vier seiner Dozenten am Angelicum wurden später Kardinäle, ein Amerikaner, ein Franzose, ein Italiener und ein Ire. Sie öffneten dem polyglotten und kommunikationsfreudigen Polen später viele Türen im Vatikan und in der Weltkirche und wurden zum Grundgerüst seines internationalen Netzwerks.

Kulturkampf an der Weichsel

In Polen hatte sich währenddessen der ideologische Kampf der von Moskau eingesetzten neuen Machthaber gegen die eigene Bevölkerung weiter verschärft. Der Stalinist Bolesław Bierut, vor dem Krieg ein Agent der vom Kreml gesteuerten Kommunistischen Internationale (Komintern), hatte in Warschau mit Hilfe des sowjetischen Geheimdients alle innerparteilichen Konkurrenten ausgeschaltet, an erster Stelle den bisherigen Chef der PZPR Władysław Gomułka; dieser hatte einen «polnischen Weg zum Sozialismus» propagiert und war deshalb wegen «rechtsnationalistischer Abweichung» eingekerkert worden. Zehntausende wurden verhaftet und vom UB gefoltert. Bierut ließ den Stalinkult nach sowjetischem Vorbild einführen und Schauprozesse gegen Kritiker des Regimes ansetzen. Hunderte Todesurteile wurden gefällt und vollstreckt, fast 100 000 Personen zu Zwangsarbeit verurteilt. Die von der Partei gleichgeschaltete Presse führte Kampagnen gegen angebliche Spione und «Volksfeinde».

Der Kulturkampf der Partei erstreckte sich sogar auf den Sport. Der Traditionsclub Cracovia, zu dessen Anhängern Wojtyła gehörte, wurde zwar 1948 noch einmal polnischer Fußballmeister, doch von da an von den Sportbehörden bei jeder Gelegenheit benachteiligt, da er als Aushängeschild der «Bourgeoisie» galt. Er hatte sich sogar umbenennen müssen und hieß nun «Ogniwo» (Kettenglied). Nach sowjetischem Vorbild wurden die Vereine an Industriebetriebe, das Militär oder den Geheimdienst angeschlossen und mussten ihre Namen entsprechend ändern.

In jedem Stadtteil, jedem Dorf berichteten Spitzel über Äußerungen und Aktionen gegen die Parteiherrschaft; der UB legte Dossiers über mehr als fünf der insgesamt 30 Millionen Polen an. Da die kommunistische Führung die katholische Kirche als ideologischen Hauptfeind ansah, war nahezu jeder Priester von mehreren Spitzeln umstellt. Katholische Schulen und Vereine wurden verboten.

Einen der Anlässe für den offenen Kirchenkampf hatte Papst Pius XII. geliefert. Er hatte in einem Brief an die deutschen Katholiken vom 1. März 1948 die Hoffnung ausgedrückt, dass die vertriebenen Deutschen in ihre Häuser in den Oder-Neiße-Gebieten zurückkehren könnten: «Ist es wirklichkeitsfremd, wenn wir wünschen und hoffen, es mögen alle Beteiligten zu ruhiger Einsicht kommen und das Geschehene rückgängig machen, sofern es sich rückgängig machen lässt?»[11] Aus der Sicht des Vatikans gehörten diese Gebiete kirchenrechtlich nach wie vor zu Deutschland, ihre Grenzen waren durch Konkordate abgesichert. Überdies lag es dem Papst fern, die von Stalin gezogenen Grenzen anzuerkennen.

In den Wochen vor der Potsdamer Konferenz im Sommer 1945, die die umstrittenen Gebiete unter die Verwaltung Warschaus stellte, war allerdings der polnische Primas August Hlond zu den zurückgebliebenen deutschen Bischöfen gereist, darunter zu Carl Maria Splett in Danzig. Seinen Wagen mit dem Stander des Vatikans begleitete eine Ehreneskorte des polnischen Militärs. Er drängte die Bischöfe und Diözesanverweser, Abdankungsurkunden zu unterzeichnen, die nach seinen Worten im Vatikan aufgesetzt worden waren.[12]

Dies entsprach allerdings nicht den Tatsachen: Im Staatssekretariat des Vatikans war Hlond lediglich schriftlich ermächtigt worden, für die verwaisten Bischofssitze in Polen in den Vorkriegsgrenzen Apostolische Administratoren einzusetzen. Doch er hatte auch für die Oder-Neiße-Gebiete fünf polnische Administratoren ernannt. Als Pius XII. nach mehreren Wochen davon erfuhr, verhehlte er nicht, wie sehr er das Vorgehen Hlonds missbilligte.[13] Für ihn als langjährigen Diplomaten des Vatikans war eine Änderung der kirchenrechtlichen Unterstellung eines Bistums ein politischer Akt, der nur in Einklang mit den betroffenen Regierungen vollzogen werden konnte. Dies war aber selbst nach der Potsdamer Konferenz nicht möglich, da diese die Frage der polnischen Westgrenze offengelassen hatte.

Die neuen polnischen Administratoren wurden auf Anweisung Pius' XII. in den Päpstlichen Jahrbüchern nicht erwähnt, was eine schwere Brüskierung Hlonds bedeutete. Der kommunistischen Propaganda in Warschau war damit das Argument gegeben, dass der Papst die deutschen Revanchisten unterstütze. In einem Brief an Pius XII., der ein halbes Jahrhundert später bekannt wurde, räumte Hlond zwar ein, seine Vollmacht irrtümlich überschritten zu haben, als er die deutschen Bischöfe zum Rücktritt gedrängt hatte. Doch argumentierte er, dass die polnischen Umsiedler aus dem von der Sowjetunion annektierten Ostpolen, die nach Schlesien, Pommern und Ostpreußen gekommen waren, ohne Seelsorge von den kommunistischen Behörden zu einer polnischen Variante des «homo sovieticus» umerzogen werden könnten. Er traute den Parteiführern nicht, die in den ersten beiden Jahren nach dem Krieg sogar an Gottesdiensten teilgenommen hatten. Er nannte sie in dem geheimen Schreiben «Kommunisten, ungebildete Menschen und rachsüchtige Juden». Auch rühmte er sich dafür, dass dem «germanischen Protestantismus» in den Oder-Neiße-Gebieten nun ein Ende bereitet sei.[14]

Suche nach Nischen im Stalinismus

Einen zweiten Rückschlag bedeutete für Hlond das päpstliche Schreiben von 1948, das den deutschen Vertriebenen die Unterstützung des Vatikans signalisierte. Denn die polnische Presse berichtete ausführlich darüber und attackierte erneut den Vatikan als «Wegbereiter der deutschen Revanchisten». In einem Hirtenbrief distanzierte Hlond sich indirekt vom Papst: «Lasst euch nicht in die Irre führen und lasst nicht die Vermutung zu, die Kirche könnte die polnische Zukunft der wiedergewonnenen Gebiete in Frage stellen! Denn es gibt keinen Grund, warum die Kirche eine Verkleinerung Polens befürworten sollte.»[15]

Von Wojtyła sind keine Äußerungen zu diesem Streit zwischen der Kirchen- und der Parteiführung überliefert, der sich 1948 über mehrere Monate hinzog. Die Nachwirkungen sollten ihn aber fast ein halbes Jahrhundert später als Papst beschäftigen. Denn auch die deutschen Bischöfe protestierten gegen die Initiative, Hlond selig zu sprechen. Sie führten an, dass er bei seinen Gesprächen mit den von ihm zur Abdankung gedrängten deutschen Bischöfen die Unwahrheit über die Position des Vatikans gesagt habe und überdies dabei «ohne brüderliche Liebe» vorgegangen sei.

Hlond war auf dem Höhepunkt dieses Konflikts mit den Stalinisten gestorben. Zu seinem Nachfolger als Primas bestimmte Pius XII. überraschend den jüngsten der polnischen Bischöfe, den 47-jährigen Stefan Wysyzński. Vor dem Krieg hatte er sich in der christlichen Gewerkschaftsbewegung engagiert; die Ausbreitung des Kommunismus sah er als Folge von Fehlentwicklungen im Kapitalismus, darunter die Abkehr vom christlichen Menschenbild in einem Wirtschaftssystem, das nicht auf Interessenausgleich und Solidarität beruht, sondern das Gewinnstreben über alles stellt. Besonders setzte sich Wysyzński für die Verbesserung der Bildungschancen für Arbeiter- und Bauernkinder ein.

Während der Besatzung hatte er sich vor den Deutschen versteckt und beim Warschauer Aufstand die Untergrundarmee AK als Feldkaplan unterstützt. Die Wahl des Papstes war auf Wysyzński gefallen, weil dieser sich sowohl unter der deutschen Besatzung als auch in den ersten Jahren der kommunistischen Herrschaft als unbeugsam erwiesen hatte. Erst zwei Jahre vor seiner Erhebung zum Primas war er zum Bischof der Universitätsstadt Lublin geweiht worden. Er hatte dort Vorlesungen über sozialökonomische Themen gehalten, doch das akademische Milieu war ihm fremd geblieben – im Gegensatz zu Wojtyła, mit dem er auch nie persönlich warm werden sollte.

Kaplan für Bauern und Studenten

Der junge Wojtyła traf wenige Tage nach seiner Rückkehr nach Krakau im Sommer 1948 eine Entscheidung, die auf seinen Erkenntnissen zur unauflöslichen Verbindung zwischen Religion und freiem Willen beruhte, indes bei manchen seiner katholischen Landsleute auf Unverständnis stieß: Ihm wurde aufgetragen, einen sechsjährigen jüdischen Jungen zu taufen, dessen Eltern in Auschwitz ermordet worden waren. Die Mutter hatte vor ihrer Deportation in das Krakauer Ghetto den Kleinen katholischen Nachbarn übergeben, die ihn als eigenes Kind ausgaben und so durch den Krieg brachten. Verwandte dieser Pflegeeltern, über deren Schicksal nichts bekannt wurde, wollten ihn nun taufen lassen.

Doch Wojtyła erfuhr aus dem Brief, den die Mutter ihrem kleinen Sohn beigegeben hatte, dass dieser Angehörige in den Vereinigten Staaten hatte. Er sorgte dafür, dass er mit einer Gruppe jüdischer Auswanderer dorthin reisen konnte. Er verteidigte seine Entscheidung damit, dass der Junge ja bereits einer Religionsgemeinschaft angehöre und bei einem Kind nicht von einer freien Willensentscheidung die Rede sein könne.[16] Er hatte somit erstmals einen Schritt auf einem Weg getan, den er als Papst konsequent fortsetzen sollte: Faktisch verzichtete er auf den Anspruch der katholischen Kirche, die allein seligmachende zu sein. Gleichzeitig hatte er ein Bekenntnis gegen die Diskriminierung von Juden abgelegt, die im Polen der ersten Nachkriegsjahre oft in Gewalt umschlug.

In Wadowice nahm er an einem Klassentreffen zum 10. Jahrestag des Abiturs teil. Erstmals las er die Messe, bei der besonders der Klassenkameraden gedacht wurde, die im Krieg umgekommen waren: Es waren 13 von 40, ein knappes Drittel. Als Papst lud er viele Jahre

Suche nach Nischen im Stalinismus

später seine alten Klassenkameraden in den Vatikan ein; sie durften ihn weiter «Lolek» nennen.[17]

Kardinal Sapieha hatte eine neue Prüfung für ihn vorgesehen: Der Heimkehrer aus Rom mit den Bestnoten einer Päpstlichen Universität sollte sich in einem Bauerndorf bewähren. Es hieß Niegowić, lag 25 Kilometer südöstlich von Krakau inmitten von Wäldern und Feldern. Wojtyła kam dort zur Erntezeit im Spätsommer an, die letzten Kilometer ging er über die Felder, es gab keine Buslinie dorthin, ein Fuhrmann hatte ihn noch ein Stück des Weges mitgenommen. Seine Hose und seine Jacke waren abgetragen, seine gesamten Besitztümer trug er in einer alten Reisetasche. Als er den Ort erreichte, kniete er nieder und küsste den Boden, eine Geste, die später bei seinen Reisen als Papst zum Ritual wurde. Vorbild war ihm dabei der heilige Pfarrer von Ars. Bei seinem Besuch in dessen Wirkungsort in Burgund hatte Wojtyła erfahren, dass es Pfarrer Jean-Marie Vianney gerade so gemacht hatte, als er erstmals in das Dorf gekommen war.

Niegowić hatte rund 500 Einwohner, viele Häuser hatten weder Strom noch fließendes Wasser. Doch ein Teil der Bauern war wohlhabend; zumindest beschrieb es der für den Bezirk zuständige Parteisekretär so, der die Kollektivierung nach sowjetischem Vorbild vorbereiten sollte. Wojtyła baute eine Gruppe der Männlichen Katholischen Jugend auf, wie es offiziell hieß, obwohl das Regime versuchte, jegliche Aktivität der Geistlichen außerhalb der Kirchengebäude zu unterbinden. Er spielte mit den Jungen Fußball und Volleyball, was damals für einen Priester unerhört war. Im Gegenzug brachten sie ihm auf der Dorfstraße das Fahrradfahren bei; zum Gaudium der Dorfjugend stellte er sich dabei anfangs sehr ungeschickt an.

Eine Mädchengruppe kam aber nicht zustande, weil das Regime dies landesweit verboten hatte. Wojtyła umging das Verbot, indem er eine Gruppe nach dem Vorbild des Lebendigen Rosenkranzes gründete. Auch weckte er Begeisterung mit einem Theaterkreis, er machte mit den Laienschauspielern Sprechübungen und führte auch Regie. Gemeinsam fuhr die Gruppe aus dem Dorf zu einer Aufführung des Rhapsodischen Theaters nach Krakau. Dessen Leiter Mieczysław Kotlarczyk war allerdings längst unter starken Druck der kommunistischen Kulturbehörde geraten, ihm wurde vorgeworfen, «unter bourgeoisem und klerikalem Einfluss» zu stehen. Die Aufführung der religiös intonierten Stücke des Romantikers Słowacki wurden ebenso verboten wie die von Mickiewicz, deren Protagonisten zum Freiheitskampf gegen die russischen Besatzer und zur Verteidigung des wahren, des katholischen Glaubens aufrufen. Es nützte Kotlarczyk auch nichts, dass er Dramen der russischen Klassik auf den Spielplan setzte; die Zensurbehörde schikanierte das Ensemble, es bekam immer weniger Genehmigungen für Aufführungen, sein führender Dramaturg wurde verhaftet.

Wojtyła fuhr wiederholt nach Krakau an die Jagiellonen-Universität, um mit Erfolg die Doktorprüfung zu wiederholen. Dort wurde auch die Dissertation publiziert, auf Kosten der Universität – und Wojtyła war nun Doktor der Philosophie.[18]

Bei einem seiner Besuche in Krakau suchte er die Redaktion des «Tygodnik Powszechny» (Allgemeine Wochenzeitung) auf, die sich im Erzbischöflichen Palais befand. Die Zeitung wurde 1945 von einer Gruppe katholischer Intellektueller gegründet, Erzbischof Sapieha unterstützte sie dabei. Die Redaktion erhob von Anfang an den Anspruch, in religiösen, aber auch politischen und sozialen Debatten Akzente zu setzen. Zunehmend war sie Repressalien der kommunistischen Behörden ausgesetzt. Die Zeitung durfte nur in Kleinstauflage erscheinen, überdies hatte der UB Informanten in der Redaktion angeworben.

Wojtyła brachte den Erfahrungsbericht über seine Begegnungen mit Arbeiterpriestern in Frankreich mit, den er in Niegowić zu Papier gebracht hatte. Er beschrieb darin, wie die Kirche in einer laizistischen Gesellschaft unter Druck geraten sei. In dieser Lage müssten die Priester zu den Menschen gehen und sie durch ihren Einsatz für die Schwachen und Benachteiligten überzeugen. Die Redaktion druckte den Beitrag in großer Aufmachung unter der Überschrift «Mission de France» auf der Titelseite ab. Es war die erste Pressepublikation Wojtyłas unter seinem Namen.[19] Wenig später folgte sein Porträt des Krakauer Schneiders und Mystikers Jan Tyranowski, der 1947 gestorben war.

In Niegowić versuchte der UB, die Jugendgruppen zu infiltrieren. In den Geheimdienstakten Wojtyłas ist vermerkt, dass er offenbar ein

Suche nach Nischen im Stalinismus

«negatives Verhältnis zur neuen Ordnung» habe, aber politische Äußerungen vermeide.[20] Einer der Jugendlichen offenbarte sich ihm: Er werde vom UB erpresst, die Gruppe zu bespitzeln. Wojtyła sagte ihm, er solle ohne Umschweife über alles berichten, man habe nichts zu verbergen. In kleinem Kreis sagte er aber auch: «Die Idee des Sozialismus steht nicht gegen die Lehre der Kirche, aber die Methoden der Kommunisten tun es. Es ist der Kommunismus, der dem Volk materialistische Vorstellungen aufzwingt und es quält.»[21] Einem Mitglied der Gruppe, das von der Volksmiliz, wie die kommunistisch kontrollierte Polizei nun hieß, verprügelt worden war, sagte er: «Das muss irgendwann aufhören. Lange kann das nicht mehr dauern.»[22] Es war ein Irrtum.

Als sich das 50-jährige Priesterjubiläum des Pfarrers von Niegowić näherte, fragten Gemeindemitglieder den Kaplan, ob er Vorschläge für ein Geschenk machen könne. Wojtyła schlug den Bau einer neuen Pfarrkirche vor. Die bisherige war aus Holz und viel zu klein geworden. Sehr zum Ärger der Behörden verwirklichte die Dorfgemeinschaft den Plan. Es war die erste Kirche, deren Bau er gegen den Willen des Regimes anregte. Viele weitere sollten folgen.[23]

Nach gerade einmal zehn Monaten auf dem Dorf wurde Wojtyła nach Krakau zurückversetzt, offenkundig hatte er sich in den Augen Kardinal Sapiehas bewährt. Nun wurde er an die berühmte Floriankirche in der Altstadt abgeordnet und war dort für die Seelsorge der Studenten zuständig. Der junge Priester verstand sehr schnell, dass es eine hochpolitische Aufgabe war. Denn Partei und UB nahmen besonders das akademische Milieu ins Visier. Neben Verhaftungen und Versuchen, dieses Milieu durch Einflussagenten zu zersetzen, baute das Regime eine eigene Kirchenorganisation auf, um die Katholiken zu spalten. Sie firmierte als «patriotische Kirche». Mehrere Dutzend Geistliche hatten sich ihr angeschlossen, darunter ehemalige KZ-Häftlinge; andere waren auf Druck des UB beigetreten, der sie mit dem Wissen über private Verfehlungen erpresste. Ihre Zahl wuchs in den nächsten Jahren auf rund 1500 an, obwohl Primas Wysyzński die Priester warnte, die Seiten zu wechseln. Die regimetreuen Geistlichen wurden «Patriotenpriester» genannt; der Vatikan erkannte sie nicht an, ergriff aber keine kirchenrechtlichen Maßnahmen gegen sie. Von der Partei wurde auch die katholische Laienorganisation Pax kontrolliert.

Der Kirche war nun Jugendarbeit verboten, was Wojtyła indes ignorierte. Er gründete an der Floriankirche zunächst einen gemischten gregorianischen Chor, der sich zunehmender Beliebtheit unter den Studenten erfreute. Ebenso wurde er populär wegen seiner temperamentvollen Predigten, in denen er direkte politische Aussagen zum Regime allerdings sorgfältig vermied. Zu seinen wichtigsten Themen gehörte die Gewissensfreiheit.

Auch um der permanenten Überwachung durch den UB zu entgehen, unternahm er mit einer kleinen Gruppe von jungen Frauen und Männern zahlreiche Ausflüge in die nahegelegenen Berge und Kajakfahrten in die Umgebung. Auch dies war für einen Priester in dieser Zeit völlig ungewöhnlich. Er trug dabei Zivil. Um nicht im Zug oder Bus von anderen Reisenden als Priester erkannt zu werden, trug er der Gruppe auf, ihn nicht «Vater» zu nennen, wie es in Polen für Geistliche üblich ist, sondern «Onkel» (wujek). An Orten in der Natur, die von weitem nicht eingesehen werden konnten, zelebrierte er unter freiem Himmel die Messe. Er nahm die Beichte ab, auch wurde im Kreis über religiöse und soziale Fragen debattiert.[24]

Zu der verschworenen Gemeinschaft gehörten viele Paare, die sich auf die Ehe vorbereiteten. Wojtyła führte mit ihnen lange Gespräche. Erstmals befasste er sich intensiv mit Partnerschaft, Liebe und Sexualität. Er vertrat die Ansicht, dass auch die Liebe eine Berufung sei, sie bekomme durch die sexuelle Vereinigung von Mann und Frau eine höhere Intensität und eine besondere Bedeutung. Sexuelle Kontakte außerhalb der Ehe aber seien stets zum Nachteil der Frau, auch wenn diese selbst brennend danach verlange. Zärtlichkeit sei von fundamentaler Bedeutung, weil ohne sie der Mann dazu neige, sich den Körper der Frau untertan zu machen. Er gab den heiratswilligen Paaren den Rat, sich nicht täglich zu sehen, sondern auch längere Pausen einzulegen, um sich über ihre Gefühle klar zu werden. Gerade dieser Vorschlag stieß aber auf Protest, wie später Teilnehmer dieser Gesprächsrunden berichteten, besonders von Sei-

Professor Karol Wojtyła konnte auch im Urlaub in Masuren nicht von der Lektüre philosophischer Texte lassen

ten der jungen Frauen. Für alle aber war Wojtyła der erste Priester, der solche Themen offen und konkret ansprach. Er gab ihnen noch eine weitere Botschaft mit: Liebe und Partnerschaft bedeuteten auch, die negativen Seiten des Anderen zu akzeptieren.[25]

Non possumus!

Besucher bemerkten, dass auf dem Bücherregal in Wojtyłas Zimmer auch Werke von Marx, Lenin und Stalin standen. Einem Freund sagte er dazu: «Wenn du deinen Feind verstehen willst, musst du wissen, was er geschrieben hat.»[26] Doch öffentlich übte er keine Kritik an der kommunistischen Doktrin. Er tat es aber indirekt in seinem Drama «Der Bruder unseres Gottes», das er in dieser Zeit vollendete.

Es handelt sich um Szenen aus dem Leben des Krakauer Malers Albert Chmielowski (1845–1916), der die Malerei aufgab, um sich um Obdachlose zu kümmern. Er trat den Franziskanern bei und gründete innerhalb dieses Ordens die Gemeinschaft der Albertiner-Brüder, die Nachtasyle sowie Winterquartiere für Menschen am Rande der Gesellschaft einrichtete und auch aus der Bahn geworfene Alkoholiker betreute. Kernstück des Dramas sind Dialoge zwischen dem Maler, der in dem Stück Adam heißt, und einem Unbekannten über den Weg, wie den Gestrandeten zu helfen sei. Der Unbekannte wirft dem Maler vor, dass er im Grunde ein «Feind der Armen» sei, da er nicht die gesellschaftlichen Verhältnisse ändern wolle, die zu dieser Armut führten. Adam hingegen möchte seine Schützlinge durch Zuspruch und die Übertragung kleiner Aufgaben dazu bringen, ihre eigene Stärke zu entdecken. Er verlangt auch von ihnen, darüber nachzudenken, warum sie in ihre Lage gekommen seien, wo ihre persönliche Verantwortung beginne.

Literaturexegeten sehen ein reales Vorbild für die Figur des zynischen Unbekannten: den russischen Revolutionär Wladimir Lenin, der vor dem Ersten Weltkrieg vorübergehend in Krakau gelebt hat. Einige der Passagen in der Argumentation des Unbekannten erinnern an Schriften Lenins, die Wojtyła ja gut studiert hatte. Der Unbekannte will den Zorn der Benachteiligten in der Gesellschaft wecken, um sie für seine Umsturzpläne zu instrumentalisieren. Adam hingegen lehnt Gewalt ab und setzt auf die Selbstfindung der in Not geratenen Menschen, die er betreut – den Zorn, so sagt er dem Unbekannten, teile er mit ihm, aber dann trennten sich die Wege. Adam, der keine Not leidet, sieht sich in der Pflicht, den Gestrauchelten zu helfen, ihnen vom Kreuz zu erzählen, «das den Fall des Menschen in ein Gut und seine Knechtschaft in Freiheit wandelt». Am Ende seines Lebens ist sich Adam sicher: «Ich wählte die größere Freiheit.»[27] Wojtyła hat in seinem Bühnenstück den Grundkonflikt zwischen den Verfechtern des Kommunismus und der von ihm geforderten sozialen Rolle der Kirche dargestellt, der zu dieser Zeit nicht nur unter polnischen Intellektuellen, sondern auch in Westeuropa die gesellschaftspolitische Debatte prägte.

Als er bereits Papst war, sagte er, dass seine Lektüre von Werken über den Bruder Albert, wie Chmielowski genannt wurde, in den ersten Kriegsjahren dazu beigetragen habe, die Schauspielerei zugunsten des Theologiestudiums im Untergrund aufzugeben. Der radikale Bruch des Malers mit seinem keineswegs erfolglosen Dasein als Künstler und seinem weltlichen Leben habe ihn tief beeindruckt. 1989, vier Jahrzehnte nach der Vollendung seines Bühnenstücks, sprach er den Bruder Albert heilig.

Veröffentlicht wurde der Text des Dramas damals nicht, noch weniger konnte Wojtyła auf die Annahme durch ein Theater hoffen. Doch druckte der «Tygodnik Powszechny» religiöse Gedichte von ihm, allerdings auf seinen Wunsch unter Pseudonym. Unter seinem echten Namen erschienen Artikel zu ethischen Fragen, zu Partnerschaft und Liebe. Darin vermied er ebenfalls direkte politische Aussagen. In gleicher Weise hielt er es bei seinen Seminaren zu Ethik und Geschichte der Philosophie an der Jagiellonen-Universität, die indes argwöhnisch beobachtet wurden, weil er dabei den von den Bildungspolitikern des Regimes verlangten marxistischen Ansatz ignorierte.

Die Repressalien gegen Priester und Gläubige nahmen weiter zu, Staats- und Parteichef Bierut wollte sie völlig aus dem öffentlichen Leben verdrängen. So entzog die Regierung der katholischen Kirche die Caritas und unterstellte sie der regimetreuen katholischen Organisation Pax. Die Parteipropaganda griff im Zeichen des Kalten Krieges immer häufiger Priester als Agenten des angloamerikanischen Kapitalismus an. Doch für einen offenen Kirchenkampf bekam Bierut kein grünes Licht aus Moskau. Vielmehr wurde er angewiesen, ein Abkommen mit Primas Wysyzński zu schließen, das der Kirche zwar begrenzte Rechte einräumte, sie aber auch besser einhegen ließ, indem diese Rechte Schritt für Schritt ausgehöhlt wurden. Regierung und Episkopat bildeten eine «gemischte Kommission», die das Abkommen aushandelte.

Die Vereinbarung, die Wysyzński und Vertreter der Regierung am 14. April 1950 unterzeichneten, garantierte der Kirche begrenzten Religionsunterricht in der Schule, den Fortbestand der Katholischen Universität Lublin (KUL), der einzigen derartigen Hochschule im gesamten Ostblock, des «Tygodnik Powszechny» sowie der Ordensgemeinschaften. Die Seelsorge in Krankenhäusern und Gefängnissen blieb möglich, ebenso die Militärseelsorge sowie Fronleichnamsprozessionen zumindest um die Kirchengebäude.

Im Gegenzug verpflichtete sich die Kirche, sich nicht in die Politik einzumischen. Artikel 5 des Abkommens lautete entsprechend: «Der Grundsatz, dass der Papst die einzige und höchste Autorität der Kirche ist, bezieht sich auf Fragen des Glaubens, der Moral und der kirchlichen Jurisdiktion; in anderen Bereichen lässt sich die Kirche von der polnischen Staatsräson leiten.» Artikel 7 nahm die Kirche sogar in die Pflicht, Kritik am Regime zu verurteilen: «Getreu ihren Grundsätzen wird die Kirche jedes antistaatliche Auftreten verurteilen und sich vor allem jeder Ausnutzung religiöser Gefühle für antistaatliche Zwecke entgegenstellen.» Auch schrieb das Dokument fest, dass sich die polnischen Bischöfe für eine Anerkennung der von Hlond bestimmten polnischen Administratoren in den Oder-Neiße-Gebieten einsetzten. Daran war dem Regime besonders gelegen, es hätte nämlich faktisch die Anerkennung der umstrittenen Oder-Neiße-Grenze durch den Vatikan bedeutet.

Wysyzński konnte wenig später nach Rom reisen, wo er die Forderungen des Regimes vorbrachte. Doch im Staatssekretariat des Vatikans wurde ihm zunächst bedeutet, dass der Papst über dieses Abkommen mit einem kommunistischen Regime alles andere als erbaut sei; die Kirche hätte nicht in dieser Weise zurückweichen sollen. Der polnische Primas verwies indes auf die Kirchenverfolgungen in den anderen Satellitenstaaten Moskaus. Er sehe sich in der Pflicht, seine Priester und Gläubigen zu schützen. In Bezug auf die Oder-Neiße-Grenze erreichte er allerdings nur sehr wenig. Pius XII. gestand lediglich zu, dass die Administratoren Titularbischöfe werden konnten. Praktische Bedeutung hatte dies nicht, denn ein derartiger Titel bezieht sich auf untergegangene historische Bistümer.[28]

Das Abkommen änderte indes nur wenig an der Repressionspolitik des Regimes gegenüber der Kirche. Religionsunterricht und Seelsorge wurden nach Kräften behindert, der «Tygodnik Powszechny» durfte nur in Kleinauflage erscheinen, die Absolventen der KUL wurden bei der Stellensuche systematisch ignoriert, weiterhin wurden Priester aufgrund erfundener Tatbestände angeklagt. Der

Suche nach Nischen im Stalinismus

Bischof von Kielce, Czesław Kaczmarek, wurde unter dem Vorwurf, für die USA zu spionieren, verhaftet und bei den Verhören gefoltert. In Krakau befürchtete nun auch Kardinal Sapieha seine Verhaftung. Schriftlich legte er fest, dass in diesem Fall all seine Anweisungen zu ignorieren seien.²⁹ Auch sein Schützling Wojtyła wurde vom UB lückenlos überwacht, zumindest solange er sich in der Stadt aufhielt. Seine kleine Wohnung im Erzbischöflichen Palais wurde verwanzt, die Geheimpolizisten hatten zuvor von einem Informanten erfahren, wie man sie unbemerkt betreten konnte.³⁰

Sapieha starb 1951. An seiner Beisetzung in der Wawel-Kathedrale nahmen Zehntausende teil. Es war auch eine Demonstration gegen das Regime. Zu seinem Nachfolger bestimmte Pius XII. gegen den Einspruch der polnischen Regierung in Warschau den bisherigen Erzbischof von Lemberg, Eugeniusz Baziak. Dieser hatte dort im Krieg erst den sowjetischen, dann den deutschen Besatzungsterror erlebt. Bald nach Kriegsende wurde er vom sowjetischen Geheimdienst zunächst unter Hausarrest gestellt, dann nach Polen ausgewiesen. Wie Sapieha, dessen Wunschkandidat er war, verhehlte Baziak nicht, dass er das Regime entschieden ablehnte. Sapieha hatte ihm auch aufgetragen, Wojtyła weiter zu fördern.

Unter Berufung auf das Abkommen von 1950 verlangten Vertreter der Regierung von Baziak, die unter dem Vorwurf der Spionage verhafteten Priester öffentlich zu verurteilen. Als er dies ablehnte, wurde er erneut unter Hausarrest gestellt und schließlich ebenfalls als angeblicher Spion festgenommen. Zwar kam er nach wenigen Tagen frei, doch verfügten die Behörden, dass er das Gebiet der Erzdiözese Krakau nicht betreten dürfe, als Wohnort bekam er ein Frauenkloster zugewiesen. Wysyznski bekam kein Ausreisevisum für eine Reise nach Rom, um den Kardinalshut aus der Hand von Pius XII. entgegenzunehmen.

Im Februar 1953 verkündete der Staatsrat das Dekret über die «Schaffung, Besetzung und Versetzung von Stellen für Geistliche in der Kirche». Es schrieb ein Vetorecht des Staates bei der Ernennung von Bischöfen und Pfarrern fest sowie die Möglichkeit, Stellen mit regimetreuen «Patriotenpriestern» zu besetzen. Wysyński suchte den Kirchenminister Bieruts auf, doch dieser ignorierte den Protest, das Dekret verstoße gegen das Abkommen von 1950. Überdies forderte er von Wysyzński, dass die polnischen Bischöfe den «amerikanischen Imperialismus» verurteilten.

Wenige Tage später, am 5. März 1953, starb Stalin. Doch die Repressionen nahmen nach seinem Tod nicht ab, im Gegenteil: Sie wurden verstärkt, weil die Führung um Bierut eine Rebellion befürchtete. Als Erstes traf es den «Tygodnik Powszechny», die Redakteure wurden entlassen, weil sie sich geweigert hatten, einen hagiographischen Nachruf auf Stalin zu veröffentlichen. Die regimetreuen Katholiken von Pax führten die Zeitung weiter und sparten in ihren Kommentaren nicht mit Lob für Bierut und die «Patriotenpriester», während sie die Stellungnahmen der Bischofskonferenz ignorierten.

Eine breite Kampagne gegen die katholische Kirche setzte ein, viele Priester wurden verhaftet. Wysyzński protestierte erneut gegen die Verletzungen des Abkommens von 1950 und wies die Forderungen des Regimes an die Kirche zurück: «Unsere Lehre ist, dass wir dem Kaiser geben, was des Kaisers ist, und Gott, was Gottes ist. Wenn der Kaiser sich aber auf den Altar setzt, gibt es für uns nur eine kurze und bündige Antwort: Dazu hat er kein Recht!»

Anfang Mai traten die polnischen Bischöfe zusammen und verabschiedeten eine Denkschrift, in der sie in harschen Worten die Kirchenpolitik des Regimes kritisierten. Sie gipfelte in dem Satz: «Wir dürfen nicht die Dinge, die Gott zukommen, auf den Altar des Kaisers legen. Non possumus!» (Wir können nicht!) Wysyzński persönlich übergab Bierut die Denkschrift. Wenige Tage später wurde sie bei den Fronleichnamsprozessionen, die noch zugelassen waren, von den Pfarrern verlesen, so dass sich die Nachricht darüber rasch im ganzen Land verbreitete.

Für den Stalinisten Bierut war dieses «Non possumus» eine beispiellose Provokation. Wysyzński wurde Ende September 1953 verhaftet. In der Woche zuvor hatte ein Schauprozess gegen den bereits seit zwei Jahren inhaftierten und vom UB schwer gefolterten Kielcer Bischof Kaczmarek stattgefunden. Er wurde zu zwölf Jahren Gefängnis verurteilt «wegen Kollaboration mit den Deutschen, versuchten Umsturzes gegen die Volksrepublik Polen und Propaganda zugunsten seiner Auftraggeber in Washington und im Vatikan». Die anderen Bischöfe waren so eingeschüchtert, dass sie in einer gemeinsamen Erklärung der Volksrepublik Polen Treue gelobten.

Christlicher Personalismus vs. absoluter Personalismus

In diesen für die Gläubigen aufwühlenden Monaten arbeitete Wojtyła an seiner Habilitation, er hatte dafür von der Universität akademischen Urlaub bekommen; Erzbischof Baziak hatte angeordnet, dass der Studentenseelsorger dafür das Pfarrhaus von St. Florian verlassen und ins «Haus des Dekans» umziehen solle, wo er sich besser auf die Wissenschaft konzentrieren könne. Wojtyła, der sich gerne weiter der Seelsorge gewidmet hätte, erreichte, dass er einen Teil seiner bisherigen Arbeit fortführen konnte. Für den Erzbischof aber war klar: Der junge Theologe sollte in die Wissenschaft.[31]

Schon bei seiner Promotion war Wojtyła über das traditionelle theologische Denken hinausgegangen: Welche tiefere Wahrheit enthält die sichtbare Wirklichkeit; wie weist die Existenz des Menschen über sich selbst hinaus, wie entsteht daraus das Streben nach dem Wahren, Richtigen, Guten als Teil des Menschseins? Im «Haus des Dekans» wohnte auch Pater Ignacy Różycki, der Mentor des Theologiestudenten gewesen war. Er regte an, dass Wojtyła sich mit dem deutschen Philosophen und Soziologen Max Scheler beschäftigen solle und dessen Adaption der Phänomenologie Edmund Husserls.

Scheler (1874–1928) führte ein bewegtes Leben. 1905 musste er seine Stelle in Jena wegen einer Affäre aufgeben, wegen eines weiteren Skandals 1910 die Münchner Universität verlassen. Er konvertierte 1916 vom Judentum zum Katholizismus und distanzierte sich wieder von ihm, just als er 1921 Professor für Philosophie und Soziologie in Köln geworden war. Er schwärmte zu Beginn des Ersten Weltkriegs begeistert vom Krieg als Wiedergeburt des Menschen und trat später für einen christlich-pazifistischen Sozialismus ein. Seine zwei Scheidungen machten ihn in den Augen des katholischen Establishments endgültig zum moralisch und seelisch ungefestigten Außenseiter.[32]

Wojtyła interessierte sich nicht für solche Urteile, sondern vielmehr für Schelers Wertethik. Scheler hatte Husserls Phänomenologie aufgegriffen, der das Alltagsleben, konkrete Ganzheiten, die grundlegenden Lebenserfahrungen, wie sie uns begegnen, wieder in die Philosophie zurückholen wollte – gegen die Tendenz der Empiristen, Erfahrungen auf Daten, chemische oder biologische Vorgänge zu reduzieren, gegen die Neigung der idealistischen Philosophie, alle Erfahrung zu typisieren und zu kategorisieren, gegen die marxistische Vorstellung, die Realität mit den Kategorien des dialektischen Materialismus messen zu können. Scheler ging einen Schritt weiter und übertrug Husserls Phänomenologie in eine «Materiale Wertethik»: Das Gute und Richtige entsteht nicht nur aus der rationalen Erkenntnis, sondern auch aus der intuitiven Erfahrung, aus Empathie. Das Geistige wird dadurch konkret wirksam; solche «Wertphänomene» seien «echte Gegenstände, die von allen Gefühlszuständen verschieden sind», schrieb Scheler. Ob ein Wert richtig sei oder falsch, entscheide eine «Werteevidenz», die der Mensch im Innern fühle; Werte sind dadurch eigen, einzigartig und komplex: «Es genügt unter Umständen eine einzige Handlung oder ein einziger Mensch, damit wir in ihm das Wesen dieser Werte erfassen können.»[33]

Kann dieser Ansatz in die katholische Theologie integriert werden? Das ist die Frage von Wojtyłas Habilitationsschrift «Bewertung der Möglichkeiten, eine christliche Ethik auf der Grundlage des Systems von Max Scheler zu errichten». Zwei Jahre grub der junge Theologe sich durch die Literatur – darunter viele deutsche Texte, die ihm einige Mühe bereiteten, ihn aber auch diese Sprache lernen ließen. Am Ende lautete seine Antwort: Nein. Ihm wurde Schelers Philosophie zu wenig konkret, sie blieb ihm zu sehr auf den inneren Vorgang des einzelnen Menschen beschränkt, war ihm zu individualistisch. Für Wojtyła formten die moralischen Entscheidungen einen Menschen real und unmittelbar; Erfahrung und Bewusstsein waren für ihn auch mehr als Gefühlszustände. Vor allem aber fehlte ihm eine übergreifende, über das Subjektive hinausgehende Theorie der Dinge, ein Instrumentarium, Wahrheiten zu definieren, wie es die klassischen Philosophen Aristoteles und Thomas von Aquin anboten, die das katholische theologische Denken prägten. Für Wojtyła gehör-

Suche nach Nischen im Stalinismus

ten diese Objektivität der Lehre und die Subjektivität der Erfahrung zusammen. Der «christliche Personalismus», den er vertrat, sah, anders als Schelers «absoluter Personalismus», die Person nicht losgelöst von der Gottesvorstellung. Erst das Ringen um die Synthese von Objektivem und Subjektivem mache das Menschsein aus. Erst die Verbindung von Liebe und Verantwortung, von Freiheit und der selbstbegrenzenden Bindung an etwas, das größer ist als der Mensch, begründe die Menschenwürde. Wojtyła bezeichnete dennoch Scheler als die große philosophische Entdeckung seines Lebens.[34]

Einreichen konnte er die fertige Habilitationsschrift dennoch nicht, denn das Bildungsministerium hatte 1954 das Theologische Institut der Jagiellonen-Universität geschlossen, sein Direktor sowie mehrere Priester, die dort Dozenten waren, befanden sich in Haft.

Wojtyła bekam nun eine Stelle als Dozent im Fach Philosophie an der KUL im 320 Kilometer entfernten Lublin, blieb aber in Krakau wohnen. Denn er hielt auch Seminare in Tschenstochau. Zwischen den drei Städten pendelte er mit dem Nachtzug, manchmal dauerte eine Fahrt mit Umsteigen acht Stunden; oft kam er zu spät zu seinen Vorlesungen.[35] Der junge Dozent war dennoch beliebt; auch an der KUL scharte er einen Kreis von Studenten um sich, mit denen er Ausflüge und Kajaktouren unternahm. Im Winter ging die Gruppe Skifahren. Seine Vorlesungen widmeten sich den verschiedenen Aspekten des christlichen Personalismus, den er in seiner Habilitation erarbeitet hatte, um die Spannung von objektiven Normen und subjektivem Erleben. 1954/55 ging es um das Verhältnis von «Akt und Erlebnis», im Jahr darauf war das Thema «Das Gute und der Wert», 1956/57 «Norm und Glück». Die größte Wirkung aber sollte der Vorlesungszyklus der Jahre 1958/59 entfalten: Karol Wojtyła sprach über das Verhältnis von «Liebe und Verantwortung». Für ihn widerspricht ein utilitaristischer, nur am Lustgewinn orientierter Gebrauch der Sexualität der Würde der Person und dem Liebesgebot, das den Partner ganzheitlich annimmt und nicht als Objekt der Begierde missbraucht. Der Sexualtrieb habe ein inneres Ziel, nämlich, dass Mann und Frau «an den kosmischen Strom der Daseinsübermittlung angeschlossen sind» und «auf diese Weise am Schöpfungswerk» teilhaben. Im Geschlechtsverkehr der Eheleute begegneten sich die «Ordnung der Natur, deren Ziel die Fortpflanzung ist, und die Ordnung der Person, die in ihrer Liebe zum Ausdruck kommt und nach ihrer vollen Verwirklichung strebt». Deshalb müsse das Ja der Eheleute zur sexuellen Vereinigung von der «Bewusstseins- und Willenshaltung begleitet werden: ‹Ich kann Vater werden›; ‹ich kann Mutter werden›. Ohne das wäre ein ehelicher Verkehr nicht gerechtfertigt, er wäre unrecht.» Ein Geschlechtsverkehr ohne Zeugungsbereitschaft stünde «im Gegensatz zum Wert der Person». So offen und direkt hat in dieser Zeit selten ein Priester zu seinen Studenten über Sexualität und Liebe gesprochen, ins Manuskript flossen auch Wojtyłas Erfahrungen als Seelsorger von jungen Paaren, als Ehevorbereiter und Ehebegleiter mit ein. Hier zeigt sich aber auch schon die Ablehnung des Theologen Wojtyła von jeder Form der künstlichen Verhütung – sie gehe vor allem zu Lasten der Frauen, die zum Sexualobjekt würden.

Die politische Lage in Polen hatte sich seit 1956 entscheidend verändert. Auf dem XX. Parteitag der KPdSU im Februar hielt der sowjetische Parteichef Nikita Chruschtschow hinter verschlossenen Türen im Kreml ein Referat, in dem er mit den an Parteimitgliedern begangenen «Verbrechen Stalins» abrechnete. Die Millionen Opfer, die nicht der Partei angehörten, erwähnte er nicht, ebenso wenig wie die Verbrechen, die die sowjetischen Besatzer an Bürgern anderer Staaten verübt hatten. Es war der Auftakt zu einem politischen «Tauwetter», das allerdings nicht einmal zwei Jahre dauerte. Der bei der Rede anwesende Bierut regte sich – nach offiziell nicht bestätigten Informationen aus Delegiertenkreisen – so sehr über deren Inhalt auf, dass er einen Herzinfarkt erlitt; wenige Tage später starb er in einer Moskauer Klinik.

In Polen führte das «Tauwetter» zu ersten Streiks. Im Juni 1956 forderten Arbeiter in Posen ein gerechtes Lohnsystem sowie die Auflösung des UB und stürmten den Sitz der Posener PZPR. Die Armee schlug die Unruhen mit Waffengewalt nieder, mindestens 57 Streikende kamen zu Tode. Doch war die Lage damit nicht stabilisiert, auf Druck aus Moskau musste die stalinistische Parteiführung in Warschau abtreten.

Suche nach Nischen im Stalinismus

Die neue Regierung setzte zunächst auf Entspannung: Der Primas Wysyzński, der zuletzt in einem Kloster interniert war, konnte nach Warschau zurückkehren, Erzbischof Baziak nach Krakau. Ein Gericht hob das Urteil gegen den angeblichen Spion Czesław Kaczmarek auf. In mehreren Städten wurden «Klubs der katholischen Intelligenz» (KIK) gegründet, die später eine wichtige Rolle in der Demokratie- und Dissidentenbewegung spielten. Mit ihnen eng verbunden war der «Tygodnik Powszechny», den seine alte Redaktion wieder übernehmen konnte. Zu einem seiner ständigen Autoren wurde Karol Wojtyła; mehrere Mitglieder der Redaktion wurden seine engen Freunde. Gedichte veröffentlichte er nach wie vor unter Pseudonym. Sein Habilitationsverfahren konnte nun abgeschlossen werden, in Lublin bekam er eine Professorenstelle.

Nach einigem Zögern hatte die sowjetische Führung unter Chruschtschow den Nationalkommunisten Władysław Gomułka, der unter Bierut vier Jahre lang im Gefängnis gesessen hatte, als neuen Chef der PZPR akzeptiert. Er verkündete nun laut den «polnischen Weg zum Sozialismus» und war deshalb anfangs bei vielen seiner Landsleute populär. Gomułka war zwar ein fanatischer Atheist, der die katholische Kirche für das größte Hindernis beim Aufbau des Sozialismus hielt, doch gab er den offenen Kirchenkampf auf. Die PZPR setzte nun auf administrative Behinderungen, auch wurde Aktivisten katholischer Laienorganisationen der berufliche Aufstieg verwehrt.

Die Geheimpolizei blieb wichtigstes Instrument in diesem verdeckten Kampf, sie hieß nun SB (Sicherheitsdienst). Die Kirchenabteilung war die größte aller Sektionen des SB. Nach wie vor wurden Geistliche mit Spitzeln umstellt, ebenso wurde die KUL unterwandert. Auch für Wojtyła interessierten sich die Esbeks, wie die SB-Leute in Polen genannt wurden, besonders für seine Kontakte zu Frauen; Verwertbares fanden sie aber nicht.[36]

4. JÜNGSTER BISCHOF DER
VOLKSREPUBLIK POLEN

Anfang Juli 1958 fuhr Professor Wojtyła mit einer Studenten-
gruppe zum Kajakfahren an die Masurische Seenplatte im
ehemaligen Ostpreußen. Er wusste, dass er die Tour nach wenigen
Tagen unterbrechen musste, denn am 7. Juli sollte er sich bei Primas
Wysyzński in Warschau einfinden. Per Anhalter legte er die erste
Etappe der Reise zum nächsten Bahnhof zurück, auf der Ladefläche
eines Lastwagens zwischen Mehlsäcken und großen Milchkannen.

Im Empfangssaal des Erzbischöflichen Palais in Warschau warteten mehrere Priester. Nacheinander wurden sie zu Wysyzński gebeten. Der Primas teilte Wojtyła mit: «Der Heilige Vater hat Sie zum
Weihbischof in Krakau ernannt.» Dieser antwortete erstaunt: «Ich
bin zu jung, ich bin erst 38.» Wysyzński entgegnete: «Das ist eine
Schwäche, die wir schnell heilen werden.» Ohne weiter zu zögern,
unterschrieb Wojtyła daraufhin die Ernennungsurkunde.[1]

Er beschloss, nicht sofort zu seiner Gruppe nach Masuren zurückzukehren, sondern erst Erzbischof Baziak in Krakau Bericht zu er-
statten. Bis zur Abfahrt des Zuges vom Warschauer Zentralbahnhof
hatte er mehrere Stunden Zeit. Er ging zum Konvent der Ursulinen
am Weichsel-Ufer und bat, dort in die Kapelle gehen zu können: «Ich
habe viel mit dem Herrgott zu besprechen. Stört mich nicht!» Eine
der Schwestern berichtete später, sie habe gesehen, wie er sehr lange
mit ausgebreiteten Armen auf dem Bauch vor dem Altar gelegen
habe. Nach dem Kurzbesuch in Krakau ganz im Süden des Landes
fuhr er zurück zur Kajakgruppe ganz im Norden.

Aus den SB-Akten geht hervor, dass die Ernennung des jungen

Professors zum Weihbischof im Krakauer Klerus umstritten war: Er sei zu jung und unerfahren, er könne keine Verdienste aufweisen. Erzbischof Baziak entgegnete laut dem Spitzelbericht: «Ich brauche einen Bischof für die Arbeit, nicht zur Zierde. Er ist jung, er wird das schaffen!» Gemeint war damit auch der Konflikt um Nowa Huta. Die neue Industriestadt wenige Kilometer östlich von Krakau war ein Prestigeprojekt der Parteiführung, die dort angesiedelten Stahlarbeiter waren auserkoren, die Überlegenheit des Sozialismus zu demonstrieren; eine Kirche oder Religionsunterricht in den Schulen waren nicht vorgesehen. Zwar war dort während des kurzen Tauwetters im Frühjahr 1957 eine Holzkirche errichtet worden, doch zogen die Behörden zwei Jahre später die Baugenehmigung für einen neuen Kirchenbau zurück. Daraufhin kam es zu Demonstrationen, die die Ordnungskräfte gewaltsam auflösten. Wojtyła sollte sich nach den Vorstellungen Baziaks entgegen dem Willen der Partei dem Aufbau der Seelsorge in Nowa Huta widmen – und auch den Bau von Gotteshäusern erreichen.[2]

Während des kurzen Tauwetters hatten die Staatsführung und die Bischofskonferenz sich darauf geeinigt, bei der Besetzung von Bischofssitzen zur Regelung der Vorkriegszeit zurückzukehren, wie sie das Konkordat von 1925 festgeschrieben hatte: Die Kirche schlägt der Regierung mehrere Kandidaten vor. Im Falle Wojtyłas waren es acht Kandidaten, die zuvor abgelehnt worden waren. Dass er angenommen wurde, ließ darauf schließen, dass die Partei den Gelehrten, der Vorlesungen über altgriechische und mittelalterliche Philosophie hielt, als ungefährlich ansah.[3]

Vor der Bischofsweihe bat Wojtyła seinen Erzbischof, während der Messfeier den Gläubigen die einzelnen Teile der Liturgie zu erklären; doch dieser beharrte auf dem Standpunkt, dass die Bischofsweihe für die Laien ein Geheimnis bleiben solle.[4] Bei der Zeremonie assistierte Baziak der Apostolische Administrator von Breslau, Bolesław Kominek. Dieser wurde später Vorreiter im Dialog mit den deutschen Bischöfen, und Wojtyła unterstützte ihn dabei engagiert. Der junge Weihbischof wählte als seinen Wahlspruch «Totus tuus» (Ganz der Deine). Er geht zurück auf den französischen Ordensgründer, Volksmissionar und Schriftsteller Louis-Marie Grignion de

Der Krakauer Weihbischof Wojtyła besucht die Baustelle der Kirche in der sozialistischen Musterstadt Nowa Huta

Montfort (1673–1716), der sich der Armenfürsorge, der Kranken-pflege und der Schulbildung für arme Kinder widmete. Grignion de Montfort prägte mit seiner «Abhandlung über die vollkommene An-dacht zu Maria» die katholische Marienfrömmigkeit; «Totus tuus ego sum, et omnia mea tua sunt. Accipio te in mea omnia. Praebe mihi cor tuum, Maria» heißt es in seinem bekanntesten Gebet: «Ganz bin ich der Deine, und alles Meine ist Dein. Ich nehme Dich an in allem, was Mein ist. Gib mir Dein Herz, Maria!» Auch das große M in seinem selbstgewählten Wappen zeigte, dass der neue Bischof sich ganz in den Dienst Mariens stellen wollte. Er wurde Titularbischof der im frühen Mittelalter erloschenen Diözese von Ombi in Ober-ägypten; sein Wunsch, einmal diesen Ort zu besuchen, erfüllte sich aber nicht.

Auch als Weihbischof blieb er ordentlicher Professor an der KUL. Wie bisher forderte er die Studenten auf, ihm in den Seminaren zu

Jüngster Bischof der Volksrepublik Polen

widersprechen und mit ihm zu streiten. Bei Referaten der Studenten korrigierte er Seminararbeiten oder las in einem Buch, wie Teilnehmer berichteten. Doch habe er nach dem Vortrag alles präzise zusammengefasst, ihn habe die Fähigkeit ausgezeichnet, sich gleichzeitig auf mehrere Dinge zu konzentrieren.[5]

Bei schönem Wetter verlegte er seine Lehrveranstaltungen ins Freie, auch dies war ungewöhnlich. In den Semesterferien unternahm er weiterhin Exkursionen mit gemischten Studentengruppen, im Winter zum Skifahren auf Berghütten in der Hohen Tatra, im Sommer nach Masuren zum Kajakfahren oder an die Ostsee. Teilnehmer dieser Sommerfahrten beschrieben ihn als ausdauernden, kraftvollen Schwimmer, der sich anschließend abseits der anderen in eine Decke einrollte und lange schweigend liegen blieb.[6] Abends wurde im Kreis nicht nur über religiöse Fragen diskutiert, sondern auch über Probleme in der Partnerschaft und im Alltag. Seinen Vertrauten unter den Studenten erlaubte er, ihn wie bisher «Wujek», Onkel, zu nennen. Der SB kam zum Schluss: Er fahre mit Studenten Ski und Schlitten, um sich bei ihnen einzuschmeicheln.[7]

Am Heiligabend 1959 irritierte Wojtyła erstmals die Staatsmacht: In der sozialistischen Musterstadt Nowa Huta hielt er unter freiem Himmel die Christmette, es herrschte beißender Frost. Es war der Auftakt seiner 17 Jahre währenden Auseinandersetzungen mit den Behörden um den Bau einer Kirche in der Arbeiterstadt. Nun wurde er zu einem der Hauptziele der SB-Abteilung, die für Infiltration der Kirche zuständig war. Sie bekam die Anweisung, an der KUL noch mehr Dozenten und Studenten als bisher als Informanten anzuwerben. In der Bewertung Wojtyłas aber waren sich die Esbeks nicht sicher: Sie protokollierten, dass ihm arrogantes Auftreten fremd sei und er im Gegensatz zu vielen Geistlichen keinen Pomp liebe. Er sei jemand, «der die ganze Zeit nach irgendetwas wühlt, aber sich nicht mit den aktuellen Angelegenheiten der Kirche auskennt». Es war eine weitere Fehleinschätzung der Spitzel. Sie beschatteten ihn sogar bei den Fahrradausflügen, die er mit einem anderen Geistlichen, seinem Mitbewohner Marian Jaworski, unternahm.[8] Jaworski spielte später ebenfalls eine wichtige Rolle für Wojtyła.

Für den kämpferischen Parteichef Gomułka hatte die Zurückdrängung des Einflusses der Kirche höchste Priorität. Es wurde offenkundig, dass die Zugeständnisse von 1956/57 nur taktischer Natur waren. Die Presse begann eine Kampagne gegen den Religionsunterricht in der Schule. Die Parteiführung ließ eine Abteilung für Religionskunde und Religionspolitik bei der Akademie für Gesellschaftskunde einrichten, in der Funktionäre für die ideologische Auseinandersetzung mit der Kirche geschult werden sollten.

Als 1960 die lokalen Behörden in der Provinzstadt Zielona Góra (Grünberg) verfügten, dass die Kirche ein Pfarrheim abgeben sollte, demonstrierten mehrere Tausend Menschen dagegen. Warschau schickte ein größeres Kontingent der ZOMO, der militärisch organisierten Einsatztruppe des Innenministeriums, in die Stadt. Die Proteste wurden gewaltsam niedergeschlagen, mehrere Hundert Demonstranten festgenommen. Der «Rädelsführer» wurde zu vier Jahren Gefängnis verurteilt.[9]

Wonne, Liebe und Verantwortung

Im selben Jahr stellte Wojtyła sein Buch «Liebe und Verantwortung» fertig, das auf seiner Vorlesung aus dem Jahr 1958/59, seinen Erfahrungen aus Beichtgesprächen sowie vor allem auf Unterhaltungen mit Mitgliedern seiner Studentengruppen über Partnerschaft und Sexualität beruhte. Auch hatte er sich eingehend mit befreundeten Ärzten und Psychologen beraten. Das Buch war seine Antwort auf die Jugend- und Familienpolitik der PZPR: Die junge Generation wurde zu sexuellen Experimenten ermuntert, Abtreibungen wurden kostenlos in staatlichen Kliniken durchgeführt. Später rückte die Partei von der Propagierung der sexuellen Freizügigkeit allerdings wieder ab. Doch sie ging nie so weit zurück wie die sowjetische KP, die zwar ebenfalls Abtreibungen erlaubte und Scheidungen erleichterte, aber ansonsten versuchte, eine rigide Sexualmoral durchzusetzen.

Wojtyła bekräftigte zunächst die traditionelle Lehrmeinung, dass die Liebe ein Geschenk Gottes sei. Doch seine anschließend entwickelte Hauptthese hatte für einen Moraltheologen einen revolutionären Charakter: In einer Partnerschaft gehöre ein erfülltes Sexualleben zum menschlichen Glück. Er wandte sich damit von der Vorstellung ab, dass die Sexualität nur zwei Funktionen habe: Sie diene der Zeugung neuen Lebens, außerdem sei die «Erfüllung der ehelichen Pflichten» ein Mittel, die «sinnliche Begierde» in kontrollierte Bahnen zu lenken. Für Wojtyła galt nicht mehr das Verdikt, dass Sexualität «irgendwie unrein» sei, vielmehr bedeute sie die «Erfahrung von Wonne» (*rozkosz*) – letzteres in der deutschen Übersetzung des Buches nur unvollkommen mit «Annehmlichkeit» wiedergegeben. Er setzte sich somit von der neuscholastischen Denkschule ab, die Liebe als ein Abstraktum verstand, das durch Pflichten und Verbote zu regeln sei.

Doch beschrieb Wojtyła auch, dass die Unterschiede zwischen beiden Geschlechtern sowohl in ihren psychischen Strukturen als auch in der Sexualität die permanente Gefahr mit sich brächten, dass die Frau zum Objekt des Mannes werde. Dessen Annäherung an die Frau sei eher vom «sinnlichen Begehren» geprägt, während die Frau auch stets nach einer Vereinigung der Gefühle strebe. Der Mann könne daher den Körper der Frau als Mittel zum Zweck benutzen, nämlich seinen «Sexualtrieb befriedigen», ohne auf die Sexualpartnerin als Person einzugehen. Eine derartige egoistische Haltung widerspreche aber zutiefst der Würde des Menschen. Ein Wesenszug der menschlichen Würde sei die Freiheit der Person. Es sollte sich beim Sex also nicht um die Begegnung zweier Körper losgelöst von der Person handeln, vielmehr um die Begegnung und Verschmelzung zweier Personen, die sich aus freiem Willen bewusst dafür entscheiden und sich auch seelisch begegnen. So bedeute der sexuelle Akt auch gegenseitige Hingabe. Liebe zwischen Mann und Frau könne nur vollkommen sein, wenn das sinnliche Element, die gegenseitige körperliche Anziehung, von geistiger und seelischer Begegnung begleitet werde, wenn also die Partner die Eigenheiten sowie die Freiheit des anderen achteten. Liebe sei dann ein Teil der Schönheit des menschlichen Wesens. Liebe könne aber auch bedeuten, aus Rücksicht auf den Partner sein sexuelles Begehren zurückzunehmen.

Seinen Studenten hatte er offenbar gut zugehört. Denn in klaren

Worten schrieb er dem Mann die Verantwortung dafür zu, dass auch die Frau sexuelle Erfüllung findet, dass beide «im gleichen Moment den Höhepunkt der sexuellen Erregung erreichen». Ohne den Begriff zu gebrauchen, beschrieb er indirekt das taktische Vortäuschen des Orgasmus, worüber ihm manche seiner früheren Studentinnen nach der Eheschließung offenbar berichtet haben. Sein Rezept, das sich aus seinen Ausführungen herauslesen lässt: Die Frauen sollten ihre Vorstellungen und Wünsche beim Sex im vertrauensvollen Gespräch mit dem Partner klar beschreiben. Es gehöre zu Liebe und Partnerschaft, dass man Kritik ertrage, es aber auch klar zur Sprache bringe, wenn man sich nicht wohl fühle. Mann und Frau seien in ihren sexuellen Bedürfnissen gleichberechtigt. Es war eine Abkehr von dem damals gern von der Kanzel wiederholten Satz des Apostels Paulus: «Die Frau sei dem Manne untertan.»

Wojtyła führte zwei fundamentale Argumente zur Verteidigung des Lehrsatzes an, dass Sex nur in der Ehe stattfinden solle. Zum einen sei die «ganzheitliche Hingabe für den anderen» nur in einer monogamen Verbindung möglich. Zum anderen schütze die Ehe die Frau vor der drohenden Instrumentalisierung ihres Körpers durch einen triebgesteuerten Mann, der sich mit ihr weder geistig noch seelisch vereinigen möchte. Mit dem zweiten Argument verwarf er auch Hilfsmittel zur Verhütung; diese machten die Frau ebenfalls zum Objekt des Mannes. Er stellte sich auf den Standpunkt, den Ende 1951 auch Pius XII. in einer Ansprache auf einem Familienkongress vertreten hatte: Allein die natürliche Empfängnisverhütung, nämlich die Berücksichtigung des Fruchtbarkeitszyklus der Frau, sei ethisch erlaubt – wobei die Partner aber auch in diesem Fall zur Elternschaft bereit sein sollten.

In seinen späteren Schriften zu Partnerschaft und Sexualität ging Wojtyła allerdings nicht mehr so weit wie in «Liebe und Verantwortung». In ihnen ist nicht mehr von sexueller «Wonne» die Rede, die die Eheleute sich gegenseitig bereiten. Vielmehr schwenkte er auf die bisherige Lehrmeinung ein, dass die «eheliche Vereinigung» unbedingt auf die Fortpflanzung orientiert sein müsse. Eine Erklärung für diese Akzentverschiebung lieferte er nicht. Möglicherweise war sie seine Reaktion auf die Kritik aus der Kirchenhierarchie an dem Buch.

So wurde ihm offenbar bedeutet, dass es sich für einen Priester und Bischof nicht zieme, sich mit dem sexuellen «Lustaustausch zwischen Ehegatten» zu befassen.[10]

Immerhin nahm er zu der Kritik Stellung, Priester sollten mangels persönlicher Erfahrung besser zu Fragen von Liebe und Sexualität schweigen: «In der Seelsorge sind sie schließlich so oft und in verschiedenen Momenten wie Situationen mit diesen Problemen konfrontiert, dass sich bei ihnen eine andere Erfahrung herausbildet, die zweifellos mittelbarer und nicht selbst erlebt ist, aber gleichzeitig viel weiter gefächert.»[11] Das Buch erschien allerdings nur in kleiner Auflage im streng reglementierten Kirchenverlag. Rezensionen erschienen nicht in der Presse, seine Wirkung war somit damals in Polen äußerst begrenzt.

Ebenfalls 1960 publizierte Wojtyła, allerdings unter dem von ihm oft verwendeten Pseudonym Andrzej Jawień, das Drama «Der Laden des Goldschmieds». Das Pseudonym verweist vermutlich auf seine erste Stelle als Kaplan im Dorf Niegowić, in der Gegend war der Familienname weit verbreitet.[12] Es handelt sich um ein Kammerspiel um die Erfahrungen von drei Ehepaaren: Beim ersten fällt der Mann im Krieg, die Witwe hat ein schweres, freudloses Leben; beim zweiten Paar verhält der Mann sich zunehmend gleichgültig gegenüber seiner Frau, diese hofft vergeblich auf die Rückkehr der großen Gefühle; das dritte Paar sind die Kinder der ersten beiden, sie tragen am Schicksal der Eltern. Die Aussage des Stücks: Wahre Liebe setzt die seelische und geistige Vereinigung voraus; diese hält auch dem Nachlassen der gegenseitigen Anziehungskraft stand. Das Stück durfte aber nicht aufgeführt werden.

1962 starb Erzbischof Baziak. Das Krakauer Kapitel, die Priester der Bischofskirche, wählte Wojtyła zum Kapitelvikar. Er hatte nun die Aufgabe, bis zur Ernennung des Nachfolgers Baziaks die Erzdiözese zu leiten. Auf diesem Posten hatte er sogleich eine Bewährungsprobe zu bestehen: Die Krakauer Parteiführung hatte beschlossen, das Gebäude, in dem sich das Priesterseminar befand, aus dem Kirchenbesitz herauszulösen und es der Pädagogischen Hochschule anzugliedern. Wojtyła unternahm einen ungewöhnlichen Schritt: In

Zivilkleidung suchte er unangemeldet die lokale Parteiführung auf. Es gelang ihm, einen Kompromiss auszuhandeln: Ein Stockwerk blieb dem Priesterseminar erhalten. Es war das erste Mal, dass ein polnischer Bischof eine Parteizentrale betreten hatte.[13]

In dieser Zeit verhandelten hinter den Kulissen Wysyzński und der Sekretär für Ideologie des Zentralkomitees der PZPR, Zenon Kliszko, mehr als ein Jahr lang über die Nachfolge des verstorbenen Erzbischofs Baziak. Kliszko galt als die Nummer Zwei in der Partei und als der engste Vertraute Gomułkas; wie dieser war er unter dem Stalinisten Bierut im Gefängnis gewesen. Aus den Partei- und SB-Archiven geht hervor, dass Kliszko als neuen Erzbischof den als praxisfernen Philosophen eingestuften Wojtyła favorisierte. Doch Wysyzński setzte ihn nicht auf die Vorschlagsliste; auch er hatte seine Vorbehalte: «Das ist ein Dichter.»

Die Kirchenexperten des ZK aber sahen es ganz anders und warnten Kliszko: «Als herausragend begabter und guter Organisator ist er der einzige Bischof, der nicht nur die Priesterschaft der Kurie und den Klerus in der Diözese konsolidieren konnte, sondern überdies einen Teil der Intelligenz und der katholischen Jugend um sich geschart hat.»[14] Und der SB ergänzte: «Er ist negativ zur Staatsmacht eingestellt.»[15]

Kliszko ignorierte die Warnungen und hielt in Absprache mit Parteichef Gomułka an Wojtyła fest. Die Regierung lehnte alle Kandidaten ab, die Wysyzński vorschlug, so dass dieser doch noch den Krakauer Weihbischof auf die Vorschlagsliste setzte. Die Regierung akzeptierte ihn. Es war Kliszkos Plan, dass die Partei unauffällig den vermeintlich unpolitischen Wojtyła gegen den erklärten Antikommunisten Wysyzński, der Massen mobilisieren konnte, unterstützen sollte, um einen Konflikt in der Kirchenführung zu provozieren. So streute der SB das Gerücht, Wysyzński habe im Vatikan interveniert, um die Ernennung Wojtyłas zum Erzbischof zu verhindern.[16]

Am 30. Dezember 1963 ernannte Papst Paul VI. Karol Wojtyła zum Erzbischof von Krakau; am 8. März 1964, mehr als anderthalb Jahre nach dem Tod seines Vorgängers Baziak, wurde der neue Erzbischof in der Wawel-Kathedrale feierlich in sein Amt eingeführt. Mit 43 Jahren war er weltweit der jüngste Bischof dieses Ranges. Der

Messkelch stammte aus dem Mittelalter, das Messgewand aus dem 16. Jahrhundert, die Mitra aus dem 17., ebenso der Bischofsstab und der Bischofsring, die er bei dem Hochamt trug. Dies sollte zeigen: Die Kirche und der katholische Glaube haben nahezu ein Jahrtausend lang Polen geprägt. Im Krakauer Dom, so predigte er an diesem Tag, sei «die ganze Vergangenheit unseres Volkes» zu spüren. In seinem ersten Hirtenbrief rief er die Laien im Erzbistum zur Mitarbeit und Mitverantwortung auf. In den Exerzitien, die er einen Monat nach seiner Amtseinführung hielt, schrieb er in sein Tagebuch: «Der richtige Herrschaftsstil in der Kirche muss seelsorglich sein. [...] Zwischen der Wahrheit und der Liebe muss eine enge Beziehung bestehen, wie unter den Personen der Heiligen Dreifaltigkeit.» Die Liebe wiederum «muss allumfassend, darf nicht partikular sein und darf keine Gegensätze schaffen. Weiterhin: Sie muss dienlich sein; das Dienen weist gewissermaßen am meisten auf die Liebe hin.»[17]

In seinem ersten Jahr als Erzbischof hielt er zwei Predigten zu umstrittenen Themen der jüngsten Vergangenheit, in denen er Geschichtsklitterung betrieb, nämlich nationalpolnische Standpunkte vertrat: Zum 20. Jahrestags der Befreiung des Lagerkomplexes Auschwitz sprach er von den dort ermordeten polnischen Landsleuten, darunter viele Priester, erwähnte aber mit keinem Wort, dass die überwältigende Mehrheit der Opfer Juden waren. Dies entsprach auch der Parteilinie der Nationalkommunisten um Gomułka. Wenig später bezeichnete er in Breslau aus Anlass des 20. Jahrestags der Errichtung der polnischen Verwaltung Schlesien als Stammland der polnischen Kirche, ohne die deutsche Vergangenheit der Region, geschweige denn die Vertreibung der deutschen Einwohner zu erwähnen.[18] Es war die Linie des früheren Primas Hlond, die auch Wysyzński vertrat. Bei beiden Themen korrigierte er als Papst seine Aussagen.

Viele Kardinäle dachten, sie wählten einen Übergangspapst, als sie, eingeschlossen in die Sixtinische Kapelle im Vatikan, am 28. Oktober 1958 den Namen des venezianischen Kardinals Angelo Giuseppe Roncalli auf den Abstimmungszettel schrieben. Fast 20 Jahre lang hatte Papst Pius XII. die katholische Kirche regiert, ein aristokratisch distanzierter Diplomat. Er hatte sie durch Faschismus und National-sozialismus geführt, indem er zwar bei Hitler gegen die Kirchenver-folgung intervenierte und den Juden von Rom half, aber dann doch davon absah, laut und offen gegen den Judenmord zu protestieren; er hatte den Zweiten Weltkrieg in Rom überstanden und mit ansehen müssen, wie hinter dem Eisernen Vorhang ein neues Zeitalter der Diktatur und Christenverfolgung begann. Die katholische Kirche war gestärkt als moralische Macht aus dem Krieg hervorgegangen, doch zunehmend standen eine erstarrte Lehre und Hierarchie den vielen Aufbrüchen in der Theologie und im Kirchenvolk gegenüber. Die katholische Kirche begriff sich immer noch als Societas perfecta, als in sich geschlossene und sich selbst genügende Gemeinschaft, die das Leben der Gläubigen prägte und bestimmte. Viele Katholiken aber lebten nun in demokratischen und pluralen Gesellschaften und wünschten sich mehr Offenheit von ihrer Kirche für die Fragen ihres Lebens, für das vielfältige Ineinander, Miteinander und Gegenein-ander von Glaube und Moderne.

Kardinal Roncalli, der sich Papst Johannes XXIII. nannte, schien da der Richtige zu sein, um das Alte noch ein wenig fortzuführen und den vorsichtigen Wandel einzuleiten; er war ein tief frommer, freundlicher Mann aus einer Bauernfamilie und schon fast 77 Jahre alt. Am 24. Januar 1959 aber bat er alle in Rom befindlichen Kardi-näle, am nächsten Tag an der Messe in Sankt Paul vor den Mauern teilzunehmen und sich dann im Kapitelsaal der Benediktinerabtei einzufinden. Als sich dann am 25., einem Sonntag, die Türen zum Saal wieder öffneten, war die Sensation perfekt: Papst Johannes XXIII. hatte ein Konzil angekündigt, eine allgemeine Kirchenver-sammlung zur pastoralen und ökumenischen Erneuerung, zur Vertiefung und Verankerung des überlieferten Glaubens und der Tradition in der Gegenwart. In der Kurie reagierten viele Kardinäle mit Skepsis auf die auch für sie überraschende Ankündigung, insgesamt aber nahmen die meisten Katholiken die Nachricht begeistert, vielfach mit hohen Erwartungen auf.

Es folgten drei Jahre und neun Monte intensiver Vorbereitungen. Eine Kommission forderte 3500 Bischöfe, Ordensobere und theologische Fakultäten auf, Vorschläge für die Beratungen einzureichen, mehr als 2800 Postulate gingen ein; zehn Vorbereitungskommissionen sortierten und kanalisierten die Forderungen, Wünsche und Ideen, begleitet von einer lebhaften Debatte weit über die katholische Kirche hinaus. Papst Johannes XXIII. hielt sich in dieser Phase weitgehend zurück, er wollte möglichst wenig konkrete Vorgaben machen. Als er einmal gefragt wurde, was denn das Konzil bezwecken solle, öffnete er ein Fenster und sagte: «Frische Luft in die Kirche zu bringen.» Am 11. Oktober 1962 zogen 2498 Konzilsväter aus 133 Ländern in einer großen Prozession in den Petersdom, dessen Innenraum zur Konzilsaula umgebaut worden war, mit 90 Meter langen Tribünen, von denen aus die Teilnehmer debattierten. Papst Johannes XXIII. hatte damit gerechnet, dass die Beratungen nur wenige Monate dauern würden; die Konzilsteilnehmer und ihre Berater aber rangen in vier Sitzungsperioden bis zum 8. Dezember 1965 um den künftigen Weg der katholischen Kirche, die seit 1963 nach dem Tod von Johannes XXIII. von Papst Paul VI. geleitet wurde. Konservative und Progressive stritten sich und rangen um Kompromisse, verabschiedeten Dokumente zur Liturgie, zur Kollegialität der Bischöfe und zur Rolle der Laien in der Kirche, zum Verhältnis zu den christlichen Konfessionen und den anderen Religionen, zu Staat und Kirche, Religionsfreiheit, der Aufgabe der Kirche in der Moderne. Das Zweite Vatikanische Konzil änderte die katholische Kirche in einer Weise, die zehn Jahre zuvor kaum einer für möglich gehalten hätte.

Wojtyła beteiligte sich so engagiert wie kein anderer polnischer Bischof an der Vorbereitung dieses Konzils. Die Idee passte bestens zu seinen philosophischen und theologischen Vorstellungen und auch zu seinen Erfahrungen als Seelsorger. An die Vorbereitungskommission schickte er einen Essay: Die Kirche existiere nicht um ihrer selbst willen, schrieb er, sie solle das Heil in die Welt bringen, um der Menschen und der Menschenwürde willen, die ein innerweltlicher Materialismus immer neu gefährde. Die entscheidende Frage sei die Frage nach der Person, nach der Natur und dem Geheimnis des Menschen: Was hat die Kirche zu Wert und Würde der Person zu sagen, wo unterscheidet sie sich von anderen Vorstellungen? Für Wojtyła vor allem dadurch, dass sie den Menschen als Geschöpf sieht, das über sich hinaus denkt, das spirituell werden kann und in einem inneren, von Gott geleiteten Leben seine wahre Würde erlebt.

Um die Botschaft von der Würde des Menschen durch seine innere Beziehung zu Gott stark zu machen, sei es notwendig, dass die Christen nach zunehmender Einheit der Konfessionen strebten und «weniger das Trennende» betonten, sondern «stattdessen nach dem Verbindenden» suchten. Es bräuchte in der katholischen Kirche gebildete Laien, die in der Welt für diesen christlichen Humanismus einträten, vor allem dort, wo «die Priester und der Klerus ihrer eigenen Sendung nicht nachkommen können»; die Priester wiederum sollten weltläufig genug sein, um «alles, was an sich wertvoll ist, zu bejahen, selbst wenn es äußerlich gesehen keinen religiösen oder sakralen Charakter hat». Auch sei die Einführung der Landessprache in den Gottesdiensten sinnvoll, um die christliche Botschaft zeitgemäß zu verkünden.[19]

Wojtyła nahm an allen vier Sitzungsperioden des Konzils teil; anderen polnischen Bischöfen verweigerten die Behörden des Landes die Reisepässe, darunter Bolesław Kominek aus Breslau und dem ein Jahrzehnt zuvor in einem Schauprozess wegen angeblicher Spionage verurteilten Czesław Kaczmarek aus Kielce.[20] Zu Beginn des Konzils war Wojtyła 42 Jahre alt und gehörte damit zu den jüngsten Teilnehmern der Kirchenversammlung, er war nicht sehr viel älter als die «Teenager-Theologen» Joseph Ratzinger und Hans Küng, die als Berater deutscher Bischöfe zum Konzil zugelassen waren. Ratzinger gehörte zu den Ratgebern des Kölner Erzbischofs Joseph Frings. Viele Bischöfe und Konzilstheologen waren noch Ende des 19. Jahrhunderts geboren. Für Wojtyła, der seit 1948 Polen nicht mehr verlassen hatte, war es auch ein Wiedersehen mit Rom.

Viel mehr noch aber begegnete er in den Konzilsjahren in Rom der katholischen Weltkirche in ihrer Vielfalt. Er traf Bischöfe und Theologen aus den noch jungen Kirchen in Afrika oder Asien, die sich zunehmend selbstbewusst nicht mehr als Missionarskirchen verstanden. Er diskutierte mit den weltweit führenden Theologen, mit den Deutschen Karl Rahner und Bernhard Häring, dem Franzosen Yves Congar, dem Niederländer Edward Schillebeeckx, mit Ratzinger und Küng. Er schloss Bekanntschaft mit Bischöfen aus aller Welt; bedeutend sollte die zum Wiener Kardinal Franz König werden, der ihn erstmals 1963 in Krakau besuchte. Kardinal König wurde zu seinem engsten Kontakt in den Westen und dort zu einem seiner wichtigsten Fürsprecher. Der weitherzige, so gebildete wie tief fromme Pionier des ökumenischen und interreligiösen Dialogs hatte den direkten Zugang zu den Päpsten Johannes XXIII. und Paul VI.; wie kaum ein anderer verstand er es auf dem Konzil und auch danach, Allianzen zu schmieden, Mehrheiten für Kompromisse zu finden und auch mal Strippen zu ziehen.

Triumph mit Freude und Hoffnung

Im Dezember 1963 reiste Wojtyła mit einer Gruppe von Bischöfen zehn Tage ins Heilige Land. Die Reise zu den Orten, an denen Jesus gelehrt hatte, wo er gestorben und begraben war, bewegte ihn sehr; er schrieb mehrere Gedichte und einen Brief an die Priester des Erzbistums Krakau, der eine Mischung aus theologischer Betrachtung und begeistertem Reisebericht ist. Wojtyłas Gabe, auf Menschen zuzugehen, Kontakte zu knüpfen, sich in vielen verschiedenen Sprachen zu unterhalten, halfen ihm, in den Jahren des Konzils ein weltweites Netz an Freundschaften und Bekanntschaften aufzubauen. Während der Warschauer Kardinal Wysyzński die Teilnahme an den Beratungen eher als mühsame Pflicht ansah, begriff Wojtyła, welche Chance die Beratungen in Rom für die Kirche in der ganzen Welt, aber auch in Polen waren. Als die Versammlung 1965 endete, war aus dem unbekannten polnischen Weihbischof der in der Weltkirche beachtete und vielfach geschätzte Krakauer Erzbischof Karol Wojtyła geworden; am 30. November 1964 empfing ihn Papst Paul VI. erstmals zur Privataudienz, seitdem schätzte der Papst den Polen außerordentlich.

Zwischen 1962 und 1965 hielt Wojtyła in der Konzilsaula sieben Reden, er reichte 13 schriftliche Stellungnahmen ein – und beteiligte sich, was oft noch wichtiger war, als eine große Rede zu halten, an den vielen informellen Gesprächen in den Pausen an einer der beiden Kaffeebars im Petersdom, die im Konzilsjargon «Bar Jona» und «Bar Mizwa» hießen. Wojtyła redete in der ersten Sitzungsperiode über das Verhältnis von Bibel und kirchlicher Tradition – Gott offenbare sich in der Schrift und in der Tradition, zwischen den beiden Quellen der Selbstoffenbarung Gottes gebe es also keine Rangfolge –, ein Kompromissvorschlag an jene, die der kirchlichen Tradition den Vorzug geben wollten, und an jene, die, wie Kirchen der Reformation, die Bibel als letzte Autorität in Glaubensfragen sahen. Er plädierte für ein reformiertes Taufritual und dafür, dass die Kirche sich stärker von ihrem seelsorgerischen Auftrag her definieren und stärker als «Volk Gottes» begreifen möge. Auch trat er für ein Dokument für die besondere Berufung der Laien in der Kirche ein. Gemeinsam mit den anderen polnischen Bischöfen beantragte er ein eigenes Konzilsdokument über die Jungfrau und Gottesmutter Maria, was aber unter den Konzilsvätern angesichts der zu erwartenden ökumenischen Verwerfungen keine Mehrheit fand. Allerdings setzte Paul VI. im Sinne der polnischen Bischöfe durch, dass Maria «Mutter der Kirche» genannt werden sollte. Er arbeitete auch am Dokument «Nostra aetate» über die Beziehung zu den nichtchristlichen Religionen mit, besonders zum Judentum. Das Dokument gestand zu, dass es auch außerhalb der katholischen Kirche Heil gebe, und wandte sich ausdrücklich gegen die traditionelle judenfeindliche Auffassung, die Juden seien die Mörder Jesu Christi.

Vor allem aber engagierte sich der Philosoph und Theologe aus der Welt hinter dem Eisernen Vorhang für das Dekret über die Religionsfreiheit und für die Pastoralkonstitution «Gaudium et spes» über das Verhältnis der katholischen Kirche zur Welt. Beide Dokumente waren auf dem Konzil zwischen Reformern und Bewahrern, Modernisierern und Konservativen auf das Heftigste umstritten.

Jüngster Bischof der Volksrepublik Polen

Wie konnte die katholische Kirche die Religionsfreiheit bejahen, wenn sie sich zugleich als Verkünderin des wahren Glaubens sah? Kardinal Alfredo Ottaviani, der Präfekt des Heiligen Offiziums, der ehemaligen Inquisition, und Wortführer der Konservativen, befand: «Das Wahre und das Falsche können nicht gleich behandelt werden, und sie können nicht dieselben Rechte haben». Am 25. September 1964 hielt Wojtyła dagegen: Religionsfreiheit bedeute nicht Beliebigkeit oder Indifferenz, nicht Freiheit gegen etwas – sondern genauso die Freiheit, sich für etwas zu entscheiden, für das Bekenntnis, die Wahrheit, ohne die der Mensch nicht wirklich frei sei. Wojtyła und andere Bischöfe aus Mittel- und Osteuropa führten an, wie wichtig für sie dieses Recht auf Religionsfreiheit in der Auseinandersetzung mit den kommunistisch regierten Ländern war, die meist formal die Religionsfreiheit in den Verfassungen stehen hatten – mancher von ihnen hatte für dieses Recht im Gefängnis gesessen. Das machte Eindruck, und nach langem Hin und Her beschloss das Konzil in der vierten und letzten Sitzungsperiode «Dignitatis humanae», die Erklärung über die Religionsfreiheit, in die einige der Gedanken Wojtyłas einflossen. «Das Zweite Vatikanische Konzil erklärt, dass die menschliche Person das Recht auf religiöse Freiheit hat» – das bedeutete die radikale Korrektur der bisherigen Lehre.

Ähnlich verlief die Auseinandersetzung um das letzte große Dokument des Konzils, die Pastoralkonstitution «Gaudium et spes», in den ersten drei Konzilsperioden «Schema XIII» genannt. «Freude und Hoffnung, Trauer und Angst der Menschen von heute, besonders der Armen und Bedrängten aller Art, sind auch Freude und Hoffnung, Trauer und Angst der Jünger Christi» – der Anfang des Textes, der erst auf dem Konzil entstand, markierte einen grundlegenden Perspektivwechsel der katholischen Kirche: Noch 1950 beschrieb Papst Pius XII. in der Enzyklika «Humani generis» die Moderne als Welt voller Irrtümer und Gefahren für den guten Katholiken; nun sollte der Kirche «nichts wahrhaft Menschliches» fremd bleiben, sollte sie Wissenschaft und Technik, Demokratie, Pluralismus oder Individualismus nicht als feindliche Gegenüber der kirchlichen Lehre ansehen, sondern als Felder ihrer Bewährung, als «Zeichen der Zeit», auf die

Christen Antworten finden sollen. Für die Gegner der Erklärung, zu denen auch der französische Erzbischof Marcel Lefebvre gehörte, war dies ein Einfallstor für die falsche Anpassung an die Welt, die Relativierung der kirchlichen Lehre. In der dritten Konzilssitzung im Oktober 1964 versuchten sie, Schema XIII. von der Tagesordnung zu drängen – vergebens. Karol Wojtyła verteidigte das Vorhaben: Das Konzil dürfe jene Katholiken nicht enttäuschen, die hofften, dass die Kirche etwas zur Welt von heute sage, und müsse jenen widersprechen, die behaupteten, sie habe der modernen Welt nichts mehr zu sagen.[21]

Der Krakauer Erzbischof arbeitete intensiv in der Gruppe mit, die den Abschlussentwurf für «Gaudium et spes» konzipierte und der so wichtige Theologen wie der Jesuit Henri de Lubac und Yves Congar angehörten; in den Sitzungen freundeten sich Congar und Wojtyła an. Im September 1965 begann die abschließende Debatte über die Pastoralkonstitution, und Wojtyła hielt seine wichtigste Rede auf dem Konzil: Dass Gott in die Welt hinabgestiegen sei, um sie zu erlösen, habe «ein für allemal die christliche Bedeutung der Welt festgelegt», deshalb könnten Welt und Kirche oder Erlösung und Welt nicht getrennt werden.[22] Die Kirche müsse die Weltgeschichte als Schöpfungs- und Erlösungsgeschichte begreifen und den Menschen verkünden, um sie zur Umkehr zu bewegen – das sei der größte Dienst der Kirche an und in der Welt. Als Wojtyła erklärte, das Gespräch über die innere Freiheit der menschlichen Person könnte eine Möglichkeit sein, Atheisten einen Weg aus der durch die Gottesferne verursachten Einsamkeit und Entfremdung zu zeigen, unterbrach ihn der Sitzungsvorsitzende, der Münchner Kardinal Julius Döpfner – seine Redezeit sei abgelaufen. Einen Tag vor der feierlichen Schlusssitzung am 8. Dezember 1965 stimmten die Konzilsväter über «Gaudium et spes» ab, 2309 Ja-Stimmen standen gegen 75 Nein-Stimmen.[23] Es war auch ein Triumph für Wojtyła, der in seinem Erzbistum die Reformen des Konzils konsequent umsetzen sollte, mit Hilfe einer groß angelegten Synode, die 1972 ihre Arbeit aufnahm.

Während der Schlussphase des Konzils unternahm Paul VI. im Oktober 1965 eine Reise nach New York, wo er vor der UN-Vollversammlung die Politiker aufrief, ihre ganze Kraft für den Frieden in der Welt einzusetzen. Bei der Gelegenheit traf der Papst auch erstmals mit dem sowjetischen Außenminister Andrej Gromyko zusammen. Er stellte damit klar, dass er die Entspannungspolitik gegenüber Moskau fortzusetzen gedachte, die Johannes XXIII. vorsichtig begonnen hatte. In Moskau war durchaus bemerkt worden, dass das Konzil in keiner Weise den Kommunismus attackierte. Es war eine Abkehr vom entschiedenen Antibolschewismus, den noch Pius XII. gepredigt hatte.

Johannes XXIII. war in großer Sorge vor einem Atomkrieg gewesen, in der Kubakrise 1962 hatte er in den Kulissen zwischen Moskau und Washington vermittelt. Er begründete seinen neuen Kurs mit dem Satz vom Irrtum: Zwar sei die kommunistische Lehre ein Irrtum, doch bedeute dies nicht, dass die Christen mit Menschen, die sich im Irrtum befinden, keinen Dialog führen sollten. Der Mensch sei vom Irrtum zu trennen.

5. EIN UNBEQUEMER GEGNER FÜR DIE PARTEIIDEOLOGEN

Am Rande des Konzils lernte der Krakauer Erzbischof auch viele deutsche Bischöfe kennen. Seit der Vertreibung der Deutschen aus den Oder-Neiße-Gebieten, die die polnische Kirche unterstützt hatte, hatte Schweigen zwischen den Katholiken beider Länder geherrscht. Am Ende des Konzils luden die polnischen Bischöfe die Teilnehmer, einschließlich Papst Paul VI., zur bevorstehenden 1000-Jahr-Feier der Christianisierung Polens im Sommer 1966 ein. Bei der Gelegenheit machten sie den ersten Schritt auf ihre deutschen Amtsbrüder zu, der heute als Markstein im deutsch-polnischen Dialog gilt: Sie übergaben ihnen einen gemeinsam formulierten Brief, der in der Botschaft gipfelte: Wir «gewähren Vergebung und bitten um Vergebung». Die Bitte bezog sich auf die Haltung der polnischen Kirche zur Vertreibung der Deutschen. Die Verwendung dieses Begriffs kam einer Sensation gleich, galt doch bis dahin auch für die polnische Kirche die Sprachregelung von der «Aussiedlung der Deutschen in ihre Heimat».

Den Brief hatte der Breslauer Bischof Bolesław Kominek auf Deutsch verfasst, er war im damals zum Deutschen Reich gehörenden Oberschlesien aufgewachsen. Kominek hatte als Apostolischer Administrator von Breslau wieder Gottesdienste auf Deutsch für die zurückgebliebenen Deutschen erlaubt und damit nicht nur die Partei, sondern auch Teile des polnischen Klerus irritiert. Seine Initiative für den Brief hatte Wysyzński, der im Krieg die Zerstörung Warschaus erlebt hatte, zunächst skeptisch aufgenommen, während Wojtyła sofort Kominek unterstützt hatte.[1]

Unter der Federführung des Münchner Kardinals Julius Döpfner antworteten die deutschen Bischöfe: «Wir ergreifen die dargebotenen Hände.» Zum Zweiten Weltkrieg schrieben sie: «Furchtbares ist von Deutschen und im Namen des deutschen Volkes dem polnischen Volke angetan worden. Wir wissen, dass wir Folgen des Krieges tragen müssen, die auch für unser Land schwer sind. Wir verstehen, dass die deutsche Besatzung eine brennende Wunde hinterlassen hat, die auch bei gutem Willen nur schwer heilt.»

Der Brief der polnischen Bischöfe war für die Parteiführung in Warschau eine beispiellose Provokation, sie sah ihn als Attacke auf ihr außenpolitisches Monopol. Die gleichgeschaltete Presse warf den Bischöfen vor, sie seien vor den Deutschen «zu Kreuze gekrochen», indem sie um «Verzeihung polnischer Schuld» gebeten hätten. Ihnen wurde sogar unterstellt, sie wollten die Oder-Neiße-Gebiete den Deutschen zurückgeben. Sogar Intellektuelle, die der Partei fernstanden, lehnten die Botschaft der Bischöfe ab.

Die Krakauer PZPR-Organisation nutzte diese Stimmung für eine Attacke auf Wojtyła. In der Lokalpresse erschien ein offener Brief an ihn, verfasst angeblich von Arbeitern der Solvay-Fabrik, in der er im Krieg Zwangsarbeit geleistet hatte. Darin hieß es: «Wir fragen Eure Exzellenz nicht, ob Sie Auschwitz vergessen haben, wo Tausende polnischer Priester von der Hand der deutschen Täter umgekommen sind. […] Den Deutschen kommt es nicht zu, irgendetwas zu verzeihen, denn sie tragen die unmittelbare Schuld für den Zweiten Weltkrieg, und sein bestialischer Verlauf fällt ausschließlich auf den Imperialismus und den deutschen Faschismus zurück, dessen Nachfolger die Bundesrepublik Deutschland ist.»[2]

Wojtyła antwortete ebenfalls mit einem offenen Brief. Er stellte fest, dass die Verfasser des Schreibens an ihn offenbar die Botschaft an die deutschen Bischöfe nicht kannten. Denn darin sei sehr wohl all das Leid aufgezählt, das die Deutschen den Polen im Verlauf der Geschichte zugefügt hätten. Auch könne von einem Verzicht der polnischen Bischöfe auf die Oder-Neiße-Gebiete nicht die Rede sein, im Gegenteil: «Als Seelsorger begründeten sie die Rechte der polnischen Nation auf die Westgebiete mit dem Grundprinzip der Moral.» Auch wies Wojtyła darauf hin, dass die deutschen Bischöfe der jungen Generation der jetzt dort lebenden Polen ein Heimatrecht auf diese Gebiete zugestehen. Da keine Zeitung seinen offenen Brief abdruckte, wurde er in den Kirchen seiner Erzdiözese verlesen. In einer Predigt sagte er über die Parteiführung: «Nicht sie werden uns eine Gewissenserforschung befehlen und uns über Patriotismus belehren!»[3]

Parteichef Gomułka aber schäumte: «Die Kirche widersetzt sich besser nicht dem Staat! Sie soll nicht denken, dass sie die Herrschaft über die Seelen der Nation ausübt. Diese Zeiten gehören unwiederbringlich der Vergangenheit an.»[4] Um die Aufregung zu dämpfen, wurde daraufhin in den Kirchen des ganzen Landes ein Hirtenbrief verlesen, in dem es hieß: «Hat das polnische Volk einen Grund, seine Nachbarn um Verzeihung zu bitten? Sicherlich nicht. Wir sind überzeugt, dass wir als Volk nicht jahrhundertelang dem deutschen Volk politisches, wirtschaftliches und kulturelles Unrecht zugefügt haben.»

Wysyzński Vorstoß, Papst Paul VI. zur Jahrtausendfeier im Jahr 1966 nach Tschenstochau einzuladen, lehnte die Parteiführung ab. Ideologie-Sekretär Kliszko schlug als Alternative eine Reise des Papstes nach Breslau vor, allerdings ohne öffentliche Auftritte. Da ein solcher Besuch aber als politische Bestätigung der Zugehörigkeit Breslaus zu Polen hätte ausgelegt werden können, kam dies für den Vatikan nicht in Frage. Paul VI. hielt an der Linie Pius' XII. fest, dass erst die Frage der polnischen Westgrenze völkerrechtlich eindeutig geregelt werden müsse. Während des Pontifikalamts in Tschenstochau, an dem Delegationen aus vielen Ländern teilnahmen, symbolisierte ein leerer Thronsessel die Abwesenheit des Papstes. Ihn vertrat der Untersekretär der «Heiligen Kongregation für die außerordentlichen Angelegenheiten der Kirche», Agostino Casaroli, der Architekt der Ostpolitik des Vatikans; er sollte im Jahr darauf Kurienerzbischof und faktischer «Außenminister» des Vatikans werden.[5]

Casaroli sah Kompromisse als Voraussetzung an, um Garantien für die Katholiken im Ostblock zu erreichen. So gelang es ihm, Abkommen mit den atheistischen Regimen Ungarns und Jugoslawiens auszuhandeln. Doch wurde er dafür auch harsch kritisiert: Er habe auf diese Weise zugelassen, dass Priester, die von den kommunistischen Geheimdiensten als Informanten angeworben worden waren,

Ein unbequemer Gegner für die Parteiideologen

sogar Bischöfe geworden seien. Gleichzeitig habe er wenig dagegen unternehmen können, dass in diesen Ländern die Geistlichen im Untergrund, die keine Kompromisse mit dem Regime eingehen wollten, weiterhin harten Repressionen ausgesetzt waren.

Die Kompromissbereitschaft Casarolis wurde indes im Kreml als taktische Finesse ausgelegt. In seinem Umfeld wurden mehrere Informanten platziert. Ein naher Verwandter, der vom KGB angeworben worden war, schenkte ihm eine Marienfigur, in der eine Wanze versteckt war. Die in seinem Sekretariat geführten Gespräche wurden von der Sowjetbotschaft in Rom aufgezeichnet.[6]

Der Irrtum des kommunistischen Chefideologen

1967 trugen Vertreter der Führung in Warschau Erzbischof Casaroli ein delikates Anliegen vor: Zu ihnen war die Information gedrungen, dass Wojtyła zum Kardinal erhoben werden solle. Warschau würde dies als Belastung für die Beziehungen zum Vatikan ansehen. Doch dort ignorierte man den Einwand, Wojtyła erfreute sich seit den Konzilsberatungen der besonderen Gunst Pauls VI. Der Krakauer Erzbischof beunruhigte den Ideologiewächter Kliszko zunehmend. Denn Wojtyła kritisierte das Regime zwar nicht offen, wie es Wysyzński tat, doch argumentierte er in Gesprächen mit Vertretern der Staatsmacht in einer Weise, die ihn für das Regime unangreifbar machte: Er berief sich nämlich bei seiner Kritik an den Realitäten der Volksrepublik direkt auf Marx, die polnische Verfassung und gelegentlich sogar auf das Parteiprogramm. Er war als Theoretiker des Sozialismus den Parteibonzen, denen es durchweg an der intellektuellen Basis fehlte, haushoch überlegen. Die Kirchenabteilung des SB zeichnete alle seine Predigten auf, doch sie fand keine Anhaltspunkte, ihm Regimefeindlichkeit vorzuwerfen. In ihrer Analyse hieß es: «Die Tätigkeit Wojtyłas hat keinen klar politisch feindlichen Charakter, aber sie ist sehr schädlich, besonders im Hinblick auf die Intellektuellen und die junge Generation!»[7]

Zwar hatte Kliszko erfahren, dass Wysyzński ablehnend auf die

Ernennung Wojtyłas reagiert hatte; doch begriff er, dass dieser sich in keiner Weise von der Partei als Gegenspieler des Primas instrumentalisieren lassen würde. Kliszko ließ ein Arbeitspapier für den SB ausarbeiten, es trug den Titel: «Unsere Taktik gegenüber den Kardinälen Wojtyła und Wysyzński».[8] Das Erzbischöfliche Palais in Krakau wurde noch gründlicher verwanzt, ebenso die Berghütte in der Hohen Tatra, die Wojtyła oft aufsuchte. Alle seine Gesprächspartner wurden heimlich fotografiert, in seiner Umgebung mehrere Informelle Mitarbeiter angeworben. Ein Informant aus der Redaktion des «Tygodnik Powszechny» sollte auskundschaften, ob Wojtyła dort ein Verhältnis mit einer Sekretärin habe, die alleinerziehende Mutter war. Der Spitzel musste indes melden, dass es da nichts gebe. Der SB versuchte dennoch, das Gerücht zu streuen, Wojtyła sei der Vater des Kindes.[9]

Aus der Sicht Kliszkos war Wysyzński der Anführer der «antikommunistischen Front» in Polen, während Wojtyła durchaus für die Politik der friedlichen Koexistenz stand, er werde darin von Bischöfen in Westeuropa unterstützt. Es war eine weitere Fehleinschätzung, denn auch Wojtyła sah sich in der Pflicht, das permanent die Menschenrechte verletzende Parteiregime zu überwinden. Allen Gesprächen zwischen Casaroli als Abgesandtem des Vatikans und Parteiführern zum Trotz hielt er einen aufrichtigen Dialog zwischen beiden Seiten und eine friedliche Koexistenz zwischen Kirche und Kommunismus nicht für möglich. Casaroli, der 1967 sechs Wochen lang durch Polen gereist war, hielt die Lage in dem Land für weitaus weniger dramatisch als anderswo im Ostblock: Es wurden Kirchen gebaut, es gab die KUL, eine – wenn auch stark behinderte – Kirchenpresse und Religionsunterricht in der Schule. Allerdings war die katholische Kirche nicht als Person des öffentlichen Rechts anerkannt.

Wojtyła dagegen ging davon aus, dass die Kompromisse der PZPR nur taktischer Natur seien, sie halte weiter an ihrem Ziel fest: der Zerstörung der Kirche. In diesem Punkt war er auch anderer Meinung als die Chefredaktion des «Tygodnik Powszechny», die auf die Übereinstimmungen zwischen christlicher Lehre und Sozialismus in den Vorstellungen zur Gesellschaftspolitik verwies. Wojtyła blieb bei seiner Auffassung: Marxismus bedeute, die Einzigartigkeit des Menschen zu negieren.[10] Teilnehmer der Diskussionen berichteten, dass Wojtyła zwar ein guter Zuhörer gewesen sei, aber nie von seiner vorgefassten Meinung abgewichen sei; vielmehr habe er sogar gelegentlich eine gewisse Unduldsamkeit anklingen lassen.

So wies er Kritik an seinem Wahrheitsbegriff zurück: Nach seinen Worten war die Erkenntnis des Wahren nur den gläubigen Christen möglich. In den Augen seiner Kritiker schloss dieser Ansatz Menschen, die nicht diesen Glauben teilen, von der «Suche nach Wahrheit» und in der Konsequenz auch vom Aufbau der Gesellschaft aus.[11] Auch habe er keine Kritik an der Kirchenhierarchie geduldet sowie Forderungen nach einer größeren Öffnung der Kirche für Laien zurückgewiesen.

Die Debatten in der Redaktion des «Tygodnik Powszechny», über die er von SB-Informanten erfuhr, bestätigten Kliszko in seiner Überzeugung, dass der Krakauer Bischof ein weltfremder Theoretiker sei. Diese Fehleinschätzung führte dazu, dass es den Spezialisten des SB für Desinformation nicht gelang, einen Keil zwischen Wysyzński und Wojtyła zu treiben. Denn der jüngere der beiden Kardinäle zeigte sich stets loyal dem älteren gegenüber. Mehrmals verweigerten die Behörden Wysyzński den Reisepass für eine Fahrt ins Ausland, während Wojtyła ihn bekam; doch blieb dieser dann aus Solidarität zum Primas ebenfalls im Land. Der SB protokollierte, dass der Krakauer Erzbischof sehr geschickt sei, er zeige nie seine Meinungsverschiedenheiten mit Wysyzński.[12]

Dabei gab es diese Differenzen durchaus, die später gern in Polen verbreitete Version von einem Vater-Sohn-Verhältnis ist nicht durch die Akten oder Berichte von Zeitgenossen gedeckt. Wysyzński stammte aus einer Familie von Küstern, er war gegenüber Intellektuellen zurückhaltend bis misstrauisch, er trat eher undiplomatisch auf und setzte ganz auf die traditionelle Volksfrömmigkeit. Wojtyła stammte zwar auch nicht aus dem Bildungsbürgertum, war jedoch schon seit Schulzeiten in diesem Milieu zuhause. Die Volksfrömmigkeit, besonders den Marienkult, sah er durchaus als wesentlichen Bestandteil des Katholizismus, doch suchte er auch die intellektuelle Auseinandersetzung mit dem Glauben. Überdies war er weltgewandt und in der Lage, eine Diskussion mit Agnostikern zu bestehen.

So erreichte er nach einigen Diskussionen eine erneute Baugenehmigung für eine Kirche in Nowa Huta. 1967 nahm er den ersten Spatenstich vor. Viele Freiwillige beteiligten sich an dem Bau. Der Bauplatz wurde nachts bewacht, um Sabotageakten des SB vorzubeugen. Denn Teile der Führung in Warschau waren dagegen gewesen, Wojtyła hier nachzugeben.[13] Nicht verhindern konnte er allerdings die Schließung des Rhapsodischen Theaters durch die Kulturbehörde. Immerhin gelang es ihm, dessen Leiter Mieczysław Kotlarcyzk, seinem ehemaligen Lehrmeister, eine Stelle als Dozent für Theaterwissenschaften an der KUL zu verschaffen.[14]

Mittlerweile hatte Wojtyła einen jungen Priester als Privatsekretär: Stanisław Dziwisz. Er war ihm 1966 bei einem seiner zahlreichen Besuche in den Pfarreien des Erzbistums aufgefallen. Dziwisz wurde zu seinem Schatten, später auch in Rom. Er war absolut verschwiegen und loyal, ließ sich nicht vom Geheimdienst einschüchtern, war ein effektiver Organisator und verfügte über ein weiteres Talent, das Wojtyła wichtig war: Er war ein hervorragender Skifahrer.

Stichwortgeber für «Humanae vitae»

In der katholischen Weltkirche war mittlerweile eine Debatte drängend geworden, die auch eines der großen Themen Wojtyłas war: Welche Haltung sollte die katholische Kirche zu den künstlichen Verhütungsmitteln finden, zur Familienplanung, zur Sexualität überhaupt? Die Beratungen der Konzilsunterkommission über Ehe und Familie waren in das Kapitel «Die Förderung der Würde der Ehe und Familie» der Pastoralkonstitution «Gaudium et spes» eingeflossen. Dort beschrieb das Konzil die Ehe nicht mehr als Vertrag der Ehepartner zum Zweck der Fortpflanzung, sondern als Liebesgemeinschaft, die auch in der Sexualität ihren Ausdruck findet. Die Frage der Geburtenregelung war jedoch in der Kommission heftig umstritten. Viele Mitglieder waren dafür, Pille und Kondom nicht mehr zu verteufeln; Papst Paul VI. verlangte jedoch, dass das Verbot künstlicher Verhütungsmittel aufgenommen wurde. Die Kommission fand daraufhin Formulierungen, die eine endgültige Bewertung der «artes anti-conceptionales» offen ließen. Die Frage aber, ob nun vor allem die Pille, die seit Beginn der sechziger Jahre von den USA aus ihren Siegeszug antrat, für katholische Ehepaare eine moralisch erlaubte Methode der Familienplanung sei, war damit nicht beantwortet.

Die Beratungen sollten in der «Päpstlichen Kommission für Familien-, Bevölkerungsfragen und Geburtenhäufigkeit» weitergeführt werden, die noch Papst Johannes XXIII. 1963 eingerichtet hatte. Papst Paul VI. erweiterte sie im Herbst 1964 auf 60 Mitglieder, darunter erstmals drei Ehepaare und insgesamt fünf Frauen. Vor allem sie waren für eine Änderung der Lehre, die Pius XI. in der Enzyklika «Casti cannubii» festgelegt hatte: Eine Umfrage unter 3000 katholischen Ehepaaren aus 18 Ländern hatte ergeben, dass eine große Mehrheit die «natürliche Familienplanung», die sexuelle Enthaltsamkeit während der fruchtbaren Tage der Frau also, für keine akzeptable Methode hielt. Das überzeugte auch manchen Theologen in der Kommission, der zuvor für ein striktes Verbot der künstlichen Verhütung gewesen war – allerdings nicht alle. So gab es Ende Mai 1966 ein Mehrheitsvotum, das dafür plädierte, die Methoden der Familienplanung dem Gewissen der Ehepartner zu überlassen: Nicht jeder einzelne sexuelle Akt müsse offen sein für die Entstehung neuen Lebens, sondern die Ehe insgesamt. Und es gab eine Minderheit, die für die Beibehaltung des bisherigen Verbots eintrat.

Papst Paul VI. hatte mittlerweile ein Gremium aus sechzehn Bischöfen, darunter sieben Kardinälen, einberufen; es sollte im Juni 1966 unter dem Vorsitz des konservativen Präfekten der Glaubenskongregation, Kardinal Alfredo Ottaviani, den Mehrheitsbericht der Studienkommission prüfen. Zu der Sitzung war auch Wojtyła geladen, allerdings hatte er von den polnischen Behörden keine Ausreisegenehmigung erhalten. Der Krakauer Erzbischof hatte jedoch klargestellt, dass er für ein Verbot der künstlichen Verhütung sei. Er kritisierte allerdings das Minderheitsgutachten als polemisch und argumentativ schwach. Wojtyła gehörte damit zur Minderheit in der Kommission: Neun Bischöfe und Kardinäle stimmten dafür, künstliche Verhütung nicht mehr unter allen Umständen für moralisch verwerflich zu halten; drei enthielten sich, drei der Anwesenden waren gegen jede Lockerung des Verbots.

Dem Papst, der bis zur Veröffentlichung der Enzyklika «Humanae vitae» darum rang, welche Position er vertreten sollte, genügte das immer noch nicht. Im Herbst 1967 hatte er diskret 200 Bischöfe um eine Stellungnahme gebeten; bis zum Abgabetermin im Mai 1969 gingen allerdings nur 25 Voten ein – enttäuschend wenige. Auch hier plädierte eine deutliche Mehrheit für ein Ende des Verhütungsverbots; darunter so einflussreiche Kardinäle wie Leo Suenens aus Brüssel, Julius Döpfner aus München und John Krol aus Philadelphia. Engagiert setzte sich auch der spätere Vorsitzende der Lateinamerikanischen Bischofskonferenz, Aloísio Lorscheider aus Santo Ângelo in Brasilien, dafür ein. Lediglich sieben Hirten wollten die bisherige Linie erhalten sehen. Eines dieser Voten allerdings überzeugte Paul VI. in besonderer Weise. Es war das «Krakauer Memorandum», das Wojtyła als seine Stellungnahme nach Rom geschickt hatte, geschickterweise auf Französisch, der Lieblingssprache des Papstes.[15]

Wojtyła hatte 1966 eine eigene Theologenkommission einberufen, um eine Stellungnahme zur Empfängnisregelung zu erarbeiten; der Erzbischof nahm an den Sitzungen und Diskussionen engagiert teil. Das Gremium kritisierte das Minderheitsvotum der Konservativen als zu starr – es falle sogar hinter die Enzyklika Pius' XII. zurück, die natürliche Methoden der Familienplanung erlaubt hätte. Wesentlich problematischer aber fanden die Krakauer Theologen und ihr Erzbischof die Vorstellung der liberalen Mehrheit, dass nicht mehr der einzelne sexuelle Akt moralisch bewertet werden sollte, sondern insgesamt die Offenheit der Eheleute für Kinder. Das Memorandum, das Wojtyła im Februar 1968 an den Papst schickte, folgte weitgehend den Gedanken von «Liebe und Verantwortung»: Die künstliche Empfängnisverhütung widerspreche dem personalen Hingabecharakter der Liebe zwischen den Ehepartnern. Sie berge «die Gefahr einer Reduktion jenes tiefen interpersonalen Aktes, welcher die Ehe ist, auf den rein sexuellen Genuss» und die «Gefahr der Verlogenheit, des Verlustes der inneren Wahrheit des ehelichen Zusammenlebens».[16]

Ein unbequemer Gegner für die Parteiideologen

Zwischen Februar und Juli 1968 entstand die endgültige Fassung der Enzyklika «Humanae Vitae»; wie genau, ist bis heute ein Geheimnis. Vermutlich hat eine weitere kleine Kommission die Schlussredaktion übernommen, wahrscheinlich hat Papst Paul VI. einiges selber geschrieben beziehungsweise korrigiert. Das «Krakauer Memorandum» wird in der Enzyklika nicht ausdrücklich zitiert, viele Gedanken aber finden sich in ihr wieder. Am 29. Juli 1968 wurde «Humanae vitae» veröffentlicht – für viele Katholiken war das endgültige Verbot der künstlichen Verhütung ein Schock. Im Jahr zuvor waren die dem Papst überreichten Berichte der Kommission in die Öffentlichkeit gelangt, seitdem hofften in Europa viele katholische Ehepaare, Paul VI. würde sich der Mehrheitsmeinung anschließen. Es gab heftige Proteste gegen die «Pillen-Enzyklika», zum Beispiel auf dem Essener Katholikentag 1968; die deutschen Bischöfe versuchten mit der «Königsteiner Erklärung», den Zorn zu bändigen, indem sie dort erklärten, Maßstab für die Eheleute sei das «verantwortete Gewissen». Der Bruch der meisten Gläubigen mit der Sexualmoral ihrer Kirche aber war nicht mehr zu kitten.

Zum ersten Mal stand der Krakauer Kardinal nicht auf der Seite der Kirchenreformer, auf der er als junger Theologe, als er die zeitgenössische Philosophie mit der scholastischen Theologie zu verbinden versuchte, und auch noch beim Konzil gestanden hatte. Die Frage, ob und wann künstliche Empfängnisverhütung erlaubt werden könnte, war für ihn keine Frage der Pastoral, der seelsorglichen Anwendung der Glaubensgrundsätze. Für ihn war das Nein zu Pille, Spirale oder Kondom eine Glaubensfrage, die grundsätzlich das Bild der Kirche vom Menschen berührte, wie überhaupt das Nein zu jedem sexuellen Akt, der nicht innerhalb der Ehe geschah und die Bereitschaft zur Zeugung eines Kindes einschloss. In dieser Glaubens- und Wahrheitsfrage konnte es für ihn keine Kompromisse geben und keinen seelsorglichen Pragmatismus, egal, ob die Gläubigen sich an diese Lehre hielten oder nicht. In seinem Hauptwerk «Person und Tat» untermauerte er 1969 noch einmal seine Philosophie und Theologie vom christlichen Personalismus und Humanismus: Die volle Würde und Freiheit des Menschen entfaltet sich erst in der Erfahrung der Transzendenz, in der Bindung an Gottes Gebote – und letztlich an die

Lehre der katholischen Kirche. Das war ein starker Gegenentwurf zum kommunistischen Materialismus mit seinem totalen innerweltlichen Herrschafts- und Deutungsanspruch; es sollte auch ein Gegenentwurf zum kapitalistischen Materialismus und Konsumismus werden. Mit einer pluralen Gesellschaft, in der viele verschiedene Lebensphilosophien und Wahrheitsdefinitionen nebeneinander existierten, hatte Wojtyła seine Schwierigkeiten: Jede Abweichung von der kirchlich geoffenbarten Wahrheit gefährdete tendenziell die Menschenwürde und war entsprechend zu bekämpfen. Die Kompromisslosigkeit, mit der Wojtyła später als Papst die katholische Sexualmoral in ihrer rigiden Form predigte und durchsetzte, war dieser Grundeinstellung geschuldet.

In seiner Erzdiözese setzte Wojtyła seine Haltung in die Tat um: Er richtete einen Fonds für ledige Mütter sowie Eheberatungsstellen ein.[17] Die aber hatten sich an die Maßgaben von «Humanae Vitae» zu halten. Die große Mehrheit seiner katholischen Landsleute ignorierte allerdings die Gebote und Verbote zur Sexualmoral: Verhütungsmittel gehörten zu den begehrtesten Waren auf dem Schwarzmarkt. Da das Angebot die Nachfrage nicht abdecken konnte, zählte die Volksrepublik Polen zu den Ländern in Europa mit den höchsten Abtreibungszahlen. Wojtyła wetterte vergeblich dagegen, er verwies dabei auch auf die «schlechte demographische Situation» Polens.[18]

Brot und Recht auf Freiheit

In anderen Bereichen blieb er der Erneuerer seiner Kirche. 1969 besuchte er als erster Bischof von Krakau die Synagoge in der Stadt. In den folgenden Jahren traf er sich regelmäßig mit Vertretern der jüdischen Gemeinde. Bei seinen Besuchen in den Städten und Dörfern des Erzbistums trug er den Pfarrern und den Gläubigen auf, auch für die Pflege der jüdischen Friedhöfe zu sorgen; in vielen Orten waren diese seit dem Holocaust verlassen und verwahrlost.[19]

Auch war er der Initiator der «Sakrosongs», neuer Kirchenlieder im Stil der Popmusik. Er stiftete sogar einen Wanderpokal für Kom-

Ein unbequemer Gegner für die Parteiideologen

ponisten solcher Lieder. Wojtyła bezeichnete sie als «neue Ausdrucksform des Evangeliums» für die junge Generation. Erstmals startete die Erzdiözese eine Anti-Alkohol-Kampagne. In einem Hirtenbrief beklagte Wojtyła, dass auch immer mehr Frauen und Jugendliche sich betränken. Weiter hieß es: «Der übermäßige Konsum von Alkohol führt zu sexueller Zügellosigkeit, Verfall der Ehemoral, der Zerstörung von Familien.»[20]

Erstmals bezog er im Dezember 1970 nach der Niederschlagung der Arbeiterproteste an der Ostseeküste entschieden gegen das Regime Position: «Polnisches Blut wurde von Polen vergossen!» Beim Einsatz der ZOMO sowie des Militärs, an dessen Spitze General Wojciech Jaruzelski stand, waren mindestens 41 Personen getötet und mehr als 1000 verletzt worden. Die Unruhen hatten eine drastische Erhöhung der Lebensmittelpreise ausgelöst. Wojtyła forderte «Brot, Recht auf Freiheit» für seine Landsleute. Den Einsatz der bewaffneten Kräfte hatte Gomułka auf Drängen Kliszkos angeordnet. Beide wurden wenig später von den eigenen Genossen gestürzt, neuer Parteichef wurde der gemäßigte Edward Gierek.

Unter Gierek entspannte sich das innenpolitische Klima zunächst, die Versorgungslage verbesserte sich dank einer Förderung der Konsumgüterindustrie, zu der Kredite der Bundesregierung in Bonn beitrugen. Wojtyła beantragte 1973 den Bau von 77 Kirchen in seiner Erzdiözese, 17 wurden genehmigt.[21] Das Regime behinderte auch nicht die Besuche kirchlicher Würdenträger aus dem Ausland. So kam aus München Kardinal Döpfner nach Krakau, aus Wien reiste mehrmals Kardinal König an.

Umgekehrt reiste Wojtyła immer häufiger ins Ausland. Allein zwischen 1973 und 1975 war er elfmal in Privataudienz bei Paul VI. Im Februar 1976 lud ihn der Papst ein, die Exerzitien zur Eröffnung der Fastenzeit zu leiten, eine besondere Auszeichnung für einen Bischof außerhalb der Kurie. Der polyglotte Wojtyła machte sich auf diese Weise auch im Vatikan näher bekannt und baute sein Netz von Freundschaften unter höchsten kirchlichen Würdenträgern weiter aus.

Eine große Hilfe war ihm dabei sein Krakauer Freund Andrzej Maria Deskur, der für ihn zahlreiche Treffen in Rom arrangierte.

Deskur hatte nach seiner Promotion zum Doktor der Rechte ein Theologiestudium angeschlossen. Er erhielt ein Stipendium für die Universität Fribourg in der Schweiz, 1950 wurde er zum Priester geweiht. Zwei Jahre später fand er eine Stelle in der Presseabteilung des Vatikans. Über mehrere Stationen stieg er schließlich zum Vorsitzenden der Päpstlichen Kommission für Massenmedien auf und wurde auch zum Bischof erhoben. Er verfügte über ein weitgespanntes Netz von Kontakten nicht nur in der Kurie, sondern auch unter den Vatikan-Korrespondenten und in den italienischen Medien. So trug er seinen Teil dazu bei, Wojtyła auch in der römischen Medienwelt erste Aufmerksamkeit zu verschaffen.

Ein weiterer polnischer Bischof in der Kurie öffnete Wojtyła viele Türen: Władysław Rubin. Zu Beginn des Zweiten Weltkriegs war er in sowjetische Gefangenschaft geraten und hatte zwei Jahre im Gulag am Polarkreis Zwangsarbeit leisten müssen. Nach dem Angriff der Wehrmacht auf die Sowjetunion im Juni 1941 kam er frei, um sich den neu aufgestellten polnischen Streitkräften unter General Władysław Anders anzuschließen. Mit der Anders-Armee kam er unter britischem Oberbefehl in den Nahen Osten. In Beirut studierte er Theologie und wurde zum Priester geweiht. Sein weiterer Weg führte nach Rom, wo er zum Seelsorger der polnischen Emigranten wurde. Dort wurde er 1964 zum Bischof geweiht. Drei Jahre später übernahm er das Amt des Generalsekretärs der Weltsynode der Bischöfe, damit verfügte er über Kontakte in der gesamten Weltkirche.

Weitere Türen in Rom öffnete Wojtyła sein Schulfreund Jerzy Kluger. Auch dieser hatte sich in der Sowjetunion der Anders-Armee angeschlossen, hatte den Treck über den Nahen Osten nach Italien mitgemacht und dort unter britischem Oberbefehl an der Schlacht von Montecassino teilgenommen. Nach dem Krieg erwarb er an der Universität Nottingham ein Ingenieursdiplom. 1954 ließ er sich mit seiner irischen Frau in Rom nieder und gründete ein Ingenieurbüro. Als er aus der Presse erfuhr, dass sein Schulfreund am Konzil teilnahm, nahm er wieder Kontakt zu ihm auf. Seitdem traf Wojtyła bei jeder seiner Rom-Reisen Kluger. Dieser brachte ihn mit jüdischen Intellektuellen zusammen und sensibilisierte ihn auch für das Problem des Antisemitismus in vielen europäischen Ländern.

Papst Paul VI. förderte den Krakauer Kardinal Wojtyła nach Kräften und übernahm dessen Position zur Frage der Empfängnisverhütung

Bei seinen Besuchen im Vatikan nutzte der Krakauer Erzbischof die Gelegenheit, seine Gesprächspartner über die realen Verhältnisse in Polen aufzuklären. Der Vatikan hatte ein Kernstück der Entspannungspolitik der siebziger Jahre aktiv unterstützt: die Schlussakte der Konferenz für Sicherheit und Zusammenarbeit (KSZE), die 1975 in Helsinki angenommen wurde. Casaroli hatte sich dabei besonders engagiert. Die Moskauer Führung unter Breschnew setzte darauf, dass durch das Prinzip der gegenseitigen Nichteinmischung in die inneren Angelegenheiten die sowjetische Vorherrschaft in Osteuropa festgeschrieben werde. Doch beriefen sich Menschenrechtsgruppen im ganzen Ostblock auf die in der Schlussakte von Helsinki festgeschriebenen Verpflichtungen, persönliche Freiheiten zu garantieren. In Moskau wurden diese Mahnungen als lästig angesehen, KGB-Chef Juri Andropow ging unbarmherzig gegen Regimekritiker vor, darunter Katholiken in Litauen, Weißrussland und der Westukraine.

Die außenpolitische Entspannungspolitik ging mit einer innenpolitischen Verhärtung in den Ostblockstaaten einher – ein Zusammenhang, der in Westeuropa meist übersehen wurde, den aber Wojtyła sofort begriff.

Große Auftritte bei Reisen in den Westen

Nicht nur Osteuropa beschäftigte ihn. Bereits 1969 hatte er Nordamerika bereist. Er war eingeladen worden, polnische Gemeinden in der Emigration zu besuchen. Zu deren Zentren gehörten Montreal und vor allem Chicago. In Kanada und in den USA besuchte Wojtyła innerhalb von sechs Wochen mehr als zwei Dutzend Städte, in denen er auch mit den Ortsbischöfen zusammentraf. Als besonders wichtig sollte sich der Kontakt zum Erzbischof von Philadelphia, John Krol, erweisen. Krol stammte aus einer polnischen Emigrantenfamilie. Er und Wojtyła waren am selben Tag Kardinal geworden und hatten sich angefreundet. Krol hatte vorgehabt, nach seiner Ernennung zum Kardinal sein Elternhaus in einem Flecken im Vorland der Hohen Tatra zu besuchen; es befindet sich 40 Kilometer südlich von Niegowić, wo Wojtyła für knapp zehn Monate Kaplan war. Doch bekam Krol, der amerikanischer Staatsbürger war, kein Visum für die Volksrepublik Polen. Also besuchte Erzbischof Wojtyła zur Freude der Dörfler den zu seinem Bistum gehörenden Ort, aus dem Krols Eltern stammten. In Philadelphia wohnte er in einem Heim der Erzdiözese, in dem vor allem afroamerikanische Stipendiaten untergebracht waren. Der Gast aus Polen erfuhr in Gesprächen mit ihnen viel über die Rassendiskriminierung in den USA.[22]

1973 reiste Wojtyła erstmals auf die andere Seite des Globus: Er vertrat die polnische Kirche auf dem Eucharistischen Weltkongress in Melbourne. Er lernte einige der Bischöfe aus Australien und Ozeanien kennen. Auf der Reise machte er Station in Manila, der Hauptstadt der katholisch geprägten Philippinen, und lebte überdies mehrere Tage auf einer Missionsstation in Neuguinea.

1976 verbrachte er erneut sechs Wochen in Nordamerika, Anlass war der Eucharistische Weltkongress in Philadelphia. Am Rande des Kongresses gab er ein Interview, in dem er einen klaren Akzent setzte: Es sei nicht erlaubt, Menschen zu irgendetwas zu zwingen, weder zum Christentum noch zum Marxismus.[23]

Drei Jahre zuvor hatte er in Krakau die aus Polen stammende Philosophieprofessorin Anna-Teresa Tyniecka kennengelernt, die Frau des in Harvard lehrenden Wirtschaftsprofessors Hendrik S. Houthakker. Sie hatte kritische Anmerkungen zu seinen philosophischen Essays geschrieben und Wojtyła auf das Anwesen des Ehepaars in Vermont eingeladen. Gemeinsam arbeiteten sie dort im Sommer 1976 an der Überarbeitung und Übersetzung seines Buches «Person und Tat» und unternahmen viele Ausflüge; Fotos davon zeigen den Kardinal im Freizeithemd und in Shorts.

Über sein frühes Werk «Liebe und Verantwortung» äußerte sie später: «Wer so über Liebe und Sexualität schreibt, der kann eigentlich nicht viel davon verstehen. Ich war tatsächlich völlig verblüfft, als ich es las. […] In sexuellen Dingen ist er unschuldig. Sonst überhaupt nicht. Als Kardinal in einem kommunistischen Land musste er äußerst schlau sein. Da gibt es keine Naivität.» Sie verhehlte nicht, dass sie von ihm persönlich fasziniert war, doch sagte sie auch: «Menschen, die mit ihm zu tun haben, sehen in ihm eine höchst liebenswürdige und bescheidene Person. Sie bemerken nie diesen eisernen Willen dahinter. […] Er ist keineswegs so demütig, wie er scheint. Auch nicht bescheiden. Er hat eine sehr hohe Meinung von sich.»[24]

Das Professorenpaar war in der akademischen Gesellschaft der amerikanischen Ostküste gut vernetzt, es organisierte für Wojtyła Vorträge an Universitäten und vor Intellektuellenzirkeln, die er auf Englisch hielt. Wojtyła fand damit ein breites Echo, sogar die «New York Times» berichtete über ihn. Schon zuvor hatte sie seinen Namen in einer Aufzählung von zehn Kardinälen genannt, die als Nachfolger von Papst Paul VI. in Frage kämen.[25]

Nach einer Vortragsreise durch die USA kannte Wojtyła fast alle amerikanischen Kardinäle. Die Kontakte hatte sein erzbischöflicher Freund John Krol vermittelt. Er machte auch Bekanntschaft mit Zbigniew Brzezinski, dem aus Polen stammenden Sicherheitsberater des Weißen Hauses, der ihn zum Tee einlud.

Seine Gastgeber bemerkten besorgt, dass Wojtyła die amerikanische Kultur als zu oberflächlich wahrnahm. Houthakker gab später zu Protokoll: «Er neigte dazu, die westlichen Staaten und besonders die Vereinigten Staaten als unmoralisch, gar als amoralisch anzusehen. Er besaß keinen wirklichen Sinn für den Wert der demokratischen Tugenden. […] Er war sich nicht im Klaren darüber, dass er sein Leben doch in einer eng begrenzten Umgebung verbracht hatte.»[26] Das Ehepaar und Wojtyła blieben bis zu seinem Tod befreundet. Der intensive Briefwechsel zwischen ihr und ihm dauerte an, nachdem er Papst geworden war.

Im selben Jahr 1976 brachen in Polen nach der drastischen Erhöhung der Lebensmittelpreise erneut Arbeiterunruhen aus. Zentren waren die Traktorenfabrik Ursus am Rande Warschaus sowie die Industriestadt Radom, dort stürmten Arbeiter die Zentrale der PZPR und zündeten sie an. Wysyzński und Wojtyła hatten vergeblich an die Streikenden appelliert, auf gewaltsame Aktionen zu verzichten. Die ZOMO schlug die Unruhen nieder, mindestens vier Personen kamen zu Tode, rund 200 wurden verletzt, Hunderte festgenommen. Wojtyła verurteile in einem Hirtenbrief den Einsatz von «Polizeiknüppeln». Die Regierung nahm auf Anweisung des Parteichefs Gierek einen Teil der Preiserhöhungen zurück.

Bald nach den Ereignissen von Radom und Ursus gründete eine Gruppe von Intellektuellen das Komitee zur Verteidigung der Arbeiter (KOR), das den Anführern der Streiks Rechtshilfe anbot und überdies in zahlreichen Publikationen, die im Untergrund verbreitet wurden, eine Demokratisierung der Gesellschaft forderte. Einige der KOR-Gründer waren einst von der kommunistischen Ideologie begeistert gewesen, mittlerweile aber zu dem Schluss gekommen, dass das System nicht zu reformieren war. Zu ihnen gehörte der Dissident Adam Michnik, der in einem Text forderte, dass die Kräfte, die das korrupte Parteiregime überwinden wollten, sich zusammenschließen müssten. Sein Manuskript wurde in den Westen geschmuggelt und unter dem Titel «Die Kirche und die polnische Linke» veröffentlicht. Der SB sah KOR als Bedrohung für die Parteiherrschaft an, wiederholt wurden Mitglieder dieses Dissidentenzirkels festgenommen.

Wojtyła ließ sich über das Komitee auf dem Laufenden halten. Im November 1976 nahm er in Zivil an einer Versammlung von KOR-Aktivisten in Krakau teil. Er vermied Stellungnahmen zur aktuellen Politik, sprach vielmehr über Moral, wahren Patriotismus und den Dienst an der Gesellschaft. Vor allem sicherte er den Versammelten seine Unterstützung zu.[27] Das Treffen war nicht unbemerkt geblieben, auch KOR war von SB-Spitzeln unterwandert. Die Parteiführung begriff, dass der Krakauer Kardinal ein immer gefährlicherer Gegner wurde, da er aktiv die Demokratiebewegung unterstützte, auch dadurch, dass er in seinen Predigten unter Berufung auf die Schlussakte von Helsinki die Beachtung der Menschenrechte forderte. Wojtyła wurde nun als politischer Gegenspieler des Parteiregimes wahrgenommen. Gierek allerdings wollte jede offene Konfrontation vermeiden: 1977 wurde er als erster polnischer Parteichef von Papst Paul VI. empfangen. Es war ein Signal, das in den anderen Ostblockstaaten irritiert zur Kenntnis genommen wurde.

Im selben Jahr konnte Wojtyła einen Etappensieg in seinen Auseinandersetzungen mit dem Parteiapparat verbuchen: Er weihte die Kirche von Nowa Huta ein. Es war bei weitem nicht sein einziger Erfolg in den 16 Jahren, in denen er an der Spitze der Erzdiözese Krakau stand: Die Zahl der Priester war von 771 auf 956 gestiegen, die der Seminaristen von 191 auf 250.[28]

Wenige Monate später erfuhr er, was der mächtige Kardinalstaatssekretär Jean-Marie Villot, der aus Frankreich stammende Regierungschef des Vatikans, von ihm hielt: Zu seinem 58. Geburtstag am 18. Mai 1978 war Wojtyła in Rom, sein Freund Deskur gab zu seinen Ehren ein Mittagessen. Zu den Teilnehmern gehörte auch der gemeinsame Freund und Landsmann Władysław Rubin. Der höchste Gast aber war Villot. In seiner kurzen Rede zu Ehren des Geburtstagskinds sagte er, Wojtyła sei der einzige, der beim nächsten Konklave die erforderliche Zweidrittelmehrheit zur Wahl des Papstes erreichen könnte. Teilnehmer wunderten sich über diese Prognose, schließlich lebte Papst Paul VI. zu diesem Zeitpunkt noch. Und die Wahl eines Nicht-Italieners zu seinem Nachfolger galt als geradezu groteske Vorstellung.[29]

Vier Monate später begleitete Wojtyła den Primas Wysyzński bei einer fünftägigen Reise in die Bundesrepublik Deutschland. Drei Jahre zuvor hatte Wojtyła in Krakau den Vorsitzenden der deutschen Bischofskonferenz, den Münchner Kardinal Julius Döpfner, empfangen. Beide hatten zusammen Auschwitz besucht und dort gebetet. Döpfner war 1976 im Alter von nur 62 Jahren unerwartet gestorben. Sein Nachfolger an der Spitze der Bischofskonferenz wurde der Kölner Erzbischof Joseph Höffner.

Der Besuch der polnischen Bischöfe fand ein sehr starkes Medienecho in Deutschland. Wojtyła machte sich erstmals den deutschen Katholiken bekannt. Er predigte auf Deutsch im Kölner und im Mainzer Dom. Auch gab er Interviews auf Deutsch. In der Volksrepublik Polen gab ein Kirchenverlag einen Bildband über diese Reise heraus, er war sehr schnell vergriffen. Sie wurde als weiterer Markstein bei der deutsch-polnischen Verständigung nach dem Briefwechsel der Bischöfe von 1965/66 wahrgenommen.[30]

Dies war die letzte Auslandsreise des Kardinals Wojtyła. Vier Wochen später wurde er zum Papst gewählt – auch mit den Stimmen der deutschen Kardinäle.

6. HABEMUS PAPAM

Zu Beginn der Sommerferien 1978 brach Papst Paul VI. nach Castel Gandolfo auf, zur Sommerresidenz der Päpste. Der 80-Jährige war gesundheitlich angeschlagen. An einem Abend klagte er über starke Atemnot, seine Ärzte setzten ihm vorübergehend eine Sauerstoffmaske auf. Am folgenden Tag erlitt er einen Herzinfarkt, von dem er sich nicht mehr erholte. Am 6. August starb Giovanni Battista Montini, der als Papst Paul VI. 15 Jahre lang die katholische Kirche geleitet hatte.

Die Leistung dieses Papstes gerät erst allmählich wieder ins Bewusstsein einer größeren Öffentlichkeit, auch, weil Papst Franziskus ihn häufig und bewusst zitiert. Nach dem Tod von Papst Johannes XXIII. 1963 war er zum eigentlichen Konzilspapst geworden, der die Beratungen der Kirchenversammlung weitertrieb und Kompromisse ermöglichte. Die Reform und Modernisierung der katholischen Liturgie war ebenso sein Werk wie die Einführung der jeweiligen Landessprache in den Gottesdiensten; 1964 hatte er die Tiara, die dreifache Papstkrone, abgelegt und zugunsten der Armen in der Stadt Rom verschenkt. Paul VI. hatte eine tiefgreifende Kirchenrechtsreform auf den Weg gebracht und den Dialog mit den christlichen Konfessionen und nichtchristlichen Religionen vertieft, hatte die Ostpolitik seines «Außenministers» Agostino Casaroli unterstützt und gefördert, war als erster Papst seit 150 Jahren ins Heilige Land gereist. Mit seiner ausgleichenden, vorsichtigen und leisen Art hatte er die katholische Kirche durch einen umfassenden Veränderungsprozess geleitet.

Die zunehmenden Spannungen innerhalb der katholischen Kirche aber hatte er nicht beseitigen können – im Gegenteil: Gerade weil

Paul VI. oft zögerlich und unentschieden wirkte, nahm die Kritik an ihm von allen Seiten zu, je länger sein Pontifikat dauerte, je stärker er sich grübelnd zurückzog, je älter und handlungsschwächer er wurde. Für die Traditionalisten hatte er mit der Liturgiereform die katholische Messe entweiht, mit dem Ja zu den Konzilsbeschlüssen dem Modernismus und der Beliebigkeit Tür und Tor geöffnet. 1969 gründete Erzbischof Marcel Lefebvre die traditionalistische Priesterbruderschaft St. Pius X. und trat immer offener gegen die Konzilsbeschlüsse und gegen den Papst auf; als er 1976 ohne Erlaubnis Priester weihte, suspendierte Paul VI. ihn. Die Zahl der Anhänger Lefebvres blieb überschaubar, doch auch mancher konservative Kardinal und Bischof haderte mit dem Ende der tridentinischen Messe und der neuen Zeit, in der auf einmal die Laien, gar Frauen mitzureden hatten. Henri de Lubac, einer der großen Konzilstheologen, erklärte 1969, er sehe die Kirche in Gefahr, wenn jeder Beliebige alles Beliebige kritisieren, jeder unter Berufung auf seine Mündigkeit Dogma und Sittengesetz über Bord werfen könne.

Auf der anderen Seite aber waren auch viele Erwartungen und Hoffnungen der liberalen Katholiken nicht in Erfüllung gegangen. Für sie waren die Reformen des Konzils auf halbem Weg stecken geblieben. Sie hatten auf eine stärkere Demokratisierung der Kirchenstrukturen gehofft, auf mehr Mitsprache der Laien bei der Gemeindeleitung, auf eine offene Debatte über den Zölibat und das Priestertum für Frauen, auf eine Sexualmoral, die das Gewissen des Einzelnen respektierte. Die Enzyklika «Humanae vitae» mit ihrem rigiden Duktus und dem Verbot künstlicher Verhütungsmittel war für sie eine bittere Enttäuschung; für viele war der Papst fortan nur noch der «Pillen-Paule». Berühmte Konzilstheologen wie der Niederländer Edward Schillebeeckx oder der in Tübingen lehrende Schweizer Hans Küng gerieten in Konflikt mit der Glaubenskongregation: Schillebeeckx, weil er 1968/69 federführend am Holländischen Erwachsenenkatechismus mitgearbeitet hatte, der die traditionelle Lehre von der Eucharistie, der Erbsünde und das Dogma von der unbefleckten Empfängnis Mariens in Frage stellte; Küng, weil er 1970 das vor hundert Jahren im Ersten Vatikanischen Konzil beschlossene Unfehlbarkeitsdogma als überholt bezeichnete und überhaupt mehr und mehr zum Star der liberalen Kritiker überkommener Kirchenstrukturen wurde. Und im September 1968 verpflichteten sich die im kolumbianischen Medellín versammelten Bischöfe Lateinamerikas, künftig in ihren Ländern die Anwälte der Armen und Entrechteten zu sein, deren Not zum Himmel schreie. Zu den Autoren des Abschlussdokuments gehörte maßgeblich der peruanische Theologe Gustavo Gutiérrez. Der «Vater der Befreiungstheologie», die Glaube und politisches Engagement verband, traditionelle christliche Armenfürsorge mit marxistischer Gesellschaftsanalyse.

Wohin würde die katholische Kirche gehen? Wie würde sie die Beschlüsse des Konzils, das nun schon 13 Jahre zurücklag, weiterentwickeln – oder würde sie sogar einiges zurücknehmen? Um nichts weniger ging es im Konklave im August 1978. Obwohl die Kardinäle grundsätzlich verpflichtet sind, über das Geschehen in der Sixtinischen Kapelle zu schweigen, drangen später Informationen darüber an die Presse – wie bei fast allen Papstwahlen. Vor dem ersten Wahlgang galten zwei italienische Kardinäle, die völlig unterschiedliche Vorstellungen von der Zukunft der Kirche hatten, als Favoriten und Hauptkontrahenten. Giuseppe Siri, der Erzbischof von Genua, hatte Papst Pius XII. nahegestanden. Schon auf dem Konzil gehörte er zu den schärfsten Kritikern der dort beschlossenen Reformen und galt seitdem als führender Kopf der Erzkonservativen; doch war er bereits 72 Jahre alt. Die Verfechter der Reformen scharten sich dagegen hinter den 57-jährigen Florenzer Erzbischof Giovanni Benelli, einen Vertrauten Pauls VI.

Doch Benelli bekam den – offiziell nie bestätigten – Informationen zufolge im ersten Wahlgang nur eine Handvoll Stimmen. Er habe daraufhin den 67-jährigen Patriarchen von Venedig, Albino Luciani, unterstützt, der von Anfang an als möglicher Kompromisskandidat gegolten hatte. Am späten Nachmittag des 26. August 1978, schon am ersten Tag des Konklaves, erreichte Luciani im vierten Wahlgang die erforderliche Zweidrittelmehrheit, angeblich 99 von 111 möglichen Stimmen. Er nahm den Namen Johannes Paul I. an und war damit der erste Papst mit einem Doppelnamen. Die Namenswahl galt als Beleg, dass für ihn die Reformen des Konzils, das Johannes XXIII. begonnen und Paul VI. weitergeführt hatte, die Richtschnur sein sollten.

Der «lächelnde Papst», wie er wegen seines aufgeschlossenen, freundlichen, manchmal geradezu schüchternen Wesens von der internationalen Presse genannt wurde, ließ sich von Anfang an nicht als über den gewöhnlichen Sterblichen stehendes höheres Wesen inszenieren. Er verzichtete auf eine pompöse Krönungsmesse mit einer Tiara, begrüßte die Mitarbeiter des Vatikans mit Handschlag und telefonierte selbst, er sprach unbefangen mit Journalisten und suchte auch den Kontakt zu Gläubigen, mit denen er normale Unterhaltungen führte. In einer Ansprache nannte er Gott «Vater, aber noch mehr ist er Mutter».

Am frühen Morgen des 29. September 1978 fand ihn eine Ordensschwester, die ihm einen Tee bringen wollte, tot in seinem Bett. Er war nur 33 Tage lang Papst gewesen. Wie seine Vorgänger wurde er in der Krypta des Petersdoms beigesetzt. Da weder seine Angehörigen noch der nun die Amtsgeschäfte des Vatikans führende Kardinalkämmerer (Camerlengo) Jean-Marie Villot eine Obduktion veranlasst hatten, entstanden bald Verschwörungstheorien rund um seinen Tod. Der englische Kriminalschriftsteller David Yallop, der sich zuvor nie mit dem Vatikan befasst hatte, behauptete in seinem Buch «Im Namen Gottes?», der neue Papst sei vergiftet worden. Hintergrund seien korrupte Geschäfte der Vatikanbank, in die die Mafia und die Freimaurerloge P2 verwickelt seien. Zu den Drahtziehern des Komplotts habe Villot gehört, weil Johannes Paul I. ihn habe absetzen wollen. Yallop konnte weder Beweise noch Zeugen für seine Version liefern, dennoch wurde das Buch ein internationaler Bestseller. Heute gehen die Experten davon aus, dass der «lächelnde Papst» einen Herzinfarkt erlitten hat; dafür sprächen die mittlerweile offengelegten ärztlichen Bulletins über eine chronische Herzschwäche. Auch habe er wenige Stunden vor seinem Tod über Brustschmerzen geklagt, aber keinen Arzt rufen lassen.[1]

Wojtyła erfuhr vom Tod des Papstes, als er im Erzbischöflichen Palais zu Krakau mit mehreren Mitarbeitern bei einer Besprechung zusammensaß. Er habe vor Überraschung den Teelöffel fallen lassen, berichtete später einer der Teilnehmer.[2] Er war sichtlich erschüttert.

Am Abend zuvor, zu der Stunde, in der Johannes Paul I. vermutlich gestorben ist, hatte ihn beim Besuch eines Dorfes in der Hohen Tatra ein ungewöhnlich heftiger Sturm überrascht, was er später ein Zeichen Gottes nannte.

Manches spricht dafür, dass er in Betracht zog, beim bevorstehenden Konklave gewählt zu werden. Schon bei den Abstimmungen im Konklave anderthalb Monate zuvor hatte er mehrere Stimmen bekommen. Vor seiner Reise nach Rom konzentrierte er sich darauf, Korrespondenz zu erledigen, so als wolle er geordnete Verhältnisse hinterlassen, und ließ alle geplanten Treffen absagen, darunter eines mit dem Dissidenten Adam Michnik.[3] Unter seinen Mitarbeitern wurde offen darüber diskutiert, dass er nicht zurückkommen könnte. Er widersprach nicht. Freunde äußerten halb scherzhaft die Sorge, dass er in Zukunft nicht mehr mit ihnen durch die Hohe Tatra wandern werde. Er antwortete trocken, dass es auch in den Alpen oder dem Apennin Wanderwege gebe.[4]

Überraschende Wahl des Außenseiters

Gemeinsam mit Primas Wysyzński reiste Wojtyła nach Rom, wo beide getrennt voneinander logierten: Der Primas bezog das für ihn reservierte Zimmer im Polnischen Institut, der Krakauer Erzbischof stieg wieder im Polnischen Collegium ab, in dem Priester und Seminaristen wohnten. Er nutzte die Tage vor der Eröffnung des Konklaves zu Treffen mit anderen Kardinälen. Wieder hatten Władysław Rubin, der Generalsekretär der Bischofssynode, und sein früherer Kommilitone Deskur, die beide im Vatikan bestens vernetzt waren, für ihn die Termine arrangiert.

Die Eröffnung des Konklaves war traditionsgemäß für den zehnten Tag nach der Beisetzung des verstorbenen Papstes angesetzt. In den Tagen davor traf auch Wysyzński die beiden zur Kurie gehörenden polnischen Bischöfe. Wie später Teilnehmer der Gespräche berichteten, reagierte der Primas geradezu schockiert, als er von Deskur und Rubin erfuhr, dass Wojtyła als Favorit für den Fall gehandelt werde, dass die Italiener sich nicht auf einen Kandidaten einigen könnten.[5] Diese Reaktion ist ein weiterer Hinweis darauf, dass Wysyzński, der Provinzler, der außer Polnisch nur ein wenig Italienisch sprach und überdies kein Intellektueller war, keineswegs frei von Neid und Eifersucht war angesichts der Weltgewandtheit und Reputation des selbstsicher auftretenden Wojtyła, der ein halbes Dutzend Fremdsprachen exzellent beherrschte.

Am Tag vor der Eröffnung des Konklaves erlitt Bischof Deskur einen Schlaganfall. Wojtyła eilte sofort in die Gemelli-Klinik, in die der Freund eingeliefert worden war, fand diesen aber nur bewusstlos vor. Der letzte Tag vor dem Konklave brachte zudem schon eine Vorentscheidung für die Wahl des neuen Papstes. Der Genueser Erzbischof Giuseppe Siri hatte der Tageszeitung «La Gazetta del Popolo» ein Interview gegeben, das aber erst nach Eröffnung des Konklaves veröffentlicht werden sollte. Durch eine Indiskretion wurde der Inhalt des Interviews im Vatikan bekannt, er verbreitete sich sehr schnell unter den bereits versammelten Kardinälen: Siri hatte sich darin gegen das Prinzip der Kollegialität ausgesprochen, das den Bischöfen der Weltkirche größere Mitspracherechte einräumte. Es war eine Attacke auf die Reformen des Konzils, die zur Unzeit bekannt wurde. Siri hatte damit das Lager der Reformer mobilisiert. Sie warben nun erneut bei den Unentschlossenen für den Erzbischof von Florenz, Giovanni Benelli.

Seit 455 Jahren waren ausschließlich Italiener zum Papst gewählt worden, nicht zuletzt weil dieser gleichzeitig Bischof von Rom und kraft seines Amtes auch Vorsitzender der italienischen Bischofskonferenz war. Allerdings stellten die Italiener nur noch 25 der 111 stimmberechtigten Kardinäle. Aus dem Rest Europas kamen 30, aus Lateinamerika 19, aus Nordamerika 12 Stimmen. Auch hatten seit dem Konzil immer mehr Nicht-Italiener Schlüsselpositionen in der Kurie eingenommen. Doch in den Spekulationen der Vatikan-Korrespondenten der internationalen Presse spielten diese in den Tagen vor dem Konklave nur eine untergeordnete Rolle. Immerhin wurden Franz König aus Wien und dem deutschstämmigen Brasilianer Aloísio Lorscheider, der Vorsitzender der Lateinamerikanischen Bischofs-

Habemus papam

konferenz war, Außenseiterchancen eingeräumt. Keine der großen Zeitungen im Westen nannte jedoch Wojtyła, auch nicht die «New York Times», die ihn noch zwei Jahre zuvor zu den Papabili, den zum Papsttum Befähigten, gezählt hatte.

Am 14. Oktober zogen die Kardinäle in die Sixtinische Kapelle ein, deren Türen unmittelbar danach versiegelt wurden. Der Kardinalkämmerer Villot, der kraft seines Amtes nach dem Tod des Papstes bis zur Wahl des Nachfolgers offiziell an der Spitze der Kurie stand, eröffnete das Konklave. Die Abstimmungen begannen am folgenden Tag, und wie schon sieben Wochen zuvor standen sich Siri und Benelli als Repräsentanten sehr unterschiedlicher Vorstellungen über den künftigen Kurs des Vatikans gegenüber.

Zum zweiten Mal erfüllten sich die Hoffnungen Benellis und seiner Anhänger nicht, er blieb beim ersten Wahlgang deutlich hinter Siri zurück. Zumindest ergibt sich dieses Bild aus den Andeutungen, die Jahre später Teilnehmer des Konklaves machten. Demnach versuchten die Verfechter eines Reformkurses anschließend vergeblich, eine Mehrheit für einen anderen Italiener aus den eigenen Reihen zusammenzubringen.

Den Informationen zufolge stimmten im dritten Wahlgang am frühen Nachmittag 70 Kardinäle für den Konservativen Siri; doch damit verpasste er die erforderliche Zweidrittelmehrheit immer noch um vier Stimmen. Und beim letzten Wahlgang des Tages ging der Stimmenanteil für den Genuesen wieder zurück.

Dies war der Moment, in dem Kardinal König, der seit 22 Jahren Erzbischof von Wien war und hohes Ansehen in der Weltkirche genoss, auf den Plan trat. Beim Konzil hatte der engagierte Verfechter der Ökumene zu den Reformern gehört: Er unterhielt enge Kontakte zu evangelischen Geistlichen und sprach sich für eine Annäherung zwischen Katholiken und orthodoxen Christen aus. Paul VI. hatte ihm die Leitung des Sekretariats für die Nichtglaubenden anvertraut. In dieser Eigenschaft führte er auch Gespräche mit Politikern aus dem Sowjetblock und war wiederholt in Polen gewesen.

König nutzte den Abend nach den ersten vier Wahlgängen, um Unterstützung für die Wahl eines Nicht-Italieners zu finden. Er umriss die Anforderungen für den künftigen Papst: Er solle sowohl tatkräftig als auch charismatisch sein, in der Seelsorge wie in der Politik Format bewiesen haben. Er müsse weltgewandt sein, mit den Medien umgehen und Intellektuelle beeindrucken können, aber auch ein Herz für traditionelle Volksfrömmigkeit haben. Kurz: Der künftige Papst solle in der Lage sein, die Kirche aus der Defensive zu führen, in die sie wegen der Umbrüche in der westlichen Welt und der repressiven atheistischen Regime in Osteuropa geraten sei. Für ihn gab es einen Kandidaten, der all diese Voraussetzungen erfüllte: Karol Wojtyła.

Vorsichtig sprach König den polnischen Primas an, er selbst hat es später Vatikan-Korrespondenten geschildert: «Kann Polen vielleicht einen Kandidaten präsentieren?» Wyszyński habe geantwortet: «Meine Güte, meinst du, ich solle nach Rom gehen? Das wäre ein Triumph für die Kommunisten!» Doch König habe geantwortet: «Nein, nicht du, es gibt noch einen anderen.» Wyszyński habe unwillig zurückgegeben: «Nein, er ist zu jung, er ist unbekannt, er könnte niemals Papst werden.»[6]

König war anderer Meinung, und er fand zwei wichtige Unterstützer, die zunächst in kleinem Kreis ebenfalls für Wojtyła warben: den polnischstämmigen John Krol aus Philadelphia und Aloísio Lorscheider aus dem brasilianischen Wallfahrtsort Aparecida. Der Brasilianer unterstützte in Lateinamerika die Anhänger der Befreiungstheologie, er sah in Wojtyła einen Gleichgesinnten, da dieser in Polen die Forderungen streikender Arbeiter gutgeheißen hatte. Es war dies allerdings eine Fehleinschätzung.

Am zweiten Tag des Konklaves zeigte sich, dass die Gespräche Königs, Krols und Lorscheiders ein Echo gefunden hatten. Von Wahlgang zu Wahlgang stimmten mehr Kardinäle für Wojtyła. Auch Wyszyński besann sich: Nach dem siebten Wahlgang nahm er seinen Krakauer Mitbruder zur Seite und sagte ihm: «Wenn sie dich wählen, so lehne es bitte nicht ab!»[7]

König und Krol wurden nicht müde, weiter für Wojtyła zu werben. Zu ihnen gesellte sich Joseph Ratzinger, der erst im Jahr zuvor zum Erzbischof von München und Freising geweiht worden war. Er hatte Wojtyła im Jahr zuvor auf der Bischofssynode kennen und schätzen gelernt. Beide waren der Meinung, dass die Kirche sich

Habemus papam

Unmittelbar nach seiner Wahl überraschte der neue Papst die Gläubigen auf dem Petersplatz mit einer kurzen humorvollen Ansprache

nicht dem Zeitgeist beugen, sondern zu altem Selbstbewusstsein als «Weg zur Wahrheit» zurückfinden solle. Beide waren in diesem Sinne Konservative, doch wollten sie an den Reformen des Konzils nicht rütteln lassen. Ratzinger zog den Vorsitzenden der deutschen Bischofskonferenz, den Kölner Erzbischof Joseph Höffner, und die anderen deutschen Kardinäle auf die Seite Wojtyłas.[8]

So wurde Wojtyła am späten Nachmittag des zweiten Tages des Konklaves, des 16. Oktober 1978, im achten Wahlgang gewählt. Die Quellen gehen auseinander, was das genaue Ergebnis angeht, mal ist von 94, mal von 97 oder gar 99 der 111 abgegebenen Stimmen die Rede. Mit 58 Jahren war er der jüngste Papst im 20. Jahrhundert, und er war der erste slawische Papst. Auch dass er sportlich und offenbar kerngesund war, sprach nach dem schockierenden Tod Johannes Pauls I. für Wojtyła. Er war weit gereist – wohl kein anderer Papst vor ihm sprach fließend so viele Sprachen – und ein klassischer Intellektueller mit breitem Wissenshorizont. Gleichzeitig verfügte er über ein starkes Charisma, konnte ebenso Massen begeistern wie im persönlichen Gespräch überzeugen. Er war selbstbewusst gegenüber den Medien, verfügte über einen trockenen Humor und hatte zwei totalitäre Systeme erlebt: den deutschen Nationalsozialismus im besetzten Polen und die sowjetische Variante des Sozialismus in der Volksrepublik.

Weißer Rauch aus der Sixtinischen Kapelle

Gegen 17.15 Uhr waren offiziell die Stimmen ausgezählt. Als sich abzeichnete, dass er die erforderliche Stimmenzahl erhalten sollte, sei Karol Wojtyła ganz rot geworden und habe den Kopf in die Hände gestützt, berichtete später Kardinal König.[9] Dem Krakauer Erzbischof war klar, dass er nun sein bisheriges Leben hinter sich lassen musste. Als aber Kardinal Villot, der das Konklave leitete, ihn fragte, ob er die Wahl annehme, antwortete er mit fester Stimme: «Im Gehorsam des Glaubens, vor Christus, meinem Herrn, der Mutter Christi und der Kirche mich anvertrauend, der großen Schwierigkeiten bewusst, nehme ich an.» Auf die Frage, welchen Namen er tragen wolle, antwortete er: Johannes Paul II. Wie sein verstorbener Vorgänger stellte er sich programmatisch in die Tradition der beiden Konzilspäpste. Als er wieder aus dem Ankleideraum kam, dem «Saal der Tränen», in dem ein kleines, ein mittleres und ein großes Messgewand für den künftigen Papst bereit lagen, brach er zum ersten Mal mit der Tradition und weigerte sich, die Treuebekundungen der Kardinäle im Sitzen entgegenzunehmen – aus Respekt vor seinen Brüdern stand er. Wysyzński sagte ihm: «Gott hat dich gewählt, um die Kirche ins dritte Jahrtausend zu führen.» Wojtyła sollte dies als Auftrag und Weissagung verstehen.

Um 18.15 Uhr stieg weißer Rauch aus dem Schornstein der Sixtinischen Kapelle auf, das Zeichen, dass ein neuer Papst gewählt worden ist. Mehr als hunderttausend Menschen auf dem überfüllten Petersplatz und Millionen vor den Bildschirmen warteten darauf, dass Kardinal Pericle Felici, der Protodiakon, den Namen des Gewählten verkündete.|«Annuntio vobis gaudium magnum», rief Felici von der Loggia des Petersdoms über den Platz – zum zweiten Mal innerhalb von acht Wochen. «Habemus Papam! Eminentissimum ac reverendissimum Dominum Carolum» – Felici macht eine Pause – «Sanctae Romanae Ecclesiae Cardinalem Wojtyła» – noch eine Pause – «qui sibi nomen imposuit Ioannem Paulum Secundum.»

Karol wer? Den allermeisten der auf dem Petersplatz Wartenden war sein Name unbekannt. Der Beifall blieb daher zunächst verhalten. Für die Kommentatoren in aller Welt war es eine Sensation; kaum jemand, von seinen Krakauer Mitarbeitern und Freunden abgesehen, hatte mit der Wahl Wojtyłas gerechnet. Der neue Papst aber, der da kraftvoll auf die Loggia des Petersdoms trat, zeigte schon bei seinem ersten Auftritt, welch großes Talent er hatte, eine Menschenmenge für sich zu gewinnen. Der Tradition gemäß hätte er jetzt einfach den Segen «Urbi et Orbi» sprechen sollen, für die Stadt Rom und den ganzen Erdkreis. Er aber schob den Zeremonienmeister zur Seite und begann den Dialog mit den Gläubigen: «Gelobt sei Jesus Christus!» Die Menge antwortete: «In Ewigkeit, Amen». Jubel brach aus – der neue Papst sprach italienisch. «Liebste Brüder und Schwestern,» fuhr Johannes Paul II. fort, «wir alle sind noch von Schmerz erfüllt nach dem Tod unseres geliebten Papstes Johannes Paul I. Und hier haben die ehrwürdigen Kardinäle einen neuen Bischof von Rom berufen. Sie haben ihn aus einem fernen Land gerufen; es ist weit weg, aber doch immer nahe durch die Gemeinschaft im Glauben und in der christlichen Überlieferung. Ich hatte Angst davor, diese Ernennung anzunehmen, aber im Geist des Gehorsams gegenüber unserem Herrn Jesus Christus und im ganzen Vertrauen auf seine Mutter, die heiligste Madonna, habe ich es getan. Ich weiß nicht, ob ich mich gut in eurer, in unserer italienischen Sprache ausdrücken kann. Wenn ich einen Fehler mache, werdet ihr mich korrigieren!» Die Menschen auf dem Platz lachten, der Papst aus dem fernen Land hatte sie für sich gewonnen.[10]

In Polen verbreitete sich die Nachricht von seiner Wahl innerhalb weniger Minuten. Denn Zehntausende Menschen verfolgten die Berichte der westlichen Sender, die spezielle Programme für den Ost-block in den jeweiligen Landessprachen ausstrahlten. Die staatlichen Sender berichteten erst mit stundenlanger Verzögerung darüber. Im ganzen Land läuteten die Kirchenglocken, die Menschen liefen auf die Straße und feierten. Spontan fanden Dankgottesdienste statt; wohl kein Pfarrer unterließ es, die Prophezeiung des Dichters Juliusz Słowacki über den slawischen Papst zu zitieren, der «die Kirche rein-fegen» werde.

Johannes Paul II. setzte am ersten Tag seiner Wahl weitere Akzente: Er verließ den Vatikan, um in der Gemelli-Klinik seinen Freund Des-kur zu besuchen, der inzwischen wieder ansprechbar war und sich auf dem Weg der Genesung befand. Auch dies war eine Sensation: Er sprach spontan mit den Menschen im Krankenhaus, mit den Ärzten und Pflegern sowie Patienten. In seinen persönlichen Notizen schrieb er später: «Es fällt mir schwer, die Tatsache, dass ich am 16. X. zum Nachfolger des Papstes gewählt wurde, nicht mit dem Vorfall zu ver-binden, der sich drei Tage vor der Wahl zugetragen hat. Das Opfer meines Bruders im Bischofsamt, Andrzej, scheint mir gewissermaßen eine Vorbereitung auf diese Wahl gewesen zu sein. All dies wurde durch sein Leiden in das Geheimnis des Kreuzes und der Erlösung, das Christus vollbracht hat, eingeschrieben.»[11] Die Wahl zum Papst war für Wojtyła kein Zufall, sondern Teil des großen Planes Gottes mit den Menschen. Am selben Tag empfing er eine Gruppe von Polen, die in Rom lebten. Darunter war Jerzy Kluger, sein jüdischer Schulfreund aus Wadowice.

Zur selben Stunde tagte in Warschau die Parteiführung, General-sekretär Edward Gierek hatte sie eilig einberufen lassen. In privatem Kreis hatte er die Wahl Wojtyłas zum Papst und die Reaktionen sei-ner Landsleute darauf mit den Worten quittiert: «Ein großes Ereignis für die polnische Nation – und große Schwierigkeiten für uns!»[12] Wie Jahre später einer der Teilnehmer der Sitzung in der Parteizent-rale berichtete, war den meisten Spitzenfunktionären ihre Konster-nation anzusehen. Dem früheren Außenminister Stefan Olszowski hätten die Hände so sehr gezittert, dass er sich Kaffee über die Hose geschüttet habe. Vergeblich habe Vizeaußenminister Józef Czyrek

Habemus papam

die Stimmung aufzuhellen versucht, indem er erklärte: «Besser, Wojtyła ist dort der Papst als bei uns der Primas.»[13] Das Zentralkomitee beschloss den Text eines Glückwunschtelegramms. Johannes Paul II. bedankte sich: Er wolle «im Geiste des Dialogs zum Wohl der geliebten Nation beitragen».

Wenige Tage später verfasste der neue Papst einen «Brief an die polnischen Landsleute». Die Zensur strich den Text zusammen, so dass die Kirchenpresse nur Fragmente abdrucken konnte. Doch wurde er in den meisten Pfarreien von der Kanzel verlesen. Darin hieß es in Anspielung auf die Dichter des polnischen Messianismus: «Ich spreche ausnahmslos alle Landsleute an, welche die Weltanschauung und Überzeugung eines jeden – ohne Ausnahme – achten. Uns verbindet die Vaterlandsliebe, und sie muss uns über alle Unterschiede hinweg verbinden. Sie hat nichts mit engstirnigem Nationalismus oder Chauvinismus zu tun. Sie ist das Maß menschlichen Edelmuts.»[14]

Eine Woche nach der Wahl wurde Johannes Paul II. feierlich in sein Amt eingeführt; rund 300 000 Menschen kamen zu dem Pontifikalamt. Er predigte über Petrus, der Jesus zwar als den Messias und Sohn des lebendigen Gottes erkennt, der sich aufgemacht und seine Heimat verlassen hat, um in Rom, dem Zentrum des Weltreichs, seinem Auftrag zu folgen, allen Völkern das Evangelium zu verkünden. Dann aber, so greift er den Romanstoff von Henryk Sienkiewicz auf, habe Petrus die Furcht ergriffen, als Nero die Christen jagen ließ. Er habe die Stadt verlassen wollen, der Herr jedoch sei ihm entgegengegangen. Quo vadis? Wohin gehst Du?, habe ihn Petrus gefragt. «Und der Herr antwortete sofort: ‹Ich gehe nach Rom, um dort ein zweites Mal gekreuzigt zu werden.› Da kehrte Petrus nach Rom zurück und ist dort bis zu seiner Kreuzigung geblieben», predigte Johannes Paul II.

«Brüder und Schwestern!», fuhr er fort, «habt keine Angst, Christus aufzunehmen und seine Herrschergewalt anzuerkennen! Helft dem Papst und allen, die Christus und mit der Herrschaft Christi dem Menschen und der ganzen Menschheit dienen wollen! Habt keine Angst! Öffnet, ja reißt die Tore weit auf für Christus! Öffnet die Grenzen der Staaten, die wirtschaftlichen und politischen Systeme, die weiten Bereiche der Kultur, der Zivilisation und des

Fortschritts seiner rettenden Macht! Habt keine Angst! Christus weiß, was im Innern des Menschen ist. Er allein weiß es! Heute weiß der Mensch oft nicht, was er in seinem Innern, in der Tiefe seiner Seele, seines Herzens trägt. Er ist deshalb oft im Ungewissen über den Sinn seines Lebens auf dieser Erde. Er ist vom Zweifel befallen, der dann in Verzweiflung umschlägt. Erlaubt also – ich bitte euch und flehe euch in Demut und Vertrauen an –, erlaubt Christus, zum Menschen zu sprechen! Nur er hat Worte des Lebens!»[15]

Alarm in den Parteizentralen in Warschau und Moskau

Reißt die Tore auf für Christus – für den polnischen Staatsratsvorsitzenden Henryk Jabłoński an der Spitze der Delegation, die zur Amtseinführung des Papstes nach Rom gekommen war, musste das bedrohlich klingen, wie für alle Potentaten und Politbüromitglieder des Ostblocks. Der polnischen Delegation gehörten einige SB-Offiziere an, die in den Jahren zuvor für die Überwachung Wojtyłas zuständig gewesen waren.[16] Jabłoński genehmigte, dass Johannes Paul II., der formal auch Staatsoberhaupt des Vatikanstaats war, neben seinem neuen vatikanischen Reisepass den polnischen behalten durfte, obwohl die Volksrepublik Polen eine doppelte Staatsangehörigkeit eigentlich nicht erlaubte. Seine Ansprache schloss der Papst mit einem Appell an seine polnischen Landsleute, ihm zu helfen; es folgten Grußworte in zahlreichen Sprachen, auf Englisch, Französisch, Deutsch, Spanisch, aber auch auf Russisch, Ukrainisch und Litauisch.[17]

Die Westukraine war katholisch geprägt; die meisten Einwohner der Region, die einst polnisch gewesen war, dann zu Österreich-Ungarn gehörte und nach dem Ersten Weltkrieg wieder zu Polen kam, gehörten traditionell der griechisch-katholischen Kirche an, die den Ritus der Ostkirche beibehalten hat, aber mit Rom uniert ist und deshalb auch unierte Kirche genannt wird. Nach der Annexion des Gebiets durch die Sowjetunion hatte Stalin die Unierten blutig verfolgen lassen, Hunderte Priester wurden ermordet, Zehntausende

Gläubige deportiert. Die Sowjetführung sah die Westukraine als «Hort des ukrainischen Nationalismus» an. Für den KGB stand fest, dass der Papst diesen Nationalismus wieder wecken könnte. Wie aus der Öffnung von Parteiarchiven nach dem Zerfall der Sowjetunion hervorging, war KGB-Chef Juri Andropow fest davon überzeugt, dass die Wahl Karol Wojtyłas zum Papst von US-Sicherheitsberater Zbigniew Brzezinski eingefädelt worden sei, um die Sowjetunion zu destabilisieren. Diese Version verbreiteten auch Publikationen prosowjetischer Verlage in Westeuropa. Die sowjetische Parteiführung beauftragte das Institut für Weltwirtschaft in Moskau mit dem Erstellen einer Expertise über die Auswirkungen der Wahl Wojtyłas auf den eigenen Machtbereich. Die Verfasser äußerten die Erwartung, dass der neue Papst die Frage der Menschenrechte herausstellen werde. Es war ein Punkt, auf den Andropow stets allergisch reagierte: Er ließ Menschenrechtsaktivisten nicht nur deportieren, sondern auch einer psychiatrischen Zwangsbehandlung unterziehen; dazu gehörten Persönlichkeitsstrukturen zerstörende Psychopharmaka ebenso wie Schlafentzug und Dauerbeschallung mit Unruhe erzeugenden Geräuschen. Die Expertise empfahl, den Vatikan inoffiziell vor den Folgen eines antisowjetischen Kurses für die Gläubigen zu warnen. Bei Wohlverhalten sollten kleine symbolische Zugeständnisse für die Katholiken in der Ukraine, in Weißrussland und in Litauen gemacht werden.[18]

Drei Monate nach seinem Einzug in den Vatikan empfing Johannes Paul II. im Januar 1979 den sowjetischen Außenminister Andrej Gromyko, der im Westen wegen seiner Kompromisslosigkeit Mister Njet genannt wurde. Es war die erste Begegnung des neuen Papstes mit einem Sowjetfunktionär. Gromyko hatte bereits am selben Ort mit Johannes XXIII. gesprochen, auch hatte er insgesamt fünfmal Paul VI. getroffen. In seinen Memoiren beschrieb Gromyko die Begegnung, die auf Wunsch des Vatikans zustande gekommen sei: Zunächst seien sich beide Seiten einig gewesen, dass ein drohender Atomkrieg verhindert werden müsse. Als Johannes Paul II. Religionsfreiheit in der Sowjetunion anmahnte, habe Gromyko entgegnet: «Nicht immer und nicht alle Gerüchte sind der Aufmerksamkeit wert. Dies betrifft besonders den Bereich der Weltanschauungen der Menschen und der Religion. [...] Vom ersten Tag seiner Existenz an hat der sowjetische Staat die Freiheit des Glaubensbekenntnisses garantiert und er tut es weiterhin.» Johannes Paul II. bekam auf diese Weise einen persönlichen Eindruck von der ideologischen Verhärtung der sowjetischen Führung. Gromyko hielt fest, der Papst habe anders als die Kirchenfürsten vor ihm gesprochen, in einem «eher weltlichen Stil». Er wirke auch körperlich kraftvoll, man sehe ihm an, dass er Sport treibe.[19]

Bei dem Gespräch war Bischof Agostino Casaroli zugegen, der umstrittene Architekt der Ostpolitik Pauls VI. Entgegen den Erwartungen löste Johannes Paul II. ihn nicht ab, sondern beförderte ihn sogar: Casaroli wurde einer der ersten Kardinäle von seinen Gnaden. Sosehr der polnische Papst den Kritikern zustimmte, die Casarolis Kurs als Aufwertung der kommunistischen Regime sahen, so ließ er ihn doch vorerst im Amt, weil er keinen Bruch mit den kommunistischen Führungen im Sowjetblock riskieren wollte.

Johannes Paul II. ging davon aus, dass das kommunistische Regime auf Verbrechen aufgebaut war. Er kannte sehr gut die Biographien und die Schriften der Sowjetführer von Lenin bis Breschnew, die ausnahmslos ihre Vorstellungen mit Gewalt durchgesetzt hatten und die Liquidierung politischer Gegner als normales Mittel der Politik ansahen. Doch sprach er dies nie öffentlich an, auch attackierte er den Marxismus-Leninismus nicht. Vielmehr berief er sich in seinen Stellungnahmen zum kommunistischen Regime vor allem auf deren Parteiprogramme sowie die Schlussakte von Helsinki, die auch alle Ostblockstaaten unterzeichnet hatten, besonders auf Korb Drei über die Menschenrechte.

Die entsprechenden Akzente wurden in Moskau aufmerksam registriert: Der Litauer Andryas Backis, Sohn des letzten litauischen Botschafters in den USA, wurde stellvertretender Leiter der Abteilung für öffentliche Angelegenheiten, wie das Außenministerium des Vatikans hieß. Der Vatikan hatte ebenso wenig wie die USA die Annexion der drei baltischen Republiken durch die Sowjetunion anerkannt. Litauen war traditionell katholisch.

Auch empfing er Jossyf Slipyj, das Oberhaupt der im Ostblock verbotenen griechisch-katholischen Kirche. Slipyj war 1945 nach Sibirien deportiert worden. Nach 18 Jahren im Lager war er freigekommen,

Habemus papam

nachdem Johannes XXIII. im Gespräch mit einem Abgesandten des damaligen Kremlchefs Nikita Chruschtschow darum gebeten hatte. Slipyj konnte 1963 ins Exil nach Rom ausreisen und nahm noch am Konzil teil. Der neue Papst unterstrich bei der Begegnung mit Slipyj die Bedeutung einer freien Entfaltung der Kultur – ein deutlicher Hinweis darauf, dass er über den Druck des Sowjetregimes auf Künstler und Intellektuelle gut im Bilde war.[20]

Schon bald nach der Wahl Wojtyłas musste der KGB der Parteiführung berichten, dass in der Sowjetrepublik Litauen ein «Komitee zur Verteidigung der Gläubigen» entstanden war. Die litauische Untergrundkirche sei wieder verstärkt aktiv. Auch träfen sich heimlich unierte Christen in der Westukraine zu Gottesdiensten und Bibelstunden. Berichte über die Gegenmaßnahmen des KGB wurden regelmäßig in den Westen geschmuggelt: Verhaftungen, Überfälle auf katholische Priester und Aktivisten sowie politische Morde, die als Autounfälle getarnt wurden.[21]

7. FRISCHER WIND IN DER KURIE

Die vorangegangenen 455 Jahre waren alle Päpste aus Italien gekommen. Die meisten entstammten den bedeutendsten römischen Adelsfamilien, waren vertraut mit den höfischen Gepflogen-
heiten und den Zeremoniellen des Vatikans. Im 19. Jahrhundert
waren sie scharfe Gegner der erwachenden Nationalbewegungen
gewesen, vor allem der in Italien. Pius IX., der von 1846 bis 1878
regierte, so lange wie bis heute kein anderer Papst, entwickelte sich
vom anfänglichen Reformer zum gefürchteten Reaktionär. Er veröffentlichte 1864 den «Syllabus errorum», eine Liste gegen die «Haupt-
irrtümer der Zeit», zu denen Liberalismus, Kommunismus, Demokratie, der Gedanke allgemeiner Menschenrechte und überhaupt der
Gedanke gehörten, der römische Bischof könne und müsse sich «mit
dem Fortschritt, dem Liberalismus und der modernen Zivilisation
versöhnen und vereinen». Als im September 1870 die italienischen
Truppen in Rom einmarschierten, empfand er sich fortan als «Gefan-
gener im Vatikan», nie mehr verließ er die päpstlichen Paläste. Das
Erste Vatikanische Konzil, das im Juli 1870 endete, hatte zuvor den
geistlichen Machtanspruch des Papstes auf die Spitze getrieben und
den Pontifex für unfehlbar erklärt, wenn er, unter Beihilfe des Heiligen Geistes und gemäß der Tradition, Lehrentscheidungen in Sachen
des Glaubens und der Sitten verkünde. Die katholische Kirche trennte
sich in diesen Jahren radikal von der modernen Welt; Papst Pius X.,
der von 1903 bis 1914 regierte, verlangte von allen Priestern den be-
rüchtigten «Antimodernisteneid», in dem sie schwören mussten, alle
Ideen zu bekämpfen, die den Menschen und nicht das göttliche Gebot
in den Mittelpunkt des Denkens und Handelns stellten.

Seit dem Ersten Weltkrieg, seit Papst Benedikt XV., der so tapfer wie erfolglos versucht hatte, die Kriegsparteien zum Friedensschluss zu bewegen, hatte die katholische Kirche sich bemüht, mit dieser feindlichen Umwelt doch irgendwie zurechtzukommen. Sie verstand sich als «societas perfecta», als in sich vollständige Gemeinschaft der Gläubigen, als weltweiter katholischer Staat ohne Staatsgebiet: Der Papst als Monarch, der Heilige Stuhl als Völkerrechtssubjekt und die Kurie als Regierung sowie Verwaltung mussten dafür sorgen, dass diese katholische Gemeinschaft überall ihren Glauben gemäß den kirchlichen Regeln leben konnte, als Gemeinschaft oder gar Staat im Staate. Das war der Beginn der modernen päpstlichen Diplomatie. Perfekt im kirchlichen und internationalen Recht ausgebildete, polyglotte und weltweit vernetzte Priester, Prälaten, Bischöfe im Vatikan und in den Nuntiaturen, den päpstlichen Vertretungen in aller Welt, sollten den Status der Katholiken sichern, in Verhandlungen mit den staatlichen Autoritäten – egal, ob diese den kirchlichen Vorstellungen entsprachen oder nicht. Staat-Kirche-Verträge, die Konkordate, hielten diese Vereinbarungen fest. Eines der ersten Konkordate schloss 1924 Eugenio Pacelli, der damalige Nuntius in München, mit dem Freistaat Bayern – es gilt heute noch. Die Lateranverträge vom Februar 1929, geschlossen zwischen dem Heiligen Stuhl und dem faschistischen «Duce» Benito Mussolini, garantierten den Kirchenstaat in seiner heutigen Form. Der umstrittenste Staatskirchenvertrag dieser Zeit war sicher das Reichskonkordat vom 20. Juli 1933, das der zum Kardinalstaatssekretär aufgestiegene Pacelli mit dem nationalsozialistischen Deutschen Reich schloss. Es half, Hitlers Herrschaft in Deutschland zu festigen und seine internationale Reputation zu steigern, lag aber in der Logik der Vatikandiplomatie: Den Kritikern des mit Mussolini geschlossenen Lateranvertrags hielt Papst Pius XI. im Mai 1929 entgegen: «Wenn es sich darum handeln würde, auch nur eine einzige Seele zu retten, so würden wir den Mut aufbringen, sogar mit dem Teufel in Person zu verhandeln.»

Viele dieser Vatikandiplomaten machten Karriere in der Kirche, wurden Bischöfe und Kardinäle – und Päpste. Papst Pius XI. war ausgebildeter Jurist und Nuntius in Warschau gewesen, ehe er Erzbischof von Mailand wurde; 1939 wurde der Spitzenjurist und einstige Nuntius in München und Berlin Eugenio Pacelli als Pius XII. sein Nachfolger. Auch Johannes XXIII., der aus einer einfachen Bauernfamilie und nicht aus dem katholischen Adel Italiens stammte, war über die Kirchendiplomatie ins höchste Amt seiner Kirche gekommen; seine Aufträge hatten ihn nach Bulgarien und in die Türkei geführt, von wo aus er versucht hatte, in Verhandlungen mit dem Deutschen Reich ungarischen Juden die Ausreise zu ermöglichen. Der Lebenslauf von Paul VI. war schließlich geradezu idealtypisch für einen vatikanischen Diplomaten: aus traditioneller katholischer Familie stammend, ausgebildet an der Diplomatenakademie, Aufstieg im Staatssekretariat zum Substitut des Kardinalstaatssekretärs Pacelli.

Das prägte das Selbstverständnis der Kurie als Diplomatenapparat nach außen. Intern glich die Zentrale der katholischen Weltkirche noch weitgehend einem absolutistischen Hof – die letzte grundlegende Verwaltungsreform hatte es im 16. Jahrhundert unter Papst Sixtus V. gegeben. Die verschiedenen Räte und Dikasterien (Ämter) waren Beratungsgremien mit unklaren Zuständigkeiten und Entscheidungskompetenzen; es gab viele Parallelstrukturen. Entscheidend war oft, wer wen kannte und mit wem verbunden war, wer das Ohr eines Kurienkardinals fand oder gar das des Papstes. Die Kurienreform Pauls VI. von 1967 hatte einige Modernisierungen und Rationalisierungen gebracht, im Grunde aber waren das System und die Mentalitäten die alten geblieben.[1] Und mancher Kurienmitarbeiter mag gehofft haben, dass der neue Papst sich bald in dieses italienische System eingliedern lassen würde, dass der Apparat bald den Papst im Griff haben würde.

Ein eigenes Machtzentrum im Vatikan

Karol Wojtyła aus Polen war in diesem System in jeder Hinsicht ein Außenseiter – daran änderten seine Jahre in Rom so wenig wie sein hervorragendes Italienisch. Er war nun qua Amt Bischof von Rom und Vorsitzender der italienischen Bischofskonferenz. Aber er war nicht in die einflussreichen katholischen Familien Roms hinein vernetzt, und auch die italienische Innenpolitik war ihm fremd, wo

Paul VI. noch enge Kontakte mit den Spitzenpolitikern der Democrazia Cristiana gepflegt hatte. Er hatte an keiner Diplomatenakademie studiert, sondern war, bedrängt erst von den Nationalsozialisten und dann den Kommunisten, weitgehend in Krakau zum Philosophen und Theologen ausgebildet worden. Er kam in dieser Hinsicht tatsächlich aus einem fernen Land und einem fremden politischen und gesellschaftlichen System, auch wenn zwischen Krakau und Rom gerade einmal zwei Flugstunden liegen. Für ihn war die katholische Kirche kein Teil der Führungselite des Landes, sondern ein Ort der kulturellen Selbstbehauptung gegen eine diktatorische Staatsmacht, die den Anspruch auf den ganzen Menschen erhob. Die Auseinandersetzung mit diesem System war für ihn keine Angelegenheit ausgeklügelter Diplomatie, sondern erforderte eine existenzielle Entscheidung für ein Menschenbild. Johannes Paul II. wollte nicht der katholischen Kirche den bestmöglichen Platz in dieser Welt herausverhandeln, er wollte auch nicht ein Mitspieler unter vielen im großen Welttheater sein. Er wollte die ganze Welt verändern im Sinne seines christlichen Humanismus.

Dass dieser Papst mit kurialen Gewohnheiten brechen und das Petrusamt neu definieren würde, war schon bald nach der Wahl zu bemerken. Das zeigte sich an Kleinigkeiten: Johannes Paul II. übernahm einfach sein Erzbischofswappen aus Krakau, statt, wie bislang üblich, ein neues entwerfen zu lassen. Er traf weiterhin seinen alten Freund Jerzy Kluger samt Familie und andere Freunde und Bekannte, er scherzte mit den Menschen, die er traf, beantwortete schlagfertig die Fragen von Journalisten. Er flog mit dem Hubschrauber zum Marienheiligtum in Mentronella, das von polnischen Patres betreut wird – ein erster Ausbruch aus dem Vatikan. Karol Wojtyła behielt seinen bescheidenen Lebensstil und auch den Tagesablauf bei, den er aus Krakau gewohnt war: Um 5.30 Uhr stand er auf und betete mehr als eine Stunde in seiner Kapelle vor einem modernen Kreuz und einem Bild der Schwarzen Madonna von Tschenstochau; um 7.30 Uhr feierte er mit seinen Sekretären und anderen Priestern die Heilige Messe, an der geladene Gäste und die polnischen Nonnen teilnahmen, die ihm den Haushalt versorgten. Nach dem Frühstück schrieb er an seinen Reden, Audienzansprachen und Enzykliken, oft in der Kapelle vor dem Allerheiligsten. Ab elf Uhr begannen seine Termine; ein ausgiebiges Mittagessen gab es um 13.30 Uhr – manchmal mit anschließendem Mittagsschlaf; ab 15 Uhr wurde die Korrespondenz erledigt, oder es gab weitere Termine. Abendessen gab es um 19.30 Uhr, danach arbeitete Johannes Paul II. weiter bis 23 Uhr, manchmal noch länger.[2] Das Licht in seinen Arbeitsräumen, die man vom Petersplatz aus hoch oben im Apostolischen Palast sehen konnte, war bald für viele Römer ein Zeichen: Der Papst arbeitet und denkt über die Welt nach, wenn alle anderen längst schlafen.[3] Das enorme Arbeitspensum Wojtyłas erregte Staunen und Bewunderung; Schlafen könne er noch lang genug im Himmel, soll er auf besorgte Fragen hin gesagt haben, ob denn dauerhaft so wenig Schlaf gesund sei.

Paul VI. war ein akribischer Aktenleser gewesen, bei Johannes Paul II. mussten seine Zuarbeiter lernen, sich auf die wichtigsten Schriftstücke zu beschränken. Der neue Papst redete lieber mit den Menschen. Bei den Mahlzeiten umgab er sich mit vielen verschiedenen Besuchern, lud Ratgeber und Gesprächspartner ein; er wollte kein einsamer Mann im Apostolischen Palast werden; in den ehrwürdigen Räumen gehe es nun zu wie auf dem Campo dei Fiori, dem Marktplatz inmitten der Stadt, sollen Kurienmitarbeiter seufzend angemerkt haben. Die Besucher berichteten von einem charmanten, humorvollen und vielseitig interessierten Gastgeber, der die Diskussion liebte – ohne dass er dabei seine Meinung änderte, wie Gesprächspartner anmerkten.[4] Das Höfische, Zeremonielle und Steife im Vatikan blieb ihm so fremd wie die Detailversessenheit der Kurienbeamten; seine Spontaneität brachte ihm viel Sympathie ein, bald aber auch die Kritik, nicht besonders gut organisiert zu sein und sich für viele Bereiche der Kurie nicht sonderlich zu interessieren. Es steckte aber weniger Schlampigkeit hinter dem Desinteresse für viele Vorgänge im Vatikan als vielmehr die Konzentration auf die Bereiche, die Johannes Paul II. wichtig erschienen – und der Wille, nicht abhängig zu werden vom Kurienbetrieb, sich nicht vereinnahmen zu lassen von den vatikanischen Denk- und Arbeitsweisen. Der neue Papst baute, teils innerhalb der bestehenden Strukturen, teils neben ihnen, sein eigenes Machtzentrum auf, seinen eigenen Nahbereich, in dem er sich wohl und sicher fühlte. Dazu gehörten die polnischen Schwestern in seinem Haushalt und die polnischen Beichtväter; gehörten die Freunde aus seiner Zeit als Erzbischof von Krakau – Theologen, Philosophen, Wissenschaftler; gehörten Menschen, die Zugang zu ihm fanden und ihn beeindruckten.

Wichtigster Vertrauter und Organisator dieses gastfreundlichen päpstlichen Haushalts wurde sein Sekretär Stanisław Dziwisz. Zwölf Jahre war er der Sekretär des 19 Jahre älteren Erzbischofs Wojtyła in Krakau gewesen, nun war er mit nach Rom gegangen und Privatsekretär des Papstes geworden. Schon von seiner traditionellen Funktion her war der Privatsekretär wesentlich einflussreicher und mächtiger, als es sein Name vermuten ließ: In dem ganz auf den Monarchen ausgerichteten System ging jedes Dokument, jeder wichtige Brief, jeder Entwurf eines päpstlichen Schreibens durch seine Hände; er entschied, wer zum Papst vorgelassen wurde und wer lange auf einen Termin für eine Privataudienz warten musste. Dziwisz war loyal und effizient – und sich dieser Macht bewusst. Wer etwas über den offiziellen Dienstweg nicht erreichen konnte, konnte sich immer noch an Monsignore Dziwisz wenden und seine Angelegenheit über ihn vorantreiben.

Für den Papst, der vorhatte, sich der Fesseln der Kurienbürokratie zu entledigen und das Papsttum zu globalisieren, war der Türwächter Dziwisz genau der richtige Mann. Allerdings wird Dziwisz von ehemaligen polnischen Vatikan-Korrespondenten vorgeworfen, er habe im Laufe der Jahre immer mehr dafür gesorgt, dass am Lebensabend des zunehmend von Krankheiten gezeichneten Papstes schlechte Nachrichten aus der Weltkirche von ihm ferngehalten wurden – aus falsch verstandener Fürsorglichkeit. Dazu hätten die sich häufenden Berichte über Priester gehört, die Kindern und Jugendlichen sexuelle Gewalt angetan haben. Beide seien überdies davon überzeugt gewesen, dass derartige Berichte stark übertrieben und Teil einer großen Kampagne gewesen seien, die der Kirche habe schaden wollen.

Der Tradition seiner Vorgänger, im ersten päpstlichen Lehrschreiben ein Programm seines Pontifikats zu umreißen, blieb Johannes Paul II. treu. Diese Enzyklika, datiert auf den 4. März, den ersten Fastensonntag des Jahres 1979, trägt den Titel «Redemptor hominis» (Der Erlöser des Menschen) – mit diesen Worten beginnt der Text.[5] Johannes Paul II. kommt darin noch einmal auf seine Wahl zu sprechen, die er «ungeachtet der großen Schwierigkeiten» angenommen habe, und auf den Namen Johannes Paul II., den er gewählt habe, um seine Verbundenheit mit den Vorgängern und Konzilspäpsten Johannes XXIII. und Paul VI. zu zeigen. Ausführlich zitiert er die Antrittsenzyklika Pauls VI. «Ecclesiam suam», in der dieser die Öffnung der Kirche für den Dialog mit allen Menschen guten Willens betont hatte; immer wieder kommt er auf die Pastoralkonstitution «Gaudium et spes» über den Auftrag der Kirche in der Welt zu sprechen, auf jenes Dokument also, für das er sich als Konzilsteilnehmer so eingesetzt hatte. In weiteren Abschnitten bekennt er sich zur Kollegialität des Papstes mit den Bischöfen, zur Ökumene und zum Dialog der Religionen.

Auffällig ist das Geschichtsbewusstsein, das Johannes Paul II. gleich zu Beginn des Textes entwickelt: Jesus Christus, der Erlöser des Menschen, sei «die Mitte des Kosmos und der Geschichte», das werde gerade in dieser «feierlichen geschichtlichen Stunde» sichtbar, «die die Kirche und die ganze Menschheitsfamilie heute erleben». Der Papst fuhr fort: «Tatsächlich stehen wir jetzt schon nahe am Jahr 2000, da Gott in seinem unerforschlichen Ratschluss mir als Nachfolger des geliebten Papstes Johannes Paul I. das Amt zum Dienst der ganzen Kirche übertragen hat. […] Wir befinden uns in gewisser Weise in der Zeit eines neuen Advents, in einer Zeit der Erwartung.» In der Enzyklika greift Johannes Paul II. auf jene Theologie zurück, die er als Professor und Erzbischof von Krakau entwickelt hat: Der Mensch hat als Geschöpf Gottes eine unveräußerliche und unverhandelbare Würde. Zum vollständigen Menschsein und zu seiner wahren Freiheit gehört, dass er über sich hinausdenkt, dass er Gott suchen und erkennen kann und so seine Selbstbezogenheit und seinen Egoismus, seine Selbstvergötzung und seinen Materialismus überwindet. Auftrag der Kirche ist es also, die Botschaft von der erlösenden Menschenliebe in die Welt zu tragen, für diese absolute Würde des Menschen einzutreten, die von der Zeugung bis zum Tod gilt, und für die Freiheit der Menschen, ihre Religion ohne Bedrängung und Diskriminierung zu leben.

«Alle Wege der Kirche führen zum Menschen», ist der zentrale Abschnitt der Enzyklika überschrieben. Das Schicksal jedes Menschen sei auf «unaufhebbare Weise mit Christus verbunden»; «dieser Mensch ist der Weg der Kirche», schrieb Johannes Paul II. Deshalb müsse sich «die Kirche unserer Zeit immer wieder neu die Situation des Menschen bewusst machen.» Zugleich aber müsse sie die Bedrohungen kennen, die über dem Menschen hängen. Dazu gehört für den Papst die Auffassung, dass «nur der Atheismus das Bürgerrecht im öffentlichen und sozialen Leben besitzt, während die gläubigen Menschen fast aus Prinzip kaum geduldet oder als Bürger zweiter Klasse behandelt werden oder sogar – was auch schon geschehen ist – der Bürgerrechte völlig beraubt sind». Dazu gehören aber genauso die Gefahren der Entmenschlichung im Kapitalismus: «Der Mensch von heute scheint immer wieder von dem bedroht zu sein, was er selbst produziert, das heißt vom Ergebnis der Arbeit seiner Hände und noch mehr vom Ergebnis der Arbeit seines Verstandes und seiner Willensentscheidung», schreibt Johannes Paul II. Der Mensch lebe «immer mehr in Angst». Er fürchte, seine Erfindungen «könnten Mittel und Instrumente einer unvorstellbaren Selbstzerstörung werden, vor der alle Katastrophen der Geschichte, die wir kennen, zu verblassen scheinen». Zudem scheine sich die Menschheit nicht mehr der Tatsache bewusst zu sein, «dass die Nutzung der Erde, jenes Planeten, auf dem wir leben, eine vernünftige und gerechte Planung erfordert».

«Der Umfang des Problems», fährt der Papst fort, «führt uns zur Prüfung der Strukturen und Mechanismen im Bereich der Finanzen und des Geldwertes, der Produktion und des Handels, die mit Hilfe von verschiedenen politischen Druckmitteln die Weltökonomie beherrschen: Sie zeigen sich unfähig, die aus der Vergangenheit überkommenen Ungerechtigkeiten aufzufangen oder den Heraus-

forderungen und ethischen Ansprüchen der Gegenwart standzu-
halten. Indem sie den Menschen selbstverursachten Spannungen
aussetzen, in beschleunigtem Tempo die Reserven an Grundmate-
rien und Energie vergeuden und den geophysischen Lebensraum
schädigen, bewirken sie, dass sich die Zonen des Elends mit ihrer
Last an Angst, Enttäuschung und Bitterkeit unaufhörlich weiter
ausdehnen.» Dies seien Zeichen einer «moralischen Unordnung auf
Weltebene, die darum kühne und schöpferische Entscheidungen
nötig macht, wie sie die Würde der menschlichen Person fordert».
Auf dem «schwierigen Weg der unbedingt notwendigen Veränderung der Strukturen des Wirtschaftslebens» werde man «nur dann
Fortschritte machen, wenn eine wahre Umkehr der Mentalität, des
Willens und des Herzens stattfindet. Die Aufgabe erfordert den
entschlossenen Einsatz der Menschen und Völker in Freiheit und
Solidarität».

    «Redemptor hominis» ist oft als Kampfansage an die Diktaturen
des Ostblocks verstanden worden – und das ist sie auch, mit ihrem
klaren Eintreten für die Religionsfreiheit, mit ihrer Absage an alle
totalitären Ideologien. Obwohl weder die Sowjetunion noch Polen
noch sonst ein kommunistisch regiertes Land namentlich erwähnt
werden, wussten die Regierenden dort, wer gemeint war. Die Pro-
grammschrift des neuen Papstes geht aber genauso scharf mit dem
Wettrüsten im Osten wie im Westen ins Gericht, mit der Umwelt-
zerstörung in beiden Systemen – und mit den Nachtseiten des kapitalistischen Systems: der Ausbeutung der Armen und Schwachen,
den ungerechten Bedingungen des Welthandels, der Arbeitslosigkeit,
der Heiligung des Egoismus und des besinnungslosen Konsums.
Schon Paul VI. hatte in seinem Schreiben «Populorum Progressio»
eine gerechtere Weltwirtschaft und einen Ausgleich zwischen Nord
und Süd gefordert, Johannes Paul II. radikalisiert den Gedanken: Die
Abgründe und Fehlentwicklungen des Kapitalismus in der sogenannten freien Welt bedrohten die Menschenwürde nicht weniger als der
atheistische Materialismus in den kommunistischen Diktaturen. Und
es sei Aufgabe der Kirche, diese unbedingte Menschenwürde, die in
der Menschwerdung Christi begründet liege, mit allen ihren Mitteln
zu schützen, fördern und verteidigen.

Frischer Wind in der Kurie

Deshalb ist auch die am 14. September 1981 erschienene erste Sozialenzyklika Johannes Pauls II., «Laborem exercens», programmatisch.
Die nicht entfremdete Arbeit ist dort ein Wesensmerkmal der Menschenwürde: «Man muss den Primat des Menschen im Produktions-
prozess, den Primat des Menschen gegenüber den Dingen unterstrei-
chen und herausstellen» schreibt der Papst. Alles, was der Begriff
‹Kapital› – im engeren Sinn – umfasst, ist nur eine Summe von Dingen. Der Mensch als Subjekt der Arbeit und unabhängig von der Arbeit, die er verrichtet, der Mensch und er allein ist Person.» Arbeit
und Kapital, so folgert der Papst, sind nicht, wie in der marxistischen
Theorie, unüberwindbare Gegensätze, solange das Kapital nicht ver-
gesellschaftet ist. Es braucht aus seiner Sicht die Überwindung dieser
Gegensätze durch eine gerechte Wirtschaftsordnung, «die versucht,
sich nach dem oben dargelegten Prinzip des wesenhaften und effek-
tiven Vorrangs der Arbeit aufzubauen». Sein Eigentum erwerbe der
Mensch «vor allem durch Arbeit und damit es der Arbeit diene».[6]
Es heißt, Johannes Paul II. habe die Enzyklika weitgehend selbst
geschrieben, die er erst veröffentlichen konnte, als er vom Attentat
auf dem Petersplatz genesen war. Dafür spricht der philosophische
Duktus, der sich von den bisherigen Sozialenzykliken unterscheidet.
Dafür spricht aber vor allem, dass er, ähnlich wie bei «Redemptor
hominis», einen Weg sucht zwischen einem Kapitalismus, der nur
das freie Spiel der Kräfte kennt, und einem Sozialismus, bei dem die
einzelne Person im Kollektiv verschwindet. In den Text sind Karol
Wojtyłas Erfahrungen als Steinbrucharbeiter eingeflossen, ebenso
seine Unterstützung für die 1980 entstandene unabhängige polnische Gewerkschaft Solidarność; ausdrücklich erwähnt die Enzyklika
das Recht der Arbeiter, freie Gewerkschaften zu gründen. Dass die
Enzyklika zwar die Ruhezeit, aber nicht die Muße kennt und die Arbeit von Frauen in der Familie, aber nicht im Erwerbsleben verortet,
spricht ebenfalls dafür, dass der Papst diesen Text nicht den Arbeits-
stäben im Vatikan überlassen hat.

Das dritte Projekt, in dem Johannes Paul II. die Grundzüge dessen
umriss, wofür er in diesem Pontifikat stehen wollte und sollte, waren
die Katechesen, die Lehransprachen, die er in den Generalaudienzen

ab September 1979 hielt und in denen er bis 1984 seine «Theologie des Leibes» entwickelte. Sie basierte auf dem, was er bereits in «Liebe und Verantwortung» geschrieben hatte: Nur innerhalb der Ehe zwischen Mann und Frau – und nur, wenn keine künstlichen Verhütungsmittel die Weitergabe des Lebens ausschließen – erreicht die Sexualität jene personale Würde, die sie zu einem großen Geschenk Gottes macht. Außerhalb dieses Rahmens bleibt der Sexualakt defizitär, droht, zum bloßen Konsum herabzusinken, und macht die Menschen, besonders die Frauen, zu Objekten der Begierden des Anderen, vornehmlich des Mannes. Kardinal Wojtyła hatte im Oktober 1978 den Entwurf eines Buches mit nach Rom genommen, das er zum Thema schreiben wollte – das Material wurde zur Vorlage für die Ansprachen, die er je nach Wetterlage auf dem Petersplatz oder in der 6000 Zuhörer fassenden Audienzhalle hielt. Im ersten Zyklus beschrieb er die gegenseitige Hingabe von Mann und Frau seit Adam und Eva als Wiederholung des geheimnisvollen Schöpfungsakts – erst mit der Erschaffung Evas sei Gottes Schöpfung vollkommen gewesen. Der Sündenfall im Paradies habe dann darin bestanden, das dem Menschen eingepflanzte Gesetz des gegenseitigen Hingebens und Schenkens verletzt und den Anderen zum Objekt der eigenen Lust gemacht zu haben. Die zweite Reihe der Ansprachen handelte vom «reinen Herzen»; Lust, so der Papst, sei das Gegenteil von echter erotischer Anziehung; die Frau, die einen Mann voller Lust ansehe, degradiere ihn zum Objekt und reduziere die Sexualität zu einem utilitaristischen Mittel zur Bedürfnisbefriedigung. Dieser «Ehebruch im Herzen» könne auch innerhalb einer Ehe stattfinden. Im dritten Zyklus stellte er den Zölibat als besondere Form der Hingabe dar, im vierten ging es um die verantwortete Elternschaft und die Familienplanung, wie Papst Paul VI. sie in der Enzyklika «Humanae Vitae» für Katholiken vorgeschrieben hatte; die «natürliche» Familienplanung mit ihrer Übung der Selbstbeherrschung sei die reifste und humanste Form der Sexualität.[7]

Die Enzykliken «Redemptor hominis» und «Laborem exercens» erfuhren hohe Aufmerksamkeit und auch überwiegende Zustimmung, weit über die katholische Kirche hinaus: Der neue Papst trat entschieden wie keiner seiner Vorgänger für Menschenrechte und

Religionsfreiheit ein; er wies auf die moralischen Defizite des totalitären Kommunismus wie des westlichen Konsumismus hin; sein Eintreten für die unbedingte Achtung der Menschenwürde vom Anfang bis zum Ende des Lebens traf auf Respekt, ebenso seine Forderung, dass die menschliche Arbeit über dem Kapital stehen müsse. Die Vorstellungen über Ehe, Familie und Sexualität, die Johannes Paul II. in den Katechesen entwickelte, machten jedoch auch viele treue Katholiken ratlos: War wirklich bei jeder Sexualität außerhalb der katholischen Ehe die Würde des Menschen in Gefahr? Öffnete jedes Paar, das künstliche Verhütungsmittel verwendete, der Degenerierung der Liebe zur Lust Tür und Tor (und stimmte diese Unterscheidung überhaupt?). Der Leiter des 1980 von Johannes Paul II. gegründeten Instituts für Studien zu Ehe und Familie, Carlo Caffarra, sollte später Paare, die verhüteten, die gleiche Einstellung unterstellen wie einem Mörder. Der Papst distanzierte sich davon nicht.[8] Für ihn gehörte zusammen, was viele Katholiken Europas nicht zusammenbrachten: Das Eintreten für die Menschenrechte wie das Verbot von Verhütungsmitteln entsprangen in seinem Verständnis der gleichen Quelle, dem christlichen Humanismus und der Lehre von der Personalität, wie sie Karol Wojtyła in den fünfziger und sechziger Jahren entwickelt hatte. Er sollte dieser Linie mit bemerkenswerter Konsequenz das gesamte Pontifikat hindurch treu bleiben, mit zunehmender Strenge – welche Kritik das auch immer hervorrief.

Charisma und spontane Begegnungen

Fünf Tage war Johannes Paul II. im Amt, da bat er, aus eigenem Antrieb und zur Überraschung der Kurie, die Journalisten, die über das Konklave berichtet hatten, zum Empfang und zur Pressekonferenz in die große Audienzhalle des Vatikans. Er bedankte sich geradezu überschwänglich für die Arbeit der Anwesenden, dass sie dem «Werk des großen Papstes Paul VI. ein so bedeutendes Echo verschafft» und «das Lächeln und die wirklich evangelische Haltung meines unmittelbaren

Vorgängers so vertraut» gemacht hätten; schließlich dankte er für die «gute Darstellung» der Ereignisse rund um seine Wahl. Die Journalisten würden, so versprach er, «bei kirchlichen Instanzen immer die Hilfe finden, derer sie bedürften»; er erinnerte sie daran, welch hoher Wert die Meinungs- und Pressefreiheit seien. Die Atmosphäre in der großen Halle sei locker gewesen, berichteten Teilnehmer. Ob er als Papst weiter Ski fahren werde, fragte einer der Journalisten – und Johannes Paul II. antwortete: «Wenn die mich lassen, dann ja.»[9]

Für die Vatikan-Journalisten begann eine neue Zeit. Das Verhältnis der katholischen Kirche zu den weltlichen Medien war immer schwierig gewesen; Papst wie Bischöfe setzten bis zum Konzil und weit darüber hinaus vor allem auf die katholische Presse wie die Bistumszeitungen oder den «Osservatore Romano» und eigene Rundfunkanstalten wie Radio Vatikan. Noch im Vorfeld des Zweiten Vatikanischen Konzils ermahnte ein Kurienbeamter die Journalisten zu «ehrfürchtigem Schweigen», wenn sie etwas jenseits der offiziellen Verlautbarungen wüssten; überhaupt sollten sie sich vor «inkompetenter Einmischung hüten». Das Konzil hatte dann den Wert der Meinungs- und Pressefreiheit betont, doch das Dekret über die Kommunikationsmittel, «Inter mirifica» (Unter den erstaunlichen Erfindungen), enttäuschte viele Journalisten, weil es die Medien nicht als notwendig kritisches Gegenüber ansah, sondern als Erfüllungsgehilfen des kirchlichen Auftrags. Die Kurie war auch nach dem Konzil ein abgeschottetes System geblieben, das einen prächtigen Nährboden für Gerüchte, Tratsch, Verschwörungstheorien und Klischees bot, aber nicht von sich aus informierte, geschweige denn sich als Teil eines Diskurses über den Weg der Kirche begriff. Paul VI. war nicht der Mann gewesen, das zu ändern, sondern ein distanzierter, geradezu scheuer Intellektueller, der sich seit dem verheerenden Medienecho auf die Enzyklika «Humanae vitae» von der Welt missverstanden sah. Als ihm in den letzten Jahren seines Pontifikats die Kräfte schwanden, hatte er sich mehr und mehr aus der Öffentlichkeit zurückgezogen.

Johannes Paul II. war das genaue Gegenteil: Er suchte die Öffentlichkeit und wusste immer wieder, sie zu gewinnen. Er liebte die Auftritte vor der Menge und hatte ein untrügliches Gespür für die Situation, die richtige Geste, die angemessene Emotion. Karol Wojtyła hatte lange seine Berufung in der Literatur, der Publizistik und der Schauspielerei gesehen, er hatte gelernt, wie Worte und Zeichen wirken. Gekonnt setzte er die Heiligkeit seines Amtes in Szene, um dann das Erhabene zu brechen, manchmal gar zu ironisieren, um zu zeigen: Wenn Gott Mensch geworden ist, dann kann auch der Papst ein Mensch sein wie du und ich. Schon sein Auftritt unmittelbar nach der Wahl war eine Meisterleistung gewesen. Wojtyła hatte die Ratlosigkeit der Menge auf dem Petersplatz gespürt – und dass es jetzt nicht genügen würde, einfach von der Loggia aus den apostolischen Segen zu sprechen und wieder im Innern des Petersdoms zu verschwinden, wie es das Protokoll und die Tradition vorsahen. Also sprach er die Menge auf Italienisch an; er verkehrte die Rollen, indem er, der oberste Hirte seiner Kirche, die Gläubigen bat: «Korrigiert mich!» Er stellte Gemeinsamkeit her, indem er von «unserer» italienischen Sprache redete – und aus den Skeptikern auf dem großen Platz wurden Begeisterte. Die Inszenierung der Amtseinführung setzte dem noch die Krone auf. Als die Messe endete, durchbrach er das Protokoll und ging nicht in den Dom zurück, sondern allein hinunter zu den Gläubigen. Er segnete eine Gruppe Behinderter; ein Junge durchbrach die Absperrungen, um ihm Blumen zu überreichen; bevor ein Prälat ihn zurückscheuchen konnte, umarmte der Papst den Jungen. Zurück im Apostolischen Palast musste er sich noch mehrmals am Fenster der jubelnden Menge zeigen, bis er sie, lachend, nach Hause schickte, indem er sagte: «Es ist Zeit zum Mittagessen, sogar für den Papst.»[10]

Unzählige Male sollten sich in den mehr als 26 Jahren des Pontifikats solche Szenen wiederholen. Die Reisen, die Johannes Paul II. ab 1979 mehrmals im Jahr in alle Welt unternahm, waren großartige Inszenierungen mit einem Papst, der noch auf dem Flughafen niederkniete und den Boden küsste – wie einst der Pfarrer von Ars, als er erstmals in das ihm zugewiesene Dorf kam. Das Fernsehen, das Lieblingsmedium des Papstes, übertrug in alle Welt feierliche Gottesdienste mit ergriffenen Menschenmengen, zeigte ein Kirchenoberhaupt, das die Menschen direkt ansprach und vor und nach der Messe durch die Menge fuhr, die Gläubigen segnete und herzte. Nie zuvor wussten so viele Menschen so viel Persönliches über einen Papst. Auf den Papstreisen flog immer eine Gruppe Journalisten mit (wodurch ihre Verlage den Flug zu finanzieren halfen). Wenn die Maschine die Reiseflughöhe erreicht hatte, schob Johannes Paul II. den Vorhang zur Seite, der Papsttross und Medienschaffende trennte, und stellte sich, launig und schlagfertig, den Fragen der Journalisten.

1984 machte er den spanischen Arzt, Psychologen und Journalisten Joaquín Navarro-Valls zum Vatikan-Sprecher. Er war der erste Profi-Journalist im Amt, der erste Laie und erste Nichtitaliener. Navarro-Valls hatte für die sehr konservative, monarchistische Zeitung ABC geschrieben, zuletzt als Korrespondent in Rom, wo er Präsident der Vereinigung der ausländischen Presse wurde; als Numerarier des Opus Dei lebte er ehelos. Als der – für ihn überraschende – Anruf aus dem Vatikan kam, stellte er sich ohne Zögern der Aufgabe und gehörte bald zu den engsten Vertrauten des Papstes, obwohl er formal Sprecher des gesamten Vatikans war. Mancher Kardinal musste lange auf einen Termin beim Papst warten – sein wichtigster Kommunikationsberater Navarro-Valls dagegen sah ihn täglich. Bald bestimmte oft er die Formulierungen, mit denen der Papst etwas erklärte, trugen die Presseerklärungen seine Unterschrift.

Navarro-Valls wurde auch für die Journalisten ein wichtiger Partner; er sorgte dafür, dass es für sie immer genügend authentische Nachrichten aus dem Vatikan gab. Als ehemaliger Kollege der Vaticanisti verstand er die Bedürfnisse und die Arbeitsweisen der verschiedenen Medien. Mit Erfolg: Als der neue Pressechef sein Amt antrat, ließ er untersuchen, wie viele Berichte internationaler Leitmedien über den Papst und den Vatikan auf Informationen der Salla stampa, des vatikanischen Pressesaals, zurückgingen – es waren bescheidene 20 Prozent. Zehn Jahre später lag der Anteil bei 80 Prozent.[11] Und bei allen Konflikten, die es in der langen Amtszeit von Papst Johannes Paul II. gab, bei allem Ärger darüber, dass das Fernsehen mit seinen Direktübertragungen und Boulevardmedien wie der Bild-Zeitung oft den Vorrang bekamen vor den seriöseren, aber auch kritischeren Journalisten: Kommunikationsdesaster, wie sie später in der Regierungszeit von Papst Benedikt XVI. geschahen, gab es nicht. Navarro-

Valls sollte Johannes Paul II. bis zu dessen Tod dienen; danach bat er, tief erschüttert, um seinen Abschied. Er starb im Juli 2017.

Alle diese Neuerungen erklären nicht die Wirkung, die Johannes Paul II. bei seinen Auftritten entfalten, die Begeisterung, die er hervorrufen konnte. Es war sein Charisma, seine Fähigkeit, Menschen auf sich hin zu orientieren, auf seine Person, jenseits aller Konventionen und Regeln – und das, obwohl er doch dezidiert die Regeln seiner Kirche vertrat. Er konnte Kritik und Skeptizismus wegwischen. Als Musterbeispiel lässt sich sein erster Deutschlandbesuch in München vom 15. bis 19. November 1980 werten. Im Vorfeld der Reise hatten die deutschen Medien den Schwerpunkt ihrer Berichterstattung auf die damals wie heute heftig in der katholischen Kirche diskutierten Themen gelegt: auf das Verständnis von Sexualität, das Verbot künstlicher Verhütung, die Rolle der Frauen, den Zölibat; kritisch wurde nach den Kosten des Großereignisses gefragt. Eine Medienanalyse nach der Reise zeigte, wie sie das Bild grundlegend geändert hatte: Die Journalisten waren beeindruckt von seinem Charme und seiner Ausstrahlung, fanden ihn offen und authentisch und lobten seine symbolisch aufgeladenen Begegnungen mit Vertretern der evangelischen Kirche, mit Wissenschaftlern und mit Behinderten.[12]

So sehr sich Johannes Paul II. seiner Wirkung bewusst war und sie auch bewusst einsetzte – es ging ihm nicht um seine Führerschaft, es ging ihm um etwas, was er als größer empfand als sich selbst. Er sah sich von Gott beauftragt, die katholische Kirche in ein neues Zeitalter zu führen, die Botschaft Jesu zu verkünden, die Welt zu verändern; es ging ihm darum, gegen eine «Kultur des Todes» und für eine «Kultur des Lebens» zu streiten. Er empfand sich in einer mystischen Weise beauftragt und geleitet; eine Vorstellung, die dem Denken des 20. Jahrhunderts fremd geworden war. Entsprechend sah er auch die Medien weniger als kritisches Gegenüber und distanzierte Berichterstatter, sondern vielmehr als Teil der Verkündigung, die Journalisten als Träger eines eigenen Apostolats. Er sprach sogar die Journalisten als «Freunde» an: «Man könnte sagen, wir sind Weggefährten. Sie sind der Berufsstand der Kommunikation. Und die

*Johannes Paul II. holte den Münchner Erzbischof Joseph Ratzinger bald
nach seiner Deutschlandreise 1980 in den Vatikan*

Evangelisierung, die erster Auftrag der Kirche ist, ist sie nicht etwa
auch vor allem Kommunikation?»[13]

Vor allem aber änderte der Charismatiker und Medienpapst Johannes Paul II. die Funktion des Papstamts, mehr, als ihm vielleicht
selber bewusst war. Zumindest bis zum Zweiten Vatikanischen Konzil trat im Selbstverständnis der Päpste die Persönlichkeit hinter dem
Amt zurück; fast noch wie im mittelalterlichen Verständnis von den
zwei Körpern des Königs, wonach es einen Amtskörper gibt, der unabhängig vom realen Körper des Amtsinhabers existiert.[14] Die Prä-
senz und Wirkung über die Persönlichkeit spielte in der Amtsfüh-
rung der Pius-Päpste keine Rolle, und wenn, dann stilisierte Pius XII.
mit seinem aristokratischen Auftreten die Distanz zum Leben der
normalen Sterblichen. Johannes XXIII. war in seiner kurzen Amtszeit bewusst bescheiden und demütig hinter dem Amt zurückgetreten; der erste Papst des Fernsehzeitalters, Paul VI., blieb scheu und
zurückgezogen. Johannes Paul II. vereinte nun die Wirkung und Sendung des Amtes mit dem Charisma und dem Selbstbewusstsein sei-

Frischer Wind in der Kurie

ner Persönlichkeit, den religiösen mit dem Starkult. Kein Papst zuvor war derart präsent im Alltag von Milliarden Menschen. Das gab ihm in einer Zeit, in der die Macht von Institutionen und ihren Vertretern zu schwinden begann, eine außergewöhnliche Machtfülle. Die Vereinigung von Amtscharisma und persönlichem Charisma erlaubte aber, zumindest nach außen hin, keine Selbstzweifel, kein Zögern, keine Relativierung des Sendungsbewusstseins. Und es überhöhte und mystifizierte das Papstamt in einer historisch einmaligen Weise, gesteigert am Ende noch durch den symbolgeladenen Leidensweg der Krankheit und des Sterbens. Erst der Rücktritt von Papst Benedikt XVI. im Jahr 2013 entmythologisierte das Amt wieder und gab ihm das Menschenmaß zurück: Ein Papst kann, wenn seine Kräfte schwinden, zu seinem Gott sagen: «Nun ist es genug, Herr!»

8. TRIUMPH IN DER HEIMAT, SKEPSIS BEI DEN NACHBARN

S chon bald nach seiner Wahl hatte Johannes Paul II. den Wunsch geäußert, eine Pastoralreise nach Polen zu unternehmen. Er wollte gern an den Feiern zum 900. Todestag des Krakauer Märtyrerbischofs Stanisław des Heiligen im Mai 1979 teilnehmen. Mit dessen Vita hatte er sich bereits als Student ausführlich befasst: Im Untergrundtheater hatte er in Słowackis Drama «König-Geist» die Rolle des pflichtvergessenen Königs übernommen, der den ihn zur Beachtung von Recht und Gesetz mahnenden Bischof erschlägt. Stanisław ist in der Überlieferung der katholischen Kirche ein Kämpfer gegen eine ungerechte Herrschaft, somit eine Symbolfigur, die sich auch gegen das Parteiregime ins Feld führen ließe, wie der oberste Ideologiewächter der kommunistischen Führung, ZK-Sekretär Stanisław Kania, sofort erkannte.

Die Parteiführung hatte lange intensiv nach Möglichkeiten gesucht, dem Papst den Wunsch nach dem Besuch der Heimat abzuschlagen, fand aber weder ein formaljuristisches noch ein politisch überzeugendes Argument dafür.[1] So beschloss sie, auf den Verlauf der Reise Einfluss zu nehmen, beginnend mit dem Datum. Kania erklärte gegenüber Vertretern des polnischen Episkopats, dass von einer Papstreise aus Anlass des Todestags des Bischofs Stanisław eine «schädliche Botschaft» ausgehen würde. Im Namen der Parteiführung schlug er einen anderen Rahmen für die Papstreise vor: den 600. Jahrestag der Ankunft der berühmten Ikone der Schwarzen Madonna in Tschenstochau.[2] Doch stand dieses Jubiläum erst 1982 an. Schließlich einigten sich beide Seiten auf die Pfingstwoche im

Juni 1979 für die erste Reise eines Papstes in ein kommunistisches Land.

Vergeblich hatte zuvor der sowjetische Parteichef Leonid Breschnew bei der Führung in Warschau interveniert. Nach der politischen Wende von 1989/90 berichtete Edward Gierek, wie Breschnew versuchte hatte, ihn dazu zu bringen, die Papstreise zu blockieren: «Sagt dem Papst, der schließlich ein kluger Mensch ist, er solle öffentlich mitteilen, dass er nicht kommen könne, weil er erkrankt sei!» Der polnische Parteichef aber hat seiner eigenen Schilderung zufolge den Ratschlag aus dem Kreml mit dem Hinweis gekontert, dass der Papst weiterhin polnischer Staatsbürger sei; daher könne ihm die Einreise nach Polen nicht verwehrt werden. Gierek fügte demnach hinzu: «Eine Ablehnung könnte gesellschaftliche Spannungen erzeugen.» Breschnew sei indes noch nicht überzeugt gewesen. Unvermittelt habe er erklärt, Giereks Vorgänger Gomułka sei der «bessere Kommunist» gewesen: «Er wollte Paul VI. nicht in Polen empfangen. Und damals ist nichts passiert. Die Polen haben schon einmal solch eine Weigerung hingenommen, und wenn ihr nun den Papst nicht ins Land lasst, werden sie sich ebenfalls damit abfinden.» Breschnew habe das Gespräch mit der Warnung beendet: «Macht, wie ihr es für richtig haltet! Auf dass ihr und eure Partei das später nicht bedauert!»[3]

Die Führung in Warschau hoffte, die Papstreise als Staatsbesuch zu deklarieren; schließlich war Johannes Paul II. ja völkerrechtlich Staatsoberhaupt des Vatikans. Höhepunkt der Reise sollten nach dem Vorschlag des Ideologiesekretärs Kania die Gespräche mit den höchsten Repräsentanten der Volksrepublik Polen sein. Doch der Kurienbischof Casaroli, der mehrmals zur Vorbereitung der Reise nach Warschau kam, ignorierte diesen Vorschlag und auch die Drohungen, die Lage der Kirche in Polen würde sich verschlechtern: Johannes Paul II. komme als Oberhaupt der katholischen Christenheit, es sei eine Pilger- und Pastoralreise. Ebenso wies er das Ansinnen der kommunistischen Führung zurück, vorab die Texte der Predigten des Papstes zu bekommen. Er sagte lediglich zu, dass unmittelbar vor der Reise das Manuskript der ersten kurzen Ansprache des Papstes auf dem Warschauer Flughafen übermittelt werde. Kania wurde schlagartig klar, dass er den stets verbindlich auftretenden Casaroli falsch eingeschätzt hatte: Er hatte gehofft, über ihn Einfluss auf den Papst nehmen zu können.[4]

Der SB bekam nun den Auftrag, über seine Informanten in der Kirche, darunter eine größere Anzahl von Priestern, möglichst viele Details über die Botschaften in Erfahrung zu bringen, die der Papst verkünden wollte. Es war ein vergebliches Unterfangen: Johannes Paul II. hielt seine Predigten frei und improvisierte gerne. Überdies entwarf der SB Konzepte, wie man an den einzelnen Stationen den Zugang zu den Gottesdiensten für die Gläubigen erschweren oder gar ganz blockieren könnte. So brachen SB-Agenten in Pfarrheime ein, um die Eintrittskarten für Papstmessen zu stehlen.[5] Doch blieb es bei vereinzelten Aktionen, da die Kirche sich die Organisation der Veranstaltungen nicht aus der Hand nehmen ließ; im ganzen Land waren Zehntausende Freiwillige als Ordner im Einsatz.

Am 2. Juni 1979, dem Pfingstsamstag, landete Johannes Paul II. in Warschau. Schon am Tag der Ankunft des Papstes musste die Parteiführung zur Kenntnis nehmen, dass alle Versuche, die Lage zu kontrollieren, aussichtslos waren. Zwar hatte das staatliche Fernsehen TVP die Anweisung erhalten, keine Menschenmengen zu zeigen, doch eine Welle der Begeisterung erfasste fast die gesamte Gesellschaft. In Warschau säumten Hunderttausende den Weg des Papstes vom Flughafen zur Innenstadt. An der Messe auf dem Siegesplatz neben dem Grabmal des Unbekannten Soldaten nahm weit mehr als eine Million Menschen teil. Überall sah man die gelb-weißen Flaggen des Vatikans und die rot-weißen Fahnen Polens – nur die roten Fahnen fehlten.

In seiner Predigt betonte Johannes Paul II.: «Die Kirche brachte Christus nach Polen. […] Christus aus der menschlichen Geschichte ausschließen zu wollen, ist eine Sünde wider die Menschheit.» In seinen Worten klang der polnische Messianismus an, der ihn seit seiner Jugendzeit geprägt hatte: «Haben wir nicht das Recht zu denken, dass das Polen unserer Tage zu einem Land geworden ist, das eine besondere Verantwortung trägt, Zeugnis abzulegen?» Klar bekannte er sich zur «Würde und den Rechten der Nation», ohne ein freies Polen könne es kein «gerechtes Europa» geben. Auf sein Messgewand

Der neue Papst auf der ersten Reise in seine polnische Heimat, begleitet vom Primas Stefan Wyszyński

waren ein großer weißer Adler gestickt, das Nationalsymbol Polens, sowie das Motto, das die christlichen Traditionen des Landes unterstrich: «Polonia semper fidelis» (Polen immer treu). Er schloss seine Predigt mit der traditionellen Bitte zu Pfingsten: «Es komme Dein Geist herab und erneuere das Antlitz der Erde! Dieser Erde!» Im Rückblick begriffen viele seiner Landsleute diese sprichwörtlich gewordene Fürbitte als Aufruf, sich gesellschaftlich zu engagieren, zumal sie mit der Aufforderung verbunden war: «Fürchtet euch nicht!» Vor der Annakirche in Warschau warteten Tausende Studenten mit Holzkreuzen auf den Papst und riefen: «Wir wollen Gott!» Johannes Paul II. antwortete scherzend: Polen sei offenbar dabei, eine «theologische Gesellschaft» zu werden.[6]

Bestürzung und Unmut in der Parteiführung

In seiner Bischofsstadt Krakau redete der Papst fast eine Stunde lang vom Fenster des Erzbischöflichen Palais mit der darunter versammelten Menge, so wie die Krakauer es von ihm gewohnt waren: schlagfertig, witzig. Am folgenden Tag kamen zur Papstmesse unter freiem Himmel in Krakau mehr als zwei Millionen Menschen, es war die größte Menschenansammlung in der Geschichte Polens. Ursprünglich hatte er auch einen Abstecher nach Nowa Huta machen wollen, die sozialistische Musterstadt mit der von ihm durchgesetzten modernen Kirche. Doch hier hatte sich die Parteiführung gesperrt.

Im Politbüro um Edward Gierek musste man angesichts der kollektiven Begeisterung im Lande bestürzt zur Kenntnis nehmen, dass Jahrzehnte der kommunistischen Indoktrination in Schulen und an Universitäten bei der überwältigenden Mehrheit der Bevölkerung wirkungslos geblieben waren. [7] Unwillig wurde im Zentralkomitee in Warschau registriert, dass der Papst im Wallfahrtsort Tschenstochau gar das ideologische Monopol der Partei in Frage stellte, dabei aber sorgfältig den offenen Angriff vermied. Er sprach sich nämlich lediglich für den «Dialog zwischen zwei diametral entgegengesetzten Weltanschauungen» aus.

Bei Treffen mit Vertretern der Staatsmacht hielt sich Johannes Paul II. an die Regeln der diplomatischen Zurückhaltung. Zwischen den Zeilen gab er aber zu verstehen, dass er sich als Sachwalter der Interessen der großen Mehrheit der Bevölkerung sah. So entgegnete er Parteichef Gierek beim Staatsempfang im Warschauer Belweder-Palais: «Wenn der Heilige Stuhl eine Verständigung mit der Staatsmacht sucht, dann tut er es im Bewusstsein, dass eine Verständigung den historischen Rechten der Nation entspricht, deren Söhne und Töchter in überwältigender Mehrheit Söhne und Töchter der katholischen Kirche sind. [...] Gestatten Sie mir, das Wohl Polens weiterhin auch als meine Sorge zu betrachten und zutiefst daran Anteil zu nehmen!»

ZK-Sekretär Kania verhehlte in einem Brief an das polnische Episkopat nicht seinen Unmut über die Auftritte des Papstes: «Die Botschaft steht im Gegensatz zu den zuvor gemachten Erklärungen über das Ziel der Reise, nämlich zur Festigung der Einheit des Volkes, der Zusammenarbeit der Kirche mit dem Staat sowie der Stärkung Polens in der modernen Welt beizutragen.» Kania störte sich besonders daran, dass der Papst den Eindruck zu erwecken versuche, die Kirche sei in Polen bedroht.[8]

Auch in Moskau wurden die Predigten und Reden des Papstes einer genauen Analyse unterzogen, vor allem sein Aufruf zum Dialog mit der Ostkirche. Ausdrücklich erwähnte er in Gniezno, wo der Legende nach im Jahr 966 die ersten polnischen Herrscher getauft worden waren, die Slawenapostel Method und Kyrill, die von Byzanz zur selben Zeit Missionsreisen in die Kiewer Rus unternommen hatten. Der KGB meldete beunruhigt aus den Sowjetrepubliken Litauen, Weißrussland und der Ukraine, dass viele Menschen in Orte im Grenzstreifen zu Polen gefahren seien, um die dort zu empfangenden Übertragungen des polnischen Staatsfernsehens zu verfolgen.

Überraschend für den Vatikan und auch die polnischen Bischöfe führte indes ein Programmpunkt der Reise zu einer Kontroverse im Westen: der Besuch im Lagerkomplex Auschwitz. In seinen Predigten und Gebeten stellte Johannes Paul II. das Schicksal von zwei Opfern der deutschen Vernichtungspolitik heraus: des polnischen Franziskanermönchs Maksymilian Kolbe, der im Stammlager Auschwitz I für einen zur Exekution vorgesehenen Landsmann in den Tod gegangen war, und der in den Gaskammern von Auschwitz-Birkenau umgekommenen deutschen Philosophin Edith Stein, die als junge Frau vom Judentum zum Katholizismus konvertiert und Nonne geworden war. Die Kritik kreiste um Publikationen Kolbes aus den Jahren vor dem Krieg, die als antisemitisch angesehen wurden. Im Fall Edith Steins wurde Johannes Paul II. aus jüdischen Krisen vorgeworfen, er stelle deren Abkehr vom Judentum als vorbildlich heraus; diese hatte über die Schriften der spanischen Karmeliterin Teresa von Ávila, die auch den jungen Wojtyła beeindruckt hatten, zur Kirche gefunden. Dem Papst wurde unterstellt, er wolle Auschwitz für die katholische Kirche vereinnahmen.[9]

Immerhin gedachte er bei einem Rundgang durch das ehemalige Vernichtungslager Birkenau des besonderen Schicksals der Juden: «Ich beuge das Knie vor den Tafeln, die an die Opfer von Auschwitz erinnern. Ich halte besonders inne vor der Tafel mit der Inschrift auf Hebräisch. Sie erinnert an das Volk, dessen Söhne und Töchter zur völligen Vernichtung bestimmt waren.» Auch erwähnte er den Beitrag der Roten Armee zum Kampf gegen das Terrorregime der Nationalsozialisten: «Ich habe noch eine Tafel in russischer Sprache zu erwähnen. Wir wissen, von welchem Volk sie spricht, wir wissen, welchen Anteil dieses Volk an dem schrecklichen Krieg um die Freiheit der Völker hatte.»[10]

Die Parteiführung nahm diesen Hinweis auf die russischen Nachbarn erleichtert zur Kenntnis, doch in Moskau war man insgesamt höchst irritiert über den Verlauf der Papstreise in die Volksrepublik Polen. General Jaruzelski, damals Verteidigungsminister, bekannte später, die Führung in Warschau habe die psychologischen Auswirkungen dieses Besuchs nicht richtig eingeschätzt. Danach sei «nichts mehr so gewesen wie vorher».[11]

Johannes Paul II. war offensichtlich selbst überrascht vom Ausmaß der Begeisterung unter seinen Landsleuten. Mehr als zehn Millionen Menschen hatten ihn während dieser neun Tage gesehen, jeder zweite erwachsene Pole. Am vorletzten Tag traf er Autoren der Kirchenpresse im Erzbischöflichen Palais von Krakau. Dem Publizisten Tadeusz Mazowiecki sagte er am Rande des Treffens: «Wissen Sie, ich frage mich, was nun weiter passieren wird!»[12] Fünfzehn Monate später gehörte Mazowiecki zu den Beratern der unabhängigen Gewerkschaft Solidarność, deren Gründung eine Folge der Aufbruchstimmung nach dem Besuch des Papstes war. Der Führer der Solidarność, der Danziger Elektriker Lech Wałęsa, war ein praktizierender Katholik; ein Jahrzehnt zuvor hatte ihn der SB zur Mitarbeit erpresst, da Wałęsa aber bald seine Aufträge sabotierte, wurde er als Quelle wieder «abgeschaltet». Es war die erste offiziell zugelassene Oppositionsbewegung im Ostblock und auch das erste Bündnis zwischen Arbeitern und Intellektuellen in Polen.

Papstbilder auf der Lenin-Werft

Über die Auswirkungen der Papstreise auf die polnische Gesellschaft berichtete Wałęsa später: «Fast das ganze Volk nahm an den Begegnungen mit dem Heiligen Vater teil. Und nicht nur das. Wir sahen, dass in der Menge auch diejenigen standen, die uns bisher im Polizeikommissariat verhört und uns mit dem Gummiknüppel auf den Kopf geschlagen hatten. Sie machten nun ebenfalls das Kreuzzeichen. Es war wie ein Tritt in den Unterleib des Kommunismus. Wir hörten auf, uns zu fürchten.»[13] Um die Welt gingen Bilder von der Danziger Lenin-Werft, die streikende Arbeiter zeigten, unter freiem Himmel vor einem Priester zur Beichte niederkniend; am Zaun um das Werksgelände hingen große Porträts des polnischen Papstes. Für Aufsehen sorgte, als Wałęsa im August 1980 das Abkommen mit der Regierung über die Zulassung der unabhängigen Gewerkschaft mit einem überdimensional großen Kugelschreiber unterzeichnete, auf den ein Bild der Muttergottes-Ikone von Tschenstochau geklebt war. Der Arbeiterführer selbst hatte sich ein verkleinertes Abbild der Ikone ans Revers seiner Jacke geheftet.

Hilflos musste die Parteiführung hinnehmen, dass das polnische Episkopat in einer Erklärung die Zulassung der Solidarność begrüßte. Wegen der Streiks war Gierek von den anderen Parteiführern zum Rücktritt gedrängt worden, seinen Platz an der Spitze der Arbeiterpartei nahm der bisherige Ideologie-Sekretär Kania ein. Johannes Paul II. setzte Zeichen in diesem innerpolnischen Konflikt: Im Januar 1981 empfing er Wałęsa und dessen Frau im Vatikan zur Privataudienz; dabei waren auch Berater der Solidarność, unter ihnen Mazowiecki. Der charismatische Elektriker schilderte später, er sei anfangs so nervös gewesen, dass er die Stimmung mit Witzen habe aufheitern wollen, der Papst sei gern darauf eingegangen.[14] Doch warnte er auch die Führer der Solidarność vor radikalen Forderungen an die politische Führung. Sie könne die Lage ihrer Mitglieder nur durch «Mäßigung und Besonnenheit» verbessern.

Wie später bekannt wurde, hat der Papst Primas Wysyzński gebeten, auf Wałęsa einzuwirken, damit dieser sich gegen einen Generalstreik stellte, wie ihn ein Flügel der Solidarność durchsetzen wollte. Johannes Paul II. fürchtete, dass ein Generalstreik und möglicherweise durch ihn ausgelöste Unruhen die sowjetischen Besatzer zum Eingreifen veranlassen könnten.[15] Seine Mahnungen bedeuteten die Abkehr von der polnischen Tradition, sich in Aufständen gegen eine Fremdherrschaft zu erheben.

In dieser Zeit der größten innenpolitischen Spannungen in der Volksrepublik schrieb Johannes Paul II. im Dezember 1980 einen Brief an den sowjetischen Generalsekretär Leonid Breschnew, was damals geheim gehalten wurde. Ohne konkret zu werden, appellierte er an den Kremlchef, sich dafür einzusetzen, dass «die Ursachen für die Beunruhigung beseitigt» würden. Ausdrücklich führte er die Schlussakte von Helsinki auf, in der sich die Unterzeichner zur «Beachtung der Souveränität und zum Prinzip der Nichteinmischung in die inneren Angelegenheiten» der anderen Staaten verpflichtet haben.[16] Eine Antwort aus dem Kreml ist nicht überliefert.

Die erste Machtprobe mit dem kommunistischen Regime Polens hatte der Papst gewonnen – deutlicher, als er es selber erwartet hatte. Für ihn war es auch die Bestätigung, dass der Kommunismus dem wahren Wesen der Menschen fremd war, dass die Menschen spürten, dass er ihnen nicht das Heil und die Humanität brachte, die ihnen die Ideologen der KP versprachen. Das alte Modell des Vatikans, mit jeder Regierung und jedem System zu verhandeln, um die Position der Kirche im Land zu sichern, war für ihn ans Ende gekommen – und damit auch die Ostpolitik des Vatikans, die unter Paul VI., maßgeblich entworfen von Agostino Casaroli, versucht hatte, durch Verhandlungen und Ausgleich die Lage der Christen im Ostblock zu verbessern. Nun musste Casaroli hinnehmen, dass sein Einfluss auf die Ostpolitik des Vatikans faktisch stark beschnitten wurde. Vielmehr bestimmte der Papst selbst ihre Linien. Hatte Casaroli stets harsche Töne gegenüber den Parteifunktionären im Ostblock vermieden, so waren die Diplomaten des Vatikans nun angewiesen, die Unvereinbarkeit von Katholizismus und Marxismus nicht aus dem Blick zu verlieren.[17]

Für Johannes Paul II. konnte es letztlich keine friedliche Koexistenz mit dem Kommunismus geben. Dass er dennoch nicht in die Zeit des Kalten Krieges zurück wollte, zeigt, dass er Casaroli gleich zu Beginn seines Pontifikats, am 1. Juli 1979, als Nachfolger des verstorbenen Jean-Marie Villot zum Kardinalstaatssekretär ernannte, zum «Regierungschef» des Vatikans und zweitwichtigstem Mann hinter dem Papst. Casaroli war im diplomatischen Dienst des Vatikans groß geworden, wie kein anderer kannte er die Regierungschefs und obersten Parteisekretäre jenseits des Eisernen Vorhangs. Auch wenn er nicht zum Kreis der engsten Vertrauten des Papstes zählte, war er wichtig für ihn: Niemand konnte ihn als kalten Krieger hinstellen, und es gab, ungeachtet aller Konflikte, immer einen Gesprächsfaden zwischen dem Heiligen Stuhl und den Regierungen im Ostblock. Johannes Paul II. glaubte ohnehin nicht, dass durch die direkte Konfrontation der Blöcke der Kalte Krieg gewonnen werden konnte. Er setzte auf die kulturelle Auseinandersetzung, sie würde, so war er überzeugt, die Leere und Menschenfeindschaft der Ideologie offenbar werden lassen. Die erste Reise nach Polen war ihm die Bestätigung dafür.

Erste Konflikte mit den Deutschen

Dienstag, 18. Dezember 1979: Das Sekretariat der Deutschen Bischofskonferenz hat an diesem Tag um 11.30 Uhr kurzfristig zur Pressekonferenz geladen; am Tag zuvor waren bereits die mit der Kirchenberichterstattung beauftragten Journalisten der wichtigsten Medien des Landes zum Hintergrundgespräch gebeten worden. Es ging um Hans Küng, den Theologen aus der Schweiz, der in Tübingen Dogmatik und ökumenische Theologie lehrte. Küng war der prominenteste deutschsprachige Theologieprofessor, seit Joseph Ratzinger, sein Kollege und zunehmend Konkurrent, 1969 von Tübingen an die beschaulichere Universität Regensburg gewechselt war; inzwischen war dieser Erzbischof von München und Freising. Küngs Bücher waren Bestseller, als einer der wenigen Theologen überhaupt hatte er es auf den Titel des amerikanischen Magazins «Time» geschafft. Für die kirchliche

Hierarchie war er aber immer unbequem gewesen. In seiner Dissertation über Karl Barth 1957 hatte er die Unterschiede zwischen katholischer und evangelischer Kirche in der Rechtfertigungsfrage als gering bezeichnet – heute sehen das beide Kirchen so, damals wurde daraufhin im Heiligen Offizium, der heutigen Glaubenskongregation, eine Akte über ihn angelegt. In seinen Büchern «Die Kirche» (1967) und vor allem «Unfehlbar? Eine Anfrage» (1971) hatte er die hierarchische Kirchenstruktur, die absolute Befehlsgewalt des Papstes und das Unfehlbarkeitsdogma in Frage gestellt. Paul VI. hatte Küng dennoch geschätzt; Küng berichtet in seinen Memoiren, wie ihn 1965 der Papst in Privataudienz empfing und ihm sagte, wie viel Gutes er doch für die Kirche tun könne, wenn er sich ein bisschen mehr anpassen würde.[18] Das hatte Küng nun nicht getan, dennoch hatten Paul VI. und der Münchner Kardinal Julius Döpfner, der Vorsitzende der deutschen Bischofskonferenz, eine schützende Hand über ihn gehalten.

Damit war es nun vorbei. Ein letzter Anlass, Küng zu maßregeln, könnte ein Aufsatz gewesen sein, der am 13. Oktober 1979 zeitgleich in der «New York Times» und weiteren internationalen Zeitungen erschienen war; «Ein Jahr Johannes Paul II.» war er überschrieben. Er stimme nicht in den «euphorischen Applaus so vieler» ein, schrieb er da und fragte, wie ehrlich das Eintreten des Papstes für die Menschenrechte sei, «wenn in der Kirche selbst gleichzeitig Menschenrechte nicht voll gewahrt werden». Küng zählte dazu unter anderem das Recht der Priester auf Ehe, das Recht der Frauen auf Priesterweihe, das der Eheleute auf Wahl der Verhütungsmittel und das der Theologen auf freie Forschung.[19] Johannes Paul II. sah sich offenbar durch diesen sehr scharfen Artikel persönlich angegriffen – allerdings fanden schon zuvor wichtige Kirchenvertreter, dass Küng den Bogen überspanne, allen voran Kardinal Joseph Ratzinger. Die an jenem 18. Dezember in Bonn versammelten Journalisten bekamen eine Erklärung der Glaubenskongregation ausgehändigt: «Professor Hans Küng weicht in seinen Schriften von der vollständigen Wahrheit des katholischen Glaubens ab. Darum kann er weder als katholischer Theologe gelten noch als solcher lehren.» Der Papst habe diese Erklärung am 15. Dezember «approbiert und ihre Veröffentlichung angeordnet».[20]

Die deutschen Bischöfe, von denen mancher unglücklich über das Vorgehen war, sich aber nicht traute zu widersprechen, versuchten Ende Dezember bei einer Audienz bei Johannes Paul II., einen Kompromiss zu finden. Vergebens: Hans Küng blieb die Lehrbefugnis bis zu seiner Emeritierung entzogen. Und auch wenn Küng, abgesichert durch das Beamtenverhältnis als Professor, nun mit großem Erfolg seinen eigenen, kirchenunabhängigen Lehrstuhl aufbauen konnte: Für viele liberale Katholiken, weit über den deutschsprachigen Raum hinaus, bedeutete dies den Bruch mit Papst Johannes Paul II. Der Papst wiederum zeigte ein gutes Jahr nach seiner Wahl, dass er die Wahrung und Herstellung der Kirchendisziplin als eine seiner wichtigen Aufgaben ansah: Wo Paul VI. gezögert hatte, Theologen oder Bischöfe zu maßregeln, die von der kirchlichen Lehre abwichen, da handelte Johannes Paul II.; wo Paul VI. die Debatten um die Frage laufen gelassen hatte, ob und wie Reformen nach dem Konzil weitergehen sollten oder ob nun der Reformbedarf gedeckt sei, da beendete Johannes Paul II. die Diskussionen. Für ihn befand sich die katholische Kirche in einer grundlegenden Auseinandersetzung, nicht einfach nur mit dem Kommunismus, sondern um die Zukunft der globalen Kultur, um die Grundlagen und Grundannahmen des menschlichen Zusammenlebens.

Bald nach der triumphalen Polen-Reise war er Ende September 1979 nach Irland und in die USA aufgebrochen. Dort hielt er am 2. Oktober eine emotionale, geradezu kämpferische Rede vor der Vollversammlung der Vereinten Nationen; er kritisierte das Wettrüsten und die ungleiche Verteilung des Reichtums der Welt, pochte auf das Recht auf Religionsfreiheit und lobte die Allgemeine Erklärung der Menschenrechte von 1948. Bemerkenswert ist in dieser Rede sein kritischer Blick auf die Moderne insgesamt: «Eine kritische Analyse unserer heutigen Zivilisation ergibt, dass diese vor allem im letzten Jahrhundert wie nie zuvor zur Entwicklung der materiellen Güter beigetragen, aber auch [...] eine Reihe von Haltungen hervorgebracht hat, bei denen in mehr oder weniger starkem Maße die Sensibilität für die geistige Dimension der menschlichen Existenz abgenommen hat. Die Ursache hierfür sind gewisse Voraussetzungen, durch die der Sinn des menschlichen Lebens vorwiegend auf die vielfältigen materiellen und ökonomischen Bedingungen bezogen worden ist, das heißt, auf die Erfordernisse der Produktion, des Handels, des Konsums, der Anhäufung von Reichtümern oder der Bürokratisierung, mit der man die entsprechenden Prozesse zu regulieren sucht. Ist sie nicht auch das Ergebnis davon, dass man den Menschen einer einzigen Betrachtungsweise und nur einer Wertsphäre untergeordnet hat?»[21] Dagegen musste die katholische Kirche aus der Sicht des Papstes ihre Wahrheit und ihr Wertesystem stellen, zum Wohl der gesamten Menschheit. Und dies konnte sie, so hatte er es in der Zeit der Besatzung durch das nationalsozialistische Deutschland und unter kommunistischer Diktatur erlebt, nur dann wirklich entschieden und glaubhaft tun, wenn sie zusammenstand und zusammenhielt, wenn sie keine Unklarheiten in der Lehre erkennen ließ. Der theologische Streit, die innerkirchliche Debatte waren aus dieser Perspektive keine Motoren der Weiterentwicklung oder Methoden der Wahrheitssuche – sie gefährdeten vielmehr die Einheit und das klare, eindeutige Zeugnis der Kirche.

Maßregelung der Niederländer und Jesuiten

Die erste Ortskirche, die die Konsequenzen dieser neuen Haltung zu spüren bekam, war die der Niederlande. Die dortige Bischofskonferenz hatte 1966 einen Erwachsenenkatechismus herausgegeben, der die Beschlüsse des Zweiten Vatikanischen Konzils aufnehmen und weiterentwickeln sowie modernen Menschen den Glauben nahebringen sollte. In den Niederlanden verkaufte sich das Werk, das vor allem die beiden Konzilstheologen Willem Bless und Edward Schillebeeckx verfasst hatten, 400 000-mal, weltweit kursierten bald eine Million Exemplare in zahlreichen Übersetzungen im Kirchenvolk. Der «Holländische Katechismus» war aber heftig umstritten: Eine Kardinalskommission (der auch der Traditionalist Lefebvre angehörte) bescheinigte ihm Abweichungen von der kirchlichen Lehre, die deutsche Bischofskonferenz verweigerte der deutschen Ausgabe die kirchliche

Approbation. Die bis 1970 in Noordwijkerhout tagende Pastoralsynode der Niederlande, an der auch viele Laienvertreter teilnahmen, beschloss dennoch, dass die innerkirchliche Diskussion über die Ehelehre, die Rolle der Frauen und den Zölibat weitergehen müsse. Die katholische Kirche in den Niederlanden war seitdem gespalten in eine Mehrheit, die das synodale Prinzip stützte, und einer Minderheit, die fürchtete, das Glaubensgut der Kirche könnte durch die vielen Neuerungen Schaden nehmen; der 1975 von Paul VI. berufene Kardinal Johannes Willebrands konnte die Gräben nicht zuschütten. Johannes Paul II. machte dem Streit nun ein offizielles Ende: Er berief die Bischöfe der Niederlande zur Partikularsynode nach Rom ein. Als die am 31. Januar 1980 endete, waren die Beschlüsse der Pastoralsynode nichtig.[22] 1993 ernannte Johannes Paul II. den konservativen Rotterdamer Bischof Ad Simonis zum Erzbischof von Utrecht, dem wichtigsten Bischofsstuhl des Landes. Enttäuscht kehrten damals viele niederländische Katholiken der Kirche den Rücken.[23]

Vor allem mit seiner Auffassung, die katholische Kirche vertrete mit ihrer Sexuallehre die wahrhaft menschliche Auffassung von Sexualität und müsse diese gegen die sexuelle Revolution verteidigen, stieß Johannes Paul II. eine Mehrheit der Katholiken vor den Kopf. Zur Familiensynode vom 6. September bis 25. Oktober 1980 versammelten sich in Rom die (ehelos lebenden) Bischöfe aller Welt; auch unter ihnen gab es Streit: Ein Teil drängte auf eine Revision, zumindest aber erläuternde Weiterführung der Enzyklika «Humanae vitae», andere wünschten, dass der Kampf der katholischen Kirche gegen Abtreibung, künstliche Verhütung und Scheidung noch schärfer als bisher geführt werde. Mehr als ein Jahr später, am 22. November 1981, veröffentlichte der Papst das nachsynodale Schreiben «Familiaris consortio». Die Zukunft der Familie, so argumentiert er dort, sei entscheidend für die Zukunft der Menschheit – deshalb müssten die Kirche wie die Staaten alles tun, um die Familie zu schützen und zu erhalten. Er bekräftigt das Nein der Kirche zur künstlichen Verhütung und zur Abtreibung, er beklagt, dass die Erleichterung der Scheidung das Bewusstsein für die lebenslange Bindung von Mann und Frau schwäche. Und er stellt klar, dass Geschiedene, die wieder zivil heiraten, von den Sakramenten ausgeschlossen sind – der einzige Weg für Katholiken in

Protestdemonstration in den Niederlanden gegen den Besuch des Papstes,
der die dortige Kirche wieder auf Linie gebracht hatte

dieser Situation ist, die vorherige Ehe bei einem kirchlichen Gericht annullieren zu lassen.[24]

Der Konflikt mit den Jesuiten schließlich, der 1981 voll entbrannte, wirft ein Schlaglicht auf die Auseinandersetzung mit der Befreiungstheologie, die Johannes Paul II. die gesamten achtziger und neunziger Jahre hindurch führte. Seit 1965 wurde die Gesellschaft Jesu, die 1540 Ignatius von Loyola als eine Art Elitetruppe mit unbedingtem Gehorsam gegenüber dem Papst gegründet hatte, von Pedro Arrupe geleitet, einem weitgereisten Spanier, der unter anderem als Japan-Missionar 1945 Zeuge der Atombombenexplosion von Hiroshima geworden war. Arrupe hatte im Orden konsequent die Reformen des Zweiten Vatikanischen Konzils umgesetzt, er ließ den Jesuitenpatres große Freiheiten. Viele von ihnen engagierten sich in Lateinamerika und Afrika für die Armen und lebten bewusst in ihren Vierteln und Slums; zunehmend interessierte sich auch Arrupe für die seit 1968 entstehende Befreiungstheologie, die sich an der Seite der Armen und Benachteiligten sah, die Kirchenhierarchie als an der Seite der Macht und der Reichen stehend kritisierte und die Instrumente der marxistischen Gesellschaftsanalyse nutzte.

Am 7. August 1981 erlitt Arrupe auf dem Flughafen in Rom einen Gehirnschlag, der ihn arbeitsunfähig machte. Er schlug vor, seinen Vertrauten Vincent O'Keefe mit der kommissarischen Leitung der Gemeinschaft zu betrauen. Johannes Paul II. schrieb aber am 5. Oktober einen Brief an Arrupe – darin legte er fest, dass der italienische Pater Paolo Dezza den Orden führen solle. Dezza hatte in Rom die Elite-Universität Gregoriana geleitet und die Päpste Paul VI. und Johannes Paul I. beraten; von dem 73-jährigen, eher traditionell gesinnten Pater waren keine Experimente zu erwarten. Er habe sich «nach langer Überlegung und Gebet» zu diesem Schritt entschieden, schrieb Johannes Paul II. – was aber auch hieß: ohne Beratung oder Rücksprache mit der Ordensleitung. Vergebens protestierten zum Beispiel die amerikanischen Jesuiten gegen den Schritt. Im September 1983 wählte dann das Generalkapitel der Jesuiten den Niederländer Peter-Hans Kolvenbach zum neuen Generaloberen. Das Misstrauen des Papstes gegen den Orden aber blieb. Hatten unter allen Päpsten des 20. Jahrhunderts die Jesuiten viele wichtige Positionen in der Kurie besetzt, wurden sie dort nun Schritt für Schritt verdrängt – allerdings hatte der kleiner werdende Orden oft auch nicht mehr genügend geeignete Patres, die im Zentrum der Kirche arbeiten wollten. An ihre Stelle traten oft Angehörige des Opus Dei und anderer konservativer geistlicher Gemeinschaften.

9. SCHÜSSE AUF DEM PETERSPLATZ

Der 13. Mai 1981, ein Mittwoch, war ein sonniger Tag. Um 17 Uhr begann die Generalaudienz des Papstes unter freiem Himmel auf dem Petersplatz. Nach einem kurzen Gebet wurde er im offenen weißen Jeep in einer Gasse durch die Masse der Gläubigen gefahren, rund 30 000 Menschen waren zusammengekommen. Plötzlich fielen Schüsse, der Papst sackte zusammen, sein Sekretär Stanisław Dziwisz fing ihn auf. Die Schüsse hatte der türkische Auftragsmörder Mehmet Ali Ağca aus weniger als drei Metern Entfernung abgegeben. Als er vom Tatort flüchten wollte, klammerte sich eine italienische Nonne an ihn und brachte ihn zu Fall. Ağca wurde von den Umstehenden überwältigt und der Polizei übergeben. Der Jeep mit dem blutenden Papst war inzwischen zur Krankenstation am Rande des Platzes gerast. Erst am Vortag hatte Johannes Paul II. sie besucht und einen neuen Notarztwagen eingesegnet. Er wurde nun der erste Patient des Wagens, der nach wenigen Minuten zur acht Kilometer entfernten Gemelli-Klinik fuhr. Der Papst hatte zwei Jahre zuvor, nach der Genesung des polnischen Kurienbischofs Deskur, seines Freundes aus Krakauer Studententagen, selbst verfügt, dass er im Krankheitsfalle dort behandelt werden wolle. Auf dem Weg dorthin versagte die Sirene des Krankenwagens, wild hupend bahnte sich der Fahrer den Weg durch den römischen Berufsverkehr. Später schrieb Johannes Paul II. dazu: «Eine gewisse Zeit war ich noch bei Bewusstsein. Ich hatte das Gefühl, dass ich überleben werde. Ich litt, es gab Grund, sich zu ängstigen – aber ich spürte ein merkwürdiges Vertrauen.»[1]

Die Berichte gehen auseinander, ob der Wagen die Klinik nach acht, zwölf oder fünfzehn Minuten erreichte. Dort stand bereits ein

*Der von zwei Kugeln schwer verwundete Papst bricht zusammen, sein
Sekretär Stanisław Dziwisz (rechts) stützt ihn*

Ärzteteam bereit und schob das Rollbett mit dem mittlerweile bewusstlosen Papst im Laufschritt in den Operationssaal. Stanisław
Dziwisz spendete ihm in aller Eile das Sakrament der Krankensalbung, im Volksmund «letzte Ölung» genannt. Wenige Minuten
später traf der Chefchirurg ein. Er hatte eigentlich frei, konnte aber
telefonisch erreicht werden. Ein Polizist auf einem Motorrad, dem er
die Lage schilderte, bahnte seinem Wagen den Weg durch die ver-
stopften Straßen. Die Operation dauerte mehr als fünf Stunden.
Eine Kugel hatte den Papst in den Bauch getroffen und Teile des
Darms durchlöchert; nur um Zentimeter hatte sie die Aorta und
auch die zentralen Nervenbahnen im Rückgrat verfehlt. Eine zweite
Kugel hatte ihn an der linken Hand und an der Schulter verwundet.
Er hatte sehr viel Blut verloren. Zu den glücklichen Umständen dieses Tages gehörte, dass eine in der Klinik arbeitende Nonne dieselbe

seltene Blutgruppe wie er hatte und sofort Blut spendete.[2] Die Ärzte entfernten ein Stück Darm und legten einen vorübergehenden künstlichen Darmausgang. Der Chefarzt berichtete später Dziwisz, man habe zu Beginn der Operation wenig Hoffnung gehabt.[3] Doch in den frühen Morgenstunden konnte er auf einer Pressekonferenz mitteilen, dass die unmittelbare Lebensgefahr gebannt sei, der Patient verfüge über eine ungewöhnlich robuste Natur.

In dieser Zeit verhörte die Polizei den Schützen. Es wurde bekannt, dass der 23-Jährige den rechtsradikalen «Grauen Wölfen» angehörte, die in der Türkei Politiker und Publizisten aus dem linken Lager ermordet hatten. Die erste Befragung von Augenzeugen erbrachte widersprüchliche Ergebnisse. So wollten mehrere von ihnen insgesamt vier bis fünf Schüsse aus verschiedenen Richtungen gehört haben. Von den Kugeln waren auch zwei amerikanische Touristinnen verwundet worden. Die Polizei fand aber nur eine Geschosshülse. Sie erfuhr nicht, dass eine Patrone auf den Boden des Jeeps gefallen war; ein Priester hatte sie an sich genommen.[4] Auch über den genauen Zeitpunkt der Tat gingen die Meinungen auseinander: Mal wurde in den Berichten 17.17, mal 17.19 Uhr angegeben. Aus aller Welt gingen Genesungswünsche ein, aus Warschau im Namen des Staatsratsvorsitzenden Jabłoński, des neuen Premierministers Jaruzelski und des Parteichefs Kania. Aus dem Kreml ließ Parteichef Breschnew ein Telegramm schicken. Bilder vom Papst im Krankenbett gingen um die Welt. Die polnische Regierung bot an, ein Ärzteteam aus Warschau zur Unterstützung zu schicken, der Vatikan lehnte dies dankend ab.[5]

Vier Tage nach der Operation sprach Johannes Paul II. das Angelus-Gebet auf Band, es wurde pünktlich um 12 Uhr über Lautsprecher für die Gläubigen auf dem Petersplatz abgespielt. Er schloss das Gebet mit dem Satz: «Ich bete für den Bruder, der mich verwundet hat und dem ich aufrichtig verzeihe.»[6] Täglich ließ er sich über den Gesundheitszustand des polnischen Primas Wysyzński unterrichten, der mit einer weit fortgeschrittenen Krebserkrankung in einer Warschauer Klinik lag. In einem der Momente, als Wysyzński bei Bewusstsein war, gelang es, beide Krankenzimmer telefonisch zu verbinden. Dziwisz, der dabei zugegen war, berichtete später, der Primas sei sehr schwach gewesen und habe kaum reden können. Beide hätten sich gegenseitig gesegnet.[7] Am 28. Mai starb Wysyzński. Somit verloren die polnischen Katholiken zwei Wochen nach dem Attentat auf ihren Landsmann im Vatikan ihren charismatischen Führer in Warschau, der zur Symbolfigur für den passiven Widerstand gegen das ungeliebte Parteiregime geworden war. Bei der Regelung der Nachfolge überging der Papst die polnischen Erzbischöfe und ernannte den unauffälligen Professor für Kirchenrecht Józef Glemp, der erst zwei Jahre zuvor zum Bischof geweiht worden war, zum neuen Primas. Glemp war vor seiner Habilitation lange Jahre Sekretär Wysyzńskis gewesen. Er sollte sich als überaus geschickter Verhandlungsführer in den anstehenden Konflikten mit dem Regime erweisen.

Genau drei Wochen nach dem Attentat kehrte Johannes Paul II. in den Vatikan zurück – gegen den Rat der Ärzte der Gemelli-Klinik; ganz offensichtlich wollte er seine Vitalität unter Beweis stellen. Doch die Verwundung hatte seinen Körper mehr geschwächt, als er es wahrhaben wollte: Er zog sich eine schwere Virusinfektion zu und wurde am 20. Juni wieder in die Klinik eingeliefert, wo er sechs Wochen blieb. Nun befolgte er die strenge Anweisung der Ärzte, die Alltagsgeschäfte der Kurie zu überlassen. Er las viel, darunter ein weiteres Mal den von Hollywood verfilmten Roman «Quo Vadis» von Henryk Sienkiewicz über die Christenverfolgung im Römischen Reich.

Die drei Geheimnisse von Fátima

Aus dem Vatikanischen Geheimarchiv ließ er sich einen versiegelten Umschlag kommen. In ihm befand sich die Niederschrift des dritten Geheimnisses von Fátima. Drei portugiesische Hirtenkinder – zwei Geschwister und ihre Cousine – hatten am Abend des 13. Mai 1917 in ihrem Heimatdorf Fátima berichtet, dass ihnen die Gottesmutter erschienen sei. An jedem 13. des Monats bis Oktober wiederholten sich diese Visionen, die allerdings niemand von den zahlreichen Gläubigen, die an dem Ort zusammenströmten, wahrnehmen konnte. Am 13. Juli berichteten die drei Kinder ihrem Pfarrer, die Muttergottes habe ihnen drei Botschaften für die Zukunft der Menschheit mitgeteilt, die sie aber nicht verraten dürften. Die beiden Geschwister wurden noch im Kindesalter Opfer der Spanischen Grippe; ihre Cousine Lúcia de Santos ging als Jugendliche in ein Kloster. Im Zweiten Weltkrieg schrieb sie auf Verlangen einer kirchlichen Kommission die «drei Geheimnisse von Fátima» auf. Die ersten beiden wurden damals veröffentlicht: Im ersten ist von einem «großen Feuermeer», von «Schmerzensgeheul und Schreckensschreien» die Rede; doch wenn die Menschen sich wieder Gott zuwendeten, so würde wieder Friede einkehren. Der Text wurde als Hinweis auf den Ersten Weltkrieg interpretiert. Die zweite Botschaft warnte vor einem künftigen «schrecklichen Krieg», in dem «verschiedene Nationen vernichtet werden», sowie vor Irrlehren, deren Anhänger «die Guten martern». Ausdrücklich ist von Russland die Rede; für die katholische Kirche stand außer Zweifel, dass damit das kommunistische Regime gemeint war. Allerdings meinten Skeptiker, dass Kirchenleute damals im Auftrag des Vatikans unter dem Bolschewiken-Gegner Pius XII. Lúcia de Santos die Texte diktiert hätten.

Doch das dritte Geheimnis wurde nicht veröffentlicht. Vielerlei Spekulationen darüber beschäftigten die Boulevardpresse, besonders populär wurde die Version, es sage die Apokalypse in Form eines Atomkriegs voraus, in dem die Menschheit größtenteils vernichtet werde. Dziwisz teilte dazu nach dem Tod des Papstes mit, dieser habe das dritte Geheimnis auf sich persönlich bezogen.[8] In der Tat erklärte dieser wiederholt, er habe sein Leben der Muttergottes von Fátima zu verdanken: «Eine Hand hat die Kugel abgeschossen, eine andere hat sie abgelenkt.» Er verwies darauf, dass der 13. Mai, der Tag des Attentats, der Jahrestag der ersten Marienerscheinung von Fátima war.

In der Volksrepublik Polen berichteten die staatlich gelenkten Medien ausführlich über die Vorgänge auf dem Petersplatz, die Operation und die Genesung des Papstes, ohne zunächst die Frage nach möglichen Hintermännern aufzuwerfen. Dies tat dafür die sowjetische Presseagentur TASS: Vier Tage nach dem Attentat behauptete sie, es habe sich um eine «internationale Verschwörung neofaschistischen Charakters» gehandelt. Die Propagandaagentur Nowosti, die, kontrolliert

Schüsse auf dem Petersplatz

vom Zentralkomitee, in vielen Sprachen Berichte und Analysen für die Länder des Westens und der Dritten Welt verbreitete, ergänzte, die Drahtzieher seien im CIA zu suchen. Die Kurie überließ den italienischen Behörden die Aufklärung und strafrechtliche Ahndung des Verbrechens. Grundlage dafür waren die Lateranverträge von 1929, die die rechtlichen Beziehungen zwischen dem Vatikan und dem italienischen Staat regelten. Die römische Justiz konsultierte auch Experten des italienischen Geheimdiensts SISMI. In einer ersten Analyse vermuteten diese als Auftraggeber den sowjetischen Verteidigungsminister Dmitri Ustinow, Agenten des Militärgeheimdienstes GRU hätten Ağca angeworben.[9]

Wie ein Jahrzehnt später bekannt wurde, war auch CIA-Chef William J. Casey von der sowjetischen Urheberschaft überzeugt; er ließ unter dieser Prämisse Dossiers erstellen, von denen sich seine Nachfolger an der CIA-Spitze indes distanzierten. Casey war einen Monat vor dem Attentat vom Papst im Vatikan empfangen worden, als Geschenk brachte er ein Satellitenbild mit. Es war während der Papstmesse in Warschau entstanden, an der mehr als eine Million Menschen teilgenommen hatte. Johannes Paul II. war auf dem Bild als kleiner weißer Punkt deutlich auszumachen.[10] Casey war praktizierender Katholik und war Ritter des Malteserordens. Dass auch der US-Außenminister Alexander Haig, der zuvor Nato-Oberbefehlshaber in Europa gewesen war, als konservativer Katholik irisch-schottischer Abstammung Malteserritter war, bestätigte in Moskau KGB-Chef Juri Andropow in seiner Auffassung, der Papst verfolge gemeinsam mit den Amerikanern eine antisowjetische Strategie. Andropow wiederum, der als ideologischer Dogmatiker und Verfechter eines rigiden Kirchenkampfs galt, berüchtigt für die gnadenlose Verfolgung von Dissidenten durch den KGB, war in den Augen Caseys der eigentliche Auftraggeber für das Papst-Attentat, doch hielt sich das offizielle Washington zunächst mit Mutmaßungen darüber zurück.

Gerade einmal zehn Wochen nach dem Attentat begann in Rom der Prozess gegen Ağca. Wie bei den Mafia-Prozessen hatte der Angeklagte dabei in einem Käfig hinter Panzerglas zu sitzen. Die Staatsanwaltschaft hatte rasch herausgefunden, dass er in der Türkei wegen des Mordes an einem Journalisten inhaftiert gewesen war, doch hatte er aus dem Gefängnis fliehen können. Er hatte drei Jahre vor dem Attentat in einem Brief an eine türkische Zeitung geprahlt, er werde den Papst ermorden. Verbindungen zu islamischen Glaubensfanatikern wurden indes nicht bekannt. Die Hypothesen über Hintermänner kamen in dem Prozess nicht zur Sprache, Ağca selbst nahm dazu keine Stellung. Ebenso wenig bat er um Verzeihung für seine Tat; seine Vernehmer berichteten stattdessen, er habe es nicht fassen können, dass er den Papst nicht getötet hatte. Nach lediglich drei Verhandlungstagen wurde er zu lebenslänglicher Haft verurteilt. Der Vatikan schickte keinen offiziellen Beobachter zum Prozess, auch gab er keinen Kommentar zum Urteil ab. Wie Mitarbeiter des Papstes später berichteten, hatte dieser kein besonderes Interesse an dem Verfahren gezeigt; auch habe er sich nie die Fotografien von der Tat und den Momenten danach vorlegen lassen.[11]

Gescheiterter Prozess um die «bulgarische Spur»

Zum ersten Jahrestag des Attentats reiste Johannes Paul II. nach Fátima, um dort der Muttergottes für seine Rettung zu danken. Am 12. Mai 1982 wurde er während der Abendmesse auf dem Platz vor der Marienkirche von einem Attentäter, der eine schwarze Priestersoutane trug, mit einem Bajonett angegriffen. Der Mann konnte sofort überwältigt werden, der Papst las die Messe zu Ende. Erst nach dessen Tod gab Dziwisz bekannt, dass der Täter diesem eine kleine, nicht lebensgefährliche, aber zunächst stark blutende Wunde zugefügt hatte. Beim Täter handelte es sich um den Spanier Juan María Fernández y Krohn, der vier Jahre zuvor vom abtrünnigen Erzbischof Marcel Lefebvre, einem erbitterten Gegner des Zweiten Vatikanischen Konzils, zum Priester geweiht worden war. Beim Verhör durch die portugiesische Polizei bezeichnete Fernández den Papst als «kommunistischen Agenten», der die Kirche von innen heraus zerstören solle. Er wurde wegen versuchten Mordes zu sechs Jahren Gefängnis verurteilt und nach der Verbüßung der Hälfte der Zeit aus Portugal ausgewiesen. Er war nicht der letzte gescheiterte Attentäter: In den folgenden Jahren konnten bei Auslandsreisen des Papstes Sicherheitskräfte mindestens ein weiteres Dutzend Mal Angriffe auf ihn verhindern. Doch Johannes Paul II. wies die Empfehlung der Sicherheitsexperten zurück, ihn und seine Begleitung mit schusssicheren Westen auszurüsten: «Wer es wagen sollte, solch eine Weste anzuziehen, der reist nicht mit mir. Wir müssen dem Schöpfer vertrauen!»[12] Immerhin akzeptierte er das Papamobil mit seinem Aufbau aus Panzerglas.

Wenige Wochen nach seiner Rückkehr aus Fátima machten Informationen über die «bulgarische Spur» zum ersten Attentäter Ali Ağca Schlagzeilen. Die «New York Times», die als erste Zeitung darüber berichtete, ließ keine Zweifel daran, dass die Bulgaren nicht ohne eine Anweisung aus Moskau gehandelt hätten.[13] Den Berichten zufolge hat Ağca selbst den italienischen Ermittlern Einzelheiten dargelegt. Demnach hatte er auf dem Petersplatz nicht nur türkische, sondern auch bulgarische Komplizen; diese hätten auch seine geplante Flucht aus Italien in einem plombierten Lastwagen vorbereitet. Die römische Staatsanwaltschaft ließ im November 1982 den Bulgaren Sergej Antonow festnehmen, der im Büro der staatlichen bulgarischen Fluglinie arbeitete. Er war auch auf Fotos vom Petersplatz identifiziert worden; er stand nur wenige Schritte von Ağca entfernt. Zwei bulgarische Diplomaten, für die ebenfalls ein Haftbefehl ausgestellt wurde, hatten allerdings kurz nach dem Attentat das Land verlassen. Den Berichten zufolge hatte Ağca eindeutige Aussagen zu den drei Bulgaren gemacht: Er kannte ihre Trinkgewohnheiten, die Namen von Ehefrauen, ihre Autos; überdies beschrieb er die Wohnung Antonows, der ihm auch die Tatwaffe gegeben habe. Der frühere polnische Außenminister Stefan Olszowski gab drei Jahrzehnte später zu Protokoll, dass man auch in der Führung in Warschau diese Version keineswegs für abwegig gehalten habe.[14] Doch beteiligte sich die Parteiführung an einer breit angelegten Propagandakampagne, die das Attentat als Aktion des CIA darstellte: Die Amerikaner hätten auf diese Weise Unruhen in Polen provozieren wollen. Ein Buch dazu erschien in Warschau in einer Auflage von 100 000 Stück.[15]

Wie bald nach der deutschen Wiedervereinigung bekannt wurde, war in die Propaganda-Kampagne des Sowjetblocks auch die Stasi der DDR eingebunden. Westdeutschen Journalisten wurden gefälschte Dokumente zugespielt, die die Urheberschaft der CIA beweisen sollten. Dabei sprachen die Geheimdienstzentralen in Sofia und Ost-Berlin ihr Vorgehen eng miteinander ab.[16] Die Stasi war auch an Vernebelungsaktionen im Aufsehen erregenden Fall Orlandi beteiligt. Am 22. Juni 1983 war die 15-jährige Emanuela Orlandi, die Tochter eines Angestellten des Vatikans, auf dem Weg zum Musikunterricht spurlos verschwunden. Die Eltern ließen Plakate mit einem Foto der Verschwundenen in der ganzen Stadt aufhängen. Der Fall wurde zur Sensation, als Johannes Paul II. wenige Tage später öffentlich an die Entführer appellierte, das Mädchen freizulassen – dass es sich um eine Entführung handelte, war bis dahin nicht bekannt. Die italienische Presse erfuhr, dass mehrere Anrufer bei der Familie Orlandi sowie in der Kurie die Freilassung Ağcas gefordert hätten. Auch gingen anonyme Schreiben mit derselben Forderung bei mehreren Redaktionen ein. Unterzeichnet waren sie von einer den Geheimdiensten bislang gänzlich unbekannten Antichristlichen Befreiungsfront Turkesh. Wie später bekannt wurde, stammten einige dieser Schreiben von der Stasi; sie sollten die Ermittler verwirren und vor allem von der bulgarischen Spur abbringen.[17] Auch andere Gerüchte wurden gestreut: Hinter Ağca stehe die Geheimloge P-2, die Papstgegner in der Kurie unterstützen wolle. Oder die Mafia, die überdies von der Banco Vaticano Lösegeld erpressen wolle. Schließlich: Emanuela Orlandi sei von einem Kurienkardinal sexuell belästigt worden und habe verschwinden müssen, um einen Skandal zu vermeiden. 2017 tauchte eine ominöse Kostenaufstellung des Vatikans auf, der zufolge Orlandi bis 1997 in London gelebt habe, der Vatikan dementierte. 2019 erhielt die Familie einen anonymen Hinweis, das Mädchen sei in einem alten Grab auf dem Friedhof Campo Santo Teutonico begraben. Aufgeklärt ist der Fall bis heute nicht.

Im Dezember 1983 besuchte Johannes Paul II. Ağca im Rebibbia-Gefängnis in Rom. Über den Inhalt des Gesprächs wurde nichts bekannt. Die italienische Presse berichtete, Ağca sei niedergekniet und habe den Bischofsring des Papstes geküsst, so wie es auch katholische Traditionalisten tun. Später empfing der Papst auch Ağcas Mutter

Schüsse auf dem Petersplatz

Zwei Jahre nach dem Attentat besuchte Johannes Paul II. Ali Ağca im Gefängnis; schon auf dem Krankenbett hatte er ihm verziehen

und dessen Bruder im Vatikan. 1985 begann der Prozess gegen den Bulgaren Antonow und drei Türken; die Anklage beschuldigte sie, an der Vorbereitung des Attentats beteiligt gewesen zu sein. Als Zeuge wurde dabei auch Ağca gehört. Zur großen Überraschung der Staatsanwälte widerrief der Türke dabei seine Aussagen, die er während der Ermittlungen gemacht habe: Er habe Antonow nie getroffen, seine Aussagen über dessen Wohnung, über die Namen der Ehefrauen und der Autos der verdächtigten Bulgaren hätten ihm SISMI-Offiziere eingeredet. Ağca sorgte zusätzlich für Aufsehen, als er vor dem Gericht ausrief, im Vatikan kenne man die Wahrheit über das Attentat, er selbst sei der «wiedergekehrte Jesus Christus». Die Verteidiger Antonows, zu denen Anwälte aus Sofia gehörten, sahen somit die Hypothese von der «bulgarischen Spur» als widerlegt an. Überdies brachten sie vor, der Mann auf dem Tatfoto sei keineswegs Antonow, sondern ein amerikanischer Tourist. Dem Gericht blieb keine andere Möglichkeit, als Antonow freizusprechen, da sich die Anklage vor allem auf die früheren Aussagen Ağcas gestützt hatte. Die Medien konzentrierten sich nun auf die türkischen Hintermänner; mindestens einer von ihnen sei auch Informant des deutschen BND gewesen, ein weiterer von den Franzosen protegiert.

Gesäuberte Archive und falsche Gerüchte

Nach dem Zusammenbruch des Sowjetblocks 1991 wurde allerdings bestätigt, dass die aus Sofia angereisten Juristen Agenten der bulgarischen Stasi waren, einer von ihnen sprach exzellent Türkisch. Auch wurde bekannt, dass Antonow selbst, offiziell Angestellter der staatlichen Luftlinie, für den Geheimdienst gearbeitet hatte. Die im Prozess bloßgestellten italienischen Ermittler vermuteten angesichts dieser Informationen, der des Türkischen mächtige Agent habe Ağca gedroht, man werde dessen Angehörige in der Türkei ermorden, falls dieser nicht seine Aussagen über die bulgarischen Hintermänner widerrufe. Da Ağca begriffen habe, dass auch er selbst als Mitwisser weiterhin in Gefahr schwebe, habe er sich als geistig verwirrt dargestellt. Doch weder in den russischen noch in den bulgarischen Archiven fanden Historiker Dokumente, die klare Beweise für die Version von den Auftraggebern im Kreml lieferten. Immerhin aber konnte nachgewiesen werden, dass beträchtliche Aktenbestände aus der fraglichen Zeit vernichtet worden waren. Zwar hatte Kremlchef Michail Gorbatschow noch kurz vor seinem Rücktritt Ende 1991 versichert, dass die sowjetischen Geheimdienste nicht in das Attentat verwickelt gewesen seien. Doch wurde später ein Protokoll einer Sitzung des Politbüros vom 13. November 1979 gefunden, an der auch er teilgenommen hatte. Laut Protokoll kam dabei die «aggressive Haltung des Vatikans» in den baltischen Sowjetrepubliken, in Weißrussland sowie der Westukraine zur Sprache. Moskau müsse gegen den Papst «alle umsetzbaren Möglichkeiten ausnutzen». Ein weiteres Dokument belegte ein Treffen von bulgarischen Geheimdienstgenerälen mit der KGB-Spitze in Moskau einen Monat vor dem Attentat auf dem Petersplatz, erörtert wurde dabei das Erstarken der Gewerkschaft Solidarność, die als Bedrohung für das Partei-regime angesehen wurde.[18] Für Verwirrung sorgten ehemalige Ge-heimdienstoffiziere aus Moskau und Sofia, die sich in den Westen abgesetzt hatten und nun an die Medien Informationen über streng geheime Operationen ihrer früheren Arbeitgeber verkauften, dar-unter auch über das Papst-Attentat. Überprüft werden konnten diese Sensationsgeschichten, die sich teilweise widersprachen, allerdings nicht.

Mehr als ein Dutzend Bücher und zahllose Artikel erschienen, in denen diverse Versionen ausgebreitet wurden: Der bulgarische Ge-heimdienst habe auf eigene Faust gehandelt, um die Sowjets zu beein-drucken. Es waren die «Grauen Wölfe». Es war die Mafia. Es waren die Anhänger von Opus Dei im Vatikan, die einen harten Konfrontations-kurs gegenüber dem Sowjetblock verlangten – oder das Gegenteil: die Anhänger des Dialogs mit den Ostblockstaaten um Casaroli, die Jo-hannes Paul II. als Scharfmacher ansahen. Es war eine Geheimorga-nisation der Nato, die Unruhen in Polen provozieren wollte. Oder die internationale Waffenlobby, die um ihre Geschäfte fürchtete, falls der Papst weiterhin als Friedensstifter unterwegs sein sollte. Schließlich: Ağca habe den Auftrag gehabt, den Papst nur zu verwunden, dieser sollte gewarnt werden, seinen außenpolitischen Kurs fortzusetzen – oder sich in die Belange der Kurie einzumischen, die von korrupten Seilschaften, wahlweise auch von Opus Dei oder den Freimaurern, kontrolliert werde.

Der Vatikan hüllte sich weiter in Schweigen. Johannes Paul II. hatte sich 1992 einer weiteren schweren Operation unterziehen müssen: Ihm wurden 20 Zentimeter Darm entfernt. Medizinexperten waren der Meinung, die Folgen des Attentats hätten seine Gesundheit nachhaltig geschwächt und bei ihm den Alterungsprozess beschleu-nigt. Am 13. Mai 2000 ließ er, sichtlich gesundheitlich angeschla-gen, bei einer weiteren Pilgerreise nach Fátima den Text des dritten Geheimnisses verlesen. Es sagte voraus, dass ein «in Weiß geklei-deter Bischof», also der Papst, durch eine Gruppe von Soldaten er-schossen werde, und mit ihm viele andere Priester und Gläubige. Allerdings, so die Interpretation Johannes Pauls II., habe die Muttergottes die Erfüllung dieser Prophezeiung verhindert, indem sie die Kugeln abgelenkt habe. Die Patrone, die bei dem Attentat auf den Boden des weißen Jeeps gefallen war, hatte er in die Krone der Marienstatue von Fátima einarbeiten lassen. Die italienischen Staatsanwälte waren irritiert, dass ihnen auf diese Weise Beweismaterial vorenthalten worden war; so konnten sie nicht klären, ob beide Kugeln aus derselben Pistole abgeschossen worden waren.[19] Wenige Tage nach Verkündigung des «dritten Geheimnisses» von Fátima wurde Ağca auf Bitten des Papstes begnadigt und umgehend in die Türkei abgeschoben. Unmittelbar nach seiner Ankunft wurde er verhaftet, er war ja bereits wegen der Ermordung eines linksgerichteten Journalisten zu einer lebenslangen Freiheitsstrafe verurteilt worden.

Im Jahr 2002 reiste Johannes Paul II. erstmals nach Bulgarien. Bereits zwei Jahre nach dem Attentat hatte er eine Delegation der damaligen kommunistischen Führung in Sofia empfangen, nie hatte er sich zur «bulgarischen Spur» geäußert. In Sofia tat er es indirekt: Bulgarien trage keine Schuld an dem Attentat. 2006 kam allerdings ein Untersuchungsausschuss des italienischen Parlaments zu dem Schluss, dass es doch die Bulgaren gewesen seien. Ihre Hintermänner dabei seien im sowjetischen Militärgeheimdienst GRU zu suchen, der vermutlich auf persönlichen Befehl des Parteichefs Breschnew gehandelt habe.

2010 wurde Ağca vorzeitig aus türkischer Haft entlassen. In seinen drei Jahre später veröffentlichten Memoiren wartete er mit einer gänzlich neuen Version auf: Der iranische Religionsführer Chomeini habe ihm persönlich den Mordauftrag befohlen. Das nächste Mal machte Ağca Ende 2014 von sich reden: Am Grab von Johannes Paul II. im Petersdom legte er zwei Sträuße weißer Rosen nieder. Im selben Jahr stellte die staatsanwaltliche Abteilung des polnischen Instituts für das Nationale Gedächtnis (IPN) das Verfahren wegen des Attentats ein, da außer Ağca keine Täter aufgespürt werden konnten. In der Urteilsbegründung heißt es: «Zweifellos wurde Ali Ağca vom bulgarischen Geheimdienst inspiriert.» Viele Indizien sprächen dafür, dass die Hintermänner im GRU zu suchen seien. Dziwisz gab bekannt, der Papst sei ebenfalls von der Täterschaft der

Schüsse auf dem Petersplatz

Geheimdienste Moskaus ausgegangen, doch habe er nicht nur seine Umgebung, sondern auch US-Präsident Reagan gebeten, über diese Vermutungen Stillschweigen zu bewahren. Er habe nicht den Weg zu Gesprächen mit Moskau verbauen wollen, die ihm stets eine Herzensangelegenheit gewesen seien.[20] Umfragen zeigten, dass die überwältigende Mehrheit der Polen die Auftraggeber in Moskau sieht.

10. KRIEG DER KOMMUNISTEN
GEGEN DAS EIGENE VOLK

Über das Jahr 1981 hinweg hatte sich in der Volksrepublik Polen der Machtkampf zwischen der kommunistischen Führung und der demokratischen Opposition um die Gewerkschaft Solidarność immer weiter zugespitzt. In Geheimverhandlungen sicherte General Wojciech Jaruzelski, der kurz zuvor an die Spitze der Regierung getreten war, im April 1981 dem Kreml zu, dass er die Solidarność zerschlagen werde. Beide Seiten einigten sich auf eine Propagandakampagne, die Jaruzelski als Vaterlandsretter darstellen solle – er habe eine Intervention der Sowjettruppen abgewendet und somit Blutvergießen verhindert. Über eine solche Intervention hatte das Politbüro in Moskau bereits zuvor beraten, doch davon wieder Abstand genommen, weil man ein Wirtschaftsembargo des Westens befürchtete; die sowjetische Planwirtschaft war auf Getreidelieferungen und den Technologietransfer angewiesen.

Jaruzelski erklärte im Politbüro: «Die Volksmacht verfügt über ausreichend Macht, um den Leuten, die das Rad der Geschichte zurückdrehen und eine Konterrevolution wollen, den Weg zu versperren.»[1] Die Armeeführung bereitete unter höchster Geheimhaltung die Machtübernahme vor, sie sollte als Verhängung des Kriegsrechts deklariert werden, obwohl dafür die gesetzlichen Voraussetzungen, nämlich eine Bedrohung des Landes von außen, nicht gegeben waren. Der Geheimdienst SB bekam den Auftrag, neben der Solidarność auch die katholische Kirche noch intensiver als bisher zu unterwandern.

Verärgert nahmen Jaruzelski und Parteichef Kania zur Kenntnis, dass Johannes Paul II. ausgerechnet zum Abschluss des ersten Kongresses der Solidarność im September 1981 die Enzyklika «Laborem exercens» über die Würde der Arbeit veröffentlichen ließ. Die Parteiideologen sahen sie als Unterstützung für die Demokratiebewegung und überlasen, dass der Text durchaus auch eine Botschaft enthielt, die als scharfe Kritik am kapitalistischen System gelesen werden konnte: Das Recht auf Privatbesitz sei dem Recht auf gemeinschaftliche Nutzung untergeordnet, das Eigentum an Produktionsmitteln müsse dem Wohl der Arbeitnehmer dienen.

Die Geheimdienste in Moskau und Warschau sahen überdies Hinweise für ein Bündnis zwischen dem Vatikan und der neuen US-Regierung unter Ronald Reagan, das darauf abziele, Polen aus dem Sowjetblock herauszulösen. In diesem Sinne wurde auch eine Ansprache Johannes Pauls II. interpretiert, die der «Osservatore Romano» im September 1981 abdruckte: Das polnische Volk habe Anspruch auf Unabhängigkeit, die Respektierung dieses Rechts sei Voraussetzung für den Weltfrieden. Dies lief allerdings der im Westen so genannten Breschnew-Doktrin zuwider, einem außenpolitischen Leitsatz, den der sowjetische Parteichef 1968 ausgerechnet in Warschau auf dem Parteitag der polnischen Arbeiterpartei verkündet hatte: Demnach dürfen die anderen Staaten des Sowjetblocks eingreifen, wenn in einem Mitgliedstaat eine «Gefahr für den Sozialismus» entsteht – so wie es 1968 mit der Niederschlagung des «Prager Frühlings» in der Tschechoslowakei geschehen war.

Im Sinne der Breschnew-Doktrin attackierte das sowjetische Parteiorgan «Prawda» im Oktober 1981 die «reaktionären katholischen Geistlichen» in Polen. Jaruzelski, der kurz zuvor Kania als Parteichef abgelöst hatte, Wałęsa und der katholische Primas Glemp verständigten sich auf die Bildung einer gemeinsamen Kommission, die ein Konzept zum Abbau der Spannungen erarbeiten sollte. Glemp ermahnte nach Rücksprache mit dem Vatikan die Aktivisten der Solidarność, sich mit politischen Forderungen, die Moskau provozieren könnten, zurückzuhalten. Doch insgeheim hatte Jaruzelski längst die Befehle für die Verhängung des Kriegsrechts ausgegeben.

Am 13. Dezember 1981 war es so weit, es war ein bitterkalter Wintertag. In ganz Polen fuhren Panzerwagen auf, die Armee richtete Straßensperren ein, zuvor war das Telefonnetz abgeschaltet worden. Rund 19 000 Personen wurden interniert, vor allem Aktivisten der Solidarność, an ihrer Spitze Wałęsa, sowie regimekritische Intellektuelle, aber auch einige Altkommunisten, darunter der frühere Parteichef Gierek. Bei Zusammenstößen zwischen streikenden Arbeitern und der ZOMO, der kasernierten Schlägertruppe des Innenministeriums, gab es zwei Dutzend Tote; rund ein Dutzend Oppositionelle kamen auf ungeklärte Weise zu Tode. Mehr als eine Dreiviertelmillion Polen verließen in den nächsten Jahren ihr Land, darunter 3000 hochqualifizierte Wissenschaftler, 3000 Ärzte und 22 000 Ingenieure. Tausende Hochschuldozenten und Lehrer, die als regimekritisch galten, verloren ihre Stellen, Tausende Studenten wurden von den Universitäten verwiesen. Das Kriegsrecht bedeutete Polizeiterror, Behördenwillkür, dreiste Propagandalügen und krasse Versorgungsmängel. Die sich trotz aller Repressionen entwickelnde demokratische Untergrundpresse warf Jaruzelski Verfassungsbruch vor: Die rechtliche Voraussetzung für die Verhängung des Kriegsrechts, nämlich eine Bedrohung der Verteidigungsfähigkeit des Staates, habe nicht vorgelegen. Die Kommunisten führten vielmehr einen «Krieg gegen das eigene Volk».

Auch den Papst hatte das Kriegsrecht überrascht. Am nächsten Tag rief er die Führung in Warschau auf, die Menschenrechte zu achten und zum Dialog zurückzukehren. Er erklärte: «Die Kraft und Autorität der Staatsmacht zeigt sich in einem solchen Dialog, nicht in der Anwendung von Gewalt.»[2] Johannes Paul II. schrieb einen Brief an Jaruzelski, in dem er ihn dazu aufrief, «alle Handlungen einstellen zu lassen, die zum Vergießen polnischen Blutes führen». Der Vatikan teilte mit, dass eine Kopie des Briefes auch an den internierten Arbeiterführer Wałęsa gesandt werde. Der Primas Glemp rief ebenfalls die Staatsmacht zum Dialog mit der Opposition, aber auch die Bevölkerung zur Ruhe auf. Jaruzelski antwortete dem Papst: «Es war unsere Absicht, eine umfassende, scharfe Konfrontation und massives Blutvergießen zu verhindern, deshalb haben wir das Kriegsrecht eingeführt und auf diese Weise das Gespenst eines Bürgerkriegs gebannt.» Er hoffe auf die Mitwirkung der Kirche beim Bemühen, das Land zu stabilisieren.[3]

Zwar traf Glemp in enger Abstimmung mit dem Vatikan wiederholt mit Vertretern der Parteiführung zusammen, doch an der harten Repressionspolitik Warschaus gegenüber der eigenen Bevölkerung änderte sich zunächst wenig. Zur Verhärtung des Klimas hatten die engen Kontakte zwischen dem Vatikan und dem Weißen Haus in Washington beigetragen. Im Juni 1982 empfing Johannes Paul II. erstmals den US-Präsidenten Ronald Reagan im Vatikan. Wie Zeugen der Begegnung später berichteten, verstanden sich beide auf Anhieb persönlich. Reagan war sechs Wochen vor dem Papst Opfer eines Attentats geworden, beide führten ihr Überleben auf die göttliche Vorsehung zurück.

Das Treffen hatten die beiden Malteserritter Außenminister Alexander Haig und CIA-Chef William J. Casey vorbereitet, sie hatten bei ihren Besuchen im Vatikan gemeinsam mit dem Papst gebetet. Über die Entwicklungen in Polen unterrichtete das Weiße Haus auch der polnischstämmige Erzbischof von Philadelphia, Kardinal John Krol, der ein enger Freund des Papstes geworden war.[4] Sowohl Jaruzelski in Warschau als auch KGB-Chef Andropow sahen sich in ihrer Auffassung bestätigt, dass das Weiße Haus und der Vatikan gemeinsam planten, den Sowjetblock zu sprengen, zumal die USA ein Wirtschaftsembargo über die Volksrepublik Polen verhängten. Im Westen wurde die Information gestreut, über die Vatikanbank würden CIA-Gelder für die Solidarność im Untergrund nach Polen geschleust. Doch belegen Dokumente aus US-Archiven das Gegenteil: Der Papst hat demnach im Gespräch mit Reagan jegliche Koordination der Finanzhilfe für Polen abgelehnt. Ebenso hatte er Bedenken gegen das Wirtschaftsembargo vorgebracht, da dieses auch die Versorgung mit Lebensmitteln und Medikamenten betraf.[5]

Spitzel und Spione im Herzen der Kirche

Immerhin versuchte die Führung in Warschau, den Gesprächsfaden nicht abreißen zu lassen. Im Oktober 1982 nahmen ein Vizeminister und ein stellvertretender Parlamentspräsident an der Messe zur Heiligsprechung des Franziskanerpaters Maksymilian Kolbe teil. Anschließend war eine Begegnung der Delegation aus Warschau mit dem Papst vorgesehen. Doch diese dauerte nur vier Minuten und verlief frostig. Der Papst erklärte, die polnische Führung «bereitet ihm Schmerzen». Als der Delegationsleiter eine offizielle Einladung nach Polen aussprach, gab er zurück: «Die Staatsmacht muss mich nicht einladen, denn ich fühle mich schon lange eingeladen. Und das vom ganzen Volk!» Es gab kein gemeinsames Foto und auch keine Medaillen, die üblicherweise Teilnehmer einer Privataudienz erhielten. Die Mitglieder der Delegation fühlten sich erniedrigt, wie ein Teilnehmer später zu Protokoll gab.[6]

In der polnischen Botschaft in Rom wurde die Residentur des SB personell weiter verstärkt. Sie operierte unter dem Decknamen «Baszta» (Bastei) und arbeitete eng mit dem KGB zusammen, der auch Kontrolleure, die sich offiziell Verbindungsoffiziere nannten, in den Ministerien in Warschau platziert hatte. Der Vatikan wurde im Schriftverkehr mit dem italienischen Wort «Morbo» (Krankheit) kodiert. Aus den Akten geht hervor, dass der SB mindestens zwei Dutzend Priester aus der Kurie als Informanten gewonnen hatte, darunter auch Bischöfe. Allerdings ist nicht auszuschließen, dass mehrere der Informanten, deren Akten Jahrzehnte später ausgewertet wurden, in Absprache mit ihren vorgesetzten Kurienbischöfen handelten, um über diese Kanäle falschen Versionen über geheime politische Strategien der Kirche entgegenzuwirken.

Für Aufsehen sorgte die Auswertung der Akten eines polnischen Ordensgeistlichen, der ein Pilgerheim in Rom leitete und zahlreiche Kontakte zu Landsleuten in der Kurie unterhielt: Sein Führungsoffizier sprach exzellent Deutsch und gab sich als BND-Offizier aus, der für das Kabinett des Bundeskanzlers Helmut Kohl, eines praktizierenden Katholiken, Informationen aus dem Vatikan beschaffen solle. Vom SB ließen sich auch mehrere Vatikan-Korrespondenten der internationalen Presse für ihre Informationen bezahlen. Auch die polnische Redaktion von Radio Vaticano war unterwandert.[7]

Allerdings entging all den Informanten und Spitzeln östlicher Geheimdienste, dass der Papst immer wieder heimlich den Vatikan

Krieg der Kommunisten gegen das eigene Volk

Mit kleiner Begleitung ging der Papst viele Male Skifahren, immer dabei
war sein Faktotum Dziwisz (mit weißer Mütze)

verließ: im Sommer zum Wandern in den Bergen, im Winter zum
Skifahren. Eingeweiht waren neben seinem Sekretär Dziwisz, der aus
Krakau mit nach Rom gekommen war, anfangs nur zwei junge polnische Priester. Einer von ihnen fuhr den Wagen, meist einen unauffälligen Fiat der Mittelklasse, in dessen Fond der Papst in Zivilklei-
dern saß, getarnt mit Mütze und Brille. Sogar die Schweizer Garde
wurde überlistet. Die kleine Gruppe kaufte ganz normale Skipässe
und stand vor den Liften in der Schlange. Einmal habe ein kleiner
Junge den Papst erkannt, als dieser für einen Moment die Skibrille
abgenommen hatte, berichtete Dziwisz Jahre später. Die Gruppe habe
schnell das Weite gesucht. Im Sommer saß man in der freien Natur
bis spät in die Nacht am Lagerfeuer. Später informierte Dziwisz persönlich den italienischen Innenminister, der einen diskreten Begleit-
schutz durch die Polizei veranlasste. Johannes Paul II. fuhr regelmäßig
Ski, bis er sich mit 74 Jahren bei einem Sturz in seinen Gemächern die
Hüfte brach. Als Sport blieb ihm danach vor allem das Schwimmen
an seinem Sommersitz in Castel Gandolfo.[8]

Zum Ärger der Parteiführung lud die polnische Bischofskonferenz ein halbes Jahr nach Verhängung des Kriegsrechts über das Land Johannes Paul II. im Sommer 1982 zu einer weiteren Reise in seine Heimat ein. Der Innenminister, General Czesław Kiszczak, der ein Vertrauter des Partei- und Regierungschefs Jaruzelski war, sprach sich dagegen aus. Auf einer Sitzung des Politbüros resümierte er die Auswirkungen der ersten Papstreise von 1979: «Anstatt der erwarteten positiven Effekte führte sie zu einer Verstärkung ungünstiger Stimmungen in diversen Gesellschaftsgruppen, sie weckte eine Haltung der Aggressivität, sogar des Widerstands gegenüber der Staatsmacht. […] Ein neuerlicher Besuch des Papstes könnte zum Auslöser noch viel schlimmerer Folgen werden als vor drei Jahren.»[9]

Doch Kiszczak setzte sich mit seiner ablehnenden Haltung nicht durch. Jaruzelski versprach sich von einem Besuch des Papstes eine Beruhigung der Lage, knüpfte daran aber Forderungen. Die Kirche solle Priester ruhigstellen, die den Kurs der Führung, die Gesellschaftsordnung sowie die «polnische Staatsräson» in Frage stellten. Die Abgesandten des Vatikans gingen darauf nicht ein, stattdessen überraschten sie Jaruzelski mit dem Wunsch des Papstes, auch Lech Wałęsa zu treffen, der nach elf Monaten aus der Internierung freigekommen war. Doch die Führung in Warschau wies dieses Ansinnen zurück. Der SB verbreitete über seine Kanäle Materialien, die Wałęsa kompromittieren sollten – unter anderem als Zuträger des SB.[10]

Der Primas Glemp wurde von Vertretern der Regierung gewarnt: «Im Falle eines Aufrufs zum Aufruhr gegen die Staatsmacht ist diese in der Lage, effektiv alle Versuche zu blockieren, die Gesellschaftsordnung und den Staat zu destabilisieren.»[11] Der Kiszczak unterstehende SB bekam den Auftrag, Maßnahmen vorzubereiten, die die Autorität des Papstes beschädigen sollten. Dazu gehörte wieder die Verbreitung von Gerüchten über Frauengeschichten, als Bischof habe er in Krakau ein uneheliches Kind gezeugt.[12] Auch bat Kiszczak die Geheimdienste der Nachbarn um «technische Hilfe». So stellte der KGB 150 Gewehre für Gummigeschosse und 20 gepanzerte Fahrzeuge zur Verfügung. Die Stasi der DDR half mit Fotoapparaten mit Spezialobjektiven, Kleinstmikrophonen zum Abhören und Metalldetektoren aus.[13]

Krieg der Kommunisten gegen das eigene Volk

Die achttägige Reise verlief allerdings ohne Zwischenfälle, es gab keine Massendemonstrationen gegen das Regime. Wohl aber wurden an vielen Orten Spruchbänder mit dem Logo der verbotenen Solidarność gezeigt. In Warschau holte der Papst das nach, was er nach Meinung seiner Kritiker schon bei der ersten Reise hätte stärker demonstrieren sollen: Vor dem Mahnmal für die Helden des Ghetto-Aufstands in Warschau gedachte er der Opfer des Holocausts.

Am zweiten Tag empfing die politische Führung den Papst im Warschauer Belweder-Palais, es war die erste Begegnung Jaruzelskis mit ihm. Der General schrieb in seinen Memoiren, er sei vor dem Treffen überaus nervös gewesen. Er war von seinen Eltern katholisch erzogen worden; zu Beginn des Zweiten Weltkriegs hatten ihn die in Ostpolen eingefallenen Sowjets als 16-Jährigen nach Sibirien deportiert, in der Sowjetunion war er kommunistisch indoktriniert worden, in der polnischen Armee hatte er sich als Informant des Militärgeheimdiensts anwerben lassen. Bei allen Unterschieden im Menschenbild sah er, wie er in seinen Memoiren schrieb, auch Gemeinsamkeiten zwischen Kommunismus und Christentum in der Konzeption der «sozialen Gerechtigkeit».[14]

«Auf den Knien vor dem Papst rutschen»

Johannes Paul II. vermied in seinen Predigten zunächst direkte Aussagen zur politischen Situation in Polen, kein einziges Mal nannte er die Solidarność. Er war offensichtlich bemüht, die Machthaber nicht herauszufordern. Er sprach lediglich von der Pflicht, sich für die «fundamentale Solidarität unter den Menschen» einzusetzen, was indes sowohl von Gläubigen als auch der Parteiführung als Anspielung auf die verbotene Gewerkschaft verstanden wurde. In Tschenstochau wandte er sich an die junge Generation: «Ich weiß um euer Leiden, um das Gefühl, Unrecht zu erfahren, erniedrigt zu werden und keine Perspektive in der Zukunft zu sehen.»

In Breslau sprach er von der Notwendigkeit einer deutsch-polnischen Verständigung und gebrauchte dabei das deutsche Wort «Versöhnung», wie die Protokollanten des SB irritiert feststellten. Sie hielten ihm auch vor, mit keinem Wort den «zunehmenden westdeutschen Revisionismus» zu verdammen.[15] In Krakau sprach er vom «Anrecht Polens auf Unabhängigkeit und einen Platz zwischen Ost und West unter den Völkern Europas». Neben Logos der Solidarność filmte der SB bei der Papstmesse Spruchbänder mit Parolen wie «Herzliche Grüße aus dem Gefängnis und dem Untergrund» sowie «Es grüßen die Internierten». Als sich nach der Messe ein Demonstrationszug formierte, bekamen Hubschrauber den Befehl, im Tiefflug die Menge auseinanderzujagen, was indes misslang.[16]

Der SB musste an das Politbüro melden: Rund sieben Millionen Menschen haben an den Messen und Begegnungen mit dem Papst teilgenommen. In einer Analyse für die Parteiführung hieß es über die Predigten des Papstes: «Es wiederholt sich das Motiv des Leidens, des Eingesperrtseins, usw. Offensichtlich hat er doch beschlossen, bei seinem Besuch starke politische Akzente zu setzen. Das ist nicht gut.»[17]

Noch mehr hatte es das Politbüro empört, dass Johannes Paul II. während seines Besuchs auf seinen Wunsch zurückkam, Lech Wałęsa zu treffen. Wie sein Sekretär Dziwisz später berichtete, drohte er sogar hinter verschlossenen Türen, seine Reise abzubrechen, falls das Treffen nicht zustande käme. Jaruzelski gab nach, ihm war klar, dass ihm die überwältigende Mehrheit seiner Landsleute den Abbruch der Papstreise nie verzeihen würde. Doch setzte er durch, dass die Begegnung als privat deklariert wurde und ohne Medien an einem entlegenen Ort stattfand: auf einer Berghütte in der Tatra.[18] Wałęsa und seine Frau wurden mit einem Hubschrauber dorthin gebracht. Der Arbeiterführer berichtete anschließend, der Papst habe während des Gesprächs eine Geste in Richtung der Wand gemacht, als wolle er sagen, dass das Gespräch abgehört werde.[19] Obwohl die zensierte Presse nicht darüber berichtete, sprach sich die Nachricht von dem Treffen rasch im ganzen Land herum; es wurde als Segen des Papstes für die verbotene Solidarność verstanden.

Johannes Paul II. ließ Jaruzelski seine Bitte übermitteln, ihn ein zweites Mal zu treffen. Der General kam nach Krakau, das Treffen begann mit einem scharfen Wortwechsel: Jaruzelski beschwerte sich über den «regierungsfeindlichen Unterton» in den Predigten des Papstes. Dieser entgegnete: «Ich habe nur Artikel aus eurer Verfassung zitiert!» Jaruzelski berichtete später, der Papst sei taktvoll gewesen, er sei nicht triumphierend aufgetreten, nachdem ihm erneut Millionen zugejubelt hatten. Vielmehr habe er ihn mit «lieber General» angesprochen und damit das Eis gebrochen. In seiner Kritik an der Regierungspolitik habe er sich auf historisch-philosophische Argumente beschränkt. Letztlich gewann Jaruzelski den Eindruck, Johannes Paul II. störe sich keineswegs an der Idee des Sozialismus, aber er verlange, dass dieser «ein menschliches Antlitz» habe. Der General rechnete ihm hoch an, dass der Papst immer wieder seine Landsleute aufgerufen habe, auf Gewalt zu verzichten und nicht auf die Barrikaden zu gehen.[20] Dieser wiederum äußerte gegenüber polnischen Bischöfen über den Kriegsrechtsgeneral: «Auf seine Weise ist er ein Patriot. Er handelt in der Überzeugung, dass das, was er tut, gut für das Vaterland ist.»[21]

Im Kreml nahm man verärgert zur Kenntnis, dass Jaruzelski der Popularität des Papstes nichts entgegenzusetzen hatte. Noch während der Papstreise gab Juri Andropow, der nach dem Tod Breschnews an die Spitze der sowjetischen KP getreten war, ein Signal: Auf einer Sitzung des Zentralkomitees forderte er die Verschärfung des Kirchenkampfs. Wenig später warnte er Jaruzelski in einem Brief davor, der Kirche gegenüber Zugeständnisse zu machen. Diese suche die Konfrontation mit der Partei, indem sie den Kult um Wałęsa und die Solidarność wiederaufleben lasse.

Andropow starb im Februar 1984. Zu den bestimmenden Figuren im Moskauer Politbüro wurden Verteidigungsminister Dmitri Ustinow und Außenminister Andrej Gromyko. Im April 1984 zitierten sie Jaruzelski zu sich. Das Treffen fand in einem Salonwagen der sowjetischen Staatsbahn auf einem Abstellgleis der Grenzstadt Brest statt. Gromyko erklärte: «Es ist so weit gekommen, dass Tausende und Abertausende von Polen auf den Knien vor dem Papst rutschen.» Jaruzelski entgegnete, dass er auf die Mitwirkung der Kirche angewiesen sei, wenn er das Land stabilisieren wolle. Gromyko berichtete anschließend empört im Politbüro, dass Jaruzelski nichts zu den «Intrigen der Kirche» gesagt habe. Man habe ihm vorgehalten, dass er den «ideologischen Kampf schwach führe», besonders gegen die Kirche.[22]

Die Zurückhaltung Jaruzelskis war auch im Warschauer Machtapparat umstritten. Allerdings war dessen Haltung zwiespältig. So ließ er seinen Regierungssprecher Jerzy Urban gewähren, der immer wieder zynische Kommentare über die in seinen Augen so rückständige Kirche abgab. Innenminister Kiszczak setzte den SB nach wie vor gegen Priester und Gläubige ein. Zwar wurde das Kriegsrecht nach dem Papstbesuch offiziell aufgehoben, aber die Repressionen ließen faktisch kaum nach.

11. RIGIDER KURS NACH INNEN,
DIALOG NACH AUSSEN

Am 25. November 1981 machte Johannes Paul II. eine Personal-
entscheidung bekannt; sie sollte die wichtigste seiner langen
Amtszeit werden. Kardinal Joseph Ratzinger, seit vier Jahren Erzbischof von München und Freising, wurde zum Präfekten der Glaubenskongregation ernannt, dem obersten Hüter der katholischen
Lehre. Ratzinger, geboren am 16. April 1927, war sieben Jahre jünger
als der Papst. Aufgewachsen war er in einer traditionellen bayrisch-
katholischen Familie, deren Geschwister ein Leben lang eng zusam-
menhielten und in der die Frömmigkeit und das Leben im Rhythmus
des Kirchenjahrs selbstverständlich waren. In den Jahren, in denen
Karol Wojtyła unter der deutschen Besatzung litt und im Steinbruch
arbeitete, war Joseph Ratzinger zwangsweise in die Hitlerjugend ein-
gegliedert worden, hatte den Reichsarbeitsdienst hinter sich bringen
müssen und war am Ende des Krieges als Flakhelfer eingesetzt worden; als Katholik, der schon früh Priester werden wollte, lehnte er die
NS-Ideologie ab. Im Priesterseminar und im Studium zeigten sich
schnell sein Fleiß und seine Begabung. Mit seiner Doktorarbeit über
Augustinus gewann er den Preis der theologischen Fakultät München; seine Habilitationsschrift über die Geschichtstheologie des
scholastischen Theologen und Generalministers der Franziskaner aus
dem 13. Jahrhundert, Bonaventura da Bagnoregio, wurde jedoch erst
in einer zweiten Fassung angenommen; sie erschien dem Zweitgut-
achter als zu modern und gewagt. Ratzingers Ruf als junger Gelehrter, der die traditionelle katholische Theologie in die Moderne über-
setzen konnte, förderte das eher; seine Antrittsvorlesung 1959 in

Bonn über «Glaube und Vernunft» machte den 32 Jahre jungen Professor in Fachkreisen bekannt. Der Kölner Kardinal Josef Frings nahm ihn mit nach Rom als Konzilsberater – und Joseph Ratzinger schrieb ihm jene fulminante lateinische Rede, mit der Frings im November 1963 eine grundlegende Reform des Heiligen Offiziums forderte: Die Nachfolgebehörde der Inquisition habe der Kirche schweren Schaden zugefügt und sei für Nichtkatholiken ein «Ärgernis». Rechtgläubige Gelehrte würden verurteilt, ohne angehört zu werden; ohne Angabe von Gründen würden theologische Bücher verboten. Es gab Applaus in der Konzilsaula für den 76 Jahre alten Kardinal aus Köln – und der brüskierte Behördenchef Ottaviani rang sichtlich um Fassung.

1966 berief die Tübinger Fakultät Joseph Ratzinger, auf Empfehlung von Hans Küng hin. Es waren die unruhigen Zeiten der Studentenrevolte. Protestierende stürmten auch die Vorlesungen des scheuen Professors Ratzinger, der rüde Ton und der sektiererische Eifer der marxistischen Rollkommandos erschütterten ihn zutiefst. In seinen Erinnerungen schrieb er später: «Die Zerstörung der Theologie, die nun durch ihre Politisierung im Sinn des marxistischen Messianismus vor sich ging, war ungleich radikaler, gerade weil sie auf der biblischen Hoffnung basierte und sie nun dadurch verkehrte, dass die religiöse Inbrunst beibehalten, aber Gott ausgeschaltet und durch das politische Handeln des Menschen ersetzt wurde.» An die Stelle Gottes sei «ein Totalitarismus einer atheistischen Anbetung» getreten, «die ihrem falschen Gott alle Menschlichkeit zu opfern bereit ist».[1] 1969 nahm Ratzinger den Ruf der Universität Regensburg an und zog zurück in die bayerische Heimat. Aus der Sicht vieler Biographen sind die Tübinger Ereignisse ein Wendepunkt, die aus dem liberalen und optimistischen den zunehmend konservativen und aller Veränderung gegenüber misstrauischen Joseph Ratzinger werden ließen.

Papst Paul VI. holte Ratzinger 1977 aus der Regensburger Abgeschiedenheit und machte ihn in der Nachfolge des überraschend an einem Herzinfarkt gestorbenen Kardinals Julius Döpfner zum Erzbischof von München und Freising; noch im gleichen Jahr erhob er ihn in den Kardinalsstand. Als Erzbischof gab sich der Theologe den bezeichnenden Wahlspruch: «Cooperator veritatis» (Mitarbeiter der

Wahrheit). Erst in den Vorkonklaven und Konklaven der beiden Papstwahlen des Jahres 1978 lernten sich Karol Wojtyła und Ratzinger persönlich näher kennen. Allerdings schätzten sich die beiden schon länger – seit 1974 schickten sie sich gegenseitig ihre Veröffentlichungen.[2] Beide gehörten sie zu den Autoren der internationalen Theologenzeitschrift «Communio», die als konservative Gegenpublikation zur Fachzeitschrift «Concilium» entstanden war, wo überwiegend Theologen publizierten, die die Reformen des Zweiten Vatikanischen Konzils weiter vorantreiben wollten. Ratzinger wie Wojtyła hielten dies für einen Irrweg. Für sie hatte das Konzil die notwendigen Erneuerungen und Klarstellungen der katholischen Lehre gebracht, aber eben auch die Grenzen markiert, an denen der Reformeifer enden musste: beim Anspruch der Kirche, in grundlegenden Glaubensfragen die Wahrheit zu verkünden, bei ihrer hierarchischen Konstitution und der besonderen Stellung von Priestern, Bischöfen, dem Papst. Forderungen nach einer Demokratisierung der Kirchenstrukturen, nach der Priesterweihe für verheiratete Männer oder für Frauen überschritten aus ihrer Sicht diese Grenzen. Im Streit um Hans Küng war Joseph Ratzinger der wichtigste Verteidiger der Entscheidung, dem Tübinger Theologen die Lehrbefugnis zu entziehen.

Schon gleich nach seiner Wahl hatte Johannes Paul II. den deutschen Kardinal gefragt, ob er als Präfekt der Bildungskongregation nach Rom käme. Ratzinger hatte damals abgesagt – er sei erst seit zwei Jahren in München und wolle nicht schon wieder wechseln. Der Wertschätzung durch den neuen Papst tat das keinen Abbruch: 1980 machte Johannes Paul II. Joseph Ratzinger zum Berichterstatter der Familiensynode, der die Sitzungen der Bischöfe leitete. Und als es dann 1981 um einen der wichtigsten Posten in der katholischen Weltkirche ging, sagte der Münchner Kardinal nicht mehr Nein – weil er sich in der Pflicht sah, weil ihn die Aufgabe offenkundig reizte, letztlich auch weil er in München nicht sehr glücklich war und es viele Konflikte mit selbstbewussten Pfarrern gab, von denen viele dem populären Döpfner nachtrauerten. Joseph Ratzinger ließ seinen Flügel und seine Bibliothek über die Alpen nach Rom schaffen und wurde über ein Vierteljahrhundert zum wichtigsten Mitarbeiter des Papstes in der Kurie.

Die beiden ergänzten sich in vielfältiger Weise. Johannes Paul II. hatte sich als Wissenschaftler vor allem mit der zeitgenössischen Philosophie auseinandergesetzt; seine theologischen Lehrer waren eher traditionell orientiert und wenig profiliert. Joseph Ratzinger dagegen war selber ein weltweit auch von seinen Kritikern geachteter Theologe, ein exzellenter Kenner der antiken Kirchenväter, des Augustinus wie des Thomas von Aquin, aber auch mit den Debatten und Beschlüssen des Zweiten Vatikanischen Konzils vertraut. Der Papst war ein Charismatiker mit politischem Instinkt, sein oberster Theologe ein zurückhaltend freundlicher Gelehrter mit dem Blick fürs Grundsätzliche und tiefer Liebe für die katholische Liturgie, das Verständnis für jene Katholiken eingeschlossen, die der alten, vorkonziliaren Messe nachtrauerten. Wojtyła war ein Optimist, der darauf hoffte, dass der christliche Humanismus die Welt verändern könnte, Ratzingers Blick auf die moderne Welt war skeptisch, manchmal geradezu pessimistisch; er ging davon aus, dass die Christen im Westen künftig eher eine Minderheit in einer säkularisierten Welt sein würden. Beide einte die Einschätzung und Erfahrung, dass ein glaubensstarker, geschlossen auftretender Katholizismus den totalitären Herausforderungen des Nationalsozialismus und des Kommunismus widerstehen könne – und dass er auch das beste Mittel sei, um dem Verlust der kulturellen Wurzeln und religiösen Werte des Westens zu begegnen.

Der Papst und der oberste Theologe seiner Kirche arbeiteten engstens zusammen; der Präfekt der Glaubenskongregation, der in der Hierarchie der Kurie formal hinter dem Kardinalstaatssekretär steht, war bald der wichtigste Mann im Vatikan nach dem Papst. Jeden Freitagabend trafen sich die beiden zum Vier-Augen-Gespräch; häufig nahm Ratzinger auch an der dienstags stattfindenden Mittagsrunde teil, die, in wechselnder Zusammensetzung, Johannes Paul II. in aktuellen innerkirchlichen oder politischen Fragen beriet.

Für viele katholische Theologinnen und Theologen begann mit dem Amtsantritt von Kardinal Ratzinger als Präfekt der Glaubenskongregation eine schwierige Zeit: Für ihn war klar, dass sie im Dienst ihrer Kirche standen, dass die Freiheit ihrer Forschung und Lehre Grenzen hatte – und dass diese Grenzen auch durchzusetzen waren. Unter Papst Paul VI. hatte es nur wenige Lehrverfahren gegen Theologen gegeben, die Zeit der Maßregelungen schien nach dem Zweiten Vatikanischen Konzil vorbei zu sein. Nun aber mussten Theologinnen und Theologen mit Verfahren und Verboten rechnen, wenn sie Thesen der Befreiungstheologie oder der feministischen Theologie vertraten, wenn sie Vorstellungen der fernöstlichen Philosophie oder Elemente afrikanischer Kulturen integrieren wollten oder das Nein zum Frauenpriestertum in Frage stellten. Die Verfahren der Glaubenskongregation waren so undurchsichtig wie damals, als der junge Theologe Ratzinger dem erfahrenen Kardinal Frings die Argumente für eine Reform des Heiligen Offiziums aufschrieb: Es gab keine Akteneinsicht für beschuldigte Theologen, nur unzureichende Begründungspflichten für die Ankläger, keinen Beistand und keine Möglichkeit zur Revision. Manchmal genügte die Denunziation eines empörten Pfarrers oder eines eifersüchtigen Kollegen, genügten der Verdacht und das Gerücht, um Kirchenkarrieren und wissenschaftliche Laufbahnen zu knicken oder ganz zu beenden.

Die Aufwertung des Opus Dei und der Legionäre Christi

Die dramatische Entwicklung in Polen und der allmähliche Niedergang der Sowjetunion zu einer Greisenherrschaft, die nach innen hin erstarrte, außenpolitisch aber nach wie vor, wie nicht nur der Einmarsch in Afghanistan zeigte, eine aggressive Großmachtpolitik betrieb, dürfte Johannes Paul II. in seiner Überzeugung bestärkt haben, dass es mit dem Kommunismus keinen Modus Vivendi geben könne. Er sah es als Aufgabe der katholischen Kirche an, die Gesellschaft mit den christlichen Vorstellungen vom Menschen zu durchdringen und eine christliche Politik gegen die sozialistischen Ideen auch in der westlichen Welt zu stärken. Das Opus Dei passte bestens in die Vorstellungen des Papstes, der das Werk seit den siebziger Jahren kannte und schätzte. Der spanische Priester Josemaría Escrivá hatte 1928 eine Gemeinschaft vor allem von Laien gegründet, getrennt in einen

Frauen- und einen Männerzweig. Die Mitglieder des «Werkes Gottes», wie Escrivá die Gemeinschaft später nannte, sollten den Alltag heiligen – also nicht in einem abgeschiedenen Orden, sondern im täglichen Leben durch Gebet und Tat Jesu Auftrag gerecht werden, das Evangelium zu verkünden. 1934 veröffentlichte Escrivá seine schmale Grundsatzschrift «Der Weg»; er propagierte dort in martialischer Sprache die Abtötung der eigenen Begierden und Bedürfnisse, eine Leistungsreligiosität, der das Gute nicht gut genug war, und den Kampf gegen die Feinde des Christentums, bei dem es auch erlaubt war, über die wahren Ziele und Absichten zu täuschen. Im Spanischen Bürgerkrieg lebte der Opus-Dei-Gründer zunächst im Untergrund im republikanisch beherrschten Madrid, bevor es ihm gelang, auf die Seite Francos zu fliehen. Das Opus Dei, das vornehmlich unter der konservativen und reaktionären Elite des Landes um Anhänger warb, wurde zu einer Stütze des Franco-Regimes. Escrivá organisierte die Gemeinschaft straff; die Numerarier wohnten ehelos und ohne eigenen Besitz gemeinsam in Zentren, die Supernumerarier, die ihr normales bürgerliches Leben behielten, orientierten sich an den Maßgaben der Zentren. Es gab Listen mit verbotenen und erlaubten Büchern; mit Selbstgeißelungen und schmerzenden «Bußgürteln» um den Oberschenkel hofften viele Mitglieder, eine «Sühneleistung» für die Sünden der Welt zu erbringen und Selbstdisziplin zu üben. Ein eigener Priesterzweig wachte über das Glaubensleben der Mitglieder und versuchte, Karriere in der Kirche zu machen. Aussteiger und Kritiker berichten von sektenhaften Strukturen, die sich über die Jahre gemäßigt haben sollen, aber auch heute noch nicht ganz überwunden sind.

Wie konnte es sein, dass Papst Johannes Paul II., der in seinen theologischen Schriften wie in seinem Handeln in Polen so konsequent für die Freiheit der Person eingetreten war, mit einer Organisation sympathisierte, in der das einzelne Mitglied seine Persönlichkeit aufgeben sollte? Wie konnte er als Verteidiger der Menschenrechte das Opus Dei aufwerten, das bis zum Schluss sich nicht von der Franco-Diktatur distanzierte und nach dem Putsch 1973 in Chile zu den Stützen der mörderischen Pinochet-Diktatur gehörte? Gründe dafür gibt es mehrere: Das Opus Dei stand dem Kommunismus ähnlich fundamental ablehnend gegenüber wie der Papst, in einer Zeit, in der in der westlichen Politik, aber auch in der katholischen Kirche viele auf eine mehr oder weniger friedliche Koexistenz der Systeme bauten. Darüber hinaus lebte die Gemeinschaft des Josemaría Escrivá aus einer Laien-Spiritualität heraus, die jener des Schneiders Jan Tyranowski glich: Der Christ soll sich in der Welt bewähren und sie nach christlichen Maßstäben formen, er soll sich ganz der Sache Jesu verschreiben, Distanz und Zweifel hinter sich lassen. Und dann gefiel dem Papst, wie bedingungslos loyal sich das Opus Dei hinter ihn und seine Ziele stellte, anders als zum Beispiel der Jesuitenorden, in dem es bis hinauf in die Spitze der Gemeinschaft Kritiker des neuen Kurses gab. Die Kirche war für ihn Partei im Kampf um die bestimmende Kultur der Zukunft; innerkirchlicher Pluralismus war ihm fremd, die Existenz gleichberechtigter Wege zur Wahrheitsfindung konnte es nicht geben.

Am 28. November 1982 machte eine Apostolische Konstitution das Opus Dei zur ersten Personalprälatur der katholischen Kirche. Das Werk war damit eine Art Bistum ohne Territorium geworden und nur dem Papst gegenüber verantwortlich, der jeweilige Ortsbischof konnte nicht mehr bestimmen, was es zu tun oder zu lassen hatte. In der Folge erstarkte das Opus Dei vor allem in den spanischsprachigen Ländern. Aber überall auf der Welt taten Bischöfe gut daran, sich nicht allzu offen gegen das Opus Dei zu stellen, erst Recht nach der Seligsprechung Josemaría Escrivás 1992 und seiner Heiligsprechung zehn Jahre später. Im Vatikan übernahmen zunehmend gut ausgebildete Angehörige des Werks Aufgaben, die bislang Jesuitenpatres erledigt hatten, die Dolmetsch- und Übersetzungsdienste zum Beispiel – was oft bedeutete, dass das Opus Dei früher und besser über Vorgänge im Vatikan informiert war als die meisten Kardinäle.

Insgesamt bestimmte das Opus Dei die Regierungszeit von Papst Johannes Paul II. weniger, als es sich erhoffte und seine zahlreichen (manchmal verschwörungstheoretischen) Kritiker befürchteten. Die Erhebung zur Personalprälatur war dennoch eine Richtungsentscheidung und ein Signal: Der Papst war bereit, auch in problematischer Weise autoritär geführte Gruppen zu akzeptieren, wenn sie ihm als geeignet für die Auseinandersetzung mit dem gegnerischen

Teil der Welt erschienen. Immer wieder förderte er neue Gemeinschaften, die neben den traditionellen Orden entstanden und ihre Mitglieder zu besonderer Papst- und Kirchentreue anhielten. Verheerend war die päpstliche Unterstützung für die militanten Legionäre Christi, gegründet 1941 von dem mexikanischen Priesterseminaristen Marcial Maciel, die 1983 die unbegrenzte Anerkennung als Kongregation päpstlichen Rechts erhielten. Marciel begleitete den Papst auf seinen Mexiko-Reisen 1979, 1990 und 1993, immer wieder lobte Johannes Paul II. die Arbeit und die Schriften des Legionäre-Gründers. Dabei waren seit den fünfziger Jahren Vorwürfe des Drogenmissbrauchs bekannt; seit den siebziger Jahren gab es Berichte, Marciel verübe sexuelle Gewalt an Kindern und Jugendlichen; zudem habe er mehrere Kinder gezeugt. Doch alle Berichte wurden im Vatikan unterschlagen und vertuscht; noch 2002 verhinderte Papst Johannes Paul II., dass Joseph Ratzinger, der als Chef der Glaubenskongregation für Fälle von sexuellem Missbrauch in der Kirche zuständig war, gegen Marciel ermittelte.

Die Kirche und ihre Funktionäre zu schützen, war in vielen Fällen dem Papst wichtiger als die Moral – das zeigte sich auch im Skandal um den Zusammenbruch der Banco Ambrosiano 1982. Im Juni fand man den Präsidenten Roberto Calvi erhängt unter der Blackfriars Bridge in London; am selben Tag stürzte seine Sekretärin in Mailand aus dem Fenster eines Bankgebäudes und starb. Ob Mord oder Selbstmord ist in beiden Fällen bis heute nicht geklärt. Die Ambrosiano-Bank hatte enge Geschäftsbeziehungen zum Istituto per le Opere di Religione, der Vatikanbank, deren Direktor der amerikanische Kurien-Erzbischof Paul Casimir Marcinkus war. Es stellte sich heraus, dass Calvi auch mit Hilfe der Vatikanbank Geisterbanken gegründet hatte, um seine Geschäfte zu verschleiern, und dass über ein gemeinsam mit Marcinkus geführtes Institut Drogengeld aus Lateinamerika gewaschen worden war. Die Vatikanbank zahlte mehr als 240 Millionen US-Dollar «in Anerkennung moralischer Mitbeteiligung»; gegen den Direktor der Vatikanbank erließen die italienischen Behörden einen Haftbefehl. Vollstreckt werden konnte er nicht: Der Papst, der in seinen Sozialenzykliken den Vorrang der Arbeit vor dem Kapital forderte, schützte Marcinkus im Vatikanstaat vor der Verhaftung.

Die Szene vom März 1983 hatte symbolischen Charakter. Ein schmaler Mann im weißen Hemd und schwarzer Hose, mit weißen Haaren und weißem Bart, in der Hand die schwarze Baskenmütze, die er sonst immer trägt, kniet auf dem Flughafen von Managua vor Papst Johannes Paul II. Der Papst, im weißen Gewand und mit windzerzaustem Haar, hat mahnend den Zeigefinger auf den Knienden gerichtet. «Klären Sie Ihre Angelegenheiten mit der Kirche!», soll er gesagt haben – es gibt unterschiedliche Überlieferungen, ob der Papst drohend klang oder freundlich mahnend.

Der Kniende war Ernesto Cardenal, Kultusminister der in Nicaragua regierenden sozialistischen Sandinistischen Nationalen Befreiungsfront FSLN, einer der bedeutendsten Dichter des Landes – und katholischer Priester. Er stammte aus einer wohlhabenden Familie, hatte in Mexiko, New York und Kolumbien Literaturwissenschaft und Theologe studiert. Zurück in Nicaragua hatte er sich der Opposition gegen den nicaraguanischen Diktator Anastasio Somoza García angeschlossen und hatte zeitweise in die USA fliehen müssen; dort war er Trappistenmönch geworden. Auf dem Solentiname-Archipel im Nicaraguasee hatte er 1965 eine Basisgemeinde gegründet, wo Bauern, Handwerker und Intellektuelle nach urchristlichem Vorbild zusammenlebten; sein Buch «Das Evangelium der Bauern von Solentiname», erschienen 1975, hatte ihn weltweit bekannt gemacht. Somozas Soldaten, verantwortlich für Tausende Tote in einem blutigen Bürgerkrieg, zerstörten die Gemeinde. Als die Sandinisten im Juli 1979 den korrupten und mörderischen Diktator vertrieben, machten sie Ernesto Cardenal zum Bildungsminister.

Darf ein katholischer Priester Politiker, gar Minister sein – und dann noch in einer revolutionären sozialistischen Regierung? Für Ernesto Cardenal und viele lateinamerikanische Befreiungstheologen lautete die Antwort: Ja. Die Kirche habe Partei zu ergreifen für die Armen und Unterdrückten, der einzelne Christ könne nicht für Frieden und Gerechtigkeit beten, ohne dem Taten folgen zu lassen. Und wenn in Nicaragua, El Salvador, Guatemala, Chile oder Argentinien

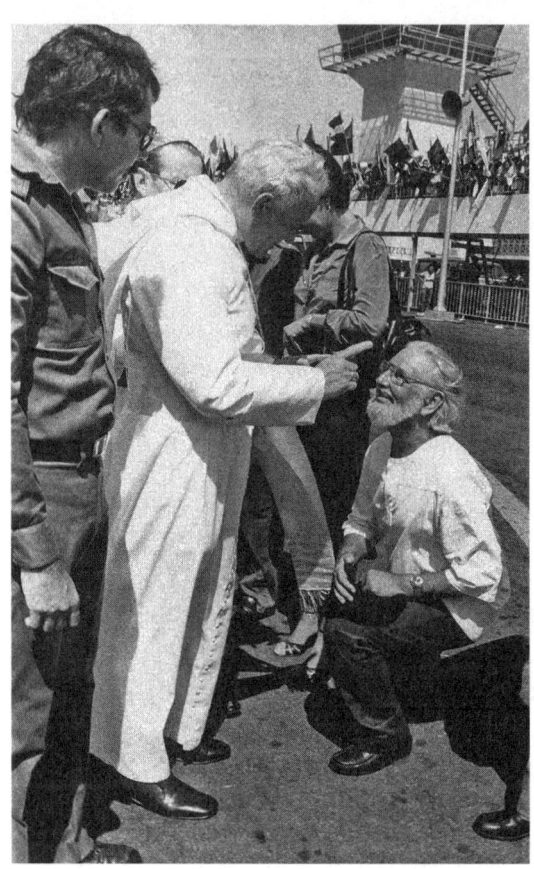

*Begegnung mit
Ernesto Cardenal auf
dem Flughafen von
Managua*

Diktatoren herrschten, die die schmale reiche Oberschicht immer
reicher werden ließen und den Armen Todesschwadronen schickten,
dann sei das eine strukturelle Sünde, die die katholische Kirche nicht
hinnehmen dürfe. 1968 hatten die Bischöfe Lateinamerikas auf ihrer
Versammlung im kolumbianischen Medellín erklärt, die Kirche müsse
«mit Nachdruck diejenigen Zustände Lateinamerikas anklagen, die
eine Beleidigung des Geistes des Evangeliums darstellen», und an der
Seite der Armen stehen.[3] Im Januar 1979, im mexikanischen Puebla,
hatten sie eine «vorrangige Option für die Armen» beschlossen.
«Diese Option, die durch die Ärgernis erregende Realität des wirtschaftlichen Ungleichgewichts in Lateinamerika erfordert wird, muss

dazu führen, ein würdiges und brüderliches Zusammenleben zu begründen und eine gerechte und freie Gesellschaft aufzubauen», hieß es im Abschlussdokument.[4]

Doch schon in Puebla stritten die Bischöfe, welche Konsequenzen diese «Option für die Armen» haben sollte. Für die Brasilianer Aloísio Lorscheider und Paulo Evaristo Arns zum Beispiel war klar, dass dies auch politisches Engagement bedeutete: Arns hatte seinen Bischofssitz verkauft und das Geld in ein Armenprojekt gesteckt; er prangerte die Foltermethoden der brasilianischen Militärdiktatur an und wurde dafür mit dem Tod bedroht. Konservativen Bischöfen, an ihrer Spitze Alfonso López Trujillo, Erzbischof von Medellín und Sekretär der lateinamerikanischen Bischofskonferenz, ging das zu weit. Selbstverständlich sollte aus ihrer Sicht die Kirche den Armen helfen, sie sollte sich aber nicht politisch engagieren, gar in sozialistischen Regierungen oder marxistischen Guerilla-Truppen. Sie fanden Unterstützung im neuen Papst Johannes Paul II., der auf seiner ersten Reise außerhalb Italiens im Januar 1979 die Konferenz in Puebla eröffnete. Er fand in dieser Ansprache starke Worte gegen die «Kultur des Todes», die durch die soziale Ungleichheit und politische Unterdrückung entstehe, doch warnte er auch davor, die katholische Soziallehre zu missachten, die den gewaltsamen Umsturz ablehnt. «Die Kirche ist in der Lage, die Herzen umzuformen sowie Systeme und Strukturen zu vermenschlichen», sagte er und mahnte, Priester sollten sich «nur im Rahmen ihrer religiösen Sendung» für die Menschenrechte engagieren.[5]

Auch die Bischofskonferenz distanzierte sich, zur Enttäuschung manches Befreiungstheologen, vom gewaltsamen Umsturz, von Priestern, die sich parteipolitisch engagieren, von der Übernahme marxistischer Doktrinen in die Theologie. Allerdings dachten auch die Befreiungstheologen sehr unterschiedlich: Gustavo Gutiérrez aus Peru, dessen Buch «Theologie der Befreiung» 1971 der gesamten Richtung den Namen gegeben hatte, lehnte gewaltsame Umstürze ab und sah den Marxismus als eine von mehreren Möglichkeiten, soziale Ungerechtigkeit zu analysieren; Ernesto Cardenal erschien es dagegen notwendig, die sandinistische Revolution zu unterstützen.

Vier Jahre später, bei der Reise des Papstes nach Lateinamerika 1983, hatte sich die Lage zugespitzt und kompliziert. Am 24. März 1980 erschossen von der salvadorianischen Armee beauftragte Killer Óscar Romero, den Erzbischof von San Salvador, während er die Messe zelebrierte. Romero hatte sich vom Verbündeten der herrschenden Elite zum schärfsten Kritiker der Verhältnisse in dem mittelamerikanischen Land gewandt; sein Tod war der Auslöser für einen Bürgerkrieg, der mehr als 75 000 Menschenleben kostete. 1979 hatte Romero um eine Audienz beim neuen Papst Johannes Paul II. gebeten und im April nach einigem Drängen und Warten auch bekommen. Sie verlief enttäuschend: Der Papst nahm Unterlagen über eine Verleumdungskampagne der Militärregierung gegen ihn und über die zahlreichen Menschenrechtsverletzungen im Land gar nicht zur Kenntnis und ermahnte ihn stattdessen, sich vor dem Marxismus zu hüten und mehr für die Einheit der Kirche zu tun. Eine zweite Begegnung Anfang 1980 verlief erfreulicher. Trotzdem blieb nach der Ermordung der Eindruck, dass einige der einflussreichsten Feinde des Erzbischofs im Vatikan gesessen hätten; der Militärregierung sei auf diese Weise signalisiert worden, dass die Empörung in Rom sich in Grenzen halten würde, wenn der unbequeme Kirchenmann erschossen würde.[6]

Doch auch Nicaragua taugte im Jahr vier der sandinistischen Revolution nicht mehr zum Vorbild, weder für die Befreiungstheologie noch für die europäische Linke, die tapfer bitteren Nicaragua-Kaffee trank, um den Sandinisten zu helfen. Im Kampf mit den von den USA und seinen Geheimdiensten finanzierten und logistisch gestützten Contra-Rebellen und in der Auseinandersetzung mit der Opposition setzte die Revolutionsregierung zunehmend Bürgerrechte außer Kraft und verletzte, zum Beispiel durch die Zwangsumsiedlung der indigenen Völker in den Kampfgebieten, selber Menschenrechte; die Berater aus Kuba, der Sowjetunion und der DDR zeigten: Das Land war zum Spielball im Kalten Krieg geworden. Die einst von der breiten Mehrheit der Bevölkerung getragene Bewegung war zunehmend autoritär und korrupt geworden. Das sollte auch der Kultusminister Ernesto Cardenal zu spüren bekommen: 1987 wurde sein Ministerium aufgelöst, angeblich aus Kostengründen. 1994 trat er aus der FSLN aus, aus Protest gegen den autoritären Führungsstil des Parteichefs Daniel Ortega.

Konfrontation mit den Sandinisten

In dieser Situation wurde die Reise Johannes Pauls II. in insgesamt acht Länder Mittelamerikas die schwierigste seiner bisherigen Amtszeit. In Nicaragua waren die Spannungen zwischen der sandinistischen Regierung und dem Papst auf Schritt und Tritt zu spüren: «Willkommen im freien Nicaragua. Dank Gott und der Revolution», stand auf dem Transparent am Flughafen in Managua. Auf dem «Platz des 19. März», wo sich Hunderttausende zur größten Versammlung in der Geschichte des Landes versammelt hatten, fehlte ein Kreuz, stattdessen prangten dort große Fotografien sandinistischer Kommandanten. Johannes Paul II. predigte über die Einheit der Kirche, die sich nicht in eine Kirche von oben und eine von unten spalten lassen dürfe, und sei es aus noch so guten Motiven. Viele in der Menge, so erinnerte sich Ernesto Cardenal, seien – nachdem sie anfänglich applaudiert hätten – zunehmend ungehalten über die Rede gewesen, die sie als gegen die Volkskirche in Nicaragua gerichtet empfunden hätten. Sie hätten auch gehofft, dass Johannes Paul II. den Krieg der Contras gegen die Regierung erwähnte – gerade erst hatten die rechten Guerilleros 17 wehrlose Jugendliche getötet. Über all dies aber verlor der Besucher aus Rom kein Wort. Sprechchöre «Wir wollen Frieden!» hallten über den Platz, inwieweit sie spontan entstanden oder auch von Parteifunktionären initiiert waren, ist umstritten – jedenfalls wurden sie immer lauter. «Silencio!», rief der Papst mehrfach ins Mikrofon, doch es gab keine Ruhe; der Schlusssegen ging in der Sandinisten-Hymne unter, die in der Menge angestimmt wurde.[7]

Jahre später wurde bekannt, dass der polnische Geheimdienst eine Gruppe Techniker nach Managua geschickt hatte. Sie hatten den Auftrag, die Lautsprecheranlage so einzustellen, dass die Worte des Papstes bei der Masse der Gläubigen nur verzerrt und zerhackt ankamen. Überdies hatte das Regime dafür gesorgt, dass Parteigenossen die ersten Sektionen des «Platzes des 19. März» besetzten; sie hatten nach den Erinnerungen Dziwiszs offenkundig die Anweisung bekommen, durch Gesänge und Sprechchöre die Messfeier zu stören.[8]

Die nächste Station der Reise war El Salvador. Dort wurde Johannes Paul II. von der gesamten Militärführung empfangen – Roberto D'Aubuisson, Chef der ultrarechten Arena-Partei und mutmaßlicher Auftraggeber der Romero-Mörder, erhielt vom Papst den Händedruck, den dieser in Managua Ernesto Cardenal verweigert hatte. Allerdings entschloss sich Johannes Paul II. dort zu einer spontanen Geste, die den Militärmachthabern gar nicht gefiel: Er besuchte das Grab von Erzbischof Romero. Sein Andenken müsse «immer respektiert werden», sagte er in San Salvador – demonstrativ jubelten seine Zuhörer, auf der Ehrentribüne rührte sich keine Hand zum Applaus. Erst als der Papst sagte, Romeros Opfer dürfe nicht für ideologische Zwecke missbraucht werden, kam von dort Zustimmung.[9]

Trotz dieser demonstrativen Ehrung für Romero, der schon damals in ganz Lateinamerika als Märtyrer und Heiliger verehrt wurde, markierte die Reise von 1983 den Bruch Johannes Pauls II. mit der Befreiungstheologie. Dabei lagen ihre Vertreter und der Papst nahe beieinander in ihrer Kritik an einem zügellosen Kapitalismus, der den Menschen zum Objekt und zur Ware macht; Papst und Befreiungstheologen einte die Überzeugung, dass die Kirche für die Rechte der Armen eintreten und auch dann gegen Menschenrechtsverletzungen protestieren müsse, wenn sie angeblich im Namen der freien westlichen Welt begangen werden. Auch dass Johannes Paul II. den gewaltsamen Umsturz und das revolutionäre Engagement von Priestern ablehnte, trennte ihn bei weitem nicht von allen Befreiungstheologen.

Es war letztlich das unterschiedliche Verhältnis zum Marxismus, das den Bruch irreparabel machte. Für die meisten Befreiungstheologen waren gewaltsam aufrecht erhaltene Klassengegensätze sowie eine in Monopolen und Oligopolen organisierte Wirtschaft schlicht die Realität, die sie erlebten; die Vereinigten Staaten und die von US-Präsident Ronald Reagan vertretene radikalliberale Wirtschafts- und nationale Interessenpolitik waren für sie kein Garant der Freiheit, der Demokratie und des Wohlstands. Die USA, ihre Geheimdienste

Rigider Kurs nach innen, Dialog nach außen

und ihre großen Konzerne standen an der Seite der Diktatoren und der Folterer, der reichen Grundbesitzer und der korrupten Eliten. Dagegen setzten die Befreiungstheologen auf urchristlich-sozialistische Gemeinde-, Kirchen- und Gesellschaftsmodelle und probierten sie auch in den Basisgemeinden aus, in den Armenvierteln der Städte und bei den armen Bauern auf dem Land. Viele Priester und Ordensleute gerieten so in die Konflikte um die Landverteilung oder um Streiks, Hunderte wurden ermordet, weil sie auf diese Weise Partei ergriffen.

Der Papst aus der realsozialistischen Diktatur dagegen hatte den Marxismus als existenzielle Bedrohung der menschlichen Person und Freiheit erfahren. Der Marxismus mit seinem Materialismus hatte in seinen Augen ein grundsätzlich falsches Bild vom Menschen und seiner Würde und war deshalb von seinem Wesen her unvereinbar mit der Lehre der katholischen Kirche. Jede marxistische Geschichts- und Gesellschaftsanalyse musste deshalb nach seiner Ansicht in die Irre führen, auch wenn sie aktuell Teile der Wirklichkeit zu beschreiben schien. Und so war auch jede Befreiungstheologie für ihn ein Irrweg, sofern sie sich nicht klar vom Marxismus distanzierte, wie es zum Beispiel die argentinische «Theologie des Volkes» tat. Dass für manchen lateinamerikanischen Theologen durchaus naiv der Sozialismus für alles Gute und der Kapitalismus für alles Böse stand, verstärkte das Misstrauen des Papstes.

Hinzu kam, dass Theologen wie Leonardo Boff aus Brasilien in seinem Buch «Kirche, Charisma und Macht» die katholische Kirche selber nach befreiungstheologische Kategorien analysierten: Wer war oben und wer unten, wie ging diese Kirche mit der ihr verliehenen Macht um, müssten nicht auch basisdemokratische Elemente in der Kirche möglich sein? Dagegen aber erhob Kardinal Ratzinger Einspruch, der Präfekt der Glaubenskongregation, der wie Johannes Paul II. die Auffassung vertrat, die katholische Kirche dürfe sich nicht politischen Ideologien wie dem Sozialismus und dem Marxismus öffnen, sondern müsse in klarer Distanz zu allen innerweltlichen Erlösungsideologien stehen.

Im August 1984 veröffentlichte die Glaubenskongregation die «Instruktion über einige Aspekte der Theologie der Befreiung».[10] Der

Text betont zwar, dass niemand verurteilt werden solle, der «hochher-
zig und im authentischen Geist des Evangeliums» sich für die Armen
einsetze und Ungerechtigkeiten anprangere. Er warnt aber vor den
«Gefahren der Abweichungen, die den Glauben und das christliche
Leben zerstören, wie sie gewisse Formen der Theologie der Befreiung
enthalten, die in ungenügend kritischer Weise ihre Zuflucht zu Kon-
zepten nehmen, die von verschiedenen Strömen des marxistischen
Denkens gespeist sind». Der Text verurteilt scharf alle Tendenzen, die
marxistische Geschichts- und Gesellschaftsanalyse in die Theologie
zu übertragen, das Böse und die Sünde «vorrangig und allein in den
ökonomischen, sozialen und politischen ‹Strukturen› zu orten», und
die biblische Botschaft darauf zu verkürzen, Gewalt als Mittel der
Veränderung zu bejahen. Die harschen Formulierungen, die dann
aber doch keinen bestimmten Theologen oder ein bestimmtes Werk
benennen, erweckten den Eindruck, hier werde die theologische Entwicklung eines ganzen Kontinents und eines ganzen Jahrzehnts
grundsätzlich, pauschal und auch klischeehaft verurteilt. Dass ein
weiteres Papier 1986 sehr viel differenzierter urteilte und auch Johannes Paul II. später die Befreiungstheologie als notwendig bezeichnete,
konnte diesen Eindruck nicht korrigieren.

Das lag auch daran, dass der Vatikan immer wieder Befreiungstheologen maßregelte. 1985 suspendierte Johannes Paul II. Ernesto
Cardenal vom Priesteramt – erst Papst Franziskus hob 29 Jahre später diese Suspendierung wieder auf. Im gleichen Jahr belegte die
Glaubenskongregation Leonardo Boff mit einem einjährigen «Buß-
schweigen», einem Rede- und Auftrittsverbot. Andere Theologen
wie Gustavo Gutiérrez, der brasilianische Amazonas-Bischof Erwin
Kräutler oder der mexikanische Indio-Bischof Samuel Ruiz mussten
sich immer wieder in Rom rechtfertigen. Noch im Jahr 2007 verurteilte der Vatikan einige Thesen des Theologen Jon Sobrino aus El
Salvador. Sobrino war nur durch Zufall dem Überfall einer Todes-
schwadron der Armee auf seine Jesuitengemeinschaft entkommen,
bei dem sechs Mitbrüder, eine Hausangestellte und ihre Tochter
starben. Zudem ernannte Johannes Paul II. in Lateinamerika bevor-
zugt konservative Bischöfe, die der Befreiungstheologie bestenfalls
neutral, öfter aber ablehnend bis feindlich gegenüberstanden, die

Rigider Kurs nach innen, Dialog nach außen

mit dem Opus Dei sympathisierten, mit den Diktatoren und Grund-besitzern. Bei der lateinamerikanischen Bischofssynode 1992 in Santo Domingo traten keine prominenten Befreiungstheologen mehr auf; der politische, ökonomische und moralische Bankrott des Staatssozia-lismus hatte ihren Kritikern weiteren Auftrieb gegeben. Die katho-lische Kirche des Kontinents verlor ab den neunziger Jahren an Anziehungskraft, evangelikale Gemeinschaften und Pfingstkirchen, gefördert aus den USA, gewannen an Zulauf.

Groß war dagegen die kirchliche Unterstützung der friedlichen Revo-lution gegen den diktatorischen Präsidenten der überwiegend katho-lischen Philippinen, Ferdinand Marcos, die 1985 begann – Johannes Paul II. und Kardinal Jamine Sin unterstützten offen die Oppositions-politikerin Corazón Aquino; der katholische Sender «Radio Veritas» wurde zur Stimme der Volksbewegung, vor allem nach den offenkun-dig gefälschten Wahlen vom Februar 1985. Allerdings hatte der Um-sturz auch keine Veränderung der sozialen Verhältnisse im Sinn und richtete sich gegen einen Diktator, der auch von den lange verbünde-ten USA fallen gelassen wurde. Jeglicher Marxismusverdacht schied von vornherein aus.[11]

Ein revolutionäres Treffen in Assisi

Es war ein in der Geschichte noch nicht dagewesenes Bild, das sich am Abend des 27. Oktober 1986 in Assisi bot. Vor der mittelalter-lichen Kirche, die dort gebaut worden war, wo einst Franz von Assisi gelebt hatte, der Heilige der Armut und des Friedens mit Mensch und Natur, hatten sich nach einem Tag des getrennten Gebets und des Fastens 150 Repräsentanten aus zwölf Religionsgemeinschaften versammelt: Juden, Muslime, Buddhisten, Hindus und Sikhs, Ange-hörige der verschiedenen christlichen Bekenntnisse und von Natur-religionen. Der Dalai Lama war gekommen, der römische Großrabbi-ner Elio Toaff und Inamullah Khan für den Islamischen Weltkongress. Man sah Männer in orangenen Gewändern und mit Federschmuck auf dem Kopf, in der Mitte, weiß gekleidet, Papst Johannes Paul II. Auf seine Einladung hin waren sie zu einem gemeinsamen Tag der Reflexion, der Meditation und des Gebets für den Frieden nach Assisi gekommen – in der Tradition des Heiligen Franziskus, der, gegen die Kreuzzugsvorbereitungen der Päpste Innozenz II. und Honorius II., das Gespräch mit dem Sultan Muhammad al-Kamil gesucht hatte. Es war ein Zeichen gegen die jahrhundertelange Konkurrenz und das gegenseitige Misstrauen der Religionen, aber auch gegen die aktuellen Verhärtungen nach dem Sieg der iranischen Revolution 1979, die weltweit den fundamentalistischen Islam gestärkt und auch den Nahostkonflikt verschärft hatte.

«Zum ersten Mal in der Geschichte sind wir, christliche Kirchen und kirchliche Gemeinschaften und Weltreligionen, von überall her zusammengekommen an diesem heiligen, dem Heiligen Franziskus geweihten Ort, um vor der Welt jeder entsprechend seiner eigenen Überzeugung vom transzendenten Wert des Friedens Zeugnis zu geben», sagte Johannes Paul II. Er sprach von der Freiheit des Gewissens, das die Religionen verbinde, und vom Schutz des Lebens vom Beginn bis zum Tod. «Der Friede übersteigt die menschlichen Kräfte weit, besonders in der gegenwärtigen Lage der Welt, deshalb ist seine Quelle und Verwirklichung in jener Wirklichkeit zu suchen, die über uns allen ist. Das ist der Grund, warum ein jeder von uns um Frieden betet», erklärte er. Er bekannte, dass auch die katholische Kirche nicht immer Frieden gestiftet habe und deshalb die Begegnung in Assisi auch ein Bußakt sei. Die Welt warte auf die Propheten und Erbauer des Friedens, sagte der Papst den Religionsvertretern und endete mit dem Friedensgebet im Geist des Franziskus: «Herr, mache mich zum Werkzeug Deines Friedens, dass ich liebe, wo man hasst!»[12]

Gegen das Treffen in Assisi hatte es im Vatikan große Bedenken gegeben: Können einfach Religionsvertreter mit derart unterschiedlichen Vorstellungen von dem, wer oder was Gott ist und wie man zu ihm in Kontakt treten soll, gemeinsam beten? Täuscht das nicht über die Unterschiede der Religionen hinweg, vermischt es sie nicht, wenn auch aus besten Motiven heraus? Auch Kardinal Ratzinger, der Präfekt der Glaubenskongregation, soll im Vorfeld des Treffens sehr skeptisch gewesen sein; entsprechend kompliziert waren die Vorbereitungen. Die Basisgemeinde Sant'Egidio aus dem römischen Stadtteil Trastevere, die sich seit eineinhalb Jahrzehnten neben ihrer sozialen Arbeit auch im Dialog der Religionen engagierte, nutzte ihre guten Kontakte vor allem zu ranghohen jüdischen und muslimischen Vertretern. Es wurde vereinbart, dass zunächst die Vertreter der verschiedenen Religionen getrennt beten und meditieren sollten; nur zum Beginn und zum Schluss sollten sich alle Religionsvertreter versammeln. War die Sorge vor der Religionsvermischung vor allem von konservativen Kirchenkreisen geäußert worden, kam die Kritik an diesem Ablauf vor allem von liberaler Seite: Statt konkreter Selbstverpflichtungen und Überwindung des Trennenden bete jeder quasi in seiner Nische für den Frieden.

Es lag am Papst, dass das Treffen allen Widerständen und aller Kritik zum Trotz zustande kam – und zum Erfolg wurde: Johannes Paul II. setzte sich einfach über alle innerkirchlichen Bedenken hinweg. Wie wichtig ihm das Anliegen war, zeigte sich auch daran, wie er am 25. Januar 1986 das Friedensgebet ankündigte: Er tat es in der Kirche St. Paul vor den Mauern, dort, wo auf den Tag genau 25 Jahre zuvor Papst Johannes XXIII. das Zweite Vatikanische Konzil angekündigt hatte. Genauso symbolisch berief er sich dabei auf das Dokument «Nostra aetate», mit dem das Konzil erklärt hatte, dass auch andere Religionen als die christliche Wege zum Heil darstellen könnten; Karol Wojtyła hatte seinerzeit an der Entstehung der Erklärung über das Verhältnis zu den nichtchristlichen Religionen mitgearbeitet. Bei all seiner festen Überzeugung, dass die katholische Kirche den wahren Glauben in seiner Fülle vertritt, waren für ihn die nichtchristlichen Religionen, vor allem das Judentum und der Islam, wichtige Verbündete bei der Schaffung und Verteidigung einer Kultur, die über den reinen Materialismus hinausging, die Wert und Würde des Menschen als göttlich gegeben ansah. Für Frieden und Gerechtigkeit, für den Schutz der Familie und des Lebens von der Entstehung bis zum Tod sollten aus seiner Sicht die Religionen gemeinsam einstehen, allen Unterschieden zum Trotz.

Anders als die meisten Kurienkardinäle war Karol Wojtyła mit Menschen einer anderen Religion aufgewachsen, mit jüdischen Freunden, deren Freundschaft ein Leben lang hielt – anders auch als sein Cheftheologe Ratzinger, der erst als Wissenschaftler Vertreter des Judentums und des Islams traf. Das prägte den Papst aus Polen, das ließ ihn im interreligiösen Dialog mutigere Schritte gehen als alle seine Vorgänger. Im April 1986 besuchte er die römische Synagoge – es waren nur wenige Kilometer vom Vatikan auf die andere Tiber-Seite, und doch war es, wie ein Fernsehkommentator anmerkte, eine Reise, die 2000 Jahre gedauert habe. 1555 hatte Papst Paul IV. die Errichtung des jüdischen Ghettos angeordnet, in dem die Juden bis 1870 eingepfercht leben mussten; nun küssten der Papst und der Großrabbiner Elio Toaff sich auf die Wangen und gingen, begleitet vom Halleluja-Gesang, nach vorne. In seiner Rede beklagte Johannes Paul die Diskriminierungen und das Leid, das Juden auch durch Christen zugefügt worden sei. Er stellte klar, dass die katholische Kirche Juden seit «Nostra aetate» nicht mehr als verworfen oder verflucht ansehe, sondern vielmehr als Geschwister im Glauben. «Ihr seid unsere bevorzugten Brüder und, so könnte man gewissermaßen sagen, unsere älteren Brüder», sagte er. Er verurteilte «alle Ausdrucksformen des Antisemitismus gegen Juden in allen Zeiten und von welcher Seite auch immer – ich wiederhole: von welcher Seite auch immer». Die beeindruckende Zeremonie war der Beginn zahlreicher Begegnungen des Papstes mit jüdischen Vertretern, der Satz von den Juden als den «älteren Brüdern» der Christen wurde zur feststehenden Formel für den Dialog zwischen Christen und Juden. Die Aufnahme diplomatischer Beziehungen zu Israel erfolgte jedoch erst 1993 – unter anderem hatte der Status Jerusalems die Verhandlungen lange blockiert: Der Vatikan sah die seit 1967 von Israel vollständig eroberte Stadt als Heimat von Palästinensern wie Israelis an und forderte einen internationalen Status, Israel dagegen sah Jerusalem als seine Hauptstadt an.

Auch der Dialog mit dem Islam war Johannes Paul II. ein wichtiges Anliegen. Immer wieder führten ihn seine Reisen in überwiegend muslimische Länder. Schon 1979 flog er nach Istanbul in die Türkei, vor allem, um den dortigen orthodoxen Patriarchen zu besuchen, der als *Primus inter pares* unter den Oberhäuptern aller Ostkirchen gilt, und um das ökumenische Gespräch mit der Orthodoxie zu fördern – aber auch dort betonte er, dass der Islam und die katholische Kirche vielfach gleiche Werte verträten, vor allem das Streben nach dem Guten. 1982, in Nigeria, plädierte er für den interreligiösen Dialog als «Vorkämpfer des Grundsatzes und der praktischen Verwirklichung der religiösen Freiheit» und dafür, dass Muslime und Christen gemeinsam für den Erhalt und die Wertschätzung der Familie eintreten sollten. Ein Höhepunkt in den Begegnungen war die Reise nach Marokko im August 1985: Mehr als 100 000 überwiegend muslimische Jugendliche jubelten im Stadion von Casablanca dem Oberhaupt der katholischen Kirche zu, der sie mit seinem Charme und seiner Spontaneität begeisterte. «Christen und Muslime haben vieles gemeinsam als Gläubige und als Menschen», sage er ihnen, «wir leben in der gleichen Welt, die durch viele Zeichen der Hoffnung, aber auch der Angst gekennzeichnet ist.» Weil Christen und Muslime an denselben Gott glaubten, komme er «heute als Glaubender zu euch»; es gelte, gemeinsam Gott in einer säkularisierten und atheistischen Welt zu bezeugen, allerdings ohne äußeren Zwang: «Das ist der wahre Sinn der Religionsfreiheit, die Gott und den Menschen zugleich achtet.» Es ist das Islamverständnis, das Johannes Paul II. sein Pontifikat hindurch vertreten wird: Ein Islam, der die Freiheit des Gewissens und der Person achtet, steht, wie das Judentum, in seiner religiösen Tradition und seinem geistlichen Reichtum in einem Geschwisterverhältnis zum Christentum und in einer gemeinsamen Verwandtschaft zum monotheistischen Stammvater Abraham. Als Kinder Abrahams müssen Juden, Muslime und Christen gemeinsam für die Würde der Person und das Wohl der Menschheit eintreten und gemeinsame ethische Positionen vertreten.[13]

So war es nur logisch, dass der Papst 1988 das Sekretariat für die Nichtchristen deutlich aufwertete, das Paul VI. 1964 gegründet hatte. Fortan war der «Päpstliche Rat für den Interreligiöser Dialog» ein eigenes Dikasterium, eine Art Ministerium also; Präsident wurde der sehr konservative, aus Nigeria stammende Kurienkardinal Francis Arinze – auch, um den Verdacht auszuräumen, der Dialog mit den Religionen bedeute, katholisches Glaubensgut zu relativieren. Die Gemeinschaft Sant'Egidio führte nach 1986 die interreligiösen Friedenstreffen fort, jedes Jahr in einem anderen Land. Die öffentlichen Debatten dort, mehr aber noch die Begegnungen und vertraulichen

Gespräche wurden zu einem wichtigen Instrument der inoffiziellen Kirchendiplomatie: Das Ende des Bürgerkriegs in Mosambik wurde 1992 mit Hilfe der Gemeinschaft vermittelt, auch in anderen Konflikten fungierte die Gemeinschaft um den Geschichtsprofessor Andrea Riccardi als Moderatorin und Mediatorin. Unter Papst Johannes Paul II. gab es zwei weitere Treffen in Assisi: 1992 versuchten die versammelten Religionsvertreter, den – auch religiös aufgeladenen – Balkankrieg abzuwenden; 2002 versprachen sie, das Gespräch auch nach den islamistisch motivierten Anschlägen vom 11. September 2001 nicht abreißen zu lassen. 2011 war dann auch der einstige Skeptiker Joseph Ratzinger von der Idee überzeugt und lud als Papst Benedikt XVI. Religionsvertreter aus aller Welt nach Assisi ein – und erstmals auch Menschen, die nicht glauben. Seine Anwesenheit und Mitgestaltung mache eine «synkretistische oder relativistische Auslegung des Vorgangs unmöglich», betonte er sicherheitshalber – und selbstverständlich betete und meditierte man auch 2011 getrennt.

Den Dialog der Religionen gefördert und gestärkt zu haben, ist eine der großen Leistungen von Papst Johannes Paul II. Der langjährige Vatikan-Korrespondent Heinz-Joachim Fischer sprach, was das Verhältnis zum Judentum angeht, von einer «Wende»: Erst Johannes Paul II. und dann Benedikt XVI. hätten die Gedanken des Konzilsdekrets «Nostra aetate» in die Praxis umgesetzt.[14] Tatsächlich besuchte Johannes Paul II. als erster Papst das Vernichtungslager Auschwitz-Birkenau. Er ernannte Jean-Marie Lustiger zum Erzbischof von Paris und machte ihn zum Kardinal. Lustiger war der Sohn polnischer Juden, die nach Frankreich emigriert waren. Im Krieg wurde seine Mutter in Auschwitz von den Nazis ermordet; ihn nahm eine französische Familie auf, unter deren Einfluss er als Jugendlicher zum Katholizismus konvertierte. Doch war er auch seinen jüdischen Wurzeln verbunden geblieben, zeitlebens setzte er sich für das christlich-jüdische Gespräch ein. Johannes Paul II. sprach Edith Stein 1987 in Köln selig und ein Jahr später heilig, die jüdische Philosophin und Frauenrechtlerin, die sich 1922 hatte taufen lassen und 1933 in den Karmeliterorden eingetreten war.

Der regelmäßige Kontakt mit jüdischen Vertretern und sein klares Bekenntnis zur Mitschuld der katholischen Kirche an der jahrhundertelangen Judenfeindschaft in Europa halfen ihm, auch Krisen im Miteinander zu überstehen, zum Beispiel, nachdem er 1987 den österreichischen Bundespräsidenten Kurt Waldheim im Vatikan zum offiziellen Besuch empfangen hatte. Waldheim wurde unter anderem vom Jüdischen Weltkongress heftig kritisiert, weil er seine NS-Vergangenheit verschwiegen und beschönigt hatte. Für den Vatikan war der Empfang für das Staatsoberhaupt Routine, für die Vertreter der jüdischen Organisationen war es dagegen die Aufwertung eines Politikers, der aus der Geschichte nicht gelernt hatte. Im Dialog mit dem Islam versuchte der Vatikan, die reformerischen und gemäßigten Kräfte zu stärken und Bündnisse dort zu suchen, wo tatsächliche oder vermeintliche Übereinstimmungen in ethischen und politischen Fragen bestanden, zum Beispiel in einer an der traditionellen Familie orientierten Politik. Nicht immer war das erfolgreich; doch trotz der wachsenden Konflikte zwischen westlicher Welt und islamischen Gesellschaften gelang es der katholischen Kirche, den Dialog nicht abreißen zu lassen.

Begeisterung bei der Jugend, Skepsis bei den Frauen

Palmsonntag 1986 in Rom: 300 000 Menschen haben sich auf dem Petersplatz und in den angrenzenden Straßen versammelt, um mit dem Papst die Messe zu feiern, sie sind überwiegend jung und fast ausnahmslos begeistert. Sie feiern den Mann in Weiß, der im Papamobil durch ihre Reihen fährt und immer wieder segnet, Hände schüttelt, umarmt; sie machen Fotos von diesem für sie unvergesslichen Moment: Wir und der Papst. Das Treffen gilt als der erste offizielle katholische Weltjugendtag. Doch die Idee, die katholische Jugend der Welt mit dem Papst zusammenzubringen, hatte sich bereits bei zwei Treffen bewährt: Ostern 1984 hatte Papst Johannes Paul II. am Ende des von ihm ausgerufenen Heiligen Jahres zum (angenommenen) 1950. Todestag Jesu die Jugendlichen nach Rom geladen. Die Mischung aus Fröhlichkeit und Frömmigkeit der jungen Leute aus

Auf seinen Reisen nutzte der Papst das durch ihn berühmt gewordene «Papamobil» für das Bad in der Menge; hier 1987 im Kölner Müngersdorfer Stadion

aller Welt hatte Karol Wojtyła gefallen und ihn sicher auch an seine Zeit als Jugend- und Studentenseelsorger erinnert. So lud er, anlässlich des von den Vereinten Nationen ausgerufenen «Jahres der Jugend», zu einem weiteren Treffen nach Rom ein, das der Präsident des Päpstlichen Rates für die Laien, der spätere Kurienkardinal Paul Josef Cordes, maßgeblich vorbereitete. Auch diesmal war der Petersplatz voll. Und so kündigte Johannes Paul II. bei seiner Weihnachtsansprache 1985 an, dass es künftig regelmäßig Weltjugendtage geben solle – jährlich wechselnd als Versammlung in den einzelnen Diözesen oder als großes Event mit dem Papst.

Er hatte damit das richtige Gespür. Der charismatische Papst konnte immer wieder die Jugendlichen begeistern, die da zu ihm pilgerten, 1987 in Buenos Aires in Argentinien, 1989 in Santiago de Compostela in Spanien, 1991 dann in Tschenstochau in Polen; in Argentinien kamen nach den Angaben der Veranstalter mehr als

900 000 Menschen, in Spanien 400 000, in Polen 1,6 Millionen. Der Weltjugendtag 1995 in Manila wurde mit vier Millionen Teilnehmern beim Abschlussgottesdienst die größte Menschenversammlung, die bis dahin zu einem Ereignis zusammengekommen war (und bislang nur vom Besuch von Papst Franziskus 2015 ebenfalls in Manila übertroffen, wo zur Abschlussmesse angeblich sechs Millionen Menschen kamen). Was er ihnen zu sagen hatte, formulierte er 1985 in seinem «Brief an die Jugend»: Das Jugendalter berge einen «einzigartigen Reichtum», weil sich hier das Ich des Menschen forme, die Frage nach Selbstverwirklichung und Lebenssinn auftauche, das Bewusstsein von Moral und das Gewissen erwache. Der christliche Lebensentwurf und die christliche Berufung seien eine großartige Möglichkeit, das Menschsein und die Persönlichkeit zu entwickeln und zu leben, die Spannung von Bindung und Freiheit. Johannes Paul II. warb für das «tiefe Geheimnis bräutlicher Liebe» sowie die katholische Ehe- und Sexualmoral. Die «materialistische Zivilisation und die moderne Konsumgesellschaft» machten «besonders die Frau» zum Objekt der Lust; ein Kind werde «immer mehr zu einer lästigen Zutat». Der Papst warnte vor einem Materialismus und Egoismus, der die Welt ungerecht mache und zu zerstören drohe[15] – vieles davon klingt heute prophetisch.

Das Herz ist wichtiger als der Ellenbogen, und ein materialistischer Egoismus droht, die Welt zu zerstören – diese Gedanken ziehen sich durch seine Ansprachen an den Weltjugendtagen wie die Formulierungen aus der «Theologie des Leibes», die Wojtyła entwickelt hatte. Gerade den Jugendlichen wollte der Papst den Gedanken nahebringen, dass das göttliche Geschenk der Sexualität (und dass es das sei, betonte Johannes Paul II. immer wieder) außerhalb der Ehe und ohne Bereitschaft, ein Kind zu zeugen, die Partner zu Lustobjekten macht. Doch auch, wenn zu den Weltjugendtagen tendenziell jene jungen Katholikinnen und Katholiken kamen, die ihrer Kirche eng verbunden waren und den Papst bewunderten, folgten auch hier längst nicht alle den päpstlichen Vorstellungen von Sexualität und Familienplanung – den Journalisten erzählte manche junge Besucherin freimütig, dass sie die Pille im Pilgerrucksack dabeihabe. In Deutschland, wo der Katholikentag mit seinen Podien und Diskussionen andere Möglichkeiten bot, sollte es bis 2005 dauern, bis der Weltjugendtag über den Kreis eher konservativ-katholischer Jugendgruppen populär wurde – als eine Million Menschen auf die Kölner Rheinauen kamen, um einen Gottesdienst mit Papst Benedikt XVI. zu feiern.

Schwerer als mit den Jugendlichen hatte es Papst Johannes Paul II. mit den Frauen in den westlichen Ländern, selbst mit den Vertreterinnen katholischer Frauenverbände. Das 1987 verkündete «Marianische Jahr», das der Auftakt des Weges hin zum Jahr 2000 sein sollte, stieß in vielen Gemeinden auf wenig Begeisterung – das bislang einzige Marianische Jahr hatte 1958 Papst Pius XII. ausgerufen, eine eigene Tradition war daraus nicht entstanden. In der Enzyklika «Redemptoris Mater» (Mutter des Erlösers) beschrieb er Maria als vollkommen glaubende jungfräuliche Gottesmutter inmitten der pilgernden Kirche, die auf ihrem Weg durch die Zeit das Magnifikat singe, das Gebet der schwangeren Gottesmutter, und die Größe des Herrn preise. Als demütige «Magd des Herrn» stellte er Maria den Christen als Mittlerin der Gnaden vor Augen.[16] Der große Marienverehrer Johannes Paul II. nahm in «Redemptoris Mater» sein Anliegen aus der Konzilszeit wieder auf, der Gottesmutter eine eigene, in herausgehobener Weise das Heil vermittelnde Rolle in der Kirche zuzuschreiben. In den Ländern und den kirchlichen Gemeinschaften, in denen die Marienverehrung in der Praxis und der Volksfrömmigkeit eine große Rolle spielte, traf das auf Freude und Zustimmung; anderswo eher auf Desinteresse.

Schärfer wurde die Kritik, als ein Jahr später das Apostolische Schreiben «Mulieris Dignitatem» erschien, in dem Johannes Paul «über die Würde und Berufung der Frau» schrieb.[17] Es gehe ihm darum, «den Grund und die Folgen der Entscheidung des Schöpfers zu verstehen, dass der Mensch immer nur als Frau oder als Mann existiert», hieß es da; daraus entstünden auch unterschiedliche Rollen, Aufgaben und Berufungen in Kirche und Gesellschaft, bei gleicher Würde der jeweiligen Person. Deshalb dürfe «der berechtigte Widerstand der Frau» gegen die Beherrschung durch Männer «unter keinen Umständen zur ‹Vermännlichung› der Frauen führen». Die Frau dürfe nicht im Namen der Emanzipation «danach trachten, sich entgegen ihrer fraulichen ‹Eigenart› die typisch männlichen Merkmale anzueignen». Dann bestünde die Gefahr, dass die Frau sich nicht selbst verwirklichen, «sondern vielmehr das entstellen und einbüßen könnte, was ihren wesentlichen Reichtum ausmacht». «Die persönlichen Möglichkeiten des Frauseins sind gewiss nicht geringer als die Möglichkeiten des Mannseins; sie sind nur anders», folgert der Papst. In ihrer höchsten Form kämen sie in der Mutterschaft und in der Jungfräulichkeit zum Ausdruck, den beiden «Dimensionen der Berufung der Frau im Licht der göttlichen Offenbarung». Dem Wesen der Frau entspreche es, Mutter zu werden oder Jungfrau zu bleiben. Auch gut katholische Theologinnen wie Elisabeth Gössmann fanden es unmöglich, dass die weibliche Gottesebenbildlichkeit sich in Demut und Hingabe oder im Verzicht erschöpfen sollte.[18]

Viele in der Kirche engagierte Frauen merkten noch wegen einer anderen Stelle auf. Wenn die Kirche die Braut Christi sei und Christus ihr Bräutigam, so entspreche es diesem Bild, dass Jesus auch nur männliche Apostel beauftragte, das Mahl zu seinem Gedächtnis zu feiern, nach katholischem Verständnis also die Eucharistie. Wenn Christus nun die Eucharistie so ausdrücklich mit dem Priestertum der Apostel verbunden habe, dürfe man annehmen, «dass er auf diese Weise die gottgewollte Beziehung zwischen Mann und Frau, zwischen dem ‹Fraulichen› und dem ‹Männlichen›, sowohl im Schöpfungsgeheimnis wie im Geheimnis der Erlösung ausdrücken wollte», argumentierte der Papst. Er sollte dies sechs Jahre später noch einmal klarer und härter formulieren: Die Priesterweihe ist und bleibt nur Männern vorbehalten. Die feministische Theologie, die sich nach dem Konzil vor allem in Europa und Nordamerika entwickelt hatte, war unter Johannes Paul II. nicht weniger verfemt als die Befreiungstheologie. Frauen, die über den möglichen Zugang von Frauen zu Weiheämtern forschten oder ein Frauenbild vertraten, das von beruflich wie sexuell selbstbestimmten Menschen ausging, die sich auch gegen Kinder entscheiden können, mussten innerhalb der Kirche Maßregelungen und einen Karriereknick fürchten.

Reform der Kurie und Bruch mit den Traditionalisten

Ein Konsistorium ist in der katholischen Kirche die Vollversammlung der Kardinäle, der engsten Berater der Päpste und, im Falle seines Todes, der Wähler seines Nachfolgers, sofern sie noch keine 80 Jahre alt sind. Ein Papst muss also immer wieder Kardinäle ernennen, damit es ausreichend Papstwähler gibt, angestrebt wird die Zahl von 120 wahlberechtigten Kardinälen. Er kann mit der Ernennung einigen Einfluss darauf nehmen, dass der künftige Papst im Sinne des jetzigen regieren wird. Die 24 Erzbischöfe, Bischöfe, Kurienpräfekten, die am 28. Juni 1988, am Vorabend des Festes Peter und Paul, zu Kardinälen erhoben wurden, gehörten schon zur vierten Runde der Kardinalsernennungen unter Johannes Paul II. – in den 26 Jahren seines Pontifikats sollte er insgesamt 231 Kardinäle kreieren, ein einsamer Rekord. Auch das vierte Konsistorium zeigte, dass er die Ernennungen nutzte, um die Vorherrschaft der Italiener und anderen Europäer unter den Kardinälen zu verringern und das Kollegium weiter zu internationalisieren: Unter den Erwählten waren ein Inder, ein Mosambikaner, ein Kameruner, ein Einwohner der Insel Mauritius, schließlich der Bischof von Hongkong. Der Schweizer Theologe Hans Urs von Balthasar, den der Papst zum Kardinal hatte erheben wollen, starb am Tag vor dem Konsistorium.

Die feierliche Versammlung der Kardinäle war aber auch eine gute Gelegenheit für Johannes Paul II., den Abschluss der Kurienreform zu verkünden, die Paul VI. 1967 begonnen und mit der sich die Kirchenverwaltung beinahe zwei Jahrzehnte immer wieder neu beschäftigt hatte. Die Apostolische Konstitution «Pastor Bonus» (Der gute Hirte) fasste die Ergebnisse zusammen – sie war der Versuch, die Zentralverwaltung, die 1588 Papst Sixtus V. geschaffen hatte und die in vielem immer noch funktionierte wie ein Hof im aufgeklärten Absolutismus, zu modernisieren und zu rationalisieren. Die Abteilungen der Kurie wurden in drei Kategorien eingeteilt: Die Kongregationen konnten rechtlich verbindliche Entscheidungen treffen und waren gewissermaßen die Ministerien des Papstes; die Räte sollten bestimmte pastorale Anliegen fördern und die kirchlichen Aktivitäten in dem Bereich koordinieren; die Gerichtshöfe schließlich innerkirchlich Recht sprechen.[19] Das Staatssekretariat erhielt mehr Kompetenzen, auf Wunsch des Papstes wurde das «Sekretariat für die Nichtchristen» zum «Päpstlichen Rat für den interreligiösen Dialog» aufgewertet und auch der «Rat zur Förderung der Einheit der Christen» gestärkt. Ein eigener «Rat für die Laien» wurde geschaffen und bald mit der Organisation der Weltjugendtage beauftragt. Johannes Paul II. beschäftigte sich nur ungern mit solchen Strukturfragen, auch, weil er die Beharrungskraft des Kurienapparats kannte. Insgesamt reformiert «Pastor Bonus» nur oberflächlich die Strukturen der obersten Kirchenverwaltung: Arbeitsbereiche und Kompetenzen überschnitten sich weiterhin, ein Bischof, der sich mit einem Anliegen an die Kurie wandte, war oft vom Wohlwollen der Abteilung abhängig, bei der er landete. Vollkommen intransparent blieben die Finanzen und Vermögensverhältnisse des Vatikans – immer wieder gab es Korruption, Fälle von Geldwäsche und Berichte über schwarze Kassen. Auch Johannes Pauls Nachfolger Benedikt XVI. und Franziskus haben trotz aller Bemühungen keine wirkliche Kurienreform geschafft, die dem Papst eine einem westlichen Kleinstaat entsprechende Verwaltung zur Verfügung stellt – die Kurie ist weiterhin auf den Enthusiasmus vieler Mitarbeiter angewiesen, der die Mängel und Doppelstrukturen ausgleicht und die Kirchenverwaltung auf immer wieder erstaunliche Weise doch funktionieren lässt. Vielleicht war es deshalb nur rational von Johannes Paul II., nicht zu viel Energie in die Änderung starrer Strukturen zu stecken und lieber eigene Prioritäten zu setzen, notfalls an den Dikasterien vorbei.

Ähnlich verhielt es sich bei der Reform des Kirchenrechts: 1983 löste ein neues kirchliches Gesetzbuch den alten Codex Iuris Canonici (CiC) von 1917 ab. Ziel der päpstlichen Kommission, die noch Johannes XXIII. 1963 ins Leben gerufen hatte, war es, die Beschlüsse des Konzils ins Kirchenrecht zu übertragen. Aus den 2414 Bestimmungen des alten Kirchenrechts wurden 1776 Canones. So wurden die Tatbestände, die eine automatische Exkommunikation nach sich ziehen, von 42 auf weniger als zehn reduziert – Freimaurerei oder Reliquienfälschung gehören seit 1983 nicht mehr dazu. Feuerbestattung war nun erlaubt, auch Selbstmörder durften nun christlich beerdigt werden. Der «erste Zweck der Ehe» war nun nicht mehr die «Zeugung und Erziehung der Kinder», sondern eine «innige Vereinigung, die dem Wohl der Partner, der Zeugung und Erziehung der Kinder gewidmet ist». Vieles aber blieb auf halbem Wege stecken: Die lokalen Bischofskonferenzen hatten nun mehr Kompetenzen – wenn Rom nichts dagegen hatte. Die Laien in der Gemeinde konnten den Pfarrer beraten – wenn der sich beraten ließ; das Wort «Gehorsam» blieb so wichtig wie im alten Kirchenrecht. Theologen sollten nur «in maßvoller Freiheit» und im Einklang mit dem Lehramt forschen und lehren. Und der Papst führte nun den Titel «Stellvertreter Christi» von Rechts wegen – 1917 war dies noch ein Ehrentitel gewesen.[20]

Am 30. Juni 1988 weihte der ehemalige Erzbischof von Dakar, Marcel Lefebvre, im schweizerischen Ecône, dem Sitz der «Priesterbruderschaft St. Pius X.», vier Priester zu Bischöfen – entgegen dem ausdrücklichen Willen des Papstes und damit auch gegen das Kirchenrecht, aber nach katholischem Verständnis gültig: Lefebvre war demzufolge einst gültig in der Nachfolge der Apostel geweiht worden und konnte diese Weihe weitergeben. Der Erzbischof und seine Anhänger stießen sich an zentralen Reformen des Zweiten Vatikanischen Konzils, an der Anerkennung der Religionsfreiheit, an der Ökumene und dem interreligiösen Dialog, generell am angeblichen «Modernismus» in der nachkonziliaren Kirche und ihrer «Protestantisierung». Vor allem aber lehnten sie den neuen Messritus ab, den Paul VI. eingeführt hatte, und feierten weiter die alte, ausschließlich lateinische tridentinische Messe. Schon auf dem Konzil hatte sich Lefebvre gegen alle Neuerungen gewandt und die Konzilsgegner gesammelt, seit 1970 leitete er ein eigenes Priesterseminar in Ecône, das Priester für den tridentinischen Ritus ausbildete. 1972 hatte er die Priesterbruderschaft gegründet, die sich nach Papst Pius X. nannte, der Anfang des 20. Jahrhunderts alle «modernistischen Irrtümer» verdammt hatte. Lefebvre war bestens mit rechten und auch rechtsradikalen Kreise in Frankreich vernetzt und verhehlte seine Sympathie für Philippe Pétain nicht, den Staatschef des Vichy-Regimes, das im Zweiten Weltkrieg mit den nationalsozialistischen Besatzern Frankreichs kollaboriert hatte. 1983, als das neue Kirchenrecht in Kraft trat, hatte der Erzbischof in einem «Bischöflichen

Manifest» «Irrtümer» benannt, die aus seiner Sicht die katholische Kirche demokratisierten und protestantisierten. 1987 kündigte er, der mittlerweile über 80 Jahre alt war, an, mehrere Priester zu Bischöfen weihen zu wollen, damit sein Lebenswerk weitergehe.

Trotzdem hatte sich der Vatikan, und dort besonders Kardinal Ratzinger an der Spitze der Glaubenskongregation, bemüht, das Gespräch mit den Traditionalisten fortzuführen und sie in der katholischen Kirche zu halten; Ratzinger sympathisierte durchaus mit der alten Messform und wollte sie nicht aus der Kirche gedrängt sehen. Auch fürchtete er, zahlreiche Priester könnten mit der Piusbruderschaft die Kirche verlassen, wenn es zum Bruch käme. 1987 und im Frühjahr 1988 gab es mehrere Gespräche, sie mündeten in einem Konsenspapier, in dem Lefebvre versprach, dem Papst «immer treu zu sein», gegenüber der neuen Liturgie eine «positive Haltung des Prüfens» einzunehmen und «jede Polemik zu vermeiden». Ratzinger versicherte im Gegenzug, man werde dem Papst empfehlen, einen Priester der Bruderschaft zum Bischof zu weihen. Am Tag nach der Unterzeichnung jedoch schickte Lefebvre Ratzinger ein Ultimatum: Spätestens bis zum 30. Juni müsse die Bischofsweihe vollzogen sein; Ratzinger lehnte es jedoch ab, sich auf ein Datum festlegen zu lassen. Noch einmal traf er sich mit dem Traditionalisten-Bischof in Rom, ohne Ergebnis: Lefebvre forderte die Weihe von drei Bischöfen bis zum 30. Juni, Ratzinger stellte die Ernennung eines Bischofs bis zum 15. August in Aussicht. Zur großen Enttäuschung des Kardinals, der sich auch persönlich düpiert sah, weihte Lefebvre die Bischöfe – darunter auch Richard Williamson, der später den Mord an Millionen Juden durch die Nationalsozialisten als Lüge bezeichnen sollte. Am Tag darauf verkündete die Bischofskongregation, dass Lefebvre und die vier neu geweihten Bischöfe sich durch den schismatischen Akt die «Exkommunikation als Tatstrafe zugezogen» hätten.

Für Johannes Paul II. war damit der Bruch vollzogen, wobei es immer Bemühungen gab, den Traditionalisten entgegenzukommen. Im Oktober 1988 erkannte der Papst die «Priesterbruderschaft St. Petrus» an, in der sich jene Traditionalisten versammelten, die den Bruch mit Rom ablehnten. Gleich nach der Exkommunikation setzte er zudem die Päpstliche Kommission Ecclesia Dei ein, die sich um die Wiederherstellung der kirchlichen Gemeinschaft mit der Piusbruderschaft bemühen sollte. Bewegung gab es dort aber erst, als Kardinal Ratzinger zum Papst Benedikt XVI. gewählt worden war. Ein unterschriftsreifer Vertrag, der die Priesterbruderschaft St. Pius X. zu einer Art Personalprälatur, einem gewissermaßen ortsunabhängigen Bistum, gemacht hätte, kam jedoch nicht zustande, als Benedikt die Exkommunikation der vier Bischöfe aufhob – und der Skandal um den Holocaustleugner Williamson losbrach. Die Befürchtung, dass die Piusbrüder zahlreiche mit den Reformen des Konzils unzufriedene Katholiken anziehen würden, bewahrheitete sich nicht. Die Priesterbruderschaft hat nach eigenen Angaben weltweit etwa 600 000 Anhänger, die katholische Kirche insgesamt etwa 1,2 Milliarden.

Ein Kardinal für Köln

Er musste über die Protestierer steigen, der neue Erzbischof von Köln, als er am 12. Februar 1989 in sein Amt eingeführt wurde; Katholiken des Erzbistums, die nicht damit einverstanden waren, dass Joachim Meisner von Berlin nach Köln kam, hatten sich vor die Pforten des Domes gelegt, um zu demonstrieren: Ihr da oben steigt einfach über uns hinweg. Es waren viele in Köln, die sich über den Neuen ärgerten, und über die Art, wie er von der Spree an den Rhein gekommen war. Und auch Kardinal Meisner hatte nicht freiwillig den Umzugswagen kommen lassen: Papst Johannes Paul II. hatte den Mann, der im Osten Deutschlands und im dortigen Katholizismus groß geworden ist, in den Westen geschickt. Der Nachfolger des 1987 gestorbenen Kardinals Joseph Höffner, des Vorsitzenden der deutschen Bischofskonferenz, sollte marienfromm, glaubensstark und konservativ sein – ob er zum traditionell liberalen rheinischen Katholizismus passte, spielte eine nachgeordnete Rolle. Damit ist die Ernennung von Kardinal Joachim Meisner 1989 geradezu ein Paradebeispiel für die Personalpolitik, die Johannes Paul II. betrieb.

Karol Wojtyła hatte Joachim Meisner im Jahr 1975 kennen und schätzen gelernt. Der damalige Erzbischof von Krakau nahm an der

Herbstwallfahrt der thüringischen Katholiken teil, und was der junge Erfurter Weihbischof predigte, gefiel ihm sehr: Die Christen beteten, dass der Wille Gottes geschehe, «wie im Himmel, so auf Erden» – die Kommunisten dagegen glaubten, dass ihre Ideologie auf der Erde wie im Himmel gelten würde. Das Bekenntnis zum Glauben sei in der DDR «viel substanzieller» gewesen, sagte er einmal, «insofern war Honecker einer unserer besten Exerzitienmeister». Anders im Westen: «Wenn ich als Bischof in den Osten fuhr, wusste ich, du kannst die Mitra einpacken», erzählte er, «im Westen wusste ich nie, ob den Sturzhelm oder die Bischofsmütze». 1980 machte Johannes Paul II. überraschend den politisch unerfahrenen Erfurter Weihbischof zum Erzbischof der geteilten Stadt Berlin – Meisners Amtssitz lag im Osten der Stadt, die Mehrheit der Katholiken lebte im Westen. Dort beendete er die politische Abstinenz der katholischen Kirche im Osten mit einem von ihm inspirierten Friedenswort der Bischöfe; es kritisierte scharf die Wehrerziehung und die Militarisierung des Alltags in der DDR. Im Westen stiftete er, weniger politisch, einen Marienwallfahrtsort im Herzen Preußens und versetzte unbotmäßige Pfarrer.

Der Weg nach Köln erwies sich dann als schwieriger. Das dortige Domkapitel hatte, abgesichert durch ein 1929 geschlossenes Konkordat zwischen dem Vatikan und dem Freistaat Preußen, zu dem Köln damals gehört hatte, ein gewisses Mitspracherecht: Es durfte aus einer Dreierliste, die in Rom aus den eingegangenen Vorschlägen und den eigenen Wunschkandidaten heraus erstellt wurde, einen Kandidaten wählen, der dann in Rom noch bestätigt werden musste. Die Wahl musste, das war eine weitere Kölner Besonderheit, mit einer Zweidrittelmehrheit erfolgen. Die aber kam im Domkapitel für keinen der drei Kandidaten zustande, von denen es hieß, es seien zwei eher nicht wählbare Kirchenmänner und eben Kardinal Meisner gewesen, den auch einige Domkapitulare ablehnten. Erst als der Papst das Kölner Wahlrecht außer Kraft setzte und damit für den dritten Wahlgang eine einfache Mehrheit ausreichte, ging sein Wunschkandidat Meisner durch: Sechs Domkapitulare stimmten mit Ja, zehn enthielten sich.

Meisner wurde, wie vom Papst gewünscht, zum Wortführer der konservativen Minderheit in der deutschen Bischofskonferenz und ein Gegengewicht zum Mainzer Bischof Karl Lehmann, den seine Amtsbrüder zwei Jahre zuvor gegen den Willen Roms zum Vorsitzenden der deutschen Bischofskonferenz gewählt hatten. Da in der Bischofskonferenz viele Beschlüsse mit Zweidrittelmehrheit, einige gar einstimmig fallen müssen, konnte Meisner dort oft eine Sperrminorität organisieren, wenn er die Gefahr sah, die Bischöfe könnten vom Weg des Papstes abweichen. Im Erzbistum Köln förderte er konservative Gruppen wie das Opus Dei und den Neokatechumenalen Weg, Priester, die ihn zu offen kritisierten, bekamen zu spüren, dass er nachtragend sein konnte «wie ein Elefant», wie es in Köln hieß. Er verstand es besser als Lehmann an der Spitze der Bischofskonferenz, in Rom die Strippen zu ziehen, sein Kontakt zum Papst war und blieb eng. Einige seiner Kölner Weihbischöfe wurden in anderen deutschen Diözesen Bischöfe – und blieben ihm häufig in Dankbarkeit verbunden.

Der Lebensweg des Erfurter Weihbischofs steht für viele Kirchenkarrieren in der Regierungszeit Johannes Pauls II. Der Papst sah die Kirche in einer globalen Auseinandersetzung mit dem diktatorischen Materialismus der kommunistischen Welt, aber auch mit dem konsumorientierten Materialismus des Westens, der für ihn genauso zum Verfall der Werte und der Menschlichkeit führte – da brauchte es aus seiner Sicht eine einheitliche, loyale und auch kampfstarke Führung; Pluralität und Abweichung mussten ihre Grenzen haben. So war für Johannes Paul II. bei der Auswahl der Bischöfe häufig die Treue zum Lehramt und die Distanz zu allen Reformbestrebungen in der Kirche wichtiger als die Fähigkeit zur Menschenführung oder zum Dialog mit Politik, Medien, Wissenschaft, Kirchenvorständen. In den Niederlanden wurde so im Laufe der Jahre aus einem sehr progressiven ein überwiegend konservatives Episkopat; in den USA kamen zahlreiche bieder-konservative Hirten in Amt und Würde, in Lateinamerika war die wichtigste Qualifikation die möglichst große Ferne zur Befreiungstheologie, auch in Frankreich missachteten Papst und Bischofskongregation immer wieder die Vorschläge der dortigen Bischofskonferenz.

Besonders dramatische Auswirkungen hatte diese Personalpolitik in Österreich und der Schweiz. In Wien machte der Papst 1986 den Benediktinermönch aus dem Wallfahrtsort Maria Roggendorf Hermann Groer zum Nachfolger des hoch angesehen Kardinals Franz König, der im Konklave immerhin Karol Wojtyła zur Papstwahl verholfen hatte. König wurde nicht gefragt, er hätte sicher abgeraten. Ein Jahr später machte der Papst den Regensburger Professor Kurt Krenn zum Wiener Weihbischof und 1991 zum Bischof von St. Pölten; Krenn profilierte sich als radikaler Konservativer, der jeglichen Dialog mit dem Kirchenvolk ablehnte, mit juden- und islamfeindlichen Äußerungen auffiel und das sektiererische «Engelwerk» förderte. Den ehemaligen Generalvikar des Opus Dei, Klaus Küng, machte der Papst zum Bischof von Feldkirch in Vorarlberg. In Chur in der Schweiz wurde 1988 der Opus-Dei-Freund Wolfgang Haas erst Koadjutor, also «Helfer» des dortigen Bischofs, und dann sein Nachfolger. Die Folgen waren teilweise katastrophal: Groer musste 1995 zurücktreten, weil ehemalige Zöglinge deprimierend glaubwürdig behauptet hatten, er habe ihnen sexuelle Gewalt angetan; Krenn brachte ein Skandal um heruntergeladene Kinderpornos im Priesterseminar zu Fall; Haas zerstritt sich in Chur derart mit einem Teil der Priesterschaft und der Gläubigen, dass er sich nach Vaduz versetzen ließ.

Auch in Deutschland vertiefte die Ernennung Meisners zum Kölner Erzbischof die Gräben im Katholizismus. Mehr als 200 Theologieprofessorinnen und -professoren unterzeichneten bis Mai 1989 eine «Kölner Erklärung», die sich «wider die Entmündigung» richtete und eine «offene Katholizität» forderte. Sie kritisierten die Tendenz, «Bischofssitze in der ganzen Welt unter Missachtung der Vorschläge der Ortskirchen und unter Vernachlässigung ihrer gewachsenen Rechte einseitig zu besetzen» und «auf der ganzen Welt qualifizierten Theologen und Theologinnen die kirchliche Lehrerlaubnis in vielen Fällen zu verweigern». Zudem weitete der Papst seine lehramtliche Kompetenz zunehmend über seine eigentlichen Befugnisse aus. Einen derart scharfen und zornigen, zum Teil unversöhnlichen Ton hatte man von den Theologen bislang noch nie gehört. «Wenn der Papst tut, was nicht seines Amtes ist, kann er im Namen der Katholizität nicht Gehorsam verlangen. Dann muss er Widerspruch erwarten», schlossen die Wissenschaftler.[21] Die gute Stimmung, die noch 1987 in der katholischen Kirche herrschte, als Johannes Paul II. zum zweiten Mal durch Deutschland reiste und in Köln Edith Stein selig sprach, war dahin.

12. DAS ENDE DES OSTBLOCKS

Ab 1987 machten zwei russische Wörter die Runde durch die internationalen Medien, sie standen für große politische Umwälzungen in der Sowjetunion: *perestroika* (Umbau) und *glasnost* (Stimmhaftigkeit). Mit der zweiten Vokabel, abgeleitet vom kirchenslawischen *glas* (Stimme), wurde eine neue Medienpolitik des Kremls umschrieben, die eine begrenzte Kritik an den Zuständen im Lande erlaubte. Die Presse durfte schlecht funktionierende Strukturen in Wirtschaft und Verwaltung anprangern, aber nicht das Monopol der KP in Frage stellen, geschweige denn, die Parteiführung kritisieren. Zwei Jahre lang hatte der neue Parteichef Michail Gorbatschow zuvor versucht, mit einer Antialkoholkampagne und einer Disziplinkampagne, bei der die Abwesenheit vom Arbeitsplatz geahndet wurde, die Dauerkrise der Wirtschaft zu überwinden. Erst als sich abzeichnete, dass beide Kampagnen scheiterten, hörte er auf seine Berater mit Auslandserfahrung, die für eine innenpolitische Lockerung sowie begrenzte Freiheit für die Konsumgüterindustrie eintraten. Auch sollten Gemeinschaftsunternehmen mit westlichen Kapitalgebern dazu beitragen, den technologischen Rückstand der Sowjetunion aufzuholen. Seine innenpolitischen Reformen, denen letztlich kein Erfolg beschieden war, gingen einher mit einer Entspannungsoffensive in der Außenpolitik. Sie schloss auch den Vatikan ein.

Johannes Paul II. war bis dahin im Kreml als Verbündeter des US-Präsidenten Ronald Reagan betrachtet worden; dessen Rüstungsprogrammen hatte der militärindustrielle Komplex der Sowjetunion technologisch wenig entgegenzusetzen. Sie hatten aber auch der westeuropäischen Friedensbewegung großen Auftrieb gegeben, die sowjetische Propaganda unterstützte diese nach Kräften. Reagan hatte die

Sowjetunion das «Reich des Bösen» genannt; er meinte damit die Berliner Mauer und den Todesstreifen, die von Moskau geführten Kriege in Afghanistan, Angola und Mosambik, die Repressionen gegen Dissidenten sowie die Unterstützung des internationalen Terrorismus durch den KGB. Dass der Papst gleichzeitig den Marxismus als «Blendwerk» und als «Schande unserer Zeit» bezeichnete,[1] sah man in Moskau als Bestätigung für die Annahme, dass das Weiße Haus und der Vatikan an einem Strang zögen. Dieser Meinung war auch Außenminister Gromyko, der 1985 zum zweiten Mal von Johannes Paul II. empfangen worden war. In seinen Memoiren schrieb Gromyko, er habe dem Papst vorgehalten, sich nicht mit aller Energie gegen die Gefahr eines Atomkriegs zu stemmen. Nach seinen Worten hat sich der Vatikan somit auf die Seite der «Klasse der Ausbeuter» gestellt. Auch verbat sich Gromyko die Einmischung von Religionsführern in die Politik. Trotz seiner harschen Worte sei das Treffen aber in «freundlicher Atmosphäre» verlaufen.[2]

Doch unter Gorbatschow musste der kompromisslose «Mister Njet» das Außenministerium abgeben, er wurde auf den einflusslosen Posten des Vorsitzenden des Obersten Sowjets weggelobt. Der Druck des KGB auf die litauischen Katholiken ließ nach, an der offiziellen Propaganda gegen alle Religionsgemeinschaften änderte sich allerdings zunächst wenig. Doch im Vorfeld der Tausendjahrfeiern der Russischen Orthodoxen Kirche 1988 wurden neue Akzente gesetzt. So wurde den orthodoxen Christen zugestanden, zur Entwicklung der russischen Kultur einen wichtigen Beitrag geleistet zu haben, auch wenn ihre Kirche stets der herrschenden Klasse gedient habe.[3]

Johannes Paul II. äußerte die Hoffnung, 1988 zu den Feierlichkeiten in die Sowjetunion eingeladen zu werden. Kardinalstaatssekretär Casaroli fühlte vorsichtig diesbezüglich vor, doch wurde ihm schroff beschieden, dass dies ausgeschlossen sei. Sowohl der Moskauer Patriarch Pimen als auch der Kiewer Metropolit Filaret stellten sich strikt dagegen. Sie sahen den Einsatz des Papstes für die Katholiken des östlichen Ritus in der Westukraine als Bedrohung an. Unter Stalin war die griechisch-katholische (unierte) Kirche blutig verfolgt worden, auch unter dessen Nachfolgern war sie anhaltenden Repressionen ausgesetzt. Die meisten Kirchen wurden geschlossen, die übrig gebliebenen Pfarreien wurden zwangsweise der orthodoxen Kirche angeschlossen. Priestern und Gläubigen, die im Untergrund Gottesdienste und Religionsunterricht abhielten, drohten Gefängnis oder die Deportation ins Gulag.

Patriarch Pimen bestand darauf, dass die Kirchengemeinden in der Westukraine, die vor dem Zweiten Weltkrieg nie zu Russland gehört hatte und in der späten Stalinzeit härtesten Repressionen ausgesetzt gewesen war, weiterhin dem Moskauer Patriarchat unterstehen sollten. Immerhin stellte sich Pimen nicht dagegen, dass eine Delegation des Vatikans an den Jahrtausendfeiern teilnahm, sie führte Casaroli an. Als dieser Gorbatschow auf die verweigerte Religionsfreiheit für die traditionell katholischen Westukrainer ansprach, entgegnete der Kremlchef brüsk, dies sei eine innere Angelegenheit der Sowjetunion.[4] Aus Rom hatte Johannes Paul II. Grußbotschaften zur Jahrtausendfeier sowohl an Patriarch Pimen als auch allgemein an die Katholiken in der Westukraine geschickt. Er vermied darin jedes Wort der Kritik an die Adressen der Staats- sowie der Kirchenführung in Moskau.[5]

Casaroli übergab bei seinem Besuch in Moskau im Juni 1988 auch einen Brief des Papstes an Gorbatschow. Dieser antwortete erst im August 1989. In der Zwischenzeit hatten zwei Ereignisse den Sowjetblock erschüttert: In Polen hatte die Solidarność bei den ersten halbfreien Wahlen am 4. Juni 1989 einen Erdrutschsieg erzielt, in dessen Folge der katholische Regimegegner Tadeusz Mazowiecki Premierminister wurde. Er war ein alter Bekannter des Papstes aus Krakauer Tagen, seine erste Auslandsreise im neuen Amt führte ihn nicht in den Kreml, wie dies alle seiner Vorgänger in der Volksrepublik Polen hatten tun müssen, sondern in den Vatikan. Nach Polen fuhren Tausende DDR-Bürger, die in die Bundesrepublik ausreisen wollten. Sie wurden von der polnischen Caritas betreut und auf Kosten der Regierung verpflegt, die dabei die Proteste der DDR-Führung ignorierte. Über Polen kamen vor dem Fall der Berliner Mauer mehr DDR-Bürger in den Westen als über die Tschechoslowakei, in der noch Betonkommunisten regierten.

Gleichzeitig hatten in Ungarn die regierenden Reformkommunisten die Grenzanlagen zu Österreich abbauen lassen. Es war offensichtlich, dass die Führung in Moskau angesichts der schweren Wirtschaftskrise der Sowjetunion nicht mehr die Kraft und auch nicht mehr den Willen aufbrachte, die Breschnew-Doktrin durchzusetzen.

Überraschend schlug Gorbatschow in seinem Antwortschreiben vor, bei seiner bereits geplanten Italienreise den Papst zu treffen. Am 1. Dezember 1989 kam es zu der Begegnung, von der beide später sagten, dass sie vom ersten Moment an nicht nur Respekt, sondern auch Sympathie füreinander empfunden hätten. Offen sagte der Kremlchef: «Ohne Sie, Heiliger Vater, wäre die Berliner Mauer nie gefallen.» Gorbatschow berichtete später: «Ich habe einen besonderen Eindruck empfunden, als ob von diesem Mann eine Energie ausgehe, dank der man ein tiefes Gefühl des Vertrauens ihm gegenüber empfindet.»[6]

Der Papst bestärkte den Kremlchef darin, ein Gesetzesprojekt über Gewissensfreiheit durchzusetzen; es war ein ideologischer Durchbruch, denn mit dem Gesetz wurde faktisch die allumfassende, führende Rolle der Kommunistischen Partei negiert. Beide Seiten vereinbarten den Austausch offizieller Vertreter und beendeten somit auch formal die politische Feindschaft, die zwischen dem Vatikan und der Sowjetführung seit dem zur Oktoberrevolution verklärten Putsch der Bolschewiken im Jahr 1917 bestanden hatte. Bei seinem Besuch in Rom, der drei Wochen nach dem Fall der Berliner Mauer stattfand, sagte Gorbatschow dem italienischen Premier Giulio Andreotti, die Vorstellungen von einer Wiedervereinigung der beiden deutschen Staaten seien absurd.

Wenige Wochen nach dem Besuch Gorbatschows legalisierte Moskau die Gründung von fünf römisch-katholischen Administraturen in den traditionell russisch-orthodoxen Gebieten der Sowjetunion, die die dort verstreut lebenden Katholiken betreuen sollten, meist deportierte Polen, Litauer und Russlanddeutsche sowie ihre Nachkommen. Als Gegenleistung erkannte der Vatikan die Westgrenze der Sowjetunion an; bis dahin hatte er sich geweigert, die Annexion der bis zum Krieg polnischen Gebiete durch Moskau anzuerkennen.

Auch wurde die unierte Kirche wieder zugelassen; der griechisch-katholische Metropolit von Lemberg, der bislang im Exil lebte, konnte dorthin zurückkehren. Allerdings brachen heftige Konflikte

Das Ende des Ostblocks

Kremlchef Michail Gorbatschow würdigte bei seinem Besuch im Vatikan den Beitrag des Papstes zum Fall der Berliner Mauer

zwischen unierten und orthodoxen Christen um die Kirchen in der Westukraine aus, die sich über mehrere Jahre hinzogen. Fast überall setzten sich dabei die Unierten durch, die der Papst wiederholt auffordern musste, sich brüderlich gegenüber den Orthodoxen zu verhalten. Im November 1990, als mittlerweile in allen Satellitenstaaten der Sowjetunion die Parteiherrschaft beendet war, trafen Johannes Paul II. und Gorbatschow erneut im Vatikan zusammen. Der Kremlchef lud bei dieser Gelegenheit das Oberhaupt der katholischen Kirche nach Moskau ein, was indes auf Kritik von Seiten der Russischen Orthodoxen Kirche stieß.

Werben für ein «neues Europa»

Dreizehn Monate später war das Ende der Sowjetunion gekommen, der sowjetische Präsident Michail Gorbatschow musste im Dezember 1991 den Kreml für den russischen Präsidenten Boris Jelzin räumen. Jelzin war drei Wochen vor seinem Einzug in den Kreml vom Papst im Vatikan empfangen worden. In seinen Memoiren schrieb Gorbatschow: «Alles, was in den letzten Jahren in Osteuropa geschehen ist, wäre ohne diesen Papst nicht möglich gewesen – ohne die, auch politische, Rolle, die er auf der Weltebene zu spielen verstand.»[7]

Johannes Paul II., der Papst aus dem Osten, leistete einen enormen Beitrag dazu, dass der revolutionäre Umbruch in Mittel- und Osteuropa, der mit dem Begriff der «Wende» nur unzureichend beschrieben ist, friedlich und erfolgreich verlief. Der ehemalige deutsche Außenminister und FDP-Politiker Hans Dietrich Genscher, den als liberalen Protestanten manches trennte vom Papst, schrieb nach dessen Tod, Johannes Paul II. habe klarer als die meisten anderen die geistige Dimension der Umwälzungen erkannt, das mache ihn zu einer der «bedeutendsten Persönlichkeiten des 20. Jahrhunderts». Dieser selbst schrieb: «Es wäre eine Vereinfachung zu sagen, dass die göttliche Vorsehung den Kommunismus besiegt hat. Der Kommunismus ist als System in gewisser Weise von allein zusammengebrochen. Er fiel wegen seiner Fehler und seiner Rechtsbrüche. Er fiel wegen seiner immanenten Schwäche. [...] Das Holz dieses Baumes war schon morsch. Ich musste es nur kräftig schütteln.»[8]

Mit seinen Besuchen in Polen, seinem beharrlichen Eintreten für die Religionsfreiheit, seinem Bekenntnis, dass der Mensch mehr brauche zum Leben als den marxistischen Materialismus, hatte Johannes Paul II. die innere Aushöhlung und Leere des real existierenden Sozialismus offen gelegt; er hatte, wie auch viele Vertreter der ostdeutschen evangelischen Kirche, die kommunistischen Regierungen bei der Moral genommen, die sie zu vertreten vorgaben.

Dennoch ist in den Monaten des dramatischen Umbruchs aus seinen Ansprachen, Auftritten und den Gesten kein Triumph herauszu-

Das Küssen des Bodens, hier bei seiner Ankunft in Polen 1987, wurde zum Markenzeichen des «Reisepapstes»

lesen, es gab keine «Ich habe es euch doch schon immer gesagt»-Rhetorik. Bei einem Mann, dem die Bedeutung von Gesten und Symbolen so bewusst war, muss man davon ausgehen, dass dies bewusst geschah. Johannes Paul II. redete vielmehr von den Aufgaben, vor denen Europa nun stehe. So zum Beispiel in einer geradezu prophetischen Rede als erster Papst vor dem Europaparlament in Straßburg zu dessen 40. Geburtstag im Oktober 1988, als es schon im gesamten Ostblock rumorte und gärte, niemand aber sagen konnte, wohin die Krise, die da sichtbar wurde, führen würde. Er entwarf dort das Bild einer europäischen Gemeinschaft, in der Freiheit, Menschenrechte und Demokratie herrschen, in der die Blockgrenzen bedeutungslos werden, die «nicht die Herrschaft einer Nation oder Kultur über die andere» zulässt, denn «die Reiche der Vergangenheit, die ihre Vormachtstellung auf Zwang und Assimilation zu gründen versuchten, sind alle gescheitert». Europas Zukunft werde der «freie Zusammenschluss aller seiner Völker sein und die Verbindung des vielfältigen Reichtums seiner Verschiedenheit»; andere Völker würden sich «mit Sicherheit denjenigen anschließen können, die heute hier vertreten sind». «Mein Wunsch als oberster Hirte der Universalkirche, der aus Osteuropa gekommen ist und der die Wünsche der slawischen Völker kennt – dieser anderen ‹Lunge› unserer europäischen Heimat –, mein Wunsch ist es, dass Europa sich souverän freie Institutionen gibt und eines Tages sich in die Dimensionen entfalten kann, die die Geographie und mehr noch die Geschichte ihm gegeben haben», fuhr er fort. Dann werde Europa mit einer Stimme sprechen und Anwältin der Gerechtigkeit, der Menschenwürde und der Bewahrung der Schöpfung sein können. Dazu gehöre aber auch, dass Europa die Religion nicht an den Rand dränge. «Denn damit würde nicht nur das gesamte Erbe der europäischen Vergangenheit geleugnet, sondern – mehr noch – wäre eine Zukunft für den europäischen Menschen – ich sage, für jeden europäischen Menschen, gläubig oder ungläubig – schwer gefährdet», erklärte er.[9]

Beim Weltjugendtag im Pilgerort Santiago de Compostela im August 1989 forderte er die Jugendlichen auf, sich nicht mit dem Mittelmäßigen und Nächstliegenden zufrieden zu geben, nötig sei jetzt «eine Erneuerung der Urteilsmaßstäbe, nach denen die Welt regiert wird». «Habt keine Angst, Heilige zu sein!», rief er den Hunderttausenden Jugendlichen zu. Das neue Europa brauche eine Seele, fügte er zwei Tage später hinzu – auf dem Weltjugendtag entwickelte Johannes Paul II. erstmals die Vision einer Neuevangelisierung Europas.[10]

Ansonsten war das päpstliche Programm von Ende 1988 bis zum Frühjahr 1990 nicht grundlegend anders als in anderen Jahren – die historische Begegnung mit Michail Gorbatschow ausgenommen plante Johannes Paul II. seinen Terminkalender überraschend selten um. Er beschäftigte sich mit dem Streit zwischen der Glaubenskongregation und dem Päpstlichen Rat für die Einheit der Christen – Kardinal Ratzinger missfiel, dass der vatikanische Ökumene-Beauftragte, der australische Kardinal Edward Cassidy, Initiativen ergriffen hatte, ohne sich mit der Glaubenskongregation abzusprechen. Der

Papst traf die Erzbischöfe der USA im Vatikan, machte Urlaub in den norditalienischen Bergen und reiste nach Afrika, Skandinavien und Asien. Am 1. September 1989, dem 50. Jahrestag des deutschen Angriffs auf Polen, erinnerte er daran, «bis wohin die Verachtung des Menschen und die Verletzung seiner Rechte gehen kann», die Wunden, die dieser Krieg geschlagen habe, seien bis heute nicht verheilt. Am 12. November 1989, zwei Tage nach dem Mauerfall in Berlin, der Grenzöffnung in ganz Deutschland, sprach er in Rom die Klostergründerin Agnes von Böhmen heilig sowie den Maler und Ordensgründer Albert Chmielowski, dem Karol Wojtyła in den fünfziger Jahren sein Theaterstück «Bruder unseres Gottes» gewidmet hatte. Johannes Paul II. erinnerte in seiner Predigt an die Rede des Propheten Jesaia über den Gottesknecht, der gekommen sei, «die Fesseln des Unrechts zu lösen, die Stricke des Jochs zu entfernen, die Versklavten freizulassen» – das sei die «Theologie der messianischen Befreiung». Eine programmatische Ansprache zu den Entwicklungen in der Mitte Europas hielt er aber nicht.

Als zwei Tage später die deutschen Bischöfe zur Audienz kamen, erwähnte Johannes Paul II. den Mauerfall, zu dem auch viele mutige Christen in der DDR beigetragen hatten, nur am Rande. Der Papst fragte vielmehr kritisch, «warum heute überall, nicht nur in Deutschland, zwar die materiellen Gaben noch wachsen, aber missionarische Berufungen fast vom Erlöschen bedroht scheinen». Warum drohe die reiche Kirche in Deutschland «zu einer selbstgenügsamen Institution zu werden, die weniger aus der Begeisterung lebendigen Aufbruchs von unten lebt, sondern auf finanziell gut ausgestatteten Strukturen beruht, hinter denen sich wenig wirklich fruchtbares Leben verbirgt – ganz im Gegenteil zur Dynamik wirklicher junger Bewegungen in anderen europäischen Ländern».[11]

Erst im Januar 1990, beim traditionellen Neujahrsempfang für die beim Heiligen Stuhl akkreditierten Diplomaten, ging er näher auf das ein, was in den vergangenen Monaten geschehen war. Der «nicht zu unterdrückende Durst nach Freiheit» habe «Mauern einstürzen und Tore sich öffnen lassen», sagte er und fuhr fort: «Wie Sie sicher gemerkt haben, war der Ausgangspunkt oft eine Kirche.» Kerzen seien eine um die andere angezündet worden und hätten «eine wahre

Lichterprozession» gebildet, «als ob sie denen sagen wollten, die sich jahrelang bemüht haben, den Horizont des Menschen auf diese Erde zu begrenzen, dass man nicht auf Ewigkeit in Ketten leben kann». Die Städte Warschau, Moskau, Budapest, Berlin, Prag, Sofia und Bukarest seien «die Etappen eines langen Pilgerweges zur Freiheit» gewesen. Nun dürfe sich der Mensch nicht «zum ausschließlichen Maß von allem» machen; das künftige Europa brauche eine «Beziehung zu dem, von dem alles herkommt und zu dem diese Welt zurückkehrt».[12]

Die Zurückhaltung bei der aktuellen Deutung des Umbruchs lag bei Johannes Paul II. auch darin, dass er, anders als mancher Politiker, die Welt nicht neu deuten musste. Dass der Kommunismus die Menschen von ihrem wahren Menschsein trenne, hatte er schon als junger Theologe gesagt – aber auch, dass der Materialismus der kapitalistischen Wirtschaftsordnung nicht das Ende der Geschichte sein könne. Für ihn war das Sowjetreich nicht allein wegen seiner wirtschaftlichen Mängel und der fehlenden Freizügigkeit für den Einzelnen untergegangen, sondern weil es die grundlegenden Bedürfnisse der Menschen nach einer Kultur des Lebens missachtet und verneint habe. Im demokratischen System des Westens wiederum waren zwar Freiheit und Wohlstand, Gerechtigkeit und Menschenrechte grundsätzlich verwirklicht und geschützt, was es dem realsozialistischen System praktisch und moralisch fundamental überlegen machte – aber auch hier bedrohten Materialismus und Machtstreben, Egoismus und Vereinsamung die Menschenwürde, drohte der Mensch die Erde durch die Ausbeutung der natürlichen Ressourcen und seiner Mitmenschen zu zerstören. Die Religionen, besonders das Christentum und da natürlich vor allem die katholische Kirche, hüteten aus seiner Sicht einen Schatz, den es zu entdecken und zu nutzen gelte: Die Bindung an eine Welt jenseits der Welt, an Gott, ließ den Mensch sein wahres Menschsein erkennen. Sie stellte alle Ideologien, Lösungs- und Erlösungskonzepte auf den Prüfstand und machte sie zu vorläufigen, bestenfalls zweitletzten Antworten.

Der christliche Glaube war in den Augen des Papstes ein Angebot für Europa und die ganze Welt, die kulturellen Wurzeln und die kulturelle Vielfalt des Menschseins zu pflegen und zu bewahren; er bot den Menschen die Möglichkeit, Antworten auf die Grundsatz- und Grenzfragen des Lebens zu finden und zum Leben als ganzheitliche Person zu finden, jenseits aller innerweltlichen Entfremdungen. Und wann war je die Gelegenheit günstiger gewesen, das Evangelium der Welt, den Staatenlenkern wie den einfachen Menschen, aufs Neue zu verkünden, als jetzt, wo auch die Kraft dieses Glaubens die Welt verändert hatte? Jetzt, da die Welt wandelbar wie selten zuvor erschien, schien die Zeit reif zu sein, die Botschaft von Christus, dem Erlöser, in der Welt der Globalisierung neu zu verkünden.

Der Gedanke, dass Europa und die westlich-christliche Welt eine neue Evangelisierung bräuchten, den eigenen Glauben also wiederentdecken müssten, tauchte ab Mitte der achtziger Jahre in den Ansprachen von Johannes Paul II. auf. Eine «neuartige Evangelisierung» müsse die Antwort sein «auf die tiefen und vielschichtigen kulturellen, politischen und ethisch-geistigen Veränderungen» in Europa, schrieb er im Januar 1986 in einer Botschaft an die europäischen Bischofskonferenzen. Diese Evangelisierung müsse es verstehen, «dem heutigen Menschen die bleibende Heilsbotschaft in überzeugenden Formen neu vorzulegen». Am 7. Dezember 1990 veröffentlichte er die Enzyklika «Redemptoris missio» (Die Botschaft des Erlösers) «über die fortdauernde Gültigkeit des missionarischen Auftrages». Die katholische Kirche müsse eine missionarische Kirche bleiben, schrieb er dort. Auch wenn sie «heute vor einer stark veränderten und schillernden religiösen Situation» stehe, müsse sie zu allen Völkern gehen und die Botschaft von Jesus, dem alleinigen Erlöser der Menschheit, verkünden. Einst seien die Missionare in abgelegene Gebiete gegangen; heute müssten die Großstädte «zu den bevorzugten Orten» werden, «in denen neue Gewohnheiten und Lebensstile, neue Formen der Kultur und der Kommunikation entstehen, die ihrerseits wieder die Bevölkerung beeinflussen». Die Mission müsse sich besonders denen zuwenden, «die am meisten am Rande stehen und isoliert sind», sie müsse moderne Kommunikationsformen nutzen, solle die Freiheit der Person achten und den «Dialog mit Brüdern aus anderen Religionen» nicht vergessen – mit den Missionsaufrufen des 19. und beginnenden 20. Jahrhunderts hatte das Lehrschreiben des Papstes kaum noch etwas gemein. Gefordert sei vor allem das persönliche Zeugnis jedes einzelnen Christen. «Noch nie hatte die Kirche so wie heute die Möglichkeit, das Evangelium durch das Zeugnis und das Wort allen Menschen und allen Völkern zukommen zu lassen», beendete Johannes Paul II. das Schreiben. «Ich sehe ein neues Missionszeitalter heraufdämmern, das zu einem hellen Tag, reich an Früchten, werden wird, wenn alle Christen, besonders die Missionare und die jungen Kirchen, mit Hochherzigkeit und Heiligkeit auf die Appelle und Herausforderungen unserer Zeit antworten.»[13]

Der Optimismus des Papstes entsprach jedoch bestenfalls in Teilen der Wirklichkeit. Es wuchsen tatsächlich die jungen Kirchen in Afrika und Asien, in Lateinamerika jedoch wandten sich zahlreiche Gläubige den Pfingstkirchen zu. Vor allem aber ging in Europa der Prozess der Säkularisierung weiter, der im 19. Jahrhundert begonnen hatte und den letztlich nur Ausnahmesituationen verlangsamt oder zeitweise unterbrochen hatten wie das Ende des Zweiten Weltkriegs, das viele Menschen zu den Kirchen brachte, oder die kommunistische Herrschaft in Polen, die die katholische Kirche zur moralischen Kraft gegen die Diktatur machte. Der Mut vieler Christen in der Zeit des Umbruchs brachte der evangelischen wie der katholischen Kirche Respekt und Anerkennung weit über den Kreis der Gläubigen hinaus, aber kaum neue Mitglieder; die sich neu sortierenden Gesellschaften Mittel- und Osteuropas wurden zu Konsum- und Leistungsgesellschaften nach westlichem Vorbild mit einem insgesamt liberalen Verhältnis zu Sexualität, Verhütung, Abtreibung, Scheidung.

Ärger und Enttäuschung über die polnischen Landsleute

Johannes Paul II. erfuhr das hautnah, als er im Juni 1991 erneut seine Heimat besuchte. Seine letzte Polenreise lag erst vier Jahre zurück, doch das Land hatte sich seitdem fundamental verändert. Mittlerweile war Lech Wałęsa auf General Jaruzelski im Präsidentenamt gefolgt. Ein Teil der polnischen Bischöfe und viele Pfarrer hatten ihn 1990 in der Präsidentschaftskampagne offen unterstützt, auch gegen den anderen katholischen Kandidaten, den Ministerpräsidenten Tadeusz

Mazowiecki. Dieser hatte die Bischöfe und auch offenkundig den Papst in Rom enttäuscht, weil er nicht ein Verbot der Abtreibung oben auf seine Prioritätenliste gesetzt hatte. Allerdings hätte Mazowiecki dafür im Sejm auch keine Mehrheit gefunden.

Zuvor hatte der Primas Glemp vergeblich versucht, in dem kurz nach der Wende ausgebrochenen Streit zwischen Wałęsa und Mazowiecki zu vermitteln.[14] Der Arbeiterführer bestand auf einem Gesetzespaket zur Abrechnung mit dem Parteiregime; Mazowiecki sprach sich dagegen für einen «dicken Schlussstrich» aus, er meinte, dass die Partei- und Geheimdienstfunktionäre sich durch den Schock der Niederlage bei den vorangegangenen freien Wahlen läutern würden, und hoffte darauf, dass diese sich ebenfalls für den Aufbau einer gerechten, demokratischen Gesellschaft einsetzen würden. Es war eine Fehleinschätzung, wie sich zeigen sollte: Als die Postkommunisten wenige Jahre später an die Macht zurückkehrten, schoben sie sich gegenseitig Firmen und Lizenzen bei der Privatisierung zu und bildeten so eine neue Oligarchenschicht.

Auch Wałęsa befolgte als Präsident keineswegs die Empfehlungen der Bischöfe für seine Politik, wie ein Großteil von ihnen es offenbar erwartet hatte. Das Episkopat hatte sich zunächst als eigentlicher Sieger der politischen Wende in Polen gesehen, auch Johannes Paul II. schien dies zunächst zu glauben. Wałęsa war zwar kurz nach seiner Amtseinführung in den Vatikan gereist, als Gastgeschenk brachte er dem sichtlich amüsierten Papst einen Band mit Karikaturen aus Untergrundpostillen während des Kriegsrechts mit.[15] Doch dann bestand er auf einer grundsätzlichen Trennung von Kirche und Staat, so wie dies in den westlichen Demokratien üblich war. Überdies hatte er den liberalen Wirtschaftsfachmann Jan Krzysztof Bielecki, der seine Distanz zur Kirche nicht verhehlte, mit dem Amt des Regierungschefs betraut.

Vor allem irritierte die Bischöfe ebenso wie den Papst die freie Presse. Es entstanden sogar Zeitschriften, die sich als «antiklerikal» bezeichneten, an erster Stelle «Nie» (Nein), gegründet von Jerzy Urban, dem zynischen Regierungssprecher Jaruzelskis. Auch die liberale «Gazeta Wyborcza», zunächst als Organ der Solidarność gegründet, sparte nicht mit Kritik am Episkopat; ihr Chefredakteur, der frühere

Dissident Adam Michnik, forderte die Bischöfe immer wieder auf, sich aus der Tagespolitik herauszuhalten. Der «Tygodnik Powszechny», das Sprachrohr der liberalen Katholiken, schloss sich dieser Forderung an. In der konservativen Kirchenpresse wiederum beklagten Geistliche, dass die neuen Demokraten undankbar seien, schließlich hätten sie die Wende vor allem dem Papst und der Kirche zu verdanken, die das kommunistische Regime in die Knie gezwungen hätten.

Ein Teil der Medien übte auch Kritik an den Kosten des Papstbesuchs. Im Lichte der hohen Arbeitslosigkeit, zu der die Schließung zahlreicher unrentabler Betriebe im Rahmen der Schocktherapie beim Übergang von der Plan- zur Marktwirtschaft geführt hatte, seien diese Ausgaben nicht zu rechtfertigen. Auch erschienen zahlreiche Artikel über die Kritik am Papst aus Westeuropa, das für Millionen von Polen erstrebenswertes Vorbild war; ihm wurde vorgeworfen, die moderne Welt nicht zu verstehen und nichts zur Lösung ihrer Probleme anzubieten. Nicht nur die als ungerecht empfundene Kritik in freien Medien schockierte die Kirchenleute, sondern auch die Tatsache, dass mit der Pressefreiheit Sexpostillen und -filme das Land überschwemmten.

In dieser Atmosphäre kam Johannes Paul II. im Juni 1991 zu seiner vierten Pastoralreise nach Polen. In seiner ersten Predigt verhehlte er seinen Unwillen nicht. Ihm bereite große Sorge, dass die Entwicklung Polens in eine falsche Richtung gehe, in der «Freiheit mit Unmoral verwechselt» werde: «Ihr müsst verstehen, dass diese Dinge mir nicht gleichgültig sein können, dass sie mir wehtun! Und sie sollten auch euch wehtun! Es ist einfach zu zerstören, schwerer ist es aufzubauen!» Wie ein roter Faden zog sich seine Forderung nach einem vollständigen Verbot der Abtreibung durch seine Predigten. Scharf kritisierte er den westlichen Säkularismus: «Freiheit? Welche Art von Freiheit? Einem ungeborenen Kind das Leben zu nehmen?» Er warf den westlichen Medien vor, «Gewalt auszuüben, wenn auch keine physische», und wies die Auffassung scharf zurück, Polen müsse sich für Europa qualifizieren, indem es sich dem Westen anpasse: «Polen lag schon immer in der Mitte Europas.»[16]

Scharfe Kritik erntete er allerdings, als er die Abtreibung mit dem Holocaust gleichsetzte, er nannte die «Millionen unschuldig durch Bombardierungen, Konzentrationslager, Massenvertreibungen, Rassen- und Völkerhass zu Tode Gekommenen» und schloss an diese Aufzählung den «großen Friedhof der Nichtgeborenen» an. Die jüdischen Gemeinden Polens protestierten dagegen. Allerdings brachten ihre Vertreter das Thema nicht zur Sprache, als der Papst sie in der Warschauer Nuntiatur empfing. Sie beklagten, dass sich im demokratischen Polen auch antisemitische Stimmen vernehmen ließen, dankten ihm aber auch für seine Gesten gegenüber den jüdischen Gemeinden. Johannes Paul II. setzte ein weiteres Zeichen gegenüber seinen katholischen Landsleuten: Er nahm an einem ökumenischen Gottesdienst in der evangelischen Dreifaltigkeitskirche in Warschau teil.[17]

Eine größere Gruppe seiner Landsleute bereitete dem Papst in der polnisch-ukrainischen Grenzstadt Przemyśl allerdings eine unangenehme Überraschung: Sie bildeten um die malerisch auf einem Hügel gelegene Theresienkirche einen Kordon, den niemand passieren konnte. Zwischen den beiden Türmen der Barockkirche flatterte ein Spruchband mit den Worten: «Papst, vergiss nicht, dass du Pole bist!» Geplant war eigentlich, dass Johannes Paul II. das Gotteshaus der griechisch-katholischen Kirchengemeinde übergibt, also der ukrainischen Minderheit. Doch dagegen begehrten die polnischen Nationalisten auf. Eine Gruppe von ihnen hielt die Kirche besetzt und ließ sich auch von einem Vermittler des Episkopats nicht zum Einlenken bewegen. In der Stadt waren in den Tagen zuvor Parolen wie «Polen den Polen» oder «Ukrainer ins Gas» an Hauswände gemalt worden. Es war ein Echo der blutigen Konflikte zwischen den beiden Nachbarvölkern, beginnend mit einem kurzen, heftigen Krieg 1918 über die Massaker, die ukrainische Nationalisten 1943/44 unter den Augen der deutschen Besatzer an Polen begangen hatten, bis zur Zwangsumsiedlung der ukrainischen Minderheit in Polen nach dem Krieg.

Angesichts der zum Widerstand entschlossenen Gruppe beschloss der Papst, auf die Übergabe der umstrittenen Kirche zu verzichten. Die Ersatzlösung stellte indes weder Polen noch Ukrainer zufrieden: Die ukrainischen Katholiken des östlichen Ritus bekamen «auf ewig» die frühere Garnisonskirche der polnischen Armee; in ihr waren auch Offiziere bestattet, die 1918 im Krieg gegen die Ukrainer gefallen waren. In seiner Predigt, die er auf Polnisch und Ukrainisch hielt, fand der Papst klare Worte: «Das Schüren von überkommenem Nationalismus und von Feindschaft ist ein Handeln gegen das Wesen des Christentums. Es sei ein krasser Anachronismus, der beiden großen Völkern unwürdig wäre. Ich bitte herzlich, dass sich die Katholiken der beiden Riten gegenseitig annehmen und lieben.» Auch forderte der Papst die ukrainischen Katholiken auf, sich brüderlich gegenüber den orthodoxen Christen zu verhalten. Er spielte auf die Konflikte um Kirchengebäude im Westen der Sowjetrepublik Ukraine an. Dort wurde der Konflikt von Przemyśl genau beobachtet. Dem kurz zuvor zum römisch-katholischen Erzbischof von Lemberg berufenen Marian Jaworski, einem alten Freund aus Krakauer Tagen, verweigerten die sowjetischen Behörden das Aufenthaltsrecht.[18] Dem Papst wurde angekreidet, trotz der polnisch-ukrainischen Spannungen einen Polen nach Lemberg entsandt zu haben. Allerdings gehörten der römisch-katholischen Kirche in der Westukraine fast nur Polen an.

So prägten vor allem Misshelligkeiten die erste Reise des Papstes in das demokratische Polen. Seine Erfahrungen blieben nicht ohne Einfluss auf sein Verhältnis zu seinen Landsleuten – nie mehr kam er auf den polnischen Messianismus zurück, dem zufolge die Polen ein ausgewähltes Volk seien. Ebenso reagierte er auf den polnischen Nationalismus, mit dem er in Przemyśl konfrontiert worden war: Bei der Besetzung von Bischofssitzen in Polen ließ er nur Kandidaten zum Zuge kommen, die Distanz zu nationalistischen Kreisen wahrten, die meisten von ihnen galten an der Weichsel als Reformer. Sie zählten zu ihren Aufgaben die Auseinandersetzung mit dem nationalistischen Sender «Radio Maryja», dessen Gründer, den Redemptoristenpater Tadeusz Rydzyk, der Papst öffentlich ignorierte. Doch die von Kardinal Glemp unternommenen Versuche, den Einfluss von «Radio Maryja» einzudämmen, scheiterten weitgehend.

Auch begriff der Papst, dass die polnische Kirche ihre traditionelle Funktion verloren hatte, nämlich den Regimegegnern ein Dach zu bieten. Für sie sah er nun eine neue Aufgabe: zum gesellschaftlichen Frieden beizutragen, also auch zu akzeptieren, dass nicht alle Menschen gläubig sind. Er selbst hatte während seiner Reise 1991 ein Zeichen gesetzt: Er traf den bei der großen Mehrheit seiner Landsleute verhassten General Jaruzelski, der kein Staatsamt mehr inne-

hatte. Jaruzelski schrieb in seinen Erinnerungen, dass der Papst ihm
«eine große Ehre» erwiesen habe, und fügte hinzu: «Es war die primi-
tive, doktrinäre, oft mit Gewalt verbundene Haltung zur Kirche und
zur Religion, die großen Anteil am Schicksal des realen Sozialismus
hatte. Das war einer der größten historischen Fehler unseres Lagers.»[19]

Zwei Monate nach der schwierigen ersten Reise in das nun demokratische Polen reiste Johannes Paul II. erneut in seine Heimat: Er nahm
am Weltjugendtreffen in Tschenstochau teil. Hier stellte er ein Thema
in den Mittelpunkt seiner Predigten, das für die nächsten Jahre eines
der Leitmotive seiner Reisen innerhalb Europas wurde: die Einheit
Europas. Voraussetzung dafür sei indes eine «Rückbesinnung auf die
christlichen Wurzeln».

Als die Postkommunisten 1993 die polnischen Parlamentswahlen
gewannen, obwohl ein Teil des Episkopats offen für katholische
Gruppierungen geworben hatte, beklagte der Papst, dass die aus der
Solidarność hervorgegangenen Politiker sich untereinander zerstrit-
ten hätten: «Die Polen sind stark in der Opposition, aber schwach im
konstruktiven Handeln.»[20] Doch ermahnte er die Bischöfe, die Ergebnisse demokratischer Wahlen anzuerkennen und den Aufbau der
Demokratie aktiv zu unterstützen. Er fügte hinzu: «Wir müssen lernen, uns der Kritik zu stellen.»

Vergebliche Einsätze für Frieden

Mit dem Fall der Mauer und dem Ende der Sowjetunion war weder
Friede auf Erden eingekehrt noch die Gerechtigkeit in die Welt gekommen. Im Vielvölkerstaat Jugoslawien nahmen die Konflikte zwischen Serben, Kosovo-Albanern, Slowenen, Kroaten, Bosniern zu,
aufgeladen durch die verschiedenen Nationalismen und die religiösen
Konkurrenzen von Orthodoxen, Katholiken, Muslimen. Im Sommer
1991 griff die serbisch dominierte Jugoslawische Bundesarmee erst in
Slowenien, dann in Kroatien an; hilflos sah Europa zu, wie auf dem
Balkan ein Krieg mit grausamen Massakern begann, der sich bald vor

allem nach Bosnien-Herzegowina verlagerte, dessen Hauptstadt Sarajewo von serbischen Truppen und Freischärlern belagert und beschossen wurde. Am Persischen Golf wiederum hatte im August 1990 Iraks Diktator Saddam Hussein das reiche Emirat Kuwait überfallen und annektiert; legitimiert durch eine Resolution des Sicherheitsrats rüstete sich eine Koalition unter der Führung der USA, das Emirat zu befreien und den Aggressor Saddam in die Schranken zu weisen. Bei vielen Menschen in Europa, die gerade erst die Angst vor einem Atomkrieg der Supermächte hinter sich gelassen hatten, wuchs die Furcht vor einem großen Krieg mit vielen Toten, Hunderttausende demonstrierten für den Frieden.

Auch Papst Johannes Paul II. war gegen den Irakkrieg, wiewohl er den Angriff Saddam Husseins auf Kuwait scharf verurteilt hatte. Den ganzen Herbst hindurch rief er immer wieder zu einer friedlichen Lösung des Konflikts auf; seine Weihnachtsbotschaft am 25. Dezember 1990 vor dem Segen «Urbi et Orbi» war ein dramatischer Appell: «Das Licht Christi ist mit den gepeinigten Nationen im Mittleren Osten. Für die Golfregion erwarten wir, angstvoll, dass die Drohung des Waffengebrauchs zurückgenommen wird. Die Verantwortlichen mögen sich davon überzeugen lassen, dass der Krieg ein Abenteuer ohne Rückkehr ist!»[21] Am 4. Januar schrieb er an die in Luxemburg versammelten Außenminister der Europäischen Wirtschaftsgemeinschaft und warnte vor einer «bewaffneten Konfrontation mit unvorhersehbaren, aber zweifellos verheerenden Folgen»[22]; Dialog und Verhandlung müssten sich durchsetzen. Er unterstützte den UN-Generalsekreter Pérez de Cuéllar bei seinem Versuch, in letzter Minute in Bagdad mit Saddam Hussein zu verhandeln; am 15. Januar schickte er noch einmal Briefe über die jeweiligen Nuntiaturen an Saddam Hussein und US-Präsident George Bush senior: Ein Krieg führe «schwerlich zu einer angemessenen Lösung von internationalen Problemen».[23]

Vergeblich: Am Tag darauf begannen massive Luftangriffe der Koalition auf das irakische Militär, am 24. Februar der Bodenkrieg, drei Tage später war Kuwait City befreit. Der Krieg war viel schneller beendet als befürchtet, dennoch starben vermutlich mehrere Zehntausend Menschen, überwiegend Iraker. Die Skepsis des Vatikans gegenüber solchen Aktionen blieb. Dazu trug sicher auch bei, dass im Nahen Osten viele der von einem zunehmend radikalen Islam bedrängten Christen durch die sich als säkular verstehenden Diktatoren der Region geschützt wurden – der irakische Außenminister Tarek Aziz zum Beispiel war Christ. Auch Johannes Pauls II. Erfahrung, welche Verwüstungen ein Krieg bedeuten kann, dürften zu dieser Skepsis beigetragen haben. Mehr noch aber stand die päpstliche Friedensdiplomatie am Vorabend des Golfkriegs in der kirchlichen Tradition: Schon Papst Benedikt XV. hatte während des Ersten Weltkriegs mit dramatischen Appellen und diplomatischen Initiativen versucht, das Töten zu beenden; Pius XII. begriff sich im Zweiten Weltkrieg als über den Kriegsparteien stehend (was auch zu der aus heutiger Sicht unverständlichen Milde gegenüber den Nationalsozialisten führte). In seiner Enzyklika «Pacem in terris» hatte dann Papst Johannes XXIII. 1963 dargelegt, dass aus Sicht der katholischen Kirche Konflikte «nicht durch Waffengewalt, sondern durch Verträge und Verhandlungen beizulegen» seien; jeder Mensch habe das Recht auf «die Unversehrtheit des Leibes».[24] Gerecht ist nicht der Krieg, gerecht kann nur der Friede sein; Gewalt ist nur dann ethisch erlaubt, wenn sie ein größeres Unrecht abwenden kann – unter Johannes Paul II. setzte sich die Abkehr von der traditionellen Lehre vom gerechten Krieg fort, die unter Benedikt XV. begonnen hatte.

Dass dies keinen unbedingten Pazifismus bedeutete, zeigte sich in der Haltung des Papstes im Balkankonflikt. Johannes Paul II. gehörte, gemeinsam mit der deutschen Bundesregierung (und gegen die Skepsis Frankreichs), zu den stärksten Befürwortern einer Unabhängigkeit der überwiegend katholischen Länder Slowenien und Kroatien; gleich nach der Unabhängigkeitserklärung Kroatiens erkannte der Vatikan den jungen Staat an – und damit auch das Recht auf Selbstverteidigung gegen die Jugoslawische Bundesarmee. Einen Monat zuvor schon hatte Johannes Paul II. Franjo Tudjman im Vatikan empfangen, den Präsidenten der noch zu Jugoslawien gehörenden Republik Kroatien, und hatte einen Appell an alle Unterzeichnerstaaten der KSZE-Schlussakte von Helsinki geschickt, die Unabhängigkeit der neuen Staaten anzuerkennen. Das Recht der Völker, über ihre Unabhängigkeit selber zu entscheiden und sie auch zu verteidigen, war Johannes Paul II. ein hohes Gut. Über die Kriegsverbrechen allerdings, die auch von kroatischer Seite verübt wurden, etwa beim Beschuss der Brücke von Mostar oder bei den Kämpfen in Bosnien, verlor der Vatikan keine großen Worte. 1994 sprach Johannes Paul II. den Zagreber Erzbischof Alojzije Stepinac selig, der ein kroatischer Nationalheld war, aber auch lange mit dem faschistischen Ustascha-Regime zusammengearbeitet hatte. In Serbien rief das große Empörung hervor, immerhin wurde daraufhin eine orthodox-katholische Historikergruppe eingesetzt, die Stepinacs Rolle im Zweiten Weltkrieg untersuchen sollte. Gern wäre der Papst 1994 ins belagerte Sarajevo gereist – doch aus Sicherheitsgründen war diese Friedensmission nicht möglich.

Ende 1992 betonte Johannes Paul II., dass es auch eine Pflicht zum Eingreifen der Weltgemeinschaft geben könne, wenn eine Situation vorliege, «die das Überleben von ganzen Völkern oder Volksgruppen ernsthaft gefährdet». Anlass war die Lage in Somalia, wo der Bürgerkrieg Millionen Menschenleben gefährdete und die USA, gestützt durch einen Beschluss der Vereinten Nationen, den Krieg beenden wollten – der Einsatz endete allerdings im Desaster. Als 1994 in nicht einmal 100 Tagen in Ruanda, dem Land in Afrika mit dem höchsten Anteil an Katholiken, militante Hutus fast eine Million Tutsi und gemäßigte Hutus töteten, blieb der Appell des Papstes, den er zur Eröffnung der Afrikasynode an die überwiegend katholischen Mörder richtete, ungehört: «Es reicht mit der Gewalt! Es reicht mit dieser Tragödie! Es reicht mit diesem blutigen Brudermord!»[25] Es waren katholische Missionare gewesen, die in der Kolonialzeit den Hass zwischen den Volksgruppen geschürt hatten. Dennoch lehnte 1996 Johannes Paul II. eine Mitschuld der katholischen Kirche an den Massakern ab: Einzelne hätten Schuld auf sich geladen, nicht aber die Kirche als solche.

13. POSITIONSBESTIMMUNG IN DER
GLOBALISIERTEN WELT

W ie wenig für Johannes Paul II. der Untergang des sozialistischen Gesellschafts- und Wirtschaftssystems ein endgültiger Sieg der kapitalistischen Ordnung war, zeigte seine Sozialenzyklika «Centesimus annus» (Im hundertsten Jahr)[1]. Er veröffentlichte sie am 1. Mai 1991, hundert Jahre nach «Rerum novarum», der ersten päpstlichen Sozialenzyklika, die Leo XIII. 1891 über die «neuen Dinge» des Industriezeitalters verfasst hatte. Johannes Paul II. schlug noch einmal den Bogen von der Analyse Leos XIII. bis zur Gegenwart. Das Scheitern der realsozialistischen Staaten habe bestätigt, was der Papst schon vor hundert Jahren gesagt habe – «dass der Grundirrtum des Sozialismus anthropologischer Natur ist»; der Mensch werde «zu einem Bündel gesellschaftlicher Beziehungen verkürzt», daraus folgten die «Verkehrung des Rechts» und die Ablehnung des Privateigentums, was der Menschenwürde und der «Errichtung einer echten menschlichen Gemeinschaft» entgegenstehe. Die Sicherheit des Eigentums, eine stabile Währung und ein leistungsfähiger öffentlicher Sektor gehörten für den Papst zu einer menschengemäßen Wirtschaftsordnung, ebenso eine Sozialpolitik, die dem Einzelnen nicht die Verantwortung für sein Schicksal abnimmt: «Die historische Erfahrung der sozialistischen Länder hat auf traurige Weise gezeigt, dass der Kollektivismus die Entfremdung nicht beseitigt, sondern noch steigert, weil der Mangel am Notwendigsten und das wirtschaftliche Versagen hinzukommen.»

Johannes Paul lobte die freie Wirtschaft und den freien Markt als Möglichkeit, die positiven Kräfte des Menschen zu entfalten und die

Versorgung mit Gütern zu gewährleisten; die Kirche anerkenne auch die «berechtigte Funktion des Gewinns». Doch der Gewinn dürfe nicht der einzige Faktor des guten Wirtschaftens sein. Es könne sein, «dass die Wirtschaftsbilanz in Ordnung ist, aber zugleich die Menschen, die das kostbarste Vermögen des Unternehmens darstellen, gedemütigt und in ihrer Würde verletzt werden». Der Papst fuhr fort: «Man sieht daraus, wie unhaltbar die Behauptung ist, die Niederlage des sogenannten ‹realen Sozialismus› lasse den Kapitalismus als einziges Modell wirtschaftlicher Organisation übrig. Es gilt, die Barrieren und Monopole zu durchbrechen, die so viele Völker am Rande der Entwicklung liegenlassen. Es gilt, für alle – einzelne und Nationen – die Grundbedingungen für die Teilnahme an der Entwicklung sicherzustellen. […] Die stärkeren Nationen müssen den schwachen Gelegenheiten zur Eingliederung in das internationale Leben anbieten, und die schwachen müssen in der Lage sein, diese Angebote aufzugreifen.» Auch sei die «Entscheidung für bestimmte Formen von Produktion und Konsum» immer auch eine Entscheidung für «eine bestimmte Kultur als Gesamtauffassung des Lebens». Er warnte vor dem «Phänomen des Konsumismus», der «unter Verkennung der Werte des persönlichen Gewissens und der Freiheit» Konsumgewohnheiten fördere, «die objektiv unzulässig sind und nicht selten der körperlichen und geistigen Gesundheit schaden». Dagegen brauche es dringend «ein groß angelegtes erzieherisches und kulturelles Bemühen, das die Erziehung der Konsumenten zu einem verantwortlichen Verbraucherverhalten, die Weckung eines hohen Verantwortungsbewusstseins bei den Produzenten und vor allem bei den Trägern der Kommunikationsmittel sowie das notwendige Eingreifen der staatlichen Behörden umfasst».

Die marktwirtschaftliche Ordnung sei nur dann gut und gerecht, wenn sie dem Menschen diene. Sie sei nur dann gerechtfertigt, wenn sie die Umwelt schütze und die Ressourcen der Erde schone. Diese Wirtschaft brauche Kontrollen und klare Grenzen, jedes Eigentum sei dem Wohl des Ganzen verpflichtet, betonte er; die wirtschaftliche Freiheit sei «nur ein Element der menschlichen Freiheit». Der Erfolg der Marktwirtschaft berge «die Gefahr einer ‹Vergötzung› des Marktes»; sie ignoriere «die Existenz von Gütern, die ihrer Natur nach weder bloße Waren sind noch sein können».

Die Globalisierung der Märkte und des Warenaustauschs braucht – gerade nach dem Ende des sozialistischen Systems – eine globalisierte Ethik und Moral, sonst wird der Markt zum Götzen und das Geld zur Ersatzreligion: Dieser Gedanke zog sich seitdem durch viele Ansprachen und Schriften des Papstes. Es war eine Kapitalismuskritik aus einer konservativen Grundhaltung heraus: Die Herrschaft des Geldes und des hemmungslosen Konsums entfernt den Menschen von seinen Wurzeln. Für den Papst gehörte zu diesem Konsum auch eine Sexualität, die, losgelöst von der Möglichkeit, Kinder zu zeugen, rein auf den Lustgewinn zielt. Auch dieser Aspekt fehlte nicht in der Sozialenzyklika. Und so verwundert es nicht, dass er im Vorfeld der Weltbevölkerungskonferenz in Kairo im September 1994 alles daran setzte zu verhindern, dass dort künstliche Verhütung und auf ihr beruhende Familienplanungsprogramme als wünschenswert und wirksame Mittel zur Verringerung des Bevölkerungswachstums festgeschrieben wurden. Im März schrieb er in einem Brief an 184 Staatschefs, der Aktionsplan, der in Kairo beschlossen werden solle, zwinge der gesamten Welt eine «total individualistische Sexualität» auf, wie sie nur «dem Lebensstil eines bestimmten Randes» in den Industriegesellschaften entspreche. Die Ehe erscheine «nur noch als etwas Altmodisches»; die Zustimmung zum Aktionsplan führe zu einer «generellen internationalen Anerkennung eines völlig uneingeschränkten Rechts zur Abtreibung».[2]

Mit all seinem diplomatischen Einfluss und der Macht der größten Religionsgemeinschaft der Welt übte der Vatikan Druck vor allem auf die katholischen Länder aus und versuchte, sie gegen die USA in Stellung zu bringen, deren neuer demokratischer Präsident Bill Clinton persönlich an der Konferenz teilnahm und deren Delegation sich vehement für den freien Zugang zu Verhütungsmitteln und für Möglichkeiten einer sicheren Abtreibung einsetzte. Die Delegierten des Vatikans stimmten auch gemeinsam mit Gaddafis Libyen und mit fundamentalistischen islamischen Regierungen, um ihre Vorstellungen durchzusetzen. Ihr wichtigstes Argument war, dass in einer Form des neuen Kolonialismus der Westen versuche, allen Ländern die westliche Vorstellung von Ehe, Familie, Verhütung und Abtreibung aufzuzwingen. Sie erreichten tatsächlich einige Kompromisse: So wurde festgelegt, dass alle Bevölkerungsprogramme auf dem Prinzip der Freiwilligkeit beruhen und die Menschenwürde wahren müssten, dass Abtreibung als Mittel der Familienplanung ausgeschlossen wurde und die Erziehung und Stärkung von Frauen das wichtigste Mittel zur Familienplanung sein solle, nicht einfach die Verteilung von Pille und Kondom. Die Konferenz stellte aber auch fest, dass jede Frau und jeder Mann Zugang zu Mitteln der Familienplanung haben solle und dass Familienplanung weltweit notwendig sei.

Kritik am Kapitalismus und am moralischen Relativismus

Am 5. Oktober 1993 herrschte gespannte Erwartung im Pressesaal des Heiligen Stuhls an der Via Conciliazione in der unmittelbaren Nähe des Petersplatzes. Kardinal Ratzinger, der Präfekt der Glaubenskongregation, sollte die zehnte Enzyklika von Johannes Paul II. vorstellen, die in besonderer Weise das innerkirchliche Programm des Papstes darstellen sollte. Schon 1987 hatte dieser angekündigt, nichts weniger vorlegen zu wollen als die systematische Darstellung der christlichen Moral, es hieß, er habe mit großer Intensität an dem Lehrschreiben gearbeitet. Im Vorfeld der Veröffentlichung waren Arbeitsfassungen des Dokuments bekannt geworden, die für einige Aufregung gesorgt hatten: Würde der Papst tatsächlich die seit «Humanae vitae» festgelegte katholische Sexualmoral in den Rang eines Dogmas erheben und die Unfehlbarkeit auch in Fragen der Moral beanspruchen? Würde er den Theologen, die dies anzweifelten, mit dem Entzug der Lehrerlaubnis drohen?[3] Es stand die Frage im Raum, ob der Papst an diesem Oktobertag sein theologisches Vermächtnis verkünden und ein für alle Mal festschreiben werde, dass aus katholischer Sicht Sexualität nur innerhalb der katholischen Ehe und ohne künstliche Verhütung sittlich gut sei. Im Juli 1992 war Johannes Paul II. in einer vierstündigen Operation ein großer, aber gutartiger Tumor am Dickdarm entfernt worden; seitdem hielten sich die Gerüchte, der mittlerweile 72 Jahre alte Papst erhole sich schlechter von diesem großen Eingriff, als der Vatikan zugebe. Hatte Johannes Paul II. nur noch wenige Jahre zu leben, wie Vatikan-Korrespondenten mutmaßten?[4] Und wollte er nun festlegen, was auch nach seinem Tod gelten sollte?

Dem Papst jedenfalls ging es besser, als die vatikanische Gerüchteküche vermutete. Und die Enzyklika «Veritatis splendor» (Glanz der Wahrheit) erhob die kirchliche Sexualmoral nicht zum Dogma, sondern formulierte vorsichtiger, als es die bekannt gewordenen Textentwürfe hatten vermuten lassen. Offenbar hatten Kardinal Ratzinger und andere zur Beratung immer wieder hinzugezogene Theologen Bedenken gehabt, die Kompetenzen des Lehramts so weit auszudehnen, zu überdehnen. Der Text von «Veritatis splendor» richtete jedoch immer noch sehr weit reichende Ansprüche an die katholischen Bischöfe – an sie wendete sich das Schreiben «über einige grundlegende Fragen der kirchlichen Morallehre» ausdrücklich, nicht wie die anderen Enzykliken des Papstes an alle Menschen guten Willens.[5]

Ziel des Schreibens sei, «einige fundamentale Wahrheiten der katholischen Lehre in Erinnerung zu rufen, die im heutigen Kontext Gefahr laufen, verfälscht oder verneint zu werden», so der Papst. Es gebe nämlich «eine globale und systematische Infragestellung der sittlichen Lehrüberlieferung»; ihre Wurzel liege «in dem mehr oder weniger verborgenen Einfluss von Denkströmungen, die schließlich die menschliche Freiheit der Verwurzelung in dem ihr wesentlichen und für sie bestimmenden Bezug zur Wahrheit beraubt». Darum ging es dem Papst: Freiheit und Wahrheit gehörten für ihn zusammen; ohne die Bindung an die Wahrheit Gottes und die Befolgung seiner Gebote werde aus der Freiheit die Beliebigkeit. Dieser kirchliche Wahrheitsanspruch aber sei für eine Welt, die die Autonomie des Menschen und seines Gewissens über alles stelle, «schlechthin unannehmbar»: «Man ist der Meinung, das Lehramt dürfe sich in Moralfragen nur einmischen, um die ‹Gewissen zu ermahnen› und ‹Werte vorzulegen›, nach denen dann ein jeder autonom die Entscheidungen und Entschlüsse seines Lebens inspirieren wird.» In manchen modernen Denkrichtungen sei die Freiheit ein «Absolutum» geworden, beklagt der Papst, sie hätten dadurch jeden Bezug zur Transzendenz verloren. Durch die Verabsolutierung der Gewissensfreiheit sei «der unabdingbare Wahrheitsanspruch zugunsten von Kriterien wie Aufrichtigkeit, Authentizität, ‹Übereinstimmung mit sich selbst› abhanden gekommen, so dass man zu einer radikal subjektivistischen Konzeption des sittlichen Urteils gelangt». Johannes Paul II. sprach von einer «Krise der Wahrheit», die paradoxerweise auch darin bestehe, dass manche naturwissenschaftlichen Strömungen in ihrem Determinismus die Freiheit des Menschen leugneten, selber zur Wahrheit finden zu können.

Für die Kirche und ihre Moraltheologie müsse in dieser Lage die Aufforderung des Apostels Paulus an die römische Gemeinde gelten: «Gleicht euch nicht der Welt an!» Leider aber hätten sich auch «in den Priesterseminaren und an den theologischen Fakultäten» Einstellungen verbreitet, die die Frage erlaubten, ob es möglich sei, «Gott zu gehorchen und damit Gott und den Nächsten zu lieben, ohne die Gebote unter allen Umständen zu respektieren». Verbreitet sei auch «der Zweifel am engen und untrennbaren Zusammenhang zwischen Glaube und Moral, so als würde sich die Zugehörigkeit zur Kirche und deren innere Einheit alleine durch den Glauben entscheiden, während man in Sachen Moral einen Pluralismus von Anschauungen und Verhaltensweisen dulden könnte». Eine solche Auslegung aber führe zu Thesen, die mit der katholischen Lehre unvereinbar seien. Denn die «wahre sittliche Autonomie» bestehe darin, die Gebote Gottes ohne Wenn und Aber anzunehmen. Das würden jene Theologen nicht genügend beachten, die von einer «autonomen Moral» ausgingen.

Man konnte «Veritatis splendor» als Beschreibung einer religiösen Grundwahrheit lesen: Eine Kirche, jede Glaubensgemeinschaft muss verkünden, was sie als wahr ansieht, und darf sich nicht der Welt anpassen; richtet sie sich nur nach dem jeweils gegenwärtigen Stand des Diskurses, geht sie unter. Die Enzyklika war aber weit darüber hinaus eine explizite Absage an die Vorstellung einer «autonomen Moral», wie sie der Tübinger Professor Alfons Auer in den siebziger Jahren entwickelt hatte und die seitdem eine der Hauptströmungen der Moraltheologie war. Entsprechend deutlich war die Kritik, die zahlreiche Theologen – vor allem aus Deutschland und den Vereinigten Staaten – an dem Lehrschreiben übten. Sie sahen sich und ihre Anliegen verzerrt dargestellt und den Papst auf dem Weg in einen innerkirchlichen Fundamentalismus, gerade was die Sexualmoral anging, wo viele Theologen – und auch die deutsche Bischofskonferenz – den Wert des christlich orientierten Gewissens gegenüber dem lehramtlichen Verbot künstlicher Verhütungsmittel betont hatten. Durfte nun nur noch gelten, was das Lehramt in Rom als Gottes Gebote definierte?

Die Sorge war auch deshalb so groß, weil «Veritatis splendor» bei weitem nicht das einzige Dokument war, das in diesen Jahren in diese Richtung deutete. Im Herbst 1992 war der «Katechismus der katholischen Kirche» erschienen; eine hochkarätige Redaktion unter der Leitung von Kardinal Ratzinger und dem Sekretär Christoph Schönborn, der erst Professor in Fribourg war und dann Weihbischof in Wien, hatte in 2865 Abschnitten zusammengestellt, was den Glauben der katholischen Kirche ausmacht. Der neue Katechismus sollte ein weltweiter und authentischer Bezugstext für alle Gläubigen sein, vor allem für alle, die den Glauben verkündeten. Auch das Anliegen, in einer Weltkirche einen weltweit gültigen Standard an Glaubenssätzen und Formulierungen zu definieren, traf auf Kritik: Ließ sich der Glaube der Kirche tatsächlich auf knapp 3000 Abschnitten definieren? War das nicht eine Verengung, eine autoritäre Festlegung auf das, was die Zentrale in Rom für wichtig erachtete? Konnte dies einer sich ausdifferenzierenden Weltkirche gerecht werden?

Tatsächlich war es ab den neunziger Jahren erkennbar das Bestreben von Johannes Paul II. und seinem Cheftheologen Ratzinger, festzuschreiben, was in der katholischen Kirche gelten und was nicht erlaubt sein sollte. Beide einte die Wahrnehmung, dass gerade in der Welt nach dem Ende der Systemkonfrontation die Maßstäbe für den richtigen Glauben und das richtige Leben verloren zu gehen drohten, dass die gewonnene Freiheit und Autonomie bis ins Totalitäre hinein überhöht wurden und alle Bindungen zu zerstören drohten, dass der Schatz des festen Glaubens für kleine Münze an die Moderne verkauft werden könnte. Dagegen musste die katholische Kirche ihre Wurzeln und Wahrheiten verteidigen, auch gegen den wachsenden Relativismus im Innern, gegen alle Strömungen, die hoffen, eine modernisierte Kirche, die von ihren Ansprüchen abrückt, könne dem modernen Menschen gerecht werden. Die Kapitalismuskritik Johannes Pauls und die zunehmende innerkirchliche Härte waren von daher keine Gegensätze, keine unverbunden nebeneinander verlaufenden Entwicklungen, wie dies manchmal dargestellt wird – vielmehr entstammte beides der gleichen Wahrnehmung, der gleichen religiösen und philosophischen Grundhaltung.

Am 22. Mai 1994 veröffentlichte Johannes Paul II. das Apostolische Schreiben «Ordinatio sacerdotalis» über die nur Männern vorbehaltene Priesterweihe. In vier kurzen Abschnitten legte er dar, was er schon in der Enzyklika «Mulieris dignitatem» ausgeführt hatte: Weil Jesus einst zwölf Männer zu Aposteln machte, könnten auch heute keine Frauen zu Priesterinnen geweiht werden, was «keine Minderung ihrer Würde und keine Diskriminierung» bedeute, «sondern die treue Beachtung eines Ratschlusses, der der Weisheit des Herrn des Universums zuzuschreiben ist». Mit aller Autorität seines Amtes stellt er fest: «Damit also jeder Zweifel bezüglich der bedeutenden Angelegenheit, die die göttliche Verfassung der Kirche selbst betrifft, beseitigt wird, erkläre ich kraft meines Amtes, die Brüder zu stärken, dass die Kirche keinerlei Vollmacht hat, Frauen die Priesterweihe zu spenden, und dass sich alle Gläubigen der Kirche endgültig an diese Entscheidung zu halten haben.»[6] War damit jede Debatte in der katholischen Kirche über ein Frauenpriestertum erledigt? Zwei Jahre später antwortete Kardinal Ratzinger auf diese Frage, dass diese Lehre «eine endgültige Zustimmung» erfordere.

Warnungen vor einer «Kultur des Todes»

Nur wenige Wochen zuvor hatte der Papst die Enzyklika «Evangelium vitae»[7] veröffentlicht, über den Wert des menschlichen Lebens. Er beklagt, dass mit der zunehmenden Gottesvergessenheit «die Verfinsterung des Wertes des Lebens» einhergehe, durch Kriege, Bürgerkriege, Ungerechtigkeit, Armut – vor allem aber durch die «Durchsetzung einer Anti-Solidaritätskultur, die sich in vielen Fällen als wahre ‹Kultur des Todes› herausstellt». Sie werde aktiv gefördert von starken kulturellen, wirtschaftlichen und politischen Strömungen, die eine leistungsorientierte Auffassung der Gesellschaft vertreten. Man könne von einem «Krieg der Mächtigen gegen die Schwachen» sprechen: «Das Leben, das mehr Annahme, Liebe und Fürsorge verlangen würde, wird für nutzlos gehalten oder als eine unerträgliche Last betrachtet und daher auf vielerlei Weise abgelehnt. Wer durch seine Krankheit, durch seine Behinderung oder, noch viel einfacher, durch sein bloßes Dasein den Wohlstand oder die Lebensgewohnheiten derer in Frage stellt, die günstiger dastehen, wird zunehmend als Feind angesehen, gegen den man sich verteidigen bzw. den man ausschalten muss. Auf diese Weise wird eine Art ‹Verschwörung gegen das Leben› entfesselt.» Anzeichen dafür sah Johannes Paul II. in der weltweiten Verbreitung der Abtreibung und einer immer weiter verbreiteten «Verhütungsmentalität» (wobei der Papst den Unterschied zwischen Verhütung und Abtreibung betonte), in den «Techniken künstlicher Fortpflanzung» und der Beihilfe zum Suizid am Lebensende. Dies alles geschehe im eigentlich politisch-staatlichen Bereich: «Das ursprüngliche, unveräußerliche Recht auf Leben wird auf Grund einer Parlamentsabstimmung oder des Willens eines – sei es auch mehrheitlichen – Teiles der Bevölkerung in Frage gestellt oder verneint.» Dies sei «das unheilvolle Ergebnis eines unangefochten herrschenden Relativismus», auf diese Weise beschreite «die Demokratie ungeachtet ihrer Regeln den Weg eines substantiellen Totalitarismus»; der Staat verwandle «sich in einen tyrannischen Staat, der sich anmaßt, im Namen einer allgemeinen Nützlichkeit – die in Wirklichkeit nichts anderes als das Interesse einiger weniger ist – über das Leben der Schwächsten und Schutzlosesten, vom ungeborenen Kind bis zum alten Menschen, verfügen zu können».

Der Ton von «Evangelium vitae» ist düster, geradezu apokalyptisch, die Rede von der «Kultur des Todes» geprägt von pauschaler Ablehnung moderner Individualität und persönlicher Freiheit. Herrscht in den Schreiben «Redemptoris missio» und «Centesimus annus» noch der Optimismus eines Papstes vor, der hofft, die Welt verändern zu können, regiert nun der Pessimismus, auch wenn Johannes Paul am

Schluss von «Evangelium vitae» die Hoffnung nicht aufgeben mag, dass eine «Kultur des Lebens» nicht verschwinden werde. Die dualistische Gegenüberstellung schreckte auch viele Katholiken ab: Waren sie schon Teil einer «Kultur des Todes», wenn sie – und die meisten Katholiken taten es – künstlich verhüteten? Gingen christliche Politiker den «Weg des substantiellen Totalitarismus», wenn sie in schwierigen Kompromissen Regelungen zustimmten, die straffrei Abtreibungen ermöglichten?

Wie sehr der Papst und sein Präfekt der Glaubenskongregation in schroffem Gegensatz zu den Bemühungen der westlichen Ortskirchen standen, in ihren pluralen Gesellschaften auch durch Kompromisse gehört zu werden und zu wirken, zeigte der Streit um die Schwangerenkonfliktberatung in Deutschland, der Ende der neunziger Jahre in voller Härte ausbrach. Nach der deutschen Wiedervereinigung hatte die neue Bundesrepublik 1993 nach langem Ringen und einem Urteil des Bundesverfassungsgerichts einen Kompromiss gefunden: Die Abtreibung bleibt rechtswidrig, aber straffrei, wenn eine Schwangere sich zuvor einer Beratung unterzogen hat, in der sie noch einmal über die Möglichkeiten aufgeklärt wird, doch das Kind zu bekommen. Vor allem die bayrische CSU hatte sich – angespornt durch die katholische Kirche – für eine strenge Auslegung der Regelungen eingesetzt. Die katholischen Bischöfe erklärten sich bereit, über den Sozialdienst katholischer Frauen (SkF) und die Caritas an dem Beratungssystem mitzuwirken. Dass am Ende der Beratung die Schwangere einen Schein erhielt, der eine Abtreibung ermöglichte, nahmen sie in Kauf – wichtiger war den Bischöfen, dass sie über die Beratung halfen, ungeborenes Leben zu retten: Sehr viele Frauen entscheiden sich nach der Beratung, ihr Kind dennoch zu bekommen. Ein Bischof allerdings machte von Anfang an nicht mit: Für den konservativen Fuldaer Erzbischof Johannes Dyba war der Beratungsschein eine «Tötungslizenz». Und so sahen es auch Papst Johannes Paul II. und Kardinal Ratzinger in Rom: Die Kirche in Deutschland, die ohnehin im Verdacht allzu großer Liberalität stand, war genau jenen Kompromiss eingegangen, den die Enzykliken «Veritatis splendor» und «Evangelium vitae» verurteilt hatten.

1995 forderte der Papst die deutschen Bischöfe erstmals auf, dafür zu sorgen, dass in ihren Beratungsstellen keine Beratungsscheine mehr ausgegeben würden; drei Jahre später wiederholte er die Bitte offiziell in einem Brief an die Bischöfe. Alle Argumente des Vorsitzenden der Bischofskonferenz, des Mainzer Bischofs Karl Lehmann, und der meisten seiner Mitbrüder halfen nichts: Ein Jahr später, als auch der Kölner Kardinal Meisner erklärte, er könne die Kompromisse nicht mittragen, die Lehmann mit dem Staat anstrebte, mussten SkF und Caritas die Beratung im staatlichen System beenden. Erst als dies geschehen war, erhielt Lehmann 2001 den Kardinalstitel, auf den er lange gewartet hatte.

Die Stimmung in Deutschland gegenüber dem Papst und dem deutschen Kardinal in Rom war auf dem Tiefpunkt. Zu oft hatten der Papst und sein oberster Glaubenshüter autoritär eingegriffen, wenn die Kirche in Deutschland angebliche Tendenzen der Abweichung erkennen ließ – ob es sich um den Umgang mit Geschiedenen handelte, die wieder geheiratet haben, oder um die Äußerungen einzelner Bischöfe zum Zölibat oder der Weihe von Frauen. Der Papstbesuch 1996 in Paderborn und Berlin, wo Johannes Paul II. Bernhard Lichtenberg selig sprach, den Berliner Domprobst und Nazi-Gegner, der in Gestapo-Haft gestorben war, rief keine ungeteilte Begeisterung im Land hervor, trotz der 90 000 Besucher (von denen 30 000 aus Polen angereist waren) und des symbolträchtigen Gangs durchs Brandenburger Tor an der Seite von Bundeskanzler Helmut Kohl; es gab auch Buhrufe und Pfiffe. In vielen deutschen Gemeinden fanden die Forderungen der Kirchenvolksbewegung «Wir sind Kirche» viel Unterstützung. Die Bewegung war 1995 in Österreich entstanden, als ans Tageslicht kam, dass der Wiener Kardinal Hermann Groer einst Jungen und jungen Männern sexuelle Gewalt angetan hatte – innerhalb weniger Wochen hatte die wenig organisierte Bewegung mehr als eine halbe Million Unterschriften gesammelt für die Gleichberechtigung von Klerikern und Laien, Frauen und Männern, für die Aufhebung des Pflichtzölibats, eine positive Bewertung der Sexualität und ein Ende der «unbarmherzigen Strenge», die die Initiatoren in der katholischen Kirche ausmachten. Im Herbst 1995 sammelte «Wir sind Kirche» für diese Anliegen fast 1,5 Millionen Unterschriften in Deutschland.

Andere päpstliche Reisen waren erfolgreicher: In Manila jubelten dem Papst im Januar 1995 schätzungsweise vier Millionen Menschen zu, auch in den Vereinigten Staaten, wo viele seiner Schriften bei liberalen Katholiken auf Ablehnung gestoßen waren, gewann er Sympathien zurück, weil er sich weniger auf die Konfliktthemen konzentrierte, sondern werbend auftrat, als jemand, der den Menschen die frohe Botschaft zu verkünden hatte.[8] Großen Erfolg hatte auch das erste Interviewbuch mit einem Papst: «Die Schwelle der Hoffnung überschreiten», das 1994 erschien. Der Papst redete darin persönlich und freimütig über sein Leben, seinen Glauben, seine politischen und kirchenpolitischen Maximen. Das Buch erreichte weltweit eine Auflage von mehr als 20 Millionen Exemplaren. Überhaupt war es erstaunlich, welches Arbeitspensum der Papst absolvierte, der nun immerhin Mitte 70 war; er reiste nach Lateinamerika, Tunesien und Slowenien. 1998 reiste er nach Kuba, wo er Fidel Castro traf, den letzten verbliebenen Revolutionär in Lateinamerika – und ihn an das Recht der Kubaner auf Religionsfreiheit erinnerte. Er setzte sich für den Frieden auf dem Balkan ein, saß Bischofssynoden vor, veröffentlichte Schreiben zum Priestertum und zum Ordensleben. Nach wie vor stand er um halb sechs Uhr in der Frühe auf und knipste das Licht im Arbeitszimmer selten vor elf Uhr am Abend aus; wer über den Petersplatz ging, konnte das erleuchtete Fenster sehen: Der Papst arbeitete noch. «Schlafen kann ich im Himmel», sagte er.

Nicht immer machte sein Körper mit, was der Geist wollte. Die Folgen der lebensgefährlichen Verletzungen von 1981 machten sich zunehmend bemerkbar, auch die der schweren Darmoperation. 1994 brach er sich bei einem Sturz im Badezimmer den Oberschenkel, seitdem konnte er nicht mehr wie gewohnt Ski fahren und wandern, was für den Sportler und Bewegungsmenschen ein tiefer Einschnitt war. Bei längeren Zeremonien musste er jetzt sitzen; bei seinen Flugreisen ins Ausland kniete er nicht länger nach der Landung nieder, um die Erde zu küssen, vielmehr wurde ihm Erde in einer Schale gereicht. Beim Weihnachtssegen 1995 sackte er, beobachtet von Millionen Fernsehzuschauern, zusammen – Grund war eine Virusgrippe. Doch das Tempo zu verlangsamen ging nicht für Johannes Paul II. Er hatte eine Mission und ein Ziel, das ihn immer weiter anspornte. Er wollte seine Kirche ins nächste Jahrtausend führen, wie es ihm bei der Wahl zum Papst Kardinal Wysyzński prophezeit hatte.

Aufruf zur Ökumene, Dialog mit den Juden

Die katholische Kirche ins 21. Jahrhundert führen – das war für Johannes Paul II. mehr als nur das einigermaßen wahrscheinliche Szenario für einen Mann, der mit 58 Jahren zum Papst gewählt wurde und im Jahr 2000 80 Jahre alt werden würde. Es war für ihn Gottes Auftrag. Deshalb hatten die Kardinäle ihn gewählt, den Außenseiter aus dem Osten Europas, deshalb hatte er die Schüsse des Attentäters Ali Ağca überlebt und das Ende des kommunistischen Systems 1989 miterlebt. Das Bewusstsein, in einer besonderen historischen Situation Papst zu sein, trug Karol Wojtyła mehr als ein Vierteljahrhundert lang, von seiner Enzyklika «Redemptor hominis» bis zu seinen letzten Äußerungen, das machte ihn so beharrlich wie unermüdlich und manchmal auch unerbittlich: Es ging ums Ganze, um die Verantwortung vor der Geschichte und vor Gott, dem Herrn der Zeit; um die Bewahrung des katholischen Glaubens, der für ihn die Visionen und Maßstäbe für die Zukunft enthielt.

Die Vorbereitung auf das Jubiläumsjahr der Geburt Christi machte Johannes Paul II. zur Chefsache und wischte die Bedenken mancher Kardinäle beiseite, die fürchteten, eine starke Konzentration auf das Jubeljahr würde zu viele Kräfte binden und vielleicht doch mit einer Enttäuschung enden. Am 10. November 1994 veröffentlichte er das Apostolische Schreibens «Tertio millennio adveniente» an die Bischöfe, Priester und Gläubigen «zur Vorbereitung auf das Jubeljahr 2000».[9] Die Erinnerung an die Geburt Christi, nach christlichem Verständnis der Höhepunkt der Geschichte, solle «ein großes Lob- und Dankgebet vor allem für das Geschenk der Menschwerdung des Gottessohnes und der von ihm vollbrachten Erlösung sein» und ab 1997 in drei thematischen Jahren über Jesus Christus, den Heiligen Geist und Gottvater vorbereitet werden. Es sei aber auch ein Anlass zur

Buße und zur Umkehr: Zu Recht nehme sich die Kirche zunehmend «der Schuld ihrer Söhne und Töchter an». Die Kirche könne «nicht die Schwelle des neuen Jahrtausends überschreiten, ohne ihre Kinder dazu anzuhalten, sich durch Reue von Irrungen, Treulosigkeiten, Inkonsequenzen und Verspätungen zu reinigen».

Zum Versagen der Christen gehörten die verschiedenen Kirchenspaltungen, so der Papst; das herannahende Jubiläum sporne «alle zu einer Gewissensprüfung und zu passenden ökumenischen Initiativen an, so dass man im Großen Jubeljahr, wenn schon nicht in völliger Einheit, so wenigstens in der Zuversicht auftreten kann, der Überwindung der Spaltungen des zweiten Jahrtausends sehr nahe zu sein». Ein «anderes schmerzliches Kapitel, auf das die Kinder der Kirche mit reuebereitem Herzen zurückkommen müssen,» sei «die besonders in manchen Jahrhunderten an den Tag gelegte Nachgiebigkeit angesichts von Methoden der Intoleranz oder sogar Gewalt im Dienst an der Wahrheit». Eine weitere Gewissensprüfung müsse der Frage gelten, ob sich die Christen nicht heutzutage «mit einer vagen Religiosität» zufriedengäben und von der «Atmosphäre des Säkularismus und Relativismus» betroffen seien, vom mangelnden Gehorsam gegenüber dem Lehramt der Kirche bis hin zum mangelnden «Unterscheidungsvermögen vieler Christen angesichts der Vergewaltigung menschlicher Grundrechte durch totalitäre Regime» und der «Mitverantwortung vieler Christen an schwerwiegenden Formen von Ungerechtigkeit und sozialer Ausgrenzung».

Ein Aufruf zur Ökumene, die auch eine Ökumene der Märtyrer sei, die Aufforderung an die Christen, sich in der Welt zu engagieren, die Ankündigung eines Schuldbekenntnisses über die Verfehlungen der vergangenen Jahrhunderte – vieles blieb in «Tertio millennio adveniente» noch vage. Doch noch nie hatte die katholische Kirche auf diese Weise eines ihrer großen Jubiläen angekündigt, das selbstredend ein Heiliges Jahr sein sollte, mit der Aufforderung an die Katholiken, nach Rom zu pilgern und dort den Ablass zu erwerben – kostenlos mittlerweile. Zunehmend bestimmte in den letzten Jahren des ausgehenden Jahrtausends die Vorbereitung des großen Jubiläums das Programm des Papstes und auch die Arbeit des Vatikans. Sorgfältig wurde die Reise ins Heilige Land vorbereitet – die sich

Johannes Paul II. in «Tertio millennio adveniente» gewünscht hatte; der Friedensprozess im Nahen Osten Anfang der neunziger Jahre hatte die Aufnahme diplomatischer Beziehungen zu Israel möglich gemacht.

Eines der Probleme, das die Beziehungen zwischen Juden und Katholiken jahrelang belastet hatte, war ein Konvent der «Unbeschuhten Karmelitinnen», den diese in einem verlassenen Gebäude unmittelbar neben dem Stammlager Auschwitz I eingerichtet hatten. Dagegen hatten jüdische Organisationen aus den USA protestiert. Die polnischen Katholiken, an der Spitze Primas Józef Glemp, wiesen den Vorwurf zurück, damit werde ein «jüdischer Friedhof entweiht». Im Konzentrationslager Auschwitz I, bekannt durch den Schriftzug «Arbeit macht frei», waren rund 80 000 Häftlinge zu Tode gekommen, überwiegend Angehörige der katholischen Intelligenz Polens und sowjetische Kriegsgefangene, an denen medizinische Experimente verübt worden waren. Stätte des Holocausts war hingegen das knapp drei Kilometer entfernte und auch organisatorisch getrennte Vernichtungslager Auschwitz II im Ortsteil Birkenau, zu dessen Symbol der Wachturm mit der Eisenbahnschiene zur Selektionsrampe wurde. Auch der «Tygodnik Powszechny», der stets für den christlich-jüdischen Dialog eingetreten war, vermochte in dem Konvent der Karmeliterinnen keine antijüdische Manifestation erkennen. Da aber die Proteste vor allem in den USA nicht nachließen, wies der auf Ausgleich bedachte Johannes Paul II. die Ordensschwestern 1993 an, in ein anderes Gebäude auf dem Gebiet der Stadt Auschwitz umzuziehen oder in die Mutterhäuser zurückzukehren.

Das Bekenntnis, dass Päpste, Bischöfe, Theologen ihren Anteil am jahrhundertelangen christlichen Judenhass hatten, spielte im Schreiben von 1994 noch keine Rolle – es sollte im Jahr 2000 zu den zentralen Schuldeingeständnissen gehören. Der Weg dorthin war allerdings holprig. Schon 1992 hatte der australische Kurienkardinal Edward Cassidy, Präsident der Kommission für religiöse Beziehungen, den französischen Pater Bernard Dupruy und den deutschen Theologen Hans Hermann Henrix gebeten, ein Vatikan-Dokument über Antisemitismus und Shoah zu entwerfen; Dupruy gab den Auftrag bald zurück, der Aachener Akademiedirektor Henrix, einer der führenden Köpfe des jüdisch-christlichen Dialogs in Deutschland, arbeitete weiter. Zwei Jahre später empfahl er auf einer nicht-öffentlichen Tagung ein «Mea Culpa» der gesamten katholischen Kirche. Sie solle bekennen, «dass sie Mitverantwortung für die Shoah trägt und Schuld auf sich geladen hat», hieß es dort. Eine lange «Theologie der Verachtung» habe «die Gewissen eingeschläfert und die Fähigkeit zum Widerstand geschwächt», als der Nationalsozialismus aufkam – «viele Christen waren mit ihren Bischöfen in der Auffassung, der Bund Gottes mit Israel sei gekündigt, so befangen, dass sie das Böse der antisemitischen Verfolgung nicht mit der notwendigen Klarsicht erkannten und sich ihm auch nicht in den Weg stellten». Es gebe eine Verbindung zwischen kirchlichem Antijudaismus «und dem brutalen Antisemitismus in der westlichen Moderne. Das beweint die Kirche. Sie empfindet Scham und Reue».[10]

Dem 74-jährigen Kirchendiplomaten Cassidy ging das aber zu weit – es könnte der Eindruck entstehen, als gebe es in der Kirche gewissermaßen ein Gleichgewicht von Heil und Unheil, argumentierte er. Die Kommission veröffentlichte stattdessen im März 1998 einen unscharfen, teils widersprüchlichen und verteidigenden Text mit dem Titel «Wir erinnern. Eine Reflexion über die Shoah». Die Erklärung bedauerte «zutiefst die Schuld der Söhne und Töchter der Kirche» – aber nicht die Schuld der gesamten Kirche. Das Dokument fiel hinter das zurück, was zum Beispiel die deutschen Bischöfe 1995 zum Jahrestag der Befreiung des Konzentrationslagers Auschwitz gesagt hatten; die jüdischen Vertreter waren verärgert über die schwammige Erklärung, und auch der Papst soll unglücklich gewesen sein mit dem Text seines übervorsichtigen Mitarbeiters Cassidy – darauf deutete hin, dass er das Dokument nicht nur nicht unterschrieb, sondern ihm auch einen Begleitbrief beifügte, in dem er klare Worte fand: Das Verbrechen der Shoah sei ein «Schandfleck in der Geschichte dieses Jahrhunderts», und die Kirche sei aufgerufen, die in der Vergangenheit gemachten Fehler und ihre «Untreue gegenüber dem Glauben» zu bereuen und zu prüfen, inwieweit auch sie für die «Übel unserer Zeit» Verantwortung trägt.[11]

Nach dem Zusammenbruch des Ostblocks wurde das Werben für die europäische Einheit – auf der Grundlage des Christentums – zum wichtigsten Anliegen des Papstes bei seinen Reisen innerhalb Europas. Er begriff, dass er dafür seine Vorbehalte gegen postkommunistische Politiker in den ehemaligen Satellitenstaaten der Sowjetunion überwinden musste. Erleichtert wurde es ihm dadurch, dass die meisten von ihnen energischer den Beitritt ihrer Länder zur Europäischen Union betrieben als konservative Gruppierungen, die eigentlich der Kirche nahestanden. Der Grund dafür war, dass es sich meist um ideologiefreie Karrieristen handelte. In diesem Sinne sagte der polnische Präsident Aleksander Kwaśniewski in einem Hintergrundgespräch, dass er es vorziehe, im Mercedes am Haupteingang des Bundeskanzleramts oder Elysée-Palasts vorzufahren, als im Wolga zum Nebeneingang des Kremls.

So fand der Papst in diesem Punkt eine gemeinsame Sprache mit Kwaśniewski. Der frühere Funktionär des Sozialistischen Jugendverbandes, der seinen Atheismus nicht verhehlte und für die Fristenlösung beim Abtreibungsparagrafen eintrat, hatte die Wahlen 1995 überraschend knapp gewonnen, ausgerechnet gegen Lech Wałęsa, den die Kirche offen unterstützt hatte. Der Vatikan hatte dazu damals tagelang eisig geschwiegen, doch hatte sich Kwaśniewski selbst um Kontakte zum Heiligen Stuhl bemüht. Die Lage entspannte sich, als zwei Jahre nach dem Einzug des Postkommunisten in den Präsidentenpalast ein Bündnis mehrerer Gruppen, die aus der Solidarność hervorgegangen waren, die Parlamentswahlen klar gewann; neuer Premier wurde der Chemieprofessor Jerzy Buzek, ein Protestant.

Als Johannes Paul II. 1999 erneut seine katholische Heimat besuchte, begrüßten ihn somit ein atheistischer Staatschef und ein evangelischer Regierungschef. Doch den Papst schien die Entwicklung der polnischen Gesellschaft nicht mehr so umzutreiben wie bei seinem ersten Besuch nach der Wende acht Jahre zuvor, als er die Jagd nach materiellen Gütern sowie die Sexualisierung des öffentlichen Lebens in scharfen Worten angeprangert hatte. Vielmehr rief er beim Besuch Danzigs, der Wiege der Solidarność, aus: «Dank der Anstrengung aller seiner Bürger kann Polen heute mit Hoffnung in die Zukunft blicken.» Doch fügte er auch hinzu: «Unaufhörlich bete ich, dass die materielle Entwicklung des Landes einhergeht mit seiner geistigen Entwicklung.»[12] Als erstes Oberhaupt einer Religionsgemeinschaft sprach er im Sejm, dem polnischen Parlament, er warb für den Beitritt Polens zur Europäischen Union. Dieses Werben war notwendig geworden, weil ausgerechnet ein Großteil der katholischen Bischöfe Polens und die nationalkatholischen Parteien, die an der Regierungskoalition beteiligt waren, dagegen opponierten.

Der Papst befand sich in einem Dilemma, denn er konnte nicht eindeutig gegen die nationalkatholischen Gruppierungen, zu denen weite Kreise des niederen Klerus gehörten, Stellung beziehen. Es wäre ein eklatanter – und von einem Großteil der Gläubigen nicht verstandener – Widerspruch zum historisch gewachsenen Selbstverständnis der Kirche als Verteidigerin der polnischen Kultur gewesen, somit der Idee der Nation in der Fremdherrschaft. Zudem war offenkundig geworden, dass die vom Vatikan unterstützte, indes sehr vorsichtige Kampagne des Primas Glemp gegen den nationalistischen Sender «Radio Maryja» weitgehend wirkungslos verpufft war.

Auch sah der Papst in der Volksfrömmigkeit, die ihm persönlich keineswegs fremd war, einen die Gesellschaft stabilisierenden Faktor. Daher schwieg er zu den Exzessen der Papstverehrung, zu denen er sich in den ersten Jahren seines Pontifikats noch klar ablehnend oder mit der ihm eigenen Ironie geäußert hatte. So hatte er sich ausdrücklich dagegen ausgesprochen, ihm zu Ehren Statuen zu errichten. Dennoch wurde eine zehn Meter hohe Papstskulptur vor der neu erbauten Kathedrale von Licheń bei Posen errichtet. Johannes Paul II. weihte den riesigen Kirchenbau ein, doch von der Statue hielt er sich fern.

Viel schwerwiegender war ein anderer Aspekt des Nationalkatholizismus: der in diesen Kreisen grassierende, kaum verhüllte Antisemitismus, wobei auch hier «Radio Maryja» sowohl dem Papst als auch dem Primas nicht geringe Sorgen bereitete. 1997 hatte es erneut einen heftigen Konflikt um das Gedenken der Opfer von Auschwitz gegeben. Auf dem Kiesplatz, einer Sandkuhle neben dem Stammlager Auschwitz I, hatten polnische Nationalisten mehr als 100 Holzkreuze zum Gedenken an Vertreter der Krakauer Elite aufgestellt, die im Krieg an dieser Stelle von den Deutschen erschossen worden waren, unter ihnen waren viele Professoren der Jagiellonen-Universität gewesen. Dagegen protestierten internationale jüdische Organisationen, das Kreuz entehre die Opfer des Holocausts. Doch auch liberale Kommentatoren an der Weichsel sahen in den Kreuzen keine antijüdische Provokation, denn Auschwitz I war nicht die Stätte des Massenmordes an den Juden. Kardinal Glemp verteidigte ebenfalls zunächst die Kreuze auf dem Kiesplatz. Doch wurden diese schließlich auf Anweisung des Vatikans in einer feierlichen Prozession weggebracht, der Papst persönlich hatte angeordnet, auch in diesem Konflikt nachzugeben. Allerdings erfüllte er nicht die bei seinem Besuch von 1999 vorgebrachte Bitte, das große Kreuz entfernen zu lassen, unter dem er 20 Jahre zuvor in Auschwitz-Birkenau eine Messe gelesen hatte und das ebenfalls neben dem drei Kilometer davon entfernten Kiesplatz aufgestellt worden war.[13]

Am letzten Tag seiner Polenreise 1999 setzte der Papst einen überraschenden Akzent, der das nationalkatholische Lager zutiefst befremdete: Nach der Messe lud er den Präsidenten Kwaśniewski, der ja erklärter Atheist war, und dessen Frau Jolanta zur Ehrenrunde ins Papamobil ein. Kwaśniewski hatte im Jahr zuvor das neue Konkordat unterschrieben und auch bei den postkommunistischen Sozialdemokraten, an deren Spitze er bis zu seinem Wahlsieg bei den Präsidentenwahlen gestanden hatte, durchgesetzt, dass diese ihren Kampf gegen das nach der Wende vom Sejm beschlossene Abtreibungsverbot aufgaben. Die Einladung ins Papamobil war eine Geste, die ihm zweifellos bei seiner Wiederwahl im folgenden Jahr half. Er setzte sich dabei klar gegen den Nationalkatholiken Marian Krzaklewski durch, der einen beträchtlichen Teil des Klerus hinter sich hatte.

Als frustrierend erwiesen sich für den Papst die Versuche, sich der russisch-orthodoxen Kirche anzunähern. Mit dem griechisch-orthodoxen Patriarchat mit Sitz in Istanbul gab es gute und regelmäßige Kontakte – vom Kirchenverständnis ist die katholische Kirche den orthodoxen Gemeinschaften wesentlich näher als den lutherischen oder reformierten. Das Patriarchat in Moskau aber, das sich selber als «Drittes Rom» nach der Ewigen Stadt und Konstantinopel verstand, blieb misstrauisch. Es warf der katholischen Kirche vor, Proselytismus zu betreiben, die Abwerbung von Gläubigen. Dass Johannes Paul II. 1991 den polnischstämmigen Weißrussen Tadeusz Kondrusiewicz zum Administrator der Diözese Moskau ernannte, erhöhte dieses Misstrauen noch.[14] In der sich zunehmend als Hüterin der nationalen Interessen begreifenden russisch-orthodoxen Kirche wurde die Erinnerung an das beginnende 17. Jahrhundert beschworen, als die Polen versucht hatten, den Zarenthron zu besetzen und Russland katholisch zu machen. Das damalige Vordringen der Polen wurde zum Gegenstand der Schönen Künste in Russland: Die erste russische Oper, «Das Leben für den Zaren» von Michail Glinka, ist ihm ebenso gewidmet wie Alexander Puschkins Zarendrama «Boris Godunow», die Vorlage für Modest Mussorgskis wuchtige Oper, und die berühmte Erzählung «Taras Bulba» von Nikolai Gogol.

Als Vermittler betätigte sich hier Präsident Boris Jelzin: Er suchte einerseits die Unterstützung der orthodoxen Kirche, war aber andererseits auch an der Normalisierung der Beziehungen zu den Katholiken interessiert. Er half beim Abschluss eines Vertrags zwischen den beiden großen Kirchen über die Bedingungen der Evangelisierung in Russland, wonach die Katholiken die Orthodoxen über alle ihre Vorhaben zu unterrichten hatten. Johannes Paul II. wollte so zeigen, dass der Vatikan sich nicht als Konkurrent des Moskauer Patriachats sah. Als er 1993 erstmals in die baltischen Staaten reiste, die erst anderthalb Jahre zuvor ihre Souveränität wiedererlangt hatten, ermahnte er die katholischen Gläubigen, die orthodoxen Christen als

Brüder und Schwestern zu achten, in ihnen nicht länger die russischen Besatzer zu sehen.[15] Doch die Moskauer Kirche ignorierte diese Signale.

1997 sah es kurzzeitig so aus, als könnten sich die beiden größten christlichen Kirchen doch einander annähern. Der Papst und der Moskauer Patriarch Alexi II. wollten sich im Zisterzienserstift Heiligenkreuz bei Wien treffen. Doch zehn Tage vor dem vereinbarten Termin kam die Absage aus Moskau, begründet mit der angeblichen Weigerung des Vatikans, einen Verzicht auf Abwerbung von Gläubigen zu geloben. Es war eine Nachwirkung der heftigen Konflikte um die Wiedergeburt der griechisch-katholischen Kirche in der Westukraine. Aus Moskauer Sicht war die unierte Kirche Ende des 16. Jahrhunderts im Osten des damaligen Großreichs Polen-Litauen auf den Druck des polnischen Königs hin entstanden, somit war ihr Anschluss an die Russische Orthodoxe Kirche unmittelbar nach dem Zweiten Weltkrieg ein Akt der ausgleichenden historischen Gerechtigkeit. In Polen sowie der einst polnischen und österreichischen Westukraine aber vertrat man die Auffassung, die Bischöfe des östlichen Ritus in Polen-Litauen hätten sich freiwillig unter den Schutzschirm des polnischen Königs begeben, weil sie um das Schicksal ihrer Amtsbrüder in Russland wussten: Zar Iwan IV., genannt der Schreckliche, hatte von ihnen völlige Unterordnung verlangt und den widerspenstigen Moskauer Metropoliten ermorden lassen.

Als Johannes Paul II. 1999 erstmals ein orthodox geprägtes Land auf dem Territorium der ehemaligen Sowjetunion besuchte, nämlich Georgien, zeigte sich das Oberhaupt der dortigen Kirche, Katolikos Ilja II., kühl, sogar abweisend. Nicht er hatte den Papst eingeladen, sondern Präsident Eduard Schewardnadse, der frühere Außenminister der Sowjetunion, der seinerzeit Gorbatschows Besuche im Vatikan vorbereitet hatte. Der frühere Kommunist hatte sich nach der Rückkehr aus Moskau in seiner Heimat taufen lassen, er unterstrich in seinen Ansprachen den Anteil Johannes Pauls II. an der Überwindung des kommunistischen Regimes, in dem er selbst einst aufgestiegen war. Ilja II. antwortete nicht, als der Papst seine Hoffnung auf die künftige Einheit der Christenheit aussprach, auch betete er nicht gemeinsam mit ihm. Die georgische Presse mutmaßte, dass seine offen demonstrierte Distanz ein Akt der Solidarität mit dem Moskauer Patriarchen Alexi II. war.[16]

Im Heiligen Jahr 2000 erkannte der Vatikan die Gemeinschaften der orthodoxen Christen als ebenfalls «wahre Kirchen» an, in denen «Christus der König gegenwärtig ist und wirkt».[17] Doch im Moskauer Patriarchat wurde die Erklärung, die als Signal der Dialogbereitschaft gemeint war, als Anmaßung Roms überaus ungnädig aufgenommen. Alexi II. ließ den Dissens mit Rom im Vorfeld der Ukraine-Reise des Papstes 2001 weiter verschärfen: Die Ukrainische Orthodoxe Kirche, die dem Moskauer Patriarchat untersteht, warnte den Papst, diese Reise würde die dortigen Konflikte nur verschärfen. In dem unabhängig gewordenen Land hatte sich mit Unterstützung der politischen Führung der Kiewer Metropolit Filaret von Moskau gelöst und das Kiewer Patriarchat gegründet; Alexi II. hatte ihn deshalb mit einem Kirchenbann belegt. Darüber hinaus war die Ukrainische Autokephale Kirche ins Land zurückgekehrt; sie war 1918 in der kurzlebigen Ukrainischen Republik gegründet worden, Stalin hatte sie verbieten und blutig verfolgen lassen, im Zweiten Weltkrieg wurde sie während der deutschen Besatzung wiedergegründet und führte anschließend im Exil ein Schattendasein.

In dem Brief forderten die moskautreuen ukrainischen Metropoliten den Papst auf, von der Reise nach Kiew und Lemberg Abstand zu nehmen. In der Ukraine seien die Beziehungen zwischen den Unierten und der Orthodoxie noch nicht geregelt, außerdem habe der Vatikan zugesichert, Beziehungen nur zu kanonischen orthodoxen Kirchen zu unterhalten, dazu aber gehöre der «Pseudopatriarch» Filaret nicht. Dem Papst wurden schwerwiegende Konsequenzen für das Verhältnis zur Russischen Orthodoxen Kirche angedroht, falls er doch mit den «Schismatikern» zusammentreffen sollte.

In seinem Antwortschreiben wies Johannes Paul II. darauf hin, dass ihn der ukrainische Staatspräsident Leonid Kutschma sowie die beiden Erzbischöfe von Lemberg, der griechisch-katholische Ljubomir Husar und der römisch-katholische Marian Jaworski, eingeladen hätten. Sein Besuch in der Ukraine solle auch dem «Dialog in Liebe und Wahrheit» mit den «orthodoxen Brüdern» dienen, für die er größte Wertschätzung empfinde. Das Schreiben überzeugte Patriarch

Alexi II. nicht, er warf dem Vatikan erneut vor, in «historisch ortho-doxem Gebiet» Proselytismus zu betreiben.[18] In Rom wurde dies zu-rückgewiesen. Vertreter der Kurie wiesen darauf hin, dass Alexi II. traditionell katholische Länder wie Österreich, die Slowakei und Litauen bereist habe, ohne dass der Vatikan daran Anstoß genommen hätte.

Die Reise des Papstes im Juni 2001 verlief ohne Zwischenfälle. Auf dem Flugplatz von Kiew begrüßten ihn Präsident Kutschma und die beiden katholischen Erzbischöfe Husar und Jaworski. Kutschma lag sehr viel an dem Besuch des Papstes, er war in den Monaten zuvor unter großen politischen Druck geraten, weil er verdächtigt wurde, die Ermordung eines kritischen Journalisten gebilligt zu haben. Am offiziellen Empfang des Präsidenten für den Papst nahmen auch die Oberhäupter der beiden nicht kanonischen orthodoxen Kirchen der Ukraine teil – noch 13 Jahre zuvor hatte sich Filaret als russisch-orthodoxer Metropolit von Kiew heftig dagegen gesträubt, Johannes Paul II. zur Jahrtausendfeier der Ostkirche einzuladen. Doch die mit Moskau verbundene orthodoxe Geistlichkeit der Ukraine fehlte. Im traditionell katholischen Lemberg nahmen rund anderthalb Millio-nen Menschen an der Papstmesse teil, es war die größte Menschen-ansammlung in der Geschichte der Ukraine. Der Papst sprach wäh-rend der Messe 27 Märtyrer der unierten Kirche selig, die meisten waren Opfer des Sowjetregimes, einige auch der deutschen Besatzer im Zweiten Weltkrieg.[19] Der Papst betete auch in Lemberg für die Opfer des Holocausts, so wie er dies zuvor in der Schlucht von Babi Jar in Kiew getan hatte. Dort hatte die SS rund 50 000 Juden erschos-sen. In der Westukraine waren ukrainische Freiwilligenverbände Helfer beim Holocaust geworden.

Die Spannungen zwischen Erstem und Drittem Rom ließen nicht nach. 2002 akzeptierte zwar der Kreml unter dem neuen Präsidenten Wladimir Putin die Erhöhung der noch unter Gorbatschow verein-barten römisch-katholischen Administraturen auf dem Gebiet der Russischen Föderation zu Bistümern, doch gegen den Protest Alexis II. Im folgenden Jahr empfing Johannes Paul II. Putin im Vatikan. Der Kremlchef wiederholte nicht die bereits von Gorbatschow und Jelzin

ausgesprochene Einladung nach Moskau, gegenüber der Presse verwies er auf die ablehnende Haltung des Patriarchen.[20] Dieser blockierte
auch die nächste Initiative des Vatikans: Johannes Paul II. wollte eine
Einladung in die Mongolei wahrnehmen. Er wollte in der russischen
Millionenstadt Kasan zwischenlanden, um dort Alexi II. die berühmte
Ikone der Muttergottes von Kasan zu überreichen. Diese war in den
Wirren des Russischen Bürgerkriegs verschwunden, Jahrzehnte später
auf dem westeuropäischen Kunstmarkt aufgetaucht und für eine Kirche in Fátima erworben worden; deren Geistliche übergaben sie dem
Papst. Doch der Patriarch lehnte auch dies ab. 2004 gelangte sie
schließlich doch nach Kasan: Der deutsche Kurienkardinal Walter
Kasper, Vorsitzender des Päpstlichen Rates zur Förderung der Einheit
der Christen, übergab sie Alexi II. im Auftrag des Papstes.

So blieb der Wunsch Johannes Pauls II., der gut Russisch sprach,
einmal nach Russland zu reisen, unerfüllt, so wie er auch Alexi II.,
der 18 Jahre lang an der Spitze der Russischen Orthodoxen Kirche
stand, nie traf. Erst 2016 kam es zu einem Treffen der Oberhäupter
der beiden größten christlichen Kirchen: Papst Franziskus und Patriarch Kyrill II. trafen sich hinter verschlossenen Türen auf dem Flughafen von Havanna, der Hauptstadt Kubas. An der Wand des Konfe-
renzraums hing eine Kopie der Ikone der Muttergottes von Kasan.

Ein neues Bild Martin Luthers

Erfolgreicher war dagegen ein ökumenisches Projekt mit dem Lutherischen Weltbund. Seit der Reformation hatten die katholische Kirche und die Kirchen der Reformation über die Frage gestritten, was
den Menschen erlöst: Sind es allein die Gnade Gottes und der Glaube,
die den sündigen Menschen vor Gott gerecht machen, wie Martin
Luther lehrte? Oder braucht es doch auch gute Taten, mit denen der
Mensch an seiner Erlösung mitwirken kann, und die heilsvermittel-
telnde Kraft des kirchlichen Gnadenschatzes, wie das die katholische
Kirche vertrat? Die verschiedenen Auffassungen in der Rechtfertigungslehre hatten maßgeblich zur Kirchenspaltung beigetragen, die

Kirchen hatten die jeweils andere Definition als Irrlehre verdammt, die Katholiken den Lutheranern ein deterministisches Menschenbild vorgeworfen, die Lutheraner den Katholiken Werkgerechtigkeit. Im ökumenischen Dialog nach dem Zweiten Vatikanischen Konzil hatten beide Seiten erkannt, dass sie in der Sache weniger trennt, als die Polemiken gegeneinander vermuten ließen.

Gemeinsame Theologenkommissionen hatten in den achtziger Jahren in den USA, in Deutschland und auf globaler Ebene Studien vorgelegt, die zeigten, dass in der Frage ein differenzierter Konsens möglich wäre, dass also Lutheraner und Katholiken trotz aller bleibenden Unterschiede erklären könnten, dass die Lehre von der Rechtfertigung des Menschen vor Gott die Kirchen nicht mehr trenne. Der Päpstliche Rat zur Förderung der Einheit der Christen und der Lutherische Weltbund legten 1994 und 1996 Entwürfe einer gemeinsamen Erklärung vor, die vor allem in der evangelischen Kirche auf heftige Kritik stießen, wo man fürchtete, den Kern des eigenen Bekenntnisses zu verwässern und den Katholiken zu sehr entgegenzukommen; 1998 protestierten mehr als 140 evangelische Theologen gegen die Rechtfertigungs-Erklärung.

Es brauchte einige Vermittlung, ehe am 31. Oktober 1999, dem Reformationstag, in Augsburg in der evangelischen St. Anna-Kirche zu Posaunenklängen und Weihrauchduft die gemeinsame Erklärung feierlich unterzeichnet wurde. «Es ist unser gemeinsamer Glaube, dass die Rechtfertigung das Werk des dreieinigen Gottes ist», heißt es dort, und: «Gemeinsam bekennen wir: Allein aus Gnade im Glauben an die Heilstat Christi, nicht auf Grund unseres Verdienstes, werden wir von Gott angenommen und empfangen den Heiligen Geist, der unsere Herzen erneuert und uns befähigt und aufruft zu guten Werken.»[21] Wenige Wochen vor der Jahrtausendwende war ein Meilenstein im ökumenischen Dialog erreicht, die Methode des «differenzierten Konsenses» schien auch auf andere Streitthemen anwendbar, wie das unterschiedliche Kirchen- oder Abendmahlverständnis. Diese Hoffnungen allerdings zerstoben ein Jahr später, als Kardinal Ratzinger als Präfekt der Glaubenskongregation in seinem Schreiben «Dominus Jesus» in harscher Form erklärte, die Kirchen der Reformation seien keine «Kirchen im eigentlichen Sinn» und der

Begriff «Geschwisterkirchen» sei unangebracht.[22] Die Verletzung bei evangelischen Gläubigen und Kirchenvertretern war tief, statt ökumenischem Aufbruch begannen Jahre verstärkter Abgrenzung und eine regelrechte Eiszeit im Verhältnis der Kirchen, die erst knapp zwei Jahrzehnte später, vor dem Reformationsjubiläum 2017, überwunden werden konnte.

14. SORGEN IM NEUEN JAHRTAUSEND

Das Bild, das an diesem Heiligabend 1999 um die Welt ging, musste auch Menschen berühren, die ansonsten weniger religiös gestimmt waren. Papst Johannes Paul II., sichtbar gezeichnet von der Parkinsonschen Krankheit und seinem Hüftleiden, war mühsam an der Schwelle der Heiligen Pforte rechts vom Haupteingang des Petersdoms niedergekniet, das prächtige Messgewand in Gold und Blau und Rot schimmerte im Schein der Kerzen. Minutenlang verharrte der Mann, der dieses endende Jahrhundert mitgeprägt hatte, im Gebet, gestützt auf den Hirtenstab mit dem silbernen Kreuz, den er vor mehr als 20 Jahren bei seiner Amtseinführung noch beidhändig über der Menge geschwenkt hatte. Das Heilige Jahr war eröffnet, 700 Jahre nachdem Papst Bonifatius VIII. erstmals ein Gnadenjahr verkündet und die Gläubigen zur Pilgerfahrt nach Rom eingeladen hatte – damals aus dem Machtbewusstsein eines Papstes heraus, der sich höhergestellt als Kaiser und Könige wähnte. Die Mauer, die ansonsten die Pforte versperrt und die seit dem Jahr 1499 traditionellerweise der Papst zu diesem Anlass mit drei Hammerschlägen symbolisch zum Einsturz bringt, war schon vorher abgetragen worden – 1975 hatten herabfallende Ziegel fast Papst Paul VI. getroffen, das wollte man beim gebrechlich gewordenen Johannes Paul nicht riskieren, und ohnehin hatte dem Papst das Symbol von der (eigens für diesen Anlass geschaffenen) Tür, die sich zum neuen Jahrtausend öffnet, besser gefallen als der Abriss einer Mauer. «Das Heilige Jahr ruft uns auf, mit Freude und Großherzigkeit auf den Ruf zur Heiligkeit zu antworten, um immer mehr Zeichen der Hoffnung in der heutigen Gesellschaft zu sein, die auf dem Weg ins dritte Jahrtausend ist», sagte er den Menschen im Petersdom.

Alles war bereit. Verschiedene Vorbereitungskommissionen, geleitet von den ranghöchsten Kardinälen, hatten bis zuletzt am Programm des Jahres gearbeitet, bis hin zu den Logos und Liedern für die zu erwartenden Pilgerströme. Die Fassade des Petersdoms war frisch gereinigt, die Sixtinische Kapelle erstrahlte schon seit 1994 in neuem Glanz, seit eine sensationelle Restauration des Werkes Michelangelos die unter dem Firnis verblasste alte Farbenpracht wiederhergestellt hatte. Ganz Rom war renoviert und restauriert, selbst die Schlaglöcher waren zugeteert; die Tourismusmanager erhofften sich einen Aufschwung durch «Il Giubileo», das insgesamt 26 Millionen Menschen in die Ewige Stadt bringen sollte.

Um Mitternacht, als das Jahr 2000 begann, trat Johannes Paul II. ans Fenster seines Arbeitszimmers, minutenlang schaute er dem Feuerwerk über der Stadt zu. Dann sprach er, mühsam, den Segen «Urbi et Orbi», und weit mehr als 100 000 überwiegend junge Menschen jubelten ihm zu. Erstmals hatte auf dem Petersplatz, vor der hell erleuchteten Fassade des Petersdoms, ein Rockkonzert stattgefunden, als «Zeugen des Glaubens» sangen unter anderem Bono von U2, Bob Geldof und Bon Jovi; Adriano Celentano führte durchs Programm, Andrea Bocelli intonierte die Hymne für das Jubeljahr. Am 1. Januar, an dem die katholische Kirche für den Frieden in der Welt betet, erinnerte der Papst an die schrecklichen Kriege des 20. Jahrhunderts, die vor allem gezeigt hätten, dass Gewalt neue Gewalt hervorrufe. Ein militärisches Eingreifen der Weltgemeinschaft sei «offensichtlich legitim und sogar geboten», «wenn die Zivilbevölkerung Gefahr läuft, unter den Schlägen eines ungerechten Angreifers zu erliegen, und die Anstrengungen der Politik und die Mittel gewaltloser Verteidigung nichts fruchteten». Solche Aktionen müssten jedoch zeitlich begrenzt und in ihren Zielen klar bestimmt sein, sie müssen unter voller Achtung des internationalen Rechts durchgeführt und von einer auf übernationaler Ebene anerkannten Autorität garantiert werden, betonte der Papst und fügte hinzu: «Keinesfalls dürfen sie der reinen Logik der Waffen überlassen bleiben.»[1] Eine Mahnung auch in Richtung Nato, die mit ihrem Eingreifen zwar den Kosovokrieg beendet hatte, allerdings ohne jedes UN-Mandat.

Noch einmal sammelte Johannes Paul II. im Heiligen Jahr 2000 all

Sorgen im neuen Jahrtausend

seine schwindenden Kräfte, noch einmal setzte er ganz auf die Kraft der Zeichen und Symbole. Gerne hätte er die Pilgerfahrten, die er für dieses Jahr geplant hatte, in Ur in Chaldäa, der Heimat Abrahams, begonnen, allein: Der Ort, an dem der Stammvater von Juden, Christen und Muslimen gelebt haben soll, liegt im heutigen Irak, und der damalige Diktator Saddam Hussein verlangte, der Papst sollte sich für ein Ende der Sanktionen und der Flugverbote einsetzen. Der Vatikan hatte zwar seine traditionelle Skepsis gegenüber Sanktionen auch im Falle des Irak zum Ausdruck gebracht, doch wollte der Papst sich nicht von Saddam Hussein instrumentalisieren lassen, so wurde aus der Reise eine symbolische Feier in der Audienzhalle im Vatikan.

Am 24. Februar flog der Papst nach Kairo, um auf dem Berg Sinai an die Zehn Gebote zu erinnern, die der Überlieferung zufolge Moses dort von Gott empfangen und dem Volk Israel gebracht hatte. Zuvor traf er in der Al-Azhar-Universität den Großscheich und weitere islamische Gelehrte sowie 15 000 Gläubige aus den verschiedenen christlichen Minderheiten des Landes; allein die orthodoxen Mönche im Katharinenkloster am Fuß des Bergs Sinai wollten nicht mit ihm beten. Die Zehn Gebote seien «keineswegs willkürlich auferlegte Pflichten eines tyrannischen Herrn», predigte er; schon bevor sie in Stein gemeißelt wurden, seien sie «als immerwährendes und überall gültiges universales Sittengesetz in das menschliche Herz eingeschrieben» gewesen und auch heute «die einzig wahre Grundlage für das Leben des einzelnen Menschen, der Gesellschaften und der Nationen». Die Gebote des Mose bewahrten die Menschen vor der «zerstörenden Macht des Egoismus, Hasses und der Verlogenheit» und zeigten «ihm alle falschen Götter, die ihn zum Sklaven machen: Gott ausschließende Eigenliebe, Machtgier und Vergnügungssucht, die die Rechtsordnung umstürzen und unsere menschliche Würde und die unseres Nächsten erniedrigen».[2]

Zu den mutigsten Initiativen des Papstes im Heiligen Jahr zählte das Schuldbekenntnis, das er am 12. März 2000, dem ersten Fastensonntag, für die im Namen der Kirche begangenen Sünden und Verfehlungen ablegte. Er hatte alle Bedenken gegen dieses Projekt überwunden: Musste ausgerechnet im Jubeljahr die Kirche über ihre

Fehler und Schwächen reden, über die Scheiterhaufen, den Judenhass? Aus der Sicht des Papstes musste sie dies gerade jetzt tun,
Jubel und Buße gehörten zusammen. Bei den Formulierungen des
Bekenntnisses hatte jedoch vor allem Ratzinger darauf bestanden,
dass nicht die Kirche als sündig und fehlbar benannt werden sollte,
sondern nur ihre Vertreter – der Verdacht, dass die katholische Kirche sich nicht mehr als unfehlbar ansehen würde, sollte erst gar
nicht aufkommen.

Im violetten Gewand der Fastenzeit kniete der Papst nieder vor
der marmornen Pietà Michelangelos im Petersdom, dem Bildnis der
trauernden Gottesmutter, ihren toten Sohn auf dem Schoß. «Wir
vergeben und bitten um Vergebung!», predigte er an diesem Tag,
denn die Kirche komme nicht umhin, «die Untreue gegenüber dem
Evangelium anzuerkennen, deren sich einige unserer Brüder besonders während des zweiten Jahrtausends schuldig gemacht haben. Wir
bitten um Vergebung für die Spaltungen, die unter den Christen entstanden sind, für den Gebrauch der Gewalt, zu dem einige von ihnen
im Dienst an der Wahrheit geschritten sind, und für die bisweilen
eingenommenen Haltungen des Misstrauens und der Feindseligkeit
gegenüber den Anhängern anderer Religionen».[3]

Führende Kurienvertreter trugen ihre Schuldbekenntnisse vor:
Joseph Ratzinger bekannte, «dass auch Menschen der Kirche im Namen des Glaubens und der Moral in ihrem notwendigen Einsatz zum
Schutz der Wahrheit mitunter auf Methoden zurückgegriffen haben,
die dem Evangelium nicht entsprechen». Der französische Kardinal
Roger Etchegaray, der Cheforganisator des Jubiläumsjahres, beklagte
jene Sünden, die «die Einheit des Leibes Christi verwundet und die
geschwisterliche Liebe verletzt haben». Kardinal Edward Cassidy,
Präsident des Päpstlichen Rates zur Förderung der Einheit der Christen, rief auf, der Leiden zu gedenken, «die dem Volk Israel in der
Geschichte auferlegt wurden». Erzbischof Stephen Fumio Hamao bekannte, die Christen hätten sich manchmal «leiten lassen von Stolz
und Hass, vom Willen, andere zu beherrschen, von der Feindschaft
gegenüber den Anhängern anderer Religionen und den gesellschaftlichen Gruppen, die schwächer waren als sie, wie etwa den Einwande-
rern und Zigeunern». Kardinal Francis Arinze beklagte, die Christen

Sorgen im neuen Jahrtausend

hätten Frauen «allzu oft erniedrigt und ausgegrenzt». Der Präsident des Päpstlichen Rates «Justitia et Pax», François Xavier Nguyên Van Thuân, betete «für alle Menschen auf der Erde, besonders für die Minderjährigen, die missbraucht wurden, für die Armen, Ausgegrenzten und Letzten» sowie «für die ungeborenen Kinder, die man im Mutterleib tötet».[4] Nach jedem Bekenntnis brannte im Petersdom eine Kerze mehr, am Ende umschlang der Papst ein Kreuz als Zeichen der Reue.

Vom Garten Gethsemane zur Grabeskirche

Das Echo auf das Schuldbekenntnis war überwiegend positiv. Jüdische Vertreter sprachen von einem Meilenstein und der Krönung des Pontifikats, die Evangelische Kirche in Deutschland (EKD) würdigte den Schritt als «hoch respektabel». Es gab aber auch Kritik, dass das Bekenntnis nicht klar genug gewesen und nicht weit genug gegangen sei. Paul Spiegel, der Präsident des Zentralrats der Juden in Deutschland, vermisste «ein klares Bekenntnis der Kirche zu ihrem Verhalten während des Holocaust».[5]

Acht Tage nach dem historischen Schuldbekenntnis brach Johannes Paul II. auf zu jener Reise ins Heilige Land, die er sich seit seinem Amtsantritt gewünscht hatte. In Jordanien besuchte er den Berg Nebo, von dem Moses angeblich das gelobte Land erblickte, das er nie betreten sollte, und den Ort, an dem Johannes Jesus getauft haben soll. Von Amman ging es weiter nach Tel Aviv. Als Paul VI. 1964 als erster Papst nach Israel reiste, war die Reise noch ein chaotisches Experiment gewesen, eigens für ihn war die israelisch-jordanische Grenze geöffnet worden, die damals durch das geteilte Jerusalem verlief. Nun wurde Johannes Paul II. in einem starken Israel offiziell mit allen Ehren empfangen; mehr als 10 000 Polizisten und Geheimdienstler sollten in der Operation «Alter Freund» für die Sicherheit des Papstes sorgen, der es abgelehnt hatte, eine eigens für ihn angefertigte kugelsichere Weste zu tragen. Der Papst fuhr nach Betlehem in die palästinensischen Autonomiegebiete, dort betete er in der Grotte, in der die Krippe Jesu gestanden haben soll, und besuchte ein Flüchtlingslager. Demonstrativ küsste er auch in den Palästinensergebieten eine Schale Erde – vor allem für die christliche Minderheit unter den Palästinensern war der Besuch eine große Ermutigung. Im Zentrum der Reise aber stand der Besuch von Yad Vashem, der nationalen israelischen Gedenkstätte für die Ermordeten der Shoah.

Der Auftritt dort beeindruckte und berührte die Welt. Ein gebeugter Papst stand da im dunkeln Raum mit der ewigen Flamme und sprach mit verwaschener Stimme: «An dieser Stätte der Erinnerungen empfinden Verstand, Herz und Seele ein ganz starkes Bedürfnis nach Stille. Stille zum Erinnern. Stillschweigen, in dem wir versuchen, etwas Besinnung in die Erinnerungen zu bringen, die uns überfluten. Stille, weil es keine Worte gibt, die stark genug wären, um die grauenhafte Tragödie der ‹Shoah› zu beklagen. Ich erinnere mich an meine jüdischen Freunde und Nachbarn: Manche von ihnen kamen um, andere haben überlebt.» Der Papst sprach über die Erinnerung, die mithelfen solle, dass dergleichen nie wieder passiere. Die katholische Kirche sei «zutiefst betrübt [...] über den Hass, die Taten von Verfolgungen und die antisemitischen Ausschreitungen von Christen gegen die Juden, zu welcher Zeit und an welchem Ort auch immer». Israels Ministerpräsident Ehud Barak war nicht der einzige, der in dieser Stunde mit den Tränen kämpfte, als er von seinen Großeltern erzählte, die in Warschau von den deutschen Besatzern in den Todeszug nach Treblinka gezwungen worden waren. Und dann war da noch Edith Tzirer, die große, resolut wirkende Frau, tränenüberströmt. Im Januar 1945 waren sie und Karol Wojtyła sich schon einmal begegnet, da war Edith Tzirer elf Jahre alt und an Tuberkulose erkrankt, völlig geschwächt lag sie am Zaun eines befreiten Konzentrationslagers. Der junge Priester hob das Kind vom Boden auf, gab ihm ein Stück Brot und etwas Tee. Dann brachte er das Mädchen zu einer nahe gelegenen Bahnstation.[6]

Beim Abendessen im burgartigen Zentrum Notre Dame gab es einen unschönen Zwischenfall, als Oberrabbiner Israel Meir Lau fälschlicherweise behauptete, der Papst habe Jerusalem die «geeinte, ewige Hauptstadt Israels» genannt, was bei der palästinensischen Delegation Tumult auslöste und die Gegenbehauptung, Jerusalem sei die ewige Hauptstadt Palästinas – man spürte, dass der 1993 mit viel Hoffnung begonnene Osloer Friedensprozess vor dem Scheitern stand, im September sollte die zweite Intifada der Palästinenser losbrechen.[7] Ansonsten war die diplomatisch so heikle Reise ein Triumph für den Papst, der immer wieder mit seinen Gesten überzeugen konnte – ohne allerdings substanziell Neues zu sagen, wie die wenigen Kritiker anmerkten.

Johannes Paul II. betete auf dem Berg der Seligpreisungen mit 100 000 Jugendlichen aus aller Welt und in Tagba, dem überlieferten Ort der Brotvermehrung, besuchte die Verkündigungsbasilika in Nazareth und dann in Jerusalem den Garten Gethsemane. Am letzten Tag der Reise ging er zur Klagemauer, dem heiligsten Ort des Judentums, und verharrte im Gebet, in eine Mauerritze steckte er einen Zettel mit einem Gebet an den «Gott unserer Väter»: «Wir sind zutiefst betrübt über das Verhalten aller, die im Laufe der Geschichte Deine Söhne und Töchter leiden ließen.» Die Heilige Messe feierte er an diesem Tag in der Grabeskirche. Vor seinem Rückflug fragte er die israelischen Gastgeber, ob sie ihm noch einen Gefallen tun könnten: Er wolle noch einmal in die Grabeskirche zurückkehren und dort in aller Stille beten. Der Wunsch wurde ihm erfüllt.

Es schien, als würde das Jubiläum dem Papst Kräfte verleihen, die jenseits seines kranken Körpers lagen. Am 30. April sprach er die polnische Ordensschwester Faustyna Kowalska heilig, deren Jesus-Visionen man im Vatikan lange mit großem Misstrauen begegnet war und für deren Rehabilitierung sich Karol Wojtyła seit seinen ersten Tagen in Rom eingesetzt hatte. Eine Woche später folgte eine große Feier für die Märtyrer des 20. Jahrhunderts im Kolosseum. Im Mai reiste er nach Fátima. Seinen 80. Geburtstag am 18. Mai feierte er gemeinsam mit 7000 Priestern. Zum Weltjugendtag pilgerten zwei Millionen junge Menschen nach Rom und verwandelten die Stadt in ein großes christliches Open-Air-Festival. Am 6. Januar 2001 kniete Papst Johannes Paul II. wieder auf der Schwelle der Heiligen Pforte, diesmal im weißen Mantel; er betete kurz, dann zog er die Bronzeflügel der Tür zu. Die Kirche dürfe im dritten Jahrtausend nicht in den flachen Gewässern der Aufrechterhaltung der Institution verharren, sagte er in seinem Apostolischen Schreiben «Novo millennio ineunte» (Zum Beginn des neuen Jahrtausends), sie müsse mutig hinausfahren, wie einst die ersten Jünger auf den See Genezareth, und «mit neuem Schwung ihren Evangelisierungsauftrag» wahrnehmen. Würde Papst Johannes Paul II. zurücktreten, am Ende dieses für ihn so überaus erfolgreichen Heiligen Jahres, als erster Papst in der neuzeitlichen Kirchengeschichte? Offenbar hat der Papst selber in den letzten Jahren seines Pontifikats immer wieder über einen Rücktritt nachgedacht. Zwei Schreiben aus den Jahren 1989 und 1994 legten fest, dass er von seinem Amt zurücktrete, wenn eine «offenbar unheilbare Krankheit von langer Dauer» oder andere Behinderung es ihm unmöglich machten, seinen Aufgaben nachzugehen.[8] Auch die Witwe seines jüdischen Freundes Jerzy Kluger berichtete, der Papst habe ihrem Mann bei mehreren Gelegenheiten gesagt, er denke über einen Amtsverzicht nach – er habe sehr darunter gelitten, dass er nicht mehr so klar sprechen konnte wie früher, dass seine Kräfte schwanden; er habe sich deshalb schuldig gefühlt.[9] Und doch entschied sich Johannes Paul II. bewusst anders: Er wollte im Amt bleiben, bis zum Tod. «Christus ist auch nicht vom Kreuz herabgestiegen», soll er einmal gesagt haben.

Ungehörte Warnungen vor Krieg in Nahost

Die Jahrtausendwende (die streng genommen erst zum 1. Januar 2001 stattfand) hatte allerlei apokalyptische Vorstellungen beflügelt; die einen befürchteten den großen Computercrash durch die Umstellung des Datums, die anderen verschiedene Weltuntergangsszenarien bis hin zur Invasion von Außerirdischen. Die erste Apokalypse des neuen Jahrtausends aber war menschengemacht. Am 11. September 2001 um 8.46 Uhr schlug eine Boeing 767 im Nordturm des New Yorker World Trade Centers ein, 17 Minuten später krachte eine Maschine gleichen Typs in den Südturm; um kurz nach halb zehn explodierte eine weitere Passagiermaschine im Pentagon, ein viertes Flugzeug stürzte eine halbe Stunde später bei Shankes-

Sorgen im neuen Jahrtausend

ville ab. Vor den Augen von Millionen entsetzter Fernsehzuschauer stürzten die brennenden Türme des World Trade Centers ein. Fanatisierte islamistische Terroristen hatten die vier Flugzeuge entführt und in die Ziele gesteuert, eins brachten sie zum Absturz, als die Passagiere versuchten, die Kontrolle über die Maschine zu gewinnen. Fast 3000 Menschen starben bei den Anschlägen, die Terrororganisation Al Quaida bezichtigte sich der Taten; jene Gruppe, die in den vergangenen Jahren immer wieder mit Anschlägen den ihr verhassten Westen getroffen hatte.

Johannes Paul II. war an diesem Nachmittag, an dem die Attacken nach mitteleuropäischer Zeit stattfanden, in der päpstlichen Sommerresidenz in Castel Gandolfo. Sein Sprecher Joaquín Navarro-Valls unterrichtete ihn von den Ereignissen. «Er war schockiert», erinnerte sich Navarro-Valls in einem Interview 2011, «nicht nur von der Tragödie als solcher, sondern auch, weil er sich nicht erklären konnte, wie jemand einen solchen Abgrund des Bösen zustande bringen konnte.» Eine kurze Zeit sei er vor dem Fernseher geblieben und dann in die Kapelle gegangen, die nur ein paar Schritte vom Fernsehraum entfernt lag; lange habe er dort im Gebet verharrt. Später habe er versucht, US-Präsident George W. Bush telefonisch zu erreichen, was nicht möglich gewesen sei: Aus Angst vor weiteren Attacken war der Präsident in der Air Force One in der Luft. Johannes Paul II. schickte ein Telegramm, in dem er seinen Schmerz ausdrückte und seine Nähe im Gebet zur ganzen Nation «in diesem dunklen und tragischen Moment».[10] Am Tag darauf fand in Rom wie jeden Mittwoch die Generalaudienz auf dem Petersplatz statt. Dort verurteilte der Papst die Taten auf das schärfste als nicht nur gegen die USA, sondern gegen die Menschenwürde insgesamt gerichtet, er sprach von einem «schwarzen Tag in der Geschichte der Menschheit». Er betete für die Opfer und ihre Angehörigen und für das ganze amerikanische Volk. Er sagte aber auch, dass «Wege der Gewalt nie zu wirklichen Lösungen menschlicher Probleme führen» würden, und betete für die Führer der Nationen, «dass sie sich nicht erlauben, vom Hass geleitet zu werden und vom Geist der Vergeltung, sondern alles ihnen Mögliche tun, um neuem Hass und Tod vorzubeugen, indem sie Werke des Friedens vollbringen».[11] Eine Woche später bat er erneut, Gott möge «die Gedanken und Herzen der Weltführer» leiten, «so dass die Werke der Gerechtigkeit und des Friedens Oberhand gewinnen».

Während die USA und ihre Verbündeten sich darauf vorbereiteten, die Taliban anzugreifen, die in Afghanistan ein Schreckensregime errichtet hatten und der Terrororganisation Al Quaida einen Rückzugsraum und eine logistische Basis boten, betete der Papst, den die Al Quaida-Attentäter auch auf die Liste ihrer möglichen Ziele gesetzt hatten, eindringlich und unermüdlich für den Frieden und den Dialog der Religionen. Seine Reise nach Kasachstan und Armenien, die er keine zwei Wochen nach den Anschlägen in den USA begann, wurde ungeplant zu einer Friedensmission in eine Krisenregion der Welt. «Wir dürfen nicht zulassen, dass das, was geschehen ist, die Teilung zwischen uns vertieft», sagte er im mehrheitlich muslimischen Kasachstan, «Religion darf niemals dazu benutzt werden, einen Konflikt zu rechtfertigen.» Christen und Muslime sollten gemeinsam zu dem «einen allmächtigen Gott» für den Weltfrieden beten.

In Armenien erklärte er, Frieden könne «nur auf dem soliden Fundament der gegenseitigen Achtung, der Gerechtigkeit in den Beziehungen zwischen unterschiedlichen Gemeinschaften und des Großmuts seitens der Starken aufgebaut werden».[12] Das konnte nun so sehr gegen die Kriegsvorbereitungen des Westens interpretiert werden, dass sich der Vatikan-Sprecher Navarro-Valls genötigt sah, die Position seines Chefs zu korrigieren: Selbstverständlich gebe es ein Recht auf Selbstverteidigung nach einem solchen Angriff wie am 11. September. Es war eines der wenigen Male, dass zwischen dem Papst und seinem Sprecher ein Dissens zu erkennen war (wobei auch Johannes Paul II. das Recht auf Selbstverteidigung sowie militärisches Eingreifen zur Verhinderung humanitärer Katastrophen nie in Frage gestellt hatte). Doch tatsächlich rückte der Papst zunehmend von der traditionellen Vorstellung der katholischen Kirche vom gerechten Krieg ab. Heinz-Joachim Fischer, der Vatikan-Experte der «Frankfurter Allgemeinen Zeitung», urteilte in jenen Wochen: «Johannes Paul II. ist, wie seine vielen Äußerungen, seine Enzykliken, vor allem jedoch die persönlichen Erfahrungen belegen, ein überzeugter Pazifist.» Er dürfe dies aber nicht feierlich verkünden, weil diese moralische Vorgabe laut Fischer für eine Milliardengemeinschaft von Gläubigen die Weltpolitik unsicherer machen würde.[13]

Das ganze Jahr hindurch jedenfalls redete der oft müde, kränkelnd, aber auch traurig und hilflos und in seiner Position alleingelassen wirkende Papst den Kriegsparteien ins Gewissen. Er tat das durchaus auch gegen viele Bischöfe und Kurienkardinäle, die es als das Recht des Westens ansahen, die Terrororganisation Al Quaida und die Taliban auch mit schwersten bunkerbrechenden Bomben aktionsunfähig zu machen. Wie viele Politiker hofften auch sie, eine erfolgreiche Intervention könne das von Gewalt zerrissene und zerstörte Land befrieden und den Terror der religiösen Fanatiker beenden, der sich ja auch besonders gegen die Christen richtete. Der Papst blieb da erkennbar skeptischer. Der «Osservatore Romano» rief in seinen Kommentaren immer wieder dazu auf, das Blutvergießen zu beenden.

Zur Eröffnung der Bischofssynode im Oktober warnte ein gekrümmter Papst mit nuschelnder Stimme vor den «unguten Folgen der Globalisierung»; die Kirche müsse die Stimme erheben zur Verteidigung der Armen und des Friedens. Beim Angelus-Gebet zum italienischen Erntedankfest Anfang November sagte er: «In besonderer Weise denke ich in diesem Moment großer internationaler Spannung an die geliebten Völkerstämme Afghanistans, denen jede notwendige Hilfe zuteil werden muss. Es handelt sich um einen weltpolitischen Notstand.»[14] Zum Ende des muslimischen Fastenmonats Ramadan kündigte er an, einen Tag mitzufasten, und rief die Christen auf, es ihm aus Solidarität mit den nun misstrauisch beäugten Muslimen gleichzutun. Die Ereignisse seit dem 11. September hatten ihn in seiner Auffassung bestärkt, dass es ohne Religionsfrieden keinen Weltfrieden geben könne. Er hatte dies schon im Mai in Syrien beim Besuch der Umayyaden-Moschee in Damaskus gezeigt, einer ehemaligen Kirche, in der auch Johannes der Täufer verehrt wird. Es war der erste Besuch eines Papstes in einer Moschee. Das jüdische Lichterfest Chanukka feierte er bei seinem Freund Jerzy Kluger.

In seiner Botschaft zum Weltfriedenstag am 1. Januar 2002 betonte der Papst, es gebe ein «Recht auf Verteidigung gegen den

Terrorismus», der ein «wirkliches Verbrechen gegen die Menschlichkeit» sei; dieses Recht müsse sich aber «wie jedes andere bei der Wahl sowohl der Ziele wie der Mittel an moralische und rechtliche Regeln halten». Der «Kampf gegen das terroristische Treiben» erfordere auch «einen besonderen Einsatz auf politischer, diplomatischer und wirtschaftlicher Ebene», um «mutig und entschlossen etwaige Situationen von Unterdrückung und Ausgrenzung aufzulösen, die den Ursprung für Terrorpläne bilden könnten». Für den 24. Januar lud Johannes Paul die religiösen Führer der Welt zu einem Friedensgebet ein.[15]

Wie sehr den greisen und kranken Papst der Unfrieden in der Welt umtrieb, zeigte sich noch einmal ein Jahr später, als Anfang 2003 US-Präsident George W. Bush eine «Koalition der Willigen» versammelte, um den Irak anzugreifen und Saddam Hussein endgültig von der Macht zu vertreiben, weil der Irak angeblich einen Angriff mit Massenvernichtungswaffen auf die USA und ihre westlichen Verbündeten plane. Auf dem Neujahresempfang im Januar richtete er einen dramatischen Appell an die versammelten Diplomaten: «Nein zum Krieg! Er ist nie ein unabwendbares Schicksal. Er ist immer eine Niederlage der Menschheit. Das Völkerrecht, der aufrichtige Dialog, die Solidarität zwischen den Staaten und die ehrenvolle Ausübung der Diplomatie sind jene Mittel zur Lösung von Streitigkeiten, die des Menschen und der Nationen würdig sind. [...] Der Krieg ist nie ein Mittel wie andere, das man zur Beilegung von Auseinandersetzungen zwischen Nationen einsetzen kann. Die Charta der Vereinten Nationen und das Völkerrecht erinnern daran, dass der Krieg, auch wenn es um die Sicherung des Gemeinwohls geht, nur im äußersten Fall und unter sehr strengen Bedingungen gewählt werden darf, ohne dabei die Auswirkungen auf die Zivilbevölkerung während und nach den Kampfhandlungen zu vergessen.»[16]

Aus der Sicht des Papstes war der geplante Angriff auf den Irak ein völkerrechtswidriger Präventionskrieg und musste verhindert werden. Der Vatikan versuchte, Saddam Hussein zu bewegen, die Abrüstungsauflagen der Vereinten Nationen einzuhalten, der französische Kardinal Roger Etchegaray reiste im Februar nach Bagdad, im Vatikan empfing Johannes Paul II. Tarek Aziz, den christlichen

Sorgen im neuen Jahrtausend

Vizepremierminister des Iraks, und den britischen Premierminister Tony Blair. Alles war vergebens: Am 20. März 2003 begann der Angriff, der zwar Saddam Hussein die Macht kosten, nicht aber der Region den Frieden bringen sollte; ganz so, wie es der greise Papst befürchtet hatte.

Skandale um die sexuelle Gewalt

Am 6. Januar 2002 erschien die Sonntagsausgabe des «Boston Globe» mit der Schlagzeile: «Kirche ermöglichte über Jahre hinweg Missbrauch durch Priester». Seit Mitte der neunziger Jahre habe der Priester John J. Geoghan in einem halben Dutzend Pfarreien des Erzbistums Boston mehr als 130 Kinder und Jugendliche «mutmaßlich begrapscht oder vergewaltigt», heißt es in dem Aufmacher; «meist waren die Opfer Grundschüler. Eines war gerade erst vier Jahre alt.»[17] Seit 1984 habe Kardinal Bernard Law, der Bostoner Erzbischof, von den Problemen Geoghans gewusst – trotzdem sei der Priester immer wieder versetzt worden. Hartnäckig und akribisch hat das Recherche-Team «Spotlight», unterstützt vom neuen Chefredakteur Marty Baron, die Geschichte der sexuellen Gewalt und seiner Vertuschung recherchiert: Geoghan hatte sich immer wieder Schuljungen aus sozial schwachen Familien genähert und das Vertrauen ihrer oft alleinerziehenden und überforderten Mütter erschlichen. Beschwerten sich diese oder zeigten den Priester an, wurden sie mit Druck und Geld zum Schweigen gebracht und der Beschuldigte in die nächste Pfarrei versetzt. Die Gerichtsdokumente blieben unter Verschluss; erst die Reporter erzwangen die Herausgabe. Weitere Recherchen ergaben, dass das Erzbistum Vorwürfe gegen mindestens 70 weitere verdächtige Priester in aller Stille beigelegt hatte.

Geoghan wurde zu zehn Jahren Haft verurteilt, nach einem Jahr im Gefängnis erdrosselte ihn einer der Mithäftlinge. Die Berichterstattung, für die das Spotlight-Team den Pulitzer-Preis erhielt, und der spektakuläre Prozess brachten Tausende Betroffene aus allen Teilen der USA dazu, an die Öffentlichkeit zu gehen. Immer wieder offenbarten sich die gleichen Muster: Mutmaßliche Täter wurden kircheninterm versetzt, die Opfer zum Schweigen gebracht und oft ein zweites Mal traumatisiert – viele von ihnen litten ein Leben lang unter den Folgen des Missbrauchs, die Suizidrate war hoch. Der Kirche aber war der Schutz der Institution wichtiger gewesen als die Hilfe für die Opfer, sie hatte ihre Aufgabe verraten, gerade für die Schwachen und die Kleinen da zu sein; Priester hatten ihre Amtsautorität missbraucht, um Verbrechen zu begehen, Bischöfe ihre Macht, um diese Verbrechen zu vertuschen. Der Umgang der amerikanischen Bischöfe und des Vatikans mit diesem Skandal, der doch an das kirchliche Selbstverständnis rührte, war katastrophal. Kardinal Law verweigerte den Rücktritt, den auch immer mehr Katholiken seines Bistums forderten; während er die Messe feierte, gab es vor der Kirche Demonstrationen gegen ihn.

Auch der New Yorker Erzbischof, Kardinal Edward Egan, geriet immer mehr in die Kritik. Die Bischofskonferenz des Landes war paralysiert, Millionenklagen waren eingegangen, die Entschuldigungen der Kirchenvertreter wirkten verteidigend, verharmlosend und peinlich. Und es dauerte Monate, bis der Vatikan reagierte. Viele amerikanische Bischöfe und auch die Nuntiatur in Washington hatten die Auffassung vertreten, der Skandal sei durch die Medien aufgebauscht, die der katholischen Kirche ihre Haltung zu Abtreibung und Homosexualität übelnähmen. Im Vatikan passte diese Analyse ins Bild vieler Kurienkardinäle: Hatten nicht schon die Nazis und die Kommunisten versucht, die Kirche mit Schauprozessen wegen angeblicher und tatsächlicher Verfehlungen ihrer Priester mundtot zu machen?

Erst am Gründonnerstag, am 28. März, äußerte sich Papst Johannes Paul II. zu den Vorgängen in den USA, ganz am Ende seines traditionellen Briefes an die Weltpriester: «In dieser Zeit erschüttern uns als Priester zutiefst die Sünden einiger unserer Mitbrüder, welche die Gnade des Weihesakraments verraten haben, indem sie den schlimmsten Ausformungen des mysterium iniquitatis (des Geheimnisses der Bosheit) in der Welt nachgegeben haben»; auf diese Weise seien «schwerwiegende Skandale» entstanden, weshalb ein «dunkler Schatten des Verdachts auf alle anderen verdienstvollen Priester» falle.[18] Die Opfer erwähnte der Papst nur am Rande; bei der Vorstellung des Briefes ließ Kardinal Castrillon Hoyos durchblicken, der Papst habe eigentlich ganz andere Sorgen.[19] Zwei Wochen später fuhr Kardinal Law heimlich nach Rom und bot dem Papst seinen Rücktritt an; der aber lehnte noch ab und sicherte ihm seine Unterstützung zu. Immerhin war jetzt klar, dass etwas geschehen musste. Am 15. April bestellte Johannes Paul II. die Kardinäle der Vereinigten Staaten und weitere Vertreter der Bischofskonferenz für die folgende Woche in den Vatikan ein. Dort machte er klar, dass für Missbrauchstäter «im Priestertum und im Ordensleben kein Platz» sein dürfe und die sexuelle Gewalt «von der Gesellschaft zu Recht als Verbrechen angesehen» werde. Er sagte: «Sie ist auch in den Augen Gottes ein grauenhaftes Verbrechen.» Er sprach den Opfern und ihren Familien tief empfundene Solidarität und Anteilnahme aus. Ursache der Krise sei im Übrigen eine «tief verwurzelte Krise der Sexualmoral».[20]

Es dauerte noch bis zum 13. Dezember 2002, bis Kardinal Law zurücktrat; er floh regelrecht von Boston in den Vatikan und entging so der Vorladung des Staatsanwalts, der ihn zum Vorwurf der Beihilfe zum sexuellen Missbrauch von Kindern vernehmen wollte. In seinem Bericht von 2003 stellte der oberste Staatsanwalt des Bundesstaats Massachusetts fest, dass Law zwar letztverantwortlich für den Missbrauch gewesen sei, dass es aber keine Handhabe gebe, ihn anzuklagen. Sehr wohl aber habe die Untersuchung ergeben, dass die weit verbreitete Gewalt gegen Kinder in der Erzdiözese «mit der institutionellen Akzeptanz des Missbrauchs und dem massiven wie tiefgreifenden Versagen von Führung» zusammenhänge. Die Grand Jury zählte mindestens 789 Opfer.[21] Kardinal Law blieb bis zu seinem Tod 2017 in Rom; Johannes Paul II. machte ihn 2004 zum Erzpriester der römischen Patriarchalbasilika Santa Maria Maggiore. Einem kirchlichen Verfahren musste er sich nicht stellen.

An vielen Orten der Welt wurden nun Missbrauchsfälle offenbar: In Australien wurde Erzbischof George Pell vorgeworfen, einem Täter geholfen zu haben; in Irland trat Bischof Oliver Comiskey zurück, nachdem bekannt wurde, dass er einen verdächtigen Priester nicht sofort entlassen hatte; in Polen wurde Juliusz Paetz, der Erzbischof von Posen, beschuldigt, jahrelang Priester und Seminaristen sexuell beläs-

tigt zu haben, was er bestritt. In Deutschland wurden Fälle in Paderborn, Regensburg und Würzburg bekannt. Trotzdem war die Reaktion
von Kardinal Lehmann, dem Vorsitzenden der deutschen Bischofskonferenz, bezeichnend: So etwas sei schlimm, sagte er im Juni 2002 dem
«Spiegel», es gebe aber «in Deutschland keine Skandalwelle wie in den
USA»; und auf die Nachfrage des Journalisten: «Warum soll ich mir
den Schuh der Amerikaner anziehen, wenn er mir nicht passt?»[22] Es
sollte noch acht Jahre dauern, bis das Ausmaß und die systemische
Dimension der sexualisierten Gewalt in der katholischen Kirche auch
den deutschen Bischöfen offenbar wurde. Dabei gab es schon vor 2002
genügend Fälle, die die Verantwortlichen hätten alarmieren müssen.
Schon in den achtziger und neunziger Jahren gab es immer wieder
Skandale und Strafverfahren, auch im Erzbistum München und Freising, wo Joseph Ratzinger Erzbischof war.

Schon damals legte der amerikanische katholische Pastoralpsy-
chologe Richard Sipe eine Untersuchung vor, in der er davon ausging, dass zwei Prozent der Priester und Ordensleute fixiert pädophil
und weitere vier Prozent vorübergehend oder dauerhaft an Heran-
wachsenden sexuell interessiert seien – eine Zahl, die damals heftig
bestritten, aber mittlerweile durch zahlreiche Untersuchungen bestätigt wurde. Schon der Fall des Wiener Kardinals Hermann Groer
1995 hatte gezeigt, wie schwer sich die Kirche tat, den Betroffenen zu
glauben und dann Konsequenzen zu ziehen: Angelo Sodano, der Kardinalstaatssekretär, verhinderte die schnelle Untersuchung des Falls,
der Wiener Kardinal zog sich zwar in ein Kloster zurück, hätte aber
als Kardinal weiterhin den Papst mitwählen können. Seit 2001 war
die Glaubenskongregation zuständig für Missbrauchsfälle, Kardinal
Ratzinger nannte in seinem Dekret «De delictis gravioribus» Akte
sexualisierter Gewalt schwerwiegendste Vergehen, doch eine systematische Aufarbeitung unterblieb. Und im gleichen Jahr, 2001, wurde
erstmals der jahrelange Missbrauch von Ordensfrauen in Afrika
öffentlich – erst 17 Jahre später entschuldigte sich Papst Franziskus
für die Verbrechen.

Es gibt einige Gründe, warum in der Amtszeit von Papst Johannes
Paul II. die katholische Kirche den Missbrauch an Kindern und

Jugendlichen durch Kleriker unterschätzte, nicht aufarbeitete, aktiv vertuschte. Sicher gehören gesellschaftliche Faktoren dazu – auch für die meisten Journalisten, Politiker, Lehrer, Sportfunktionäre war die sexualisierte Gewalt in den achtziger und neunziger Jahren kein Thema oder eines, das man nur mit der höchsten Vorsicht anfasste. Auch in der reformpädagogischen Odenwaldschule kam zwar 1999 an die Öffentlichkeit, dass der Schulleiter Kindern und Jugendlichen sexualisierte Gewalt angetan hatte, doch nichts weiter geschah; überall in der Gesellschaft wurden die Opfer der Gewalt entmutigt und zum Schweigen gebracht. Es gibt aber auch einen Grund, der im Kirchenverständnis des Papstes liegt, in seiner Vorstellung, dass diese Kirche rein und stark und glänzend dastehen müsse, um in den Auseinandersetzungen zu bestehen, dass Zweifel und Fragen nichts als Einfallstore der Gegner seien.

Dass dies auch eine eigene Schuld und Mitverantwortung des Papstes begründet, zeigt sein Umgang mit Marcial Maciel Degollado, dem mexikanischen Gründer der Legionäre Christi. 1941 hatte Maciel die straff und quasimilitärisch organisierte Bewegung gegründet, die sich vor allem in der Kinder- und Jugendarbeit engagierte. Zuvor war er aus mehreren Priesterseminaren und auch dem Jesuitenorden ausgeschlossen worden; nur durch seine guten Beziehungen zu einem Onkel, der Bischof war, und zum spanischen Franco-Regime hatte er Priester werden und bald auch eigene Seminaristen ausbilden können. Schon in den fünfziger Jahren gab es innerkirchliche Ermittlungen gegen ihn wegen Drogenmissbrauchs und der möglichen Veruntreuung von Geld; in den siebziger Jahren kamen Vorwürfe der sexuellen Gewalt hinzu. Trotzdem wurden die sektenähnlich strukturierten Legionäre Christi, die Marcial Maciel als Heiligen verehrten, vom Vatikan anerkannt – und dann besonders von Papst Johannes Paul II. gefördert, dem die demonstrative Papsttreue und der militante Antikommunismus der Gemeinschaft ebenso gefielen wie die zahlreichen Priester, die sie hervorbrachte; die Schulen der Gemeinschaft galten als Bastionen des Katholizismus.

Maciel begleitete den Papst auf dessen Mexikoreisen 1979, 1990 und 1993; Johannes Paul II. bestätigte die Konstitutionen der Legionäre, die nun weltweit anerkannt waren. Maciel wiederum sammelte bei reichen Lateinamerikanern Geld für des Papstes Anliegen. Zum goldenen Priesterjubiläum pries ihn der Papst 1994: «Ein wirkungsvoller Führer der Jugend.» Noch 2004 übergab er ihm das Jerusalemer Bildungszentrum Notre Dame. Da hätte Johannes Paul schon längst von den Vorwürfen gegen den so Protegierten wissen können – ja müssen. Und spätestens 1997 hätte der Papst handeln müssen, als ehemalige Legionäre in einem Buch beschrieben, wie Maciel ihnen Gewalt angetan hatte; einige erhoben ein Jahr später Klage in Rom wegen Verletzung des Beichtgeheimnisses. Doch anstatt, wie dies wohl Joseph Ratzinger beabsichtigt hatte, den Vorwürfen und den Gerüchten nachzugehen, dass der angebliche Heilige ein Doppelleben mit mehreren Frauen führe, deren Kinder er ebenfalls missbrauche, hielten Kardinalstaatssekretär Angelo Sodano, der mittlerweile zum Erzbischof erhobene Papst-Sekretär Stanisław Dziwisz und letztlich auch der Papst selber die Hand über den Gewalttäter.

Erst nach dem Tod Johannes Pauls II. nahmen Ratzingers Ermittlungen Fahrt auf, Macial legte die Ordensleitung in jüngere Hände – und immer noch sollte es bis 2010 dauern, bis der Vatikan erklärte: «Die sehr schwerwiegenden und objektiv unmoralischen Verhaltensweisen von Pater Maciel, die durch unbestreitbare Zeugenaussagen bestätigt sind, erweisen sich bisweilen als wirkliche Straftaten und zeugen von einem skrupellosen Leben, ohne authentische religiöse Ausrichtung.» Da war der Legionäre-Gründer schon zwei Jahre tot, gestorben war er zurückgezogen, aber ohne ein Wort der Reue; seine Anhänger taten alles, um die militante Gruppe auch ohne ihren Guru am Leben zu erhalten.

Unterstützung für die Europäische Union

Weiterhin trieb den greisen Papst die Sorge um den Frieden unter den europäischen Völkern um, er warb weiter für die europäische Einheit und sah in der Europäischen Union die Chance, das «christliche Abendland» wiederaufleben zu lassen. Genau verfolgte er, dass die Euroskeptiker unter den polnischen Nationalkatholiken trotz

Sorgen im neuen Jahrtausend

seiner werbenden wie mahnenden Worte ihre Kampagne gegen die Europäische Union fortsetzten. Als Umfragen darauf hindeuteten, dass das Referendum über den EU-Beitritt Polens 2004 überaus knapp ausgehen könnte, bestellte er die polnischen Bischöfe in den Vatikan ein. Er stellte klar: Der Beitritt slawischer Nationen werde die EU bereichern, doch gelte auch: «Polen braucht Europa!» Denn die EU garantiere Freiheit und die Menschenrechte. Die Kirche dürfe sich dem nicht entgegenstellen, ihre Aufgabe sei es vielmehr, christliche Werte innerhalb der EU zur Geltung zu bringen. Dass Polen in die politische Familie der europäischen Völker aufgenommen werde, sei nach den langen Perioden der Teilungen und Fremdherrschaft «ein Ausdruck der ausgleichenden Gerechtigkeit der Geschichte».[23] Die Ermahnungen zeigten Wirkung, das Referendum ergab 77 Prozent Ja-Stimmen.

Johannes Paul II. bewies auch auf gänzlich andere Weise sein Engagement für Europa: Er gab den Anstoß, Seligsprechungsprozesse für den französischen Außenminister Robert Schuman und den italienischen Premierminister Alcide de Gasperi einzuleiten, die, beide praktizierende Katholiken, Väter der Europäischen Wirtschaftsgemeinschaft (EWG), des Vorläufers der EU, gewesen waren.

2004, im Jahr der Osterweiterung der EU, wurde dem Papst der Aachener Karlspreis zuerkannt. In Anbetracht seines schlechten Gesundheitszustands wurde ihm der Preis im Vatikan überreicht. Anwesend waren als Vertreter der polnischen Regierung, die wieder die Postkommunisten übernommen hatten, Premierminister Marek Belka und Außenminister Włodzimierz Cimoszewicz, beide erklärte Atheisten; der Papst begrüßte sie herzlich. In seiner Dankesrede erklärte er: «Nach den Schrecken des Zweiten Weltkriegs hat mein Vorgänger seligen Angedenkens Pius XII. das lebendige Interesse der Kirche an der Einigung Europas deutlich gemacht, indem er der Idee der Schaffung einer ‹europäischen Union› nachdrücklich seine Unterstützung gab. Dabei hat er keinen Zweifel daran gelassen, dass ein dauerhaftes Gelingen einer solchen Union an das Christentum als ihren identitäts- und einheitsstiftenden Faktor gebunden sein müsse.»

15. SANTO SUBITO!

«Auch ich bin alt geworden», hatte Johannes Paul II. schon 1999 in seinem «Brief an die alten Menschen» geschrieben, der zu seinen persönlichsten Schreiben in einem guten Vierteljahrhundert Amtszeit gehört. «Trotz der Einschränkungen, die mit dem Alter verbunden sind, bewahre ich mir die Lebensfreude», hatte er gesagt, «es ist schön, sich bis zum Ende für die Sache des Reiches Gottes zu verzehren.»[1] Nach der Jahrtausendwende wurde es für ihn sichtbar schwerer, sein Amt auszuüben. Oft zitterten seine Hände, zunehmend war er auf einen hydraulischen Rollstuhl angewiesen, er konnte sich nur noch schwer artikulieren. Vor dem Weltjugendtag in Toronto im August 2002 war unklar, ob Johannes Paul II. noch einmal die strapaziöse Reise über den Atlantik würde antreten können, die Veranstalter erklärten, das Treffen würde notfalls auch ohne den Besuch aus Rom stattfinden. Doch dann schaffte er es doch, war ausdauernd wie schon lange nicht mehr, rief 800 000 Jugendliche auf, mit an einer solidarischen Welt zu bauen, und erntete Jubelstürme – der kranke Mann, der mit all seiner verbliebenen Kraft den Jugendlichen predigte, überzeugte sie mehr, als es manchmal der gesunde Papst getan hatte. Das nächste Treffen, verkündete er am Ende, werde 2005 in Köln stattfinden.

Zu Ostern 2003 zeigte sich Johannes Paul II. erstaunlich erholt; er musste die anstrengend langen Messen im Sitzen feiern, aber redete klar und machte Scherze. Auch die Besucher von Privataudienzen staunten, wie gut sich der Papst erholt hatte. Anfang Mai besuchte er Spanien, wo er mit den Besuchern scherzte: «Wie alt ist der Papst? Fast 83 Jahre!» Und die Menge rief: «Der Papst ist jung!» Offenbar hatte er neue, bessere Parkinson-Mittel erhalten, die ihm guttaten und das Fortschreiten der Krankheit verlangsamten – aber eben nicht stoppten. Vieles, was der Papst in diesen Monaten tat, hatte etwas Abschließendes, Vermächtnishaftes.

Nach dem Weltjugendtag 2002 hatte er sich zurückgezogen und noch einmal Gedichte verfasst, sie erschienen unter dem Titel «Römisches Triptychon» und waren Meditationen über Gottes Schöpfung, über den schöpferischen Menschen, über Glaube, Hoffnung, Liebe und Tod – des Papstes Tod, den er offen ansprach. Er schrieb an seinen Erinnerungen als Erzbischof von Krakau, die 2004 unter dem Titel «Auf, lasset uns gehen» erschienen – und für Ärger sorgten, weil er dort Abtreibung in die Nähe des Judenmords rückte und bekannte, dass einer seine Fehler als Bischof gewesen sei, nicht härter durchzugreifen. Auch seine Enzyklika «Ecclesia de eucharistia» über die Kirche, die aus dem Geheimnis der Eucharistie heraus lebt, hat stark biografische Züge: «Wenn ich an die Eucharistie denke und dabei auf mein Leben als Priester, Bischof und Nachfolger Petri blicke, erinnere ich mich spontan an die vielen Gelegenheiten und die vielen Orte, an denen ich sie feiern konnte», schrieb er. «Ich erinnere mich an die Pfarrkirche von Niegowić, wo ich meine erste pastorale Aufgabe erfüllte, an die Kollegiatskirche des heiligen Florian in Krakau, an die Kathedrale auf dem Wawel, an die Peterskirche und an die vielen Basiliken und Kirchen in Rom und in der ganzen Welt. Ich konnte die heilige Messe in Kapellen feiern, die sich an Gebirgspfaden, an Seeufern, an Meeresküsten befinden; ich feierte sie auf Altären, die in Stadien oder auf den Plätzen der Städte errichtet waren.» Und überall habe er erfahren, «wie universal und gleichsam kosmisch die heilige Messe ist.» Es sind die Erinnerungen eines Mannes, der seine Kraft aus der Feier dieser Heiligen Messe und dem Gebet zog.[2]

Politisch galt sein Engagement noch einmal Europa. In Spanien rief er die Gläubigen auf, «auf die blinde Gewalt und den unmenschlichen Hass mit der faszinierenden Macht der Liebe» zu antworten: «Besiegt die Feindschaft durch die Kraft der Vergebung! Haltet Euch fern von jeder Form des extremen Nationalismus, des Rassismus und der Intoleranz!»[3] Er besuchte Kroatien, Serbien und die Slowakei. In den Staaten des ehemaligen Jugoslawien, in denen die Wunden des Krieges noch frisch waren, warb er für den Respekt vor der Religionsfreiheit und den Schutz der Minderheiten, der Familie, des Lebens von der Zeugung bis zum Tod. Europa brauche die christliche Tradition zum Aufbau der neuen, gemeinsamen Identität, sagte er in Slowenien. Entsprechend warb er auch dafür, in die Verfassung der Europäischen Union einen Gottesbezug zu verankern; Europa brauche eine religiöse Dimension, heißt es in seinem Apostolischen Schreiben «Ecclesia in Europa». «Die Hoffnung, eine gerechtere und menschenwürdigere Welt zu bauen, kann nämlich nicht von der Erkenntnis absehen, dass die menschlichen Anstrengungen vergebens wären, wenn sie nicht von der göttlichen Hilfe begleitet würden.»[4]

Die Vorbereitungen zum 25. Jahrestag der Papstwahl 1978 waren wieder von Schmerzen überschattet, eine Arthritis-Operation am Knie konnte nicht durchgeführt werden, weil die Ärzte keine Vollnarkose riskieren wollten. Bei seiner Reise in die Slowakei im September verließen ihn vor den laufenden Fernsehkameras die Kräfte. Aus dem strahlenden, sportlichen Mann, der vor einem Vierteljahrhundert von der Loggia des Petersdoms die überraschte Menge begrüßt hatte, war ein Schmerzensmann geworden, «mit Krankheit vertraut», wie es beim Propheten Jesaia über den leidenden Gottesknecht heißt. Johannes Paul II. hatte diese Rolle des leidenden Dieners Gottes angenommen, der vor den Augen der Welt dem Tod entgegenging, dessen körperlichen Verfall die Fernsehkameras in Großaufnahme dokumentierten.

Zum Jubiläum am 18. Oktober 2003 sprach er Mutter Teresa selig, die 1997 gestorbene albanische Ordensschwester aus dem indischen Kalkutta, mit der er sich sehr verbunden gesehen hatte – beide einte die Mischung aus tiefer Frömmigkeit, sozialem Engagement und gesellschaftspolitischem wie innerkirchlichem Konservatismus. In seiner Predigt erinnerte er auch an die geistlichen Tagebücher, in denen die Ordensfrau ihre seelischen Nöte und Glaubenszweifel aufgeschrieben hatte. Ein sichtlich erschöpfter Papst ernannte eine Woche später 31 Kardinäle, denen er nicht einmal mehr den roten Hut aufsetzen konnte; das Papstwahlgremium aber war damit bereit, einen Nachfolger zu wählen, wenn es denn nötig werden würde.

Am 14. März 2004 dann war Johannes Paul II. der nach Pius IX. am längsten regierende Papst der Kirchengeschichte, rechnet man die

Santo subito!

als Legende überlieferte 30-jährige Amtszeit des Petrus nicht mit – das Langstreckenpontifikat hatte einen neuen Rekord erreicht. Mit der Gesundheit des Papstes ging es mal auf, mal ab. Die traditionelle Fußwaschung am Gründonnerstag übernahm Kardinal Ratzinger. Die Osteransprache des Papstes war nur schwer zu verstehen. Er betete für die Opfer des Terrors, der wenige Tage zuvor über Spanien gekommen war – islamistische Mörder hatten in Madrider Vorortzügen 200 Menschen in den Tod gebombt und 2000 verletzt –, und rief die Menschheit auf, dem «um sich greifenden Phänomen des Terrorismus entgegenzutreten».

Mitte Mai sprach er Gianna Beretta Molla heilig, eine Ärztin und Mutter, die sich einer Tumoroperation verweigert hatte, die ihr Kind in der Gebärmutter getötet hätte, und an den Folgen 1962 gestorben war. Es sollte die letzte der insgesamt 483 Heilig- und 1316 Seligsprechungen werden, die Johannes Paul II. vornahm – mehr als alle Päpste zuvor; die Erhebung der Mutter, die starb, um ihr ungeborenes Kind zu retten, zeigt, wie sehr Johannes Paul II. diese Heiligsprechungen nutzte, um die Kirche nach seinen Vorstellungen zu prägen.

Anfang Juni traf er US-Präsident George W. Bush. Ihr Verhältnis war von tiefem gegenseitigen Nichtverstehen geprägt: Bush sah sich im Kampf um die Verteidigung der westlichen Werte, der auch mit militärischen Mitteln geführt werden müsse; zu diesen Werten gehörte selbstverständlich auch ein freier Markt. Der Papst hatte, umso schärfer, je älter und schwächer er wurde, den zügellosen Kapitalismus als unmoralisch und zerstörerisch gegeißelt; Kriege sah er nur als letztes mögliches Mittel der Selbstverteidigung oder zur Abwehr humanitärer Katastrophen an. Anders als zwischen Ronald Reagan, der in diesen Tagen starb, und Johannes Paul II. gab es auch keine über Höflichkeit und Respekt hinausgehende persönliche Sympathie füreinander. Der Papst äußerte seine Sorge «angesichts der von anhaltenden schweren Unruhen gekennzeichneten Situation im Nahen Osten, sowohl im Irak als auch im Heiligen Land». «Die unmissverständliche Position des Heiligen Stuhls ist Ihnen wohlbekannt», fuhr er fort, nämlich «dass diese Situation nun so schnell wie möglich unter aktiver Beteiligung der internationalen Gemeinschaft, insbesondere der Vereinten Nationen, normalisiert wird, um eine rasche

Wiederherstellung des Irak und Sicherheit für all seine Bewohner zu gewährleisten.» Die freundlichen Worte, die der Passage noch folgten, konnten nicht darüber hinwegtäuschen: Der greise Papst hatte dem mächtigsten Mann der Welt den Kopf gewaschen.

Am Ende des Lebenswegs

Am 14. August 2004 brach Johannes Paul II., der nach einer kurzen Reise in die Schweiz den Sommer in Castel Gandolfo verbracht hatte, zu seiner 104. Pilgerfahrt auf, die seine letzte werden sollte: Er reiste zum Marienwallfahrtsort Lourdes, wo 1858 die Muttergottes einem vierzehnjährigen Mädchen erschienen sein soll. 300 000 Menschen versammelten sich am Tag darauf, um mit dem Papst Mariae Himmelfahrt zu feiern, darunter viele Kranke, die sich in Lourdes Trost und auch Heilung erhofften. Der Papst erschien am Ende seiner Kräfte; als er zum Gebet in der Grotte niederknien wollte, mussten Helfer ihn stützen, seine Rede an die Kranken musste er verlesen lassen. «Ich teile mit euch eine Zeit des Leidens, die von physischer Krankheit gezeichnet ist», hieß es da; «liebe Brüder und Schwestern, ich möchte euch alle in die Arme schließen, einen nach dem anderen.» Wie viele Pilger trank er vom Wasser der Lourdes-Quelle. Am abendlichen Rosenkranzgebet nahm er im Papamobil sitzend teil, zur anschließenden Lichterprozession sagte er: «Möge aller Hass und alle Gewalt beendet werden.»

Mit Leidenschaft verurteilte er am Tag darauf Sterbehilfe und Abtreibung: Das Leben müsse «von der Empfängnis bis zu seinem natürlichen Ende respektiert werden»: «Das Leben ist ein heiliges Geschenk, niemand darf sich zum Herrn darüber erheben.» Es waren Sätze, die der Papst schon oft gesagt hatte, doch in Lourdes verloren sie das Formelhafte: Sie waren von einem Mann gesprochen, der vor aller Augen dem Tod entgegenging und seinen körperlichen Verfall nicht verbarg, nicht sein zunehmend maskenhaftes Gesicht, aus dessen Mund manchmal der Speichel floss, nicht die verwaschene Stimme, das Zittern, die Bewegungsunfähigkeit. «Er ist ein Kranker

Santo subito!

unter Kranken», sagte der Pariser Kardinal Jean-Marie Lustiger über ihn. Aber mehr denn je lebe er «die Rolle, die ihm als Stellvertreter Christi auf Erden zukommt, nämlich mit unserem Erlöser zu leiden».

Zunehmend reduzierte der Papst sein bis zuletzt staunenswertes Arbeitsprogramm. Bei den «Ad limina»-Besuchen der Bischöfe, die regelmäßig «bei den Gräbern» der Apostel den Papst trafen, aus ihrer Heimat berichteten und von ihm, je nach Lage, ermutigt oder ermahnt wurden, fiel das gemeinsame Essen aus, seine Ansprache bekamen die Besucher als Brief überreicht. Manche von ihnen berichteten, je nach Tagesform des Gastgebers, von einem überraschend präsenten oder einem erschreckend abwesenden Papst. Die Amtszeit Johannes Pauls II. ging erkennbar zu Ende, in der Kurie wurden Entscheidungen hinausgeschoben, viele sprachen bereits von einem Interregnum, das im Vatikan herrsche. Die Spekulationen nahmen zu, ab wann der Papst als nach dem Kirchenrecht handlungsunfähig gelten und was dann geschehen würde; nach dem Kirchenrecht allerdings war die Lage klar: Solange der Papst noch einen Willen äußern kann, ist er im Amt, wie todkrank er auch sein mag. Und Johannes Paul II. hatte sich entschieden, bis zuletzt im Amt zu bleiben. Im Oktober unterzeichnete er ein Apostolisches Schreiben, das das Jahr der Eucharistie einleiten sollte. Im Februar 2005 erschien sein Interviewbuch «Erinnerung und Identität», das auf ein bereits 1993 geführtes Interview zurückging und in dem der Papst noch einmal seine Maximen darlegte, das Verhältnis von Freiheit und Bindung, das Verhältnis von Gut und Böse, über Demokratie, Abtreibung, Evangelisierung – wäre es nicht das Werk jenes Mannes gewesen, dessen Leidensweg gerade die Welt rührte, die Kritiken wären wohl noch kritischer ausgefallen, als sie es ohnehin taten.

Der Gesundheitszustand Johannes Pauls II. verschlechterte sich Anfang 2005 dramatisch. Am 30. Januar, einem Sonntag, befiel ihn während des Angelus-Gebets eine plötzliche Atemnot, die anhielt, am Montag mussten aller Termine abgesagt werden, am Dienstag wurde der nach Luft schnappende Papst, der nicht mehr sprechen konnte, in die Gemelli-Klinik gebracht. Dort ging es ihm bald so weit besser, dass er, wenn auch leidend, einen Teil der Amtsgeschäfte wieder aufnahm. Zum Angelus-Gebet am 6. Februar erschien er am

Fenster seines Krankenzimmers, sprach das Gebet und segnete die Menschen, die kurze Ansprache verlas Erzbischof Leonardo Sandri. In der Woche darauf kehrte er zurück in den Vatikan, die vier Kilometer wurde er im Papamobil gefahren, Tausende Römer säumten die Straße.

Zwei Wochen später aber folgte der erneute Schock: Am 23. Februar drohte der Papst beim Abendessen zu ersticken, die Lage war so dramatisch, dass der anwesende Kardinal Marian Jaworski, ein Freund aus Krakauer Tagen, ihm die Krankensalbung spendete. Roberto Buzzonetti, der Leibarzt des Papstes, empfahl einen Luftröhrenschnitt, um künftig solche Erstickungsanfälle zu verhindern; die Folge würde jedoch sein, dass Johannes Paul II. eine Zeitlang nicht würde sprechen können. Am 27. Februar und 6. März segnete zum Angelus-Gebet ein stummer Papst vom Fenster seines Krankenzimmers aus die Menschen, am Abend des 13. März ging es zurück in den Vatikan; die Handrücken des Papstes waren von den Nadeln verfärbt, die dort gesessen hatten, er zitterte fröstelnd.

Im Vatikan hatte die Hoffnung bestanden, Johannes Paul II. würde sich nach der Operation noch einmal erholen und die Liturgie der Kar- und Ostertage leiten können, den Höhepunkt des Kirchenjahrs. Vergebens. Die führenden Kardinäle übernahmen die zentralen Gottesdienste der Karwoche; besonders beachtet wurde der Kreuzweg am Kolosseum und die Ostervigil in der Nacht des Karsamstags; Joseph Ratzinger zelebrierte bei beiden Gottesdiensten so souverän wie bescheiden. Der Papst grüßte am Palmsonntag die Menge mit einem Olivenzweig; am Ostersonntag kam es zu einer erschütternden Szene: Die Tage zuvor hatte Johannes Paul II. sprechen geübt, doch als er den Segen «Urbi et Orbi» erteilen wollte, brachte er kein Wort heraus. Schweigend machte er ein dreifaches Kreuzzeichen und gab zu verstehen, dass der Rollstuhl, in dem er saß, wieder hineingeschoben werden sollte. «Er war zutiefst erschüttert und betrübt, gleichzeitig aufgrund seiner vergeblichen Anstrengung erschöpft», schrieb Stanisław Dziwisz über den Moment. «Die Menschen unten waren innerlich bewegt und riefen seinen Namen; er aber spürte die ganze Last jener Geste, der Ohnmacht, des Leidens. Er schaute mir in die Augen: ‹Vielleicht wäre es besser, dass ich sterbe, wenn ich die mir

Zum letzten Mal spendete
der von Krankheit schwer
gezeichnete Papst am 30. März
2005 von seinem Fenster aus
den Segen

anvertraute Aufgabe nicht erfüllen kann.»» Dann aber habe er hinzugefügt: «Dein Wille geschehe … Totus tuus.»

Am 31. März bekam der Papst Fieber, das auf 40 Grad stieg, er hatte durch eine Harnwegsinfektion einen septischen Schock erlitten, sein Herz-Kreislauf-System versagte. Er wurde in sein Zimmer im Apostolischen Palast gebracht, wo abends an seinem Bett eine Messe gefeiert wurde, er die Kommunion und noch einmal das Sterbesakrament empfing. Auch am Tag darauf wurde die Messe am Bett des Papstes gefeiert. Freunde, Weggefährten, die Schwestern, die seinen Haushalt geführt hatten, verabschiedeten sich in diesen Tagen von ihm. Am 2. April hörten die Umstehenden aus dem, was der Papst sagen wollte, einen Gruß für die vielen Menschen hervor, die unter seinem Fenster warteten: «Ich bin zu Euch gekommen, jetzt seid Ihr zu mir gekommen, ich danke Euch.» Schwester Tobiana, die viele Jahre für ihn gearbeitet hatte, vernahm dann seine letzten Worte: «Lasst mich zum Haus des Vaters gehen!» – die Version, dass er gesagt habe: «Ich bin froh, seid ihr es auch!», sollte der Vatikan später korrigieren.

Gegen 19 Uhr fiel Karol Wojtyła ins Koma. Eine brennende Kerze wurde ins Fenster mit den zugezogenen Samtvorhängen gestellt. Kardinal Marian Jaworski und mehrere polnische Priester, darunter der Sekretär Dziwisz, feierten die Heilige Messe. Um 21.37 Uhr war es ihnen, als bewege sich der Körper noch einmal. Dann hörte Karol Wojtyłas Herz auf zu schlagen.[5]

Die große Pilgerfahrt

Schon am Freitag vor dem Tod Johannes Pauls II. hatte sich der Petersplatz mit Menschen gefüllt, die gar nicht mehr nach Hause gehen wollten oder von weit her gekommen waren, aus Italien, ganz Europa, vor allem aus Polen. Rund um den Petersplatz entstand – dem Papst hätte das gefallen – ein fröhliches Volksfest: Bei strahlendem Sonnenschein kamen Mütter mit Kinderwagen und Familien, Jugendliche spielten Gitarre oder packten Papstbilder aus. Abends war es wie bei einem großen Festival. Für Katholiken unter 30 hatte es keinen anderen Papst in ihrem Leben gegeben, auch die Älteren hatte er durchs Leben begleitet wie keine andere Persönlichkeit der Weltgeschichte. Nun endete diese Ära, was auch für viele Gläubige einen Lebenseinschnitt bedeutete. Zehntausende hielten Wache beim sterbenden Papst, ein Kerzenmeer erhellte den Platz, das Ave Maria, gemurmelt von bis zu 100 000 Menschen, erhob sich wie ein großes gemeinsames Summen. Am Samstagabend um kurz nach halb zehn war es, als wäre Licht angeknipst worden im Zimmer des Papstes – nach dem Tod Karol Wojtyłas wurden die inneren Fensterläden geöffnet. Erstmals fand ein Papsttod im digitalen Zeitalter statt: Handys klingelten, SMS-Nachrichten brummten, erst dann trat Leonardo Sandri ans Mikrofon und verkündete, der Papst sei «ins Haus des Vaters zurückgekehrt».

Oben im päpstlichen Appartamento war derweil das vorgeschriebene Ritual abgelaufen, wobei seit 1996, seit Johannes Paul die Vorschriften für die Papstwahl geändert hatte, der Camerlengo, der Kardinalskämmerer, nicht mehr mit einem silbernen Hämmerchen dreimal auf des toten Papstes Stirn schlagen und jedes Mal auf Lateinisch unter Wiederholung seines Taufnamens rufen musste: «Schläfst Du?» Eduardo Martínez Solano, der aus Spanien stammende langjährige Freund des Papstes, trat einfach ans Totenbett und rief zweimal:

Santo subito!

«Karol!» Als der Papst nicht reagierte, wurde der Tod offiziell festgestellt.

Kurz nach halb elf Uhr begann die größte Glocke des Petersdoms mit dunklem Ton zu läuten, die zuletzt beim Tod Johannes Pauls I. vor sechsundzwanzigeinhalb Jahren geläutet hatte. Tags darauf wurde der Körper des toten Papstes im Petersdom aufgebahrt, bekleidet mit rotem Talar und weißer Stola, auf dem Kopf die Mitra. Schon am Montag war eine halbe Million Menschen zum toten Papst gepilgert, stundenlang standen sie an, um sich von Johannes Paul II. zu verabschieden, drei Tage und drei Nächte war der Dom bis auf wenige Stunden geöffnet. Die Schlangen wurden nicht kürzer. Das säkulare Europa war religiös ergriffen, für ein paar Wochen zumindest.

Die Regierung in Warschau, geführt vom Postkommunisten Marek Belka, ordnete Staatstrauer an bis zum Tag der Beisetzung. Die Fernsehsender änderten ihre Programme, Theater und Kinos blieben geschlossen. In allen großen Städten des Landes fanden Gedenkgottesdienste statt, an denen jeweils Zehntausende teilnahmen. An den Hauptstraßen stellten trauernde Menschen Grablichter auf, die kilometerlange Lichterketten bildeten. Polen hatte seinen «Vater der Nation» verloren. Die Leitartikler der großen polnischen Zeitungen schrieben von einer «Generation JPII», das Leiden des Papstes habe die Gesellschaft verändert, die Menschen würden in Zukunft solidarischer miteinander umgehen als bisher.

Bei einer Messfeier in Warschau gelobten selbst die Anführer der Fanclubs der Fußballvereine Legia und Polonia, die sich bislang immer wieder Straßenschlachten geliefert hatten, sich in Zukunft mit Respekt zu begegnen und auf jede Gewalt zu verzichten. In Krakau taten es ihnen die Fans von Wisła und Cracovia nach. Rund 50 000 Polen machten sich auf, in Privatwagen oder in Reisebussen, am Tag des Begräbnisses in Rom zu sein. Lech Wałęsa und Aleksander Kwaśniewski, bislang in inniger Feindschaft miteinander verbunden, verziehen sich auf dem Petersplatz gegenseitig die Boshaftigkeiten, die sie in den vergangenen Jahren übereinander gesagt hatten. Das polnische Fernsehen zeigte sie bei einem Restaurantbesuch in Rom, gemeinsam mit ihren Frauen patriotische Lieder singend.

Die große Pilgerfahrt   301

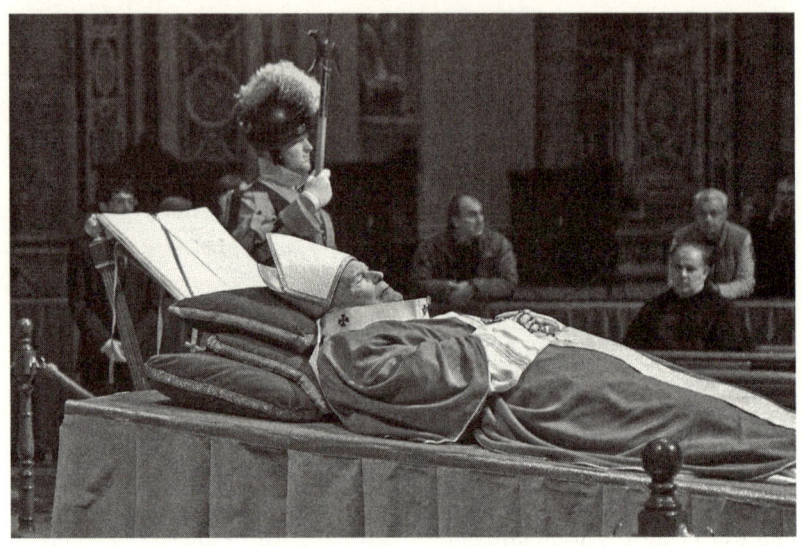

*Der tote Papst wurde im Petersdom aufgebahrt. Aus aller Welt kamen in
diesen Tagen weit mehr als drei Millionen Menschen nach Rom*

Unter Ausschluss der Öffentlichkeit wurde der Zypressensarg geschlossen, die Erzbischöfe Dziwisz und Marini legten zuvor ein wei-
ßes Seidentuch über das Gesicht des toten Papstes, das an das Tauf-
kleid erinnern sollte – für Dziwisz endeten damit 40 Jahre Dienst für
Karol Wojtyła. Der Sarg wurde durch den Dom auf den Vorplatz
getragen, wo das gesamte Kardinalskollegium versammelt war. Ein
böiger Wind fuhr über den Platz, bauschte die Gewänder, die Kardinäle mussten ihre roten Käppchen und Bischofsmützen festhalten,
dass sie nicht fortgeweht wurden; immer wieder blätterten sich die
Seiten der aufgeschlagenen Bibel, die auf dem Sarg des Papstes lag,
wie von alleine um, als suchte eine höhere Macht noch nach dem
passenden Vers.

Am Freitag fand die Totenmesse für Johannes Paul II. statt. Bis zu
3,5 Millionen Menschen sollen an diesem Tag die Straßen Roms ver-
stopft haben, um irgendwie mitzufeiern; 200 Regierungschefs und
religiöse Würdenträger waren gekommen, George W. Bush und

Santo subito!

Frankreichs Staatspräsident Jacques Chirac, Syriens Diktator Baschar al-Assad, Israels Präsident Moshe Katzav, Prinz Charles aus England und das spanische Königspaar Juan Carlos und Sofía.

Joseph Ratzinger, nun Kardinalsdekan, leitete die Totenmesse. Er verlas die Stelle im Johannes-Evangelium, wo Jesus Petrus dreimal fragt: «Liebst du mich mehr als diese?» und ihm voraussagt, er werde dorthin geführt werden, wohin er nicht will. «Für uns bleibt unvergesslich, wie der Heilige Vater, vom Leiden gezeichnet, am letzten Ostersonntag seines Lebens noch einmal am Fenster des Apostolischen Palasts erschienen ist und zum letzten Mal den Segen ‹Urbi et orbi› erteilt hat», endete er. «Wir können sicher sein, dass unser geliebter Papst jetzt am Fenster des Hauses des Vaters steht, uns sieht und uns segnet.»[6] Als der Sarg zurück in den Dom getragen wurde, ertönten Sprechchöre aus der Menge: «Giovanni Paolo!» und: «Santo subito» – sofort heiligsprechen! Der schlichte Holzsarg wurde in einen Zinksarg gehoben, der wiederum in einen dritten aus Walnussholz gehievt, der mit Nägeln aus Gold verschlossen wurde. Beigesetzt wurde Johannes Paul II. zunächst in der Papstgruft an der Stelle, an der Johannes XXIII. gelegen hatte, ehe er in den Petersdom umgebettet wurde – 2011 sollte auch der polnische Papst dort seine letzte Ruhestätte finden.

Jubel in Polen über den deutschen Nachfolger

Zwei Wochen nach seinem Tod wurden das Papstsiegel und der Fischerring, der päpstliche Amtsring, zerstört – das Pontifikat war endgültig Geschichte. Die Kardinäle hatten sich bereits versammelt, um einen Nachfolger zu wählen. Bevor sich die Tore der Sixtinischen Kapelle, dem Ort der Wahl, schlossen, hatte Kardinaldekan Joseph Ratzinger ihnen gepredigt: «Einen klaren Glauben nach dem Credo der Kirche zu haben, wird oft als Fundamentalismus abgestempelt, wohingegen der Relativismus, das sich ‹vom Windstoß irgendeiner Lehrmeinung Hin-und-hertreiben-Lassen›, als die heutzutage einzige zeitgemäße Haltung erscheint. Es entsteht eine Diktatur des Relativismus, die nichts als endgültig anerkennt und als letztes Maß nur das eigene Ich und seine Gelüste gelten lässt.»[7]

Es war der pessimistische Ton, den Papst Johannes Paul II. am Ende des Lebens öfters angeschlagen hatte, und Joseph Ratzinger, sein treuer Theologe, war für die meisten Kardinäle der richtige Nachfolger: Nach diesem historischen Pontifikat schien die Wende in eine andere Richtung unmöglich. Ein in Europa wenig bekannter argentinischer Kardinal, Jorge Mario Bergoglio, erhielt anfangs bis zu 40 Stimmen von jenen Kardinälen, die Ratzinger nicht als Papst sehen wollten, doch schon im vierten Wahlgang erreichte der Mann, der das Pontifikat Johannes Pauls II. mitgeprägt hatte, die erforderliche Zweidrittelmehrheit: Am 19. März um 17.50 Uhr stieg weißer Rauch auf, Papst Benedikt XVI. war gewählt, der erste Deutsche auf dem Stuhl Petri seit einem halben Jahrtausend.

Während die Reaktionen auf seine Wahl in der Bundesrepublik eher verhalten ausfielen, war der Jubel in Polen groß. In den Jahren zuvor hatte eine deutsch-polnische Debatte über die Vertreibungen nach dem Krieg einen Schatten auf die Beziehungen der beiden Nachbarvölker geworfen. Doch aus diesem Anlass hatten polnische Medien immer wieder darauf hingewiesen, dass der junge Theologieprofessor Ratzinger 1966 das Bensberger Memorandum unterzeichnet hatte, in dem reformorientierte westdeutsche Katholiken den Polen das Heimatrecht in den umstrittenen Oder-Neiße-Gebieten zugestanden hatten; die Deutschen hätten angesichts ihrer Kriegsverbrechen dieses Recht verwirkt. Während des Kriegsrechts hatte er Gottesdienste für Polen gehalten, auch hatte er das Land immer wieder besucht.

Bei seinem sonntäglichen Angelus-Gebet pflegte er ein paar Sätze auf Polnisch einzuflechten, die er vom Blatt ablas; das polnische Staatsfernsehen zeigte es jedes Mal in seinen Nachrichtensendungen. Als Benedikt XVI. im Frühjahr 2006 Polen besuchte, zog er in gleicher Weise die Massen an wie Johannes Paul II. bei seinen letzten Reisen in die Heimat. Auch wurde ihm hoch angerechnet, dass für ihn der Marienkult einen so hohen Stellenwert hatte, wird die Muttergottes doch als «Königin Polens» besungen.

In den folgenden Jahren wurden in ganz Polen Schulen, Straßen und Plätze nach Johannes Paul II. benannt. Auch wurden Hunderte von Papstdenkmälern errichtet, obwohl dieser sich stets dagegen ausgesprochen hatte. Das größte steht in Tschenstochau, es ist knapp 14 Meter hoch und besteht aus zehn Tonnen Fiberglas. Die Presse berichtete nicht ohne Häme, dass eine Gemeinde in Zentralpolen aus Kostengründen ihre Bronzestatue habe in China gießen lassen. Mehrere Bischöfe beklagten den «schlechten Geschmack» vieler dieser Denkmäler. Das katholische Intelligenzblatt «Tygodnik Powszechny» beklagte den «Papst-Kitsch» aller Art, der reißenden Absatz finde, sowie die Oberflächlichkeit des Papstkults und mutmaßte, dass die meisten Gläubigen offenkundig wenig von der Lehre Johannes Pauls II. wüssten.[8]

Zum ersten Todestag des Papstes stellten polnische Kommentatoren ernüchtert fest, dass die Gesellschaft sich durch dessen öffentliches Leiden offensichtlich doch nicht geändert habe. Es wurde eingeräumt, dass die «Generation JPII» eine Medienerfindung sei. Die Versöhnungsgesten der Fußballfans waren ebenfalls schnell vergessen, sie schlugen wieder wie früher aufeinander ein, sogar in der unmittelbaren Nähe des Stadions von Cracovia, das nach Johannes Paul II. benannt wurde; auch als Papst hatte er sich zu dem liberalen Traditionsclub bekannt.[9]

Allerdings setzte Benedikt XVI. nicht den Kurs seines Vorgängers bei der Besetzung von Bischofssitzen fort. Während beim polnischen Papst Nationalkatholiken nur wenig Aufstiegschancen hatten, gewannen diese unter dem deutschen Papst erheblich an Einfluss und traten auch an die Spitze einiger großer Bistümer. Als besondere Geste gegenüber den Polen verstand Benedikt XVI. die Berufung von Stanisław Dziwisz, dem langjährigen Faktotum des Papstes, an die Spitze der Erzdiözese Krakau. Doch Dziwisz fehlte das intellektuelle Format seiner Vorgänger; obwohl er selbst kein Freund von «Radio Maryja» war, hatte er dem wachsenden Einfluss des nationalistischen Senders wenig entgegenzusetzen. Einmal nur war es dem Gründer und Direktor von «Radio Maryja», dem umstrittenen Pater Tadeusz Rydzyk, gelungen, neben Johannes Paul II. fotografiert zu werden, als dieser schon sehr gebrechlich war – und Dziwisz, der solche Bilder bis dahin zu verhindern gewusst hatte, nicht anwesend war. Der

«Tygodnik Powszechny» mutmaßte, dass Benedikt XVI. sich für die Konflikte um «Radio Maryja» nicht interessierte oder wenig über sie wusste.

Dziwisz stellte einer nach Johannes Paul II. benannten neuen Kirche in Krakau eine Ampulle mit dessen Blut zur Verfügung. Es stammte von einer der letzten Blutuntersuchungen des Papstes vor seinem Tod. Auch befand sich im Besitz des langjährigen Sekretärs ein Stück Verbandsstoff mit Blut aus der Schusswunde vom Attentat auf dem Papstplatz. Beides wird nun in Krakau als Heiligenreliquie verehrt.

NACHWORT

W as bleibt, 15 Jahre nach dem Tod des Papstes, den die Pilger in Rom schon bei der Beerdigung einen Großen nannten? Sein Nachfolger Benedikt XVI. ist 2013 zurückgetreten, als erster Papst der neueren Kirchengeschichte. Er merkte, dass seine Kräfte zu schwach wurden für die Größe der Herausforderungen, vor denen die katholische Kirche stand, als ein Vertrauter interne Dokumente stahl und an die Medien weitergab, als ein interner Untersuchungsbericht nach allem, was man weiß, von einem homosexuellen Netz in der katholischen Kirche sprach, das seine Macht aus der verdrängten und tabuisierten Sexualität in der Kirche zog. Die Kardinäle haben, im zweiten Anlauf gewissermaßen, Jorge Mario Bergoglio aus Buenos Aires zum Papst gewählt, der sich Franziskus nannte, nach dem Heiligen der Armen.

Er wohnt im Gästehaus des Vatikans statt im Apostolischen Palast und lässt sich im Mittelklassewagen chauffieren. Er wünscht eine Kirche der Armen und der Menschen am Rand, die sich lieber verbeulen lässt als unversehrt strahlend dazustehen. Er hat Ernesto Cardenal, den greisen nicaraguanischen Dichter, rehabilitiert und Leonardo Boff im Vorfeld der Umwelt-Enzyklika «Laudato si» zu Rate gezogen. Er hat bei Geschiedenen, die wieder geheiratet haben, Türen geöffnet, die es möglich machen, Wiederverheiratete zur Kommunion zuzulassen. Der Missbrauchsskandal, den Johannes Paul II. und auch Kardinal Ratzinger so sträflich unterschätzten, ist im Zentrum des Vatikans angekommen; George Pell, der Finanzchef des Papstes, muss sich in Australien wegen des Vorwurfs, Chorknaben Gewalt angetan zu haben, vor Gericht verantworten.

Im Februar 2019 trafen sich die Vorsitzenden der Bischofskonferenzen aus aller Welt zum Krisengipfel im Vatikan – der Klerikalismus und der Machtmissbrauch seien ein großes Problem der katholischen Kirche, hat der Papst erklärt. Auch Bischöfe zweifeln mittlerweile offen, ob der Zölibat noch verpflichtend sein sollte, wenn ein Mann katholischer Priester wird. Überall auf der Welt fordern Frauen mehr Macht in der Kirche und zweifeln, ob das Nein zum Frauenpriestertum endgültig ist. Die Sexualmoral, die Johannes Paul II. so unermüdlich und voller Eifer predigte, mit der er, der virile Mann, sich ein Leben lang intensiv auseinandersetzte, lebt selbst in der katholischen Kirche nur in den konservativen, manchmal auch reaktionären Nischen. Die Reevangelisierung Europas ist ausgeblieben, die der Papst sich nach dem Fall des Kommunismus erhofft hatte.

Innerkirchlich ist es ein schweres Erbe, das Johannes Paul II. seiner Kirche hinterlassen hat. Sie hat in den mehr als 25 Jahren seines Pontifikats die produktive Diskussionskultur verloren, die sie in der kurzen Zeit des innerkirchlichen Frühlings gewonnen hatte. Unter dem Papst aus dem Osten wuchsen der Zentralismus in der katholischen Kirche und der Unwille, Ungleichzeitigkeiten auszuhalten, die es in einer Weltkirche mit mehr als einer Milliarde Gläubigen unweigerlich geben muss. Die Kirche ist ängstlich und eng geworden, nicht mutig und frei, wie der Papst wünschte – aus dem Missverständnis heraus, nur als geschlossene Gemeinschaft bestehen zu können, die den Zweifel, die Kritik und die Opposition verbannt. Sie hat, was die Sexualität angeht, ein kasuistisches Regelwerk geheiligt, das sie sprachunfähig in diesem Bereich gemacht hat. Sie war auch deshalb unempfindlich gegenüber den Opfern des sexuellen und auch geistlichen Missbrauchs, weil die Kirche aus der Sicht von Johannes Paul II. und Joseph Ratzinger um jeden Preis mächtig und heilig bleiben musste und ausblendete, dass es auch in ihr Strukturen der Sünde und Gewalt gibt. Ob in den USA, in Lateinamerika oder Europa – fünfzehn Jahre nach dem Tod des Papstes, der sie ins dritte Jahrtausend führte, muss die katholische Kirche sich mühsam und unter großen Schmerzen diesem schwierigen Erbe stellen.

Und dennoch kann man diesen Papst groß nennen. Wie kaum jemand sonst hat er erkannt, dass der größte Fehler in der Theorie wie der Praxis des Kommunismus die Missachtung der menschlichen Person, ihrer Freiheit und ihrer Würde ist. Seine Reisen nach Polen zeigten allen Menschen im Herrschaftsbereich der Sowjetunion: Es gibt eine Macht, die größer ist als die der Politkommissare, Geheimdienste und Armeen, weil sie auf eine andere Macht setzt als jene: die des Herzens, des Gewissens, des Glaubens; weil sie davon ausgeht, dass der Mensch mehr ist als die Summe der Verhältnisse. Die Würde der Person muss über jeder materialistischen Versuchung stehen, weil es etwas gibt, das den Menschen größer macht, als jeder Materialismus es kann – auch dieser Gedanke gehört zum Vermächtnis Johannes Pauls II. Das begrenzt alle Ideologien und innerweltlichen Heilsversprechen, auch das des ungezügelten Kapitalismus – was Johannes Paul II. über die Gier gesagt hat und über den sich selber überfressenden Konsumismus, der die Erde zu einem Wegwerfprodukt macht, hat sich nach der Finanzkrise 2008 und mitten im weltweiten Klimawandel als prophetisch erwiesen. Das hat die katholische Kirche zu einem Global Player der Moral werden lassen. Sie setzt die Solidarität und das Wissen, dass jeder Mensch angewiesen ist auf den Anderen, gegen die Totalitarisierung des Autonomie- und Freiheitsgedankens. Sie setzt den Schutz des Lebens in seiner Unvollkommenheit und Zerbrechlichkeit gegen die Vorstellung, der Mensch und das menschliche Leben seien ein Objekt der möglichst perfekten Planung und des optimalen Designs.

Und dann ist da noch dieser feste und unerschütterliche Glaube des Karol Wojtyła, das messianische Bewusstsein, in Gottes Plan eine Rolle zu spielen, im Drama vom Menschen und der Welt. In die Welt der vorläufigen Bekenntnisse und des ironischen Verhältnisses zu den Wahrheitsfragen ragt dieser Glaube fremd und eigentümlich hinein, so ärgerlich wie bewundernswert. Dieser Glaube war die Quelle für Johannes Pauls II. rebellischen und widerständigen Konservatismus, der seine Stärke aus seiner völligen Ungebrochenheit bezog, dessen Schwäche aber auch das Hermetische und Zweifellose war. Beides gehört zusammen. Die Versuche der Linken, den Kapitalismuskritiker und Pazifisten zu loben und den Abtreibungsgegner zu verdammen, die Vereinnahmungsversuche der Rechten, den Abtreibungsgegner zu heiligen und den Kapitalismuskritiker und Kriegsgegner zu igno-

rieren – sie werden diesem Menschen nicht gerecht, der sich ganz und
gar bei sich und seinem Gott sah.

Papst Benedikt XVI. hat seinen Vorgänger 2011 seliggesprochen,
Papst Franziskus ihn drei Jahre später heiliggesprochen, gemeinsam
mit Johannes XXIII., dem Papst des Konzils. Nicht einmal zehn Jahre
nach dem Tod Johannes Pauls II. ist das ein riskanter Akt – die historische Bewertung seines Pontifikats steht noch aus. Doch hat Franziskus auch gesagt, dass ein Heiliger nicht perfekt sein müsse, im
Gegenteil: «Die Heiligkeit macht dich nicht weniger menschlich,
denn sie ist die Begegnung deiner Schwäche mit der Kraft der
Gnade.» In diesem Sinne kann man Karol Wojtyła einen Heiligen
nennen.

Nachwort

ANMERKUNGEN

1. Non dignus sum

1   Zygmunt Podlejski: Do nieba przez aklamację, Krakau 2010, S.18.
2   Jan Paweł II: Autobiografia, hrsg. von J.Kiliańczyk-Zięba, Krakau 2005, S.16.
3   Młodzieńcze lata Karola Wojtyły, hrsg. von J.Kydryński, Krakau 1990, S.25.
4   Jacek Moskwa: Droga Karola Wojtyły, Bd.I, Na tron Apostołów 1920–1978, Warschau 2010, S.11.
5   Carl Bernstein/Marco Politi: Seine Heiligkeit Johannes Paul II. Macht und Menschlichkeit des Papstes, München 1997, S.32.
6   Karol Wojtyła jako biskup krakowski, hrsg. von T.Pieronek/R.M.Zawadzki, Krakau 1988, S.187.
7   Moskwa: Droga, Bd.I, S.10.
8   Karol Wojtyła: Ich bin ganz in Gottes Hand. Persönliche Notizen 1962–2003, Freiburg 2014, S.35.
9   Jan Paweł II: Autobiografia, S.9–10.
10 Młodzieńcze lata, S.65.
11 Darcy O'Brien: Der unbekannte Papst. Karol Wojtyła und Jerzy Kluger. Die Geschichte einer lebenslangen Freundschaft, die das Verhältnis zwischen Katholiken und Juden änderte, Bergisch Gladbach 1999.
12 Thomas Urban: Schwarze Adler, weiße Adler. Deutsche und polnische Fußballer im Räderwerk der Politik, Göttingen 2011, S.93, 100–101.
13 Młodzieńcze lata, S.17, 27.
14 Moskwa: Droga, Bd.I, S.18.
15 Ebd., S.19.
16 Młodzieńcze lata, S.38.
17 Bernstein/Politi: Seine Heiligkeit, S.58.
18 Ebd., S.49.
19 August Kardinal Hlond: Na straży sumienia narodu, Ramsey/NJ 1951, S.164–165.

20 Gian Franco Svidercoschi: Brief an einen jüdischen Freund. Karol Wojtyła und Jerzy Kluger, Graz 1993, S. 37–38.
21 Jan Paweł II: Autobiografia, S. 16.
22 Mieczysław Maliński: Życiorys Karola Wojtyły, Krakau 1979, S. 13.
23 Młodzieńcze lata, S. 76.
24 Moskwa: Droga, Bd. I, S. 33.
25 Svidercoschi: Brief, S. 47–48.
26 Bernstein/Politi: Seine Heiligkeit, S. 57.

2. Deutscher Terror und Leben im Untergrund

1 Tomasz Łubieński: 1939. Noch war Polen nicht verloren, Berlin 2010, S. 70, 121.
2 Maliński: Życiorys, S. 15–16.
3 Moskwa: Droga, Bd. I, S. 37.
4 Svidercoschi: Brief, S. 53–57.
5 Henryk Pierchała: Den Fängen des SS-Staats entrissen. Die «Sonderaktion Krakau» 1939–1941, Krakau 1998, S. 158–163.
6 Martin Broszat: Zweihundert Jahre deutsche Polenpolitik, München 1972, S. 280.
7 Deutsche Politik in Polen 1939–1945. Aus dem Diensttagebuch von Hans Frank, Generalgouverneur in Polen, hrsg. von I. Geiss/W. Jacobmeyer, Opladen 1986, S. 29–30.
8 Johannes Paul II.: Geschenk und Geheimnis. Zum 50. Jahrestag meiner Priesterweihe, Graz 1997, S. 42.
9 Moskwa: Droga, Bd. I, S. 37.
10 Mieczysław Maliński: Johannes Paul II. Sein Leben, von einem Freund erzählt, Freiburg i. B. 1979, S. 330.
11 Moskwa: Droga, Bd. I, S. 67.
12 Młodzieńcze lata, S. 104.
13 Maliński: Życiorys, S. 23.
14 Bernstein/Politi: Seine Heiligkeit, S. 67.
15 Moskwa: Droga, Bd. I, S. 59–61.
16 Młodzieńcze lata, S. 85, 93.
17 Moskwa: Droga, Bd. I, S. 39.
18 Młodzieńcze lata, S. 151–152.
19 Moskwa: Droga, Bd. I, S. 46–49.
20 Młodzieńcze lata, S. 99.
21 Bernstein/Politi: Seine Heiligkeit, S. 72.
22 Maliński: Johannes Paul II., S. 41.

23 Moskwa: Droga, Bd. I, S. 53–55.
24 Maliński: Johannes Paul II., S. 44.
25 Młodzieńcze lata, S. 38–40, 81–83.
26 Ebd., S. 41, 55, 59, 70.
27 Jan Paweł II: Autobiografia, S. 29.
28 Moskwa: Droga, Bd. I, S. 61–62.
29 Deutsche Politik in Polen, S. 30.
30 George Weigel: Zeuge der Hoffnung. Johannes Paul II. Eine Biographie, Paderborn 2002, S. 76–77.
31 Martyrologium polskiego duchowieństwa rzymsko-katolickiego pod okupacją hitlerowską w latach 1939–1945, hrsg. von W. Jachicz/ J. Wos, Bde. I–V, Warschau 1977–1981.
32 Moskwa: Droga, Bd. I, S. 61–62.
33 Maliński: Życiorys, S. 26.
34 Moskwa: Droga, Bd. I, S. 68.
35 Maliński: Johannes Paul II., S. 84.
36 Moskwa: Droga, Bd. I, S. 76.
37 «Osservatore Romano» [deutsche Ausgabe], 19. Mai 1995, S. 7.

3. Suche nach Nischen im Stalinismus

1   Moskwa: Droga, Bd. I, S. 74.
2   Ebd., S. 75.
3   Marek Lasota: Wojtyła na podsłuchu, Krakau 2014, S. 9.
4   Niezłomni. Ku prawdzie i wolności. Komunistyczna bezpieka wobec kard. Karola Wojtyła, hrsg. von J. Marecki/ F. Musiał, Krakau 2009, S. 19.
5   Marek Lasota: Donos na Wojtyłą, Krakau 2006, S. 15–16.
6   Maliński: Johannes Paul II., S. 103.
7   Moskwa: Droga, Bd. I, S. 96.
8   Jan Paweł II: Autobiografia, S. 64.
9   Ebd., S. 66.
10 Weigel: Zeuge, S. 89.
11 Zitiert lt. Archiv für schlesische Kirchengeschichte, 39 (1981), S. 91.
12 Ferdinand Piontek, Bericht des Breslauer Kapitularvikars über den Besuch des Kardinals Hlond, in: Archiv für schlesische Kirchengeschichte, 39 (1981), S. 27–29.
13 Johannes Kaps, Bericht über die Reise eines schlesischen Priesters von Breslau nach Rom zur Berichterstattung beim Hl. Stuhl über die Verhältnisse in Breslau und Schlesien (1945), in: Archiv für schlesische Kirchengeschichte, 38 (1980), S. 38.

14   Peter Raina: Kościół w PRL. Dokumenty, Bd. 1. 1945–1959, Posen 1994, S. 46–48.

15   Kardynał August Hlond, Do ludności katolickiej Ziem odzyskanych, in: Listy Pasterskie Episkopatu Polskiego 1945–1974, Paris 1975, S. 16–18.

16   Los Angeles Times, 29. August 1987, S. 8.

17   Moskwa: Droga, Bd. I, S. 98–99.

18   Ebd., S. 98–99.

19   Tygodnik Powszechny, 6. März 1949, S. 1.

20   Moskwa: Droga, Bd. I, S. 101–104.

21   Bernstein/Politi: Seine Heiligkeit, S. 94–95.

22   Lasota: Donos, S. 33.

23   Moskwa: Droga, Bd. I, S. 101–106.

24   Kard. Stanisław Dziwisz w rozmowie z Gian Franco Svidercoschim: Świadectwo, Posen 2007, S. 18.

25   Bernstein/Politi: Seine Heiligkeit, S. 97–99.

26   Ebd., S. 94.

27   Karol Wojtyła: Der Bruder unseres Gottes/Strahlung des Vaters. Zwei Dramen. Deutsch von T. Mechtenberg, Freiburg 1981.

28   Hansjakob Stehle: Die Ostpolitik des Vatikans. Geheimdiplomatie der Päpste von 1917 bis heute, Bergisch Gladbach 1983, S. 319–321.

29   Lasota: Donos, S. 51.

30   Niezłomni, S. 19–20.

31   Weigel: Zeuge, S. 130.

32   Vgl. u. a.: Wilhelm Mader: Max Scheler, Reinbek 1999.

33   Max Scheler: Der Formalismus in der Ethik und die materiale Wertethik, Freiburg/Halle 1916.

34   Maliński: Johannes Paul II, S. 162.

35   Moskwa: Droga, Bd. I, S. 155.

36   Niezłomni, S. 22.

4. Jüngster Bischof der Volksrepublik Polen

1   Moskwa: Droga, Bd. I, S. 178.

2   Kard. Stanisław Dziwisz, S. 17.

3   Józef Szczypka: Jan Paweł II. Rodowód, Warschau 1990, S. 175–176.

4   Moskwa: Droga, Bd. I, S. 187.

5   Maliński: Johannes Paul II., S. 53.

6   Ebd., S. 157.

7   Lasota: Donos, S. 90.

8   Niezłomni, S. 101–102, 174.

9 Moskwa: Droga, Bd. I, S. 199.
10 Weigel: Zeuge, S. 149.
11 Karol Wojtyła: Miłość i odpowiedzialność, Lublin 1982, S. 13.
12 Adam Boniecki, Kalendarium życia Karola Wojtyły, Krakau 2000, S. 102.
13 Moskwa: Droga, Bd. I, S. 199–200.
14 Lasota: Wojtyła, S. 12.
15 Teczki Wojtyły, hrsg. von C. Wilanowski, Warschau 2003, S. 20–21.
16 Niezłomni, S. 287.
17 Wojtyła: Ich bin ganz in Gottes Hand, S. 22–23.
18 Lasota: Wojtyła, S. 316–321.
19 Acta et Documenta Concilio Oecumenico Vatican II Apparando, Serie I, Vol. II, Pars II, S. 741–748; zusammengefasst nach Weigel: Zeuge, S. 165–165.
20 Moskwa: Droga, Bd. I, S. 201.
21 Acta Synodalia III-5, 380–382.
22 Weigel: Zeuge, S. 176.
23 Zur Geschichte von «Gaudium et spes»: Otto Hermann Pesch: Das Zweite Vatikanische Konzil, Würzburg 2012, S. 311–350.

5. Ein unbequemer Gegner für die Parteiideologen

1 Archiv für schlesische Kirchengeschichte, (27) 1969, S. 190.
2 Moskwa: Droga, Bd. I, S. 278–279.
3 Kard. Stanisław Dziwisz, S. 27.
4 Władysław Gomułka: Przemówienia. Lipiec 1964 – grudzień 1966, Warschau 1967, S. 397.
5 Moskwa: Droga, Bd. I, S. 296–297.
6 John O. Koehler: Spies in the Vatican. The Soviet Union's Cold War Against the Catholic Church, New York 2009, S. 25.
7 Niezłomni, S. 234–235.
8 Moskwa: Droga, Bd. I, S. 298.
9 Niezłomni, S. 22, 265.
10 Moskwa: Droga, Bd. I, S. 285–287.
11 Zygmunt Kowalczuk: Jan Paweł II wobec komunizmu, Krakau 2014, S. 190.
12 Niezłomni, S. 234–235.
13 Kard. Stanisław Dziwisz, S. 38.
14 Boniecki: Kalendarium, S. 217.
15 Zur Geschichte der Enzyklika «Humanae vitae»: Martin M. Lintner: Von Humanae Vitae bis Amoris Laetitia. Die Geschichte einer umstrittenen Lehre, Innsbruck 2018.

16 Ebd., S. 31.
17 Karol Wojtyła jako biskup, S. 319–320.
18 Ebd., S. 18.
19 Niezłomni, S. 12.
20 Karol Wojtyła jako biskup, S. 19.
21 Ebd., S. 27.
22 Weigel: Zeuge, S. 233.
23 Maliński: Johannes Paul II., S. 323.
24 Bernstein/Politi, Seine Heiligkeit, S. 162, 169, 172.
25 New York Times, 4. April 1976, S. 6.
26 Bernstein/Politi: Seine Heiligkeit, S. 173–174.
27 Moskwa: Droga, Bd. I, S. 341–343.
28 Weigel: Zeuge, S. 202.
29 Jacek Moskwa: Droga Karola Wojtyły, Bd II, Zwiastun wyzwolenia 1978–1989, Warschau 2014, S. 36.
30 Stefan Kardnał Wysyzński/Karol Kardynał Wojtyła. Spotkania w Republice Federalnej Niemiec, Posen 1979.

6. Habemus papam

1 Stefania Falasca: Papa Luciani. Cronica di una morte, Milano 2017.
2 Bernstein/Politi: Seine Heiligkeit, S. 182.
3 Ebd., S. 218.
4 Weigel: Zeuge, S. 259–261.
5 Bernstein/Politi: Seine Heiligkeit, S. 195.
6 Weigel: Zeuge, S. 264.
7 Jan Paweł II: Autobiografia, S. 118.
8 Weigel: Zeuge, S. 31.
9 Tad Szulc: Johannes Paul II. Die Biographie, Stuttgart 1996, S. 237.
10 Filmdokument: https://www.youtube.com/watch?v=Ri6XBR9_sUE
11 Wojtyła: Ich bin ganz in Gottes Hand, S. 128.
12 Janusz Rolicki: Edward Gierek – przerwana dekada, Warschau 1990, S. 169.
13 Kazimierz Kąkola: Spowiedź pogromcy Kościoła, Allenstein 1994, S. 264.
14 Heinz-Joachim Fischer: Die Jahre mit Johannes Paul II. Rechenschaft über ein politisches Pontifikat, Freiburg 1998, S. 18–19.
15 Ansprache von Johannes Paul II am Beginn des Pontifikats, 22. Oktober 1978: http://w2.vatican.va/content/john-paul-ii/de/homilies/1978/documents/hf_jp-ii_hom_19781022_inizio-pontificato.html
16 Lasota: Donos, S. 322.
17 Stehle: Die Ostpolitik, S. 402.

18 Felix Corley: Soviet reactions to the Election of Pope John Paul II, in: Religion, State and Society, 22:1(1994), S. 41.
19 Andrej Gromyko: Pamjatnoje, Bd. II, Moskau 1989, S. 245.
20 Moskwa: Droga, Bd. II, S. 38.
21 Corley: Soviet reactions, S. 46.

7. Frischer Wind in der Kurie

1 Thomas Reese: Inside the Vatican. The Politics and Organization of the Catholic Church, Cambridge/Mass. 1996.
2 Weigel: Zeuge, S. 279–281.
3 Klaus Brill: Beim Papst im Zimmer brennt noch Licht. Recherchen im Vatikan, Wien 1999.
4 Reese: Inside the Vatican, S. 250–252; Weigel: Zeuge, S. 285–287.
5 Redemptor hominis, 4. März 1979: https://w2.vatican.va/content/john-paul-ii/de/encyclicals/documents/hf_jp-ii_enc_04031979_redemptor-hominis.html
6 Laborem exercens, 14. September 1981: http://w2.vatican.va/content/john-paul-ii/de/encyclicals/documents/hf_jp-ii_enc_14091981_laborem-exercens.html
7 Weigel: Zeuge, S. 346–348.
8 Auf einem Moraltheologen-Kongress seines Instituts äußerte Caffarra 1988 die Auffassung: «Wer Verhütungsmittel benutzt, will nicht, dass neues Leben entsteht, weil er ein solches Leben als Übel betrachtet. Dies ist dieselbe Einstellung wie die eines Mörders, der es als Übel betrachtet, dass sein Opfer existiert.» Als 34 CSU-Abgeordnete gegen die Aussage protestierten, wurden sie von Kardinal Joseph Ratzinger scharf kritisiert: Er würde die Abgeordneten gern «in besserer Gesellschaft sehen» als im Windschatten rebellierender Theologen. Vgl. «Der Spiegel», 24. Dezember 1990, S. 122–124.
9 Petra E. Dorsch-Jungsberger: Papstkirche und Volkskirche im Konflikt. Die Kommunikationsstrategien von Johannes Paul II., Benedikt und Franziskus, Berlin 2014, S. 97–99.
10 Ebd., S. 108–109.
11 Ebd., S. 144.
12 Ebd., S. 160–162.
13 Ebd., S. 125.
14 Vgl. Ernst Kantorowicz: The King's Two Bodies. A Study in Mediaeval Political Theology, Princeton 1957 [Die zwei Körper des Königs. Eine Studie zur politischen Theologie des Mittelalters].

1 Łukasz Kamiński: PZPR wobec piłgrzymki Jana Pawła II do Ojczyzny w 1979 roku, in: Biuletyn Instytutu Pamięci Narodowej, 7 (2002), S. 39.

2 Moskwa: Droga, Bd. II, S. 12, 31.

3 Janusz Rolicki: Edward Gierek – Przerwana dekada, Warschau 1990, S. 135–136.

4 Moskwa: Droga, Bd. II, S. 39–43.

5 Ryszard Terlecki: Miecz i tarcza komunizmu. Historia aparatu bezpieczeństwa w Polsce 1944–1990, Krakau 2007, S. 246.

6 Moskwa: Droga, Bd. II, S. 52.

7 Kamiński: PZPR, S. 39.

8 Moskwa: Droga, Bd. II, S. 55.

9 Heinz-Joachim Fischer: Päpste und Juden. Die Wende unter Johannes Paul II. und Benedikt XVI., Berlin 2012, S. 97.

10 Jan Paweł II: Dzieje Polski, hrsg. von A. Zwoliński, Radom 2011, S. 79–280.

11 Wojciech Jaruzelski: Mein Leben für Polen. Erinnerungen, übersetzt von H. Kray, München/Zürich 1993, S. 220.

12 Moskwa: Droga, Bd. II, S. 65.

13 Jacek Tacik: Zamach. Jan Paweł II – 13 maja 1981. Spisek śledztwo spowiedź, Krakau 2017, S. 277–278.

14 Ebd., S. 285.

15 Krzysztof Mikołajczuk, Kontakty «Solidarności» ze Stolicą Apostolska w dokumentach archiwum sekretariatu Episkopatu Polski, in: Roczniki Nauk Prawnych, t. XXI, 2 (2011), S. 54.

16 Moskwa: Droga, Bd. II, S. 162.

17 Bernstein/Politi: S. 222.

18 Hans Küng: Erkämpfte Freiheit, Bd. 1, München/Zürich 2002, S. 561–563.

19 Hans Küng: Umstrittene Wahrheit, München/Zürich 2007, S. 565–568.

20 Ebd., S. 604.

21 Ansprache von Johannes Paul II. an die Vollversammlung der Vereinten Nationen, 2. Oktober 1979: https://w2.vatican.va/content/john-paul-ii/de/speeches/1979/october/documents/hf_jp-ii_spe_19791002_general-assembly-onu.html

22 Weigel (Zeuge, S. 382–384) beschreibt das Treffen als eine Art Mediation, an dessen Ende sich die Beteiligten überraschend schnell und friedlich einigten. Dagegen u. a.: Ulrich Ruh: Edward Schillebeeckx. Leben und Denken, Freiburg 2019.

23 Wobei diese Enttäuschung nur ein Faktor von vielen für die abnehmende Kirchlichkeit in den Niederlanden in den folgenden Jahrzehnten sein dürfte und die allgemein zunehmende Gleichgültigkeit gegenüber der Religion

und der Institution Kirche wohl die größere Rolle spielt; vgl. kurz gefasst: https://www.uni-muenster.de/NiederlandeNet/nl-wissen/kultur/vertiefung/religion/katholischekirche.html

24 Apostolisches Schreiben «Familiaris Consortio», 22. November 1981: http:// w2.vatican.va/content/john-paul-ii/de/apost_exhortations/documents/ hf_jp-ii_exh_19811122_familiaris-cons ortio.html

9. Schüsse auf dem Petersplatz

1 Jan Paweł II: Pamięć i tożsamość. Rozmowy na przełomie tysiącleci, Krakau 2005, S. 164.
2 Tacik: Zamach, S. 122.
3 Kard. Stanisław Dziwisz, S. 119.
4 Tacik: Zamach, S. 51.
5 Ebd., S. 257.
6 Jan Paweł II: Autobiografija, S. 146.
7 Moskwa: Droga, Bd. II, S. 196.
8 Kard. Stanisław Dziwisz, S. 112.
9 Moskwa: Droga, Bd. II, S. 197–198.
10 Bernstein/Politi: Seine Heiligkeit, S. 21.
11 Tacik: Zamach, S. 101.
12 Ebd., S. 128.
13 »New York Times», 17. August 1982, S. 3.
14 Tacik: Zamach, S. 238.
15 Eugeniusz Guz: Zamach na papieża, Warschau 1983.
16 Valeska von Roques: Verschwörung gegen den Papst. Warum Ali Ağca auf Papst Johannes Paul II. schoss, München 2001, S. 10, 190.
17 Eugeniusz Guz: Zamach na papieża. Mroczne siły nienawiąci, Warschau 2006, S. 100.
18 Tacik: Zamach, S. 401, 409.
19 Tacik: Zamach, S. 348.
20 Kard. Stanisław Dziwisz w rozmowie z Gian Franco Svidercoschim: Świadectwo, Poznań 2007, S. 124–125.

10. Krieg der Kommunisten gegen das eigene Volk

1 Łukasz Kamiński: Dekada Solidarności, in: Biuletyn Instytutu Pamięci Narodowej, 9–10(2010), S. 6.
2 Jan Paweł II: Polski, hrsg. von A. Zwoliński, Radom 2011, S. 357.

3   Krzysztof Mikołajczuk, Kontakty «Solidarności» ze Stolicą Apostolską w dokumentach archiwum sekretariatu Episkopatu Polski, in: Roczniki Nauk Prawnych, t. XXI, 2(2011), S. 57–60.
4   Bernstein/Politi: S. 318.
5   Szulc: Papst Johannes Paul II, S. 325.
6   Tacik: Zamach, S. 264–265.
7   Leszek Szymowski: Agenci SB kontra Jan Paweł II, Warschau 2012, S. 37–42, 96–98, 191, 224–242, 280–282.
8   Kard. Stanisław Dziwisz, S. 78–80.
9   «Polityka», 13. Juni 2018, S. 48.
10 Pielgrzymki Jana Pawła II do Krakowa w oczach SB. Wybór dokumentów, hrsg. von IPN, Krakau 2012, S. 17.
11 «Polityka», 13. Juni 2018, S. 50.
12 Niezłomni, S. 22.
13 Polityka, 13. Juni 2018, S. 50.
14 Wojciech Jaruzelski: Mein Leben für Polen. Erinnerungen, übersetzt von Hans Kray. München/Zürich 1993, S. 313–314.
15 «Polityka», 13. Juni 2018, S. 50.
16 Kard. Stanisław Dziwisz, S. 137.
17 «Polityka», 13. Juni 2018, S. 50.
18 Kard. Stanisław Dziwisz, S. 135.
19 Lech Wałęsa: Droga nadzei, Krakau 1990, S. 319/321.
20 Wojciech Jaruzelski: Stan wojenny. Dlaczego … Współpraca: M. Jaworski, W. Łoziński, Warschau 1992, S. 147.
21 Tacik: Zamach, S. 229, 315–316.
22 Moskwa: Droga, Bd. II, S. 333–334.

11. Rigider Kurs nach innen, Dialog nach außen

1   Joseph Ratzinger/Benedikt XVI.: Aus meinem Leben. Erinnerungen, Stuttgart 2015, S. 139–150.
2   Weigel: Zeuge, S. 460–461.
3   Generalversammlung des Lateinamerikanischen Episkopates: «Die Kirche in der gegenwärtigen Umwandlung Lateinamerikas im Lichte des Konzils», Medellin 1968:
    http://www.iupax.at/fileadmin/documents/pdf_soziallehre/1968-celam-medellin-die-kirche-in-der-gegenwaertigen-umwandlung-lateinamerikas-im-lichte-des-konzils.pdf
4   Lateinamerikanische Bischofskonferenz: «Die Evangelisierung Lateinamerikas in Gegenwart und Zukunft», Puebla, 13. Februar 1979: https://mexi-

kath.files.wordpress.com/2017/01/1979-celam-puebla-die-evangelisie-rung-lateinamerikas-in-gegenwart-und-zukunft.pdf

5   Third General Conference of the Latin American Episcopate. Address of his Holiness John Paul II, Puebla, Mexico, 28 January 1979: https://w2.vatican. va/content/john-paul-ii/en/speeches/1979/january/documents/hf_jp-ii_spe_19790128_messico-puebla-episc-latam.html

6   Martin Maier: Óscar Romero. Prophet einer Kirche der Armen, Freiburg 2015, S. 71–73.

7   Weigel: Zeuge, S. 473–475.; Ernesto Cardenal: Im Herzen der Revolution. Erinnerungen, Bd. 3, Wuppertal 2004.

8   Kard. Stanisław Dziwisz, S. 96.

9   «Der Spiegel», 14. März 1983, S. 133–135.

10   Kongregation der Glaubenslehre: Instruktion über einige Aspekte der «Be-freiungstheologie», 6. August 1984: http://www.vatican.va/roman_curia/congregations/cfaith/documents/rc_con_cfaith_doc_19840806_theology-liberation_ge.html

11   Weigel: Zeuge, S. 529–533.

12   Address of John Paul II to the Representatives of the Christian Churches and Ecclesial Communities Gathered in Assisi for the Word Day of Prayer, 27. Oktober 1986: https://w2.vatican.va/content/john-paul-ii/en/speeches/1986/october/documents/hf_jp-ii_spe_19861027_prayer-peace-assisi. html

13   Matthias Kopp: Dialog und Religionsfreiheit. Johannes Paul II. und der Islam, in: Herder-Korrespondenz, 11/2001, S. 551.

14   Fischer: Päpste und Juden, S. 95.

15   Apostolisches Schreiben «Dilecti Amici» an die Jugendlichen in der Welt zum Internationalen Jahr der Jugend, 31. März 1985: https://w2.vatican. va/content/john-paul-ii/de/apost_letters/1985/documents/hf_jp-ii_apl_31031985_dilecti-amici.html

16   Enzyklika «Redemptoris Mater» über die Selige Jungfrau Marua im Leben der pilgernden Kirche, 25. März 1987: http://w2.vatican.va/content/john-paul-ii/de/encyclicals/documents/hf_jp-ii_enc_25031987_redemptoris-mater.html

17   Apostolisches Schreiben «Mulieris dignitatem» über die Würde und Be-rufung der Frau anlässlich des Marianischen Jahres, 15. August 1988: https://w2.vatican.va/content/john-paul-ii/de/apost_letters/1988/docu-ments/hf_jp-ii_apl_19880815_mulieris-dignitatem.html

18   Elisabeth Gössmann: Die Zeit der Frau. Apostolisches Schreiben ‹Mulieris Dignitatem› Papst Johannes Pauls II., Freiburg 1988, S. 121–150.

19   Apostolische Konstitution «Pastor bonus» über die Römische Kurie, 1988: http://w2.vatican.va/content/john-paul-ii/de/apost_constitutions/docu-ments/hf_jp-ii_apc_19880628_pastor-bonus- index.html

Anmerkungen

20 «Der Spiegel», 24. Januar 1983, S. 90–91; CIC: Codex des Kanonischen Rechts, 2003: http://www.vatican.va/archive/DEU0036/_INDEX.HTM

21 «Kölner Erklärung: Wider die Entmündigung – für eine offene Katholizität», 6. Januar 1989: https://www.wir-sind-kirche.de/files/90_kölnerkl.pdf

12. Das Ende des Ostblocks

1   Fischer: Die Jahre, S. 96–97.

2   Andrej Gromyko: Pamjatnoje. Bd. II, Moskau 1989, S. 345.

3   Gerd Stricker: Bringen die Reformen Gorbatschows den Kirchen in der Sowjetunion mehr Freiheit?, in: Tausend Jahre Russische Orthodoxe Kirche, hrsg. von W. Kasack, München 1988, S. 146–150.

4   Stricker: Bringen die Reformen, S. 165.

5   Fischer: Die Jahre, S. 133.

6   Ebd., S. 165.

7   Michail Gorbatschow: Erinnerungen. Übersetzung: I. Gorodetski, München 1996, S. 196.

8   Jan Paweł II: Przekroczyć próg nadziei, Lublin 1994, S. 108–109.

9   Johannes Paul II., Gescheiterte Reiche der Vergangenheit, Oktober 1988: https://www.dw.com/de/gescheiterte-reiche-der-vergangenheit/a-18082743

10 Weigel: Zeuge, S. 621–622.

11 Ansprache von Johannes Paul II. am Ende der Versammlung der Diözesanbischöfe der Bundesrepublik Deutschland, 14. November 1989: https://w2. vatican.va/content/john-paul-ii/de/speeches/1989/november/documents/hf_jp-ii_spe_19891114_conclus-vescovi-diocesani.html

12 Address of his Holiness John Paul II to the Diplomatic Corps, 13. Januar 1990: https://w2.vatican.va/content/john-paul-ii/en/speeches/1990/january/documents/hf_jp-ii_spe_19900113_corpo-diplomatico.html

13 Redemptoris missio. Über die fortdauernde Gültigkeit des missionarischen Auftrages, 7. Dezember 1990: http://w2.vatican.va/content/john-paul-ii/de/encyclicals/documents/hf_jp-ii_enc_07121990_redemptoris-missio.html

14 Jacek Moskwa: Droga Karola Wojtyły, Bd III, W trzecie tysiąclecie 1990–1998, Warschau 2014, S. 26.

15 Ebd., S. 24.

16 Ebd., S. 56, 68.

17 Ebd., S. 69–70.

18 Łukasz Donaj, Wizyta Jana Pawła II na Ukraine – czerwiec 2001 rok, in: Jan Paweł II – w kręgu myśli politycznej i dyplomacji, hrsg. von M. Wolk, Ł. Donaj, Lodz 2009, S. 68–69.

19 Wojciech Jaruzelski: Stan wojenny. Dlaczego … Współpraca: M.Jawor-
    ski/W.Łoziński, Warschau 1992, S.83.
20 Moskwa: Droga, Bd.III, S.165.
21 Messagio di Giovanni Paolo II Urbi et Orbi, Weihnachten 1990: https://w2.
    vatican.va/content/john-paul-ii/it/messages/urbi/documents/hf_jp-ii_
    mes_19901225_urbi.html
22 Messages of John Paul II to Jacques Poos: https://w2.vatican.va/content/
    john-paul-ii/en/letters/1991/documents/hf_jp-ii_let_19910104_jacques-
    poos.html
23 Messages of John Paul II to his Excellency George Bush President of the
    United States of America, 15.Januar 1991: https://w2.vatican.va/content/
    john-paul-ii/en/letters/1991/documents/hf_jp-ii_let_19910115_gulf-war-
    bush.html
24 Ioannes PP.XXIII: Enzyklika «Pacem in terris», 11.April 1963: http://w2.
    vatican.va/content/john-xxiii/de/encyclicals/documents/hf_j-xxiii_
    enc_11041963_pacem.html
25 Homily of his Holiness John Paul II, 10 April 1994: https://w2.vatican.va/
    content/john-paul-ii/en/homilies/1994/documents/hf_jp-ii_hom_
    19940410_sinodo-africano.html

13. Positionsbestimmung in der globalisierten Welt

1 Centesimus annus, 1.Mai 1991: http://w2.vatican.va/content/john-paul-
   ii/de/encyclicals/documents/hf_jp-ii_enc_01051991_centesimus-annus.
   html
2 Lettre aux chefs des Etats membres de l'ONU, à propos de la prochaine Con-
   férence internationale sur la population et le développement, 19.März 1994:
   https://w2.vatican.va/content/john-paul-ii/en/letters/1994/docu-
   ments/hf_jp-ii_let_19031994_population-develop.html
3 «Süddeutsche Zeitung», 6.Oktober 1993, S.9.
4 «Süddeutsche Zeitung», 21.Juli 1993, S.8.
5 Veritatis splendor, 6.August 1993: http://w2.vatican.va/content/john-
   paul-ii/de/encyclicals/documents/hf_jp-ii_enc_06081993_veritatis-splen-
   dor.html
6 Apostolisches Schreiben «Ordinatio Sacerdotalis», 22.Mai 1994: https://w2.
   vatican.va/content/john-paul-ii/de/apost_letters/1994/documents/hf_jp-
   ii_apl_19940522_ordinatio-sacerdotalis.html
7 Evangelium vitae, 25.März 1995: http://w2.vatican.va/content/john-paul-
   ii/de/encyclicals/documents/hf_jp-ii_enc_25031995_evangelium-vitae.
   html

Anmerkungen   323

8 Weigel: Zeuge, S. 818–822.
9 Tertio Millenio adveniente, 10. November 1994: https://w2.vatican.va/content/john-paul-ii/de/apost_letters/1994/documents/hf_jp-ii_apl_19941110_tertio-millennio- adveniente.html
10 «Süddeutsche Zeitung», 9. Juni 1998, S. 10.
11 Wir erinnern: Eine Reflexion über die Shoah, 16. März 1998: https://www.stjosef.at/dokumente/shoah-reflexion.htm
12 Jacek Moskwa: Droga Karola Wojtyły, Bd. IV, Do Domu Ojca. Ostatnia dekada, Warschau 2014, S. 41.
13 Moskwa: Droga, Bd. IV, S. 54.
14 Łukasz Donaj, Wizyta Jana Pawła II na Ukraine – czerwiec 2001 rok, in: Jan Paweł II – wkręgu myśli politycznej i dyplomacji. Red. M. Wolk, Ł. Donaj, Lodz 2009, S. 75.
15 Fischer: Die Jahre, S. 173.
16 Moskwa: Droga, Bd. IV, S. 100.
17 Olga Nadskakuła, Fascynacja słowiańszczyzną – Rosja w konceptach myślowych Jana Pawła II, in: Jan Paweł II – w kręgu myśli politycznej i dyplomacji. Red. M. Wolk, Ł. Donaj, Lodz 2009, S. 68–69.
18 Moskwa: Droga, Bd. IV, S. 245–246.
19 Donaj: Wizyta, S. 74–75.
20 Moskwa: Droga, Bd. IV, S. 345.
21 Gemeinsame Erklärung zur Rechtfertigungslehre des Lutherischen Weltbundes und der Katholischen Kirche: http://www.vatican.va/roman_curia/pontifical_councils/chrstuni/documents/rc_pc_chrstuni_doc_31101999_cath-luth- joint-declaration_ge.html
22 Erklärung «Dominus Iesus» über die Einzigartigkeit und die Heilsuniversalität Jesu Christi und der Kirche, 6. August 2000: http://www.vatican.va/roman_curia/congregations/cfaith/documents/rc_con_cfaith_doc_20000806_dominus-iesus_g e.html

14. Sorgen im neuen Jahrtausend

1 Botschaft zur Feier des Weltfriedenstages, 1. Januar 2000: https://w2.vatican.va/content/john-paul-ii/de/messages/peace/documents/hf_jp-ii_mes_08121999_xxxiii-world-day-for-peace.html
2 Wortgottesdienst am Katharinenkloster auf dem Berg Sinai, Predigt von Johannes Paul II., 26. Februar 2000: http://w2.vatican.va/content/john-paul-ii/de/homilies/2000/documents/hf_jp-ii_hom_20000226_sinai.html
3 Heilige Messe am Tag der Vergebung im Heiligen Jahr 2000, Predigt von Johannes Paul II., 12. März 2000: https://w2.vatican.va/content/john-paul-ii/de/homilies/2000/documents/hf_jp-ii_hom_20000312_pardon.html

4   «Süddeutsche Zeitung», 13. März 2000, S. 10.

5   Ebd.

6   Moskwa: Droga, Bd. IV, S. 164.

7   Weigel: Zeuge, S. 923.

8   Slawomir Oder: Darum ist er heilig. Der wahre Johannes Paul II. Erzählt aus der Sicht seines Postulators im Seligsprechungsprozess, Kisslegg 2014, S. 14.

9   Auch Johannes Paul II. wollte zurücktreten, in: «Die Welt», 11. April 2014: https://www.welt.de/politik/ausland/article126860639/Auch-Johannes-Paul-II-wollte-zuruecktreten.html

10 John Paul II and September 11. Interview with Joaquín Navarro-Valls, in: «La Stampa» [Englische Ausgabe], 10. September 2011: https://www.lastampa.it/vatican-insider/en/2011/09/10/news/john-paul-ii-and-september-11-1.36929505

11 John Paul II, General Audience, 12. September 2001: https://w2.vatican.va/content/john-paul-ii/en/audiences/2001/documents/hf_jp-ii_aud_200109 12.html

12 Apostolische Reise nach Armenien. Begrüßungszeremonie. Ansprache von Johannes Paul II., 25. September 2001: http://w2.vatican.va/content/john-paul-ii/de/speeches/2001/september/documents/hf_jp-ii_spe_20010925_armenia -arrival.html

13 «Frankfurter Allgemeine Zeitung», 28. September 2001, S. 7.

14 «Angelus», 11. November 2001: http://w2.vatican.va/content/john-paul-ii/de/angelus/2001/documents/hf_jp-ii_ang_20011111.html

15 Botschaft seiner Heiligkeit Johannes Paul II. zur Feuer des Weltfriedenstages, 1. Januar 2002: http://w2.vatican.va/content/john-paul-ii/de/messages/peace/documents/hf_jp-ii_mes_20011211_xxxv-world-day-for-peace.html

16 Neujahrsansprache von Johannes Paul II. an das beim Hl. Stuhl akkreditierte diplomatische Korps, 13. Januar 2003: http://w2.vatican.va/content/john-paul-ii/de/speeches/2003/january/documents/hf_jp-ii_spe_2003011 3_diplomatic-corps.html

17 «Boston Globe», 6. Januar 2002, S. 1: https://www.bostonglobe.com/news/special-reports/2002/01/06/church-allowed-abuse-priest-for-years/cSHf-GkTIrAT25qKGvBuDNM/story.html

18 Schreiben des Heiligen Vaters an die Priester zum Gründonnerstag, 17. März 2002: http://w2.vatican.va/content/john-paul-ii/de/letters/2002/documents/hf_jp-ii_let_20020321_priests-holy-thursday.html

19 George Weigel: Der Papst der Freiheit – Johannes Paul II. Seine letzten Jahre und sein Vermächtnis, Paderborn 2011, S. 269–271.

20 Ansprache an die amerikanischen Kardinäle, 23. April 2002: https://www.stjosef.at/dokumente/papstansprache_amerikanische_kardinaele23042002.htm

21 Office of the Attorney General Commonwealth of Massachusetts: The Sexual Abuse of Children in the Roman Catholic Archdiocese of Boston, 23. Juli 2003: http://www.bishop-accountability.org/resources/resource-files/reports/ReillyExecSum.pdf

22 «Der Spiegel», 24. Juni 2002, S. 54–55.

23 Jan Paweł II: Dzieje Polski, hrsg. von A. Zwoliński, Radom 2011, S. 364–365.

15. Santo subito!

1 Brief an die alten Menschen, 1. Oktober 1999: https://w2.vatican.va/content/john-paul-ii/de/letters/1999/documents/hf_jp-ii_let_01101999_elderly.html

2 Enzyklika «Ecclesia de eucharistia», 17. April 2003: http://www.vatican.va/holy_father/special_features/encyclicals/documents/hf_jp-ii_enc_20030417_ecclesia_eucha ristia_ge.html

3 Begegnung mit den Jugendlichen, 3. Mai 2003: https://w2.vatican.va/content/john-paul-ii/de/speeches/2003/may/documents/hf_jp-ii_spe_20030503_youth-madrid.html

4 «Ecclesia in Europa», 28. Juni 2003: http://w2.vatican.va/content/john-paul-ii/de/apost_exhortations/documents/hf_jp-ii_exh_20030628_ecclesia-in-europa.html

5 Um allen Verschwörungstheorien vorzubeugen, veröffentlichte der Vatikan nach dem Tod des Papstes ein 700 Seiten umfassendes Protokoll der letzten Tage seines Lebens; vgl. Todesprotokoll des Papstes. Glasnost im Vatikan, in: spiegel.de, 23. September 2005: https://www.spiegel.de/panorama/gesellschaft/todesprotokoll-des-papstes-glasnost-im-vatikan-a-376169.html

6 Exequien und Begräbnis seiner Heiligkeit Papst Johannes Pauls II. – Predigt von Kard. Joseph Ratzinger, 8. April 2005: http://www.vatican.va/gpII/documents/homily-card-ratzinger_20050408_ge.html

7 Verlautbarungen des Apostolischen Stuhls, Nr. 168: Der Anfang. Papst Benedikt XVI. Joseph Ratzinger. Predigten und Ansprachen April/Mai 2005: https://www.dbk.de/fileadmin/redaktion/veroeffentlichungen/verlautbarungen/VE_168.pdf

8 Magdalena Hodalska: Śmierć Papieża, narodziny mitu, Krakau 2010, S. 101–102, 106–108.

9 Ebd., S. 192–193, 206–208.

ABKÜRZUNGSVERZEICHNIS

AK   *Armia Krajowa*: Heimatarmee (polnische Untergrundarmee im II. Weltkrieg)

BND   Bundesnachrichtendienst

CIA   *Central Intelligence Agency*: Zentrale Geheimdienstagentur (US-amerikanischer Geheimdienst)

FSLN   *Frente Sandinista de Liberación Nacional*: Sandinistische Nationale Befreiungsfront

GRU   *Glawnoje Raswedywatelnoje Uprawlenije*: Hauptverwaltung für Aufklärung (sowjetischer Militärgeheimdienst)

KGB   *Komitet Gossudarstwennoj Besopasnosti*: Komitee für Staatssicherheit (sowjetischer Geheimdienst)

KP   Kommunistische Partei

PZPR   *Polska Zjednoczona Partia Robotnicza*: Polnische Vereinigte Arbeiterpartei

SB   *Służba Bezpieczeństwa*: Sicherheitsdienst (polnischer Geheimdienst)

SkF   Sozialdienst katholischer Frauen

SISMI   *Servizio per le Informazioni e la Sicurezza Militare*: Militärischer Nachrichten- und Sicherheitsdienst (Militärgeheimdienst Italiens)

TASS   *Telegrafnoje Agenstwo Sowjetskogo Sojusa*: Telegrafenagentur der Sowjetunion

UB   *Urząd Bezpieczeństwa*: Sicherheitsamt (polnischer Geheimdienst)

ZK   Zentralkomitee

ZOMO   *Zmotoryzowane Odwody Milicji Obywatelskiej*: Motorisierte Reserven der Bürgermiliz (kasernierte paramilitärische Sondereinheit der polnischen Polizei)

LITERATURVERZEICHNIS

1. Schriften Karol Wojtyłas und Johannes Pauls II.

Die zitierten päpstlichen Schreiben stehen auf der Webseite des Vatikans http://
w2.vatican.va/content/john-paul-ii/de.html
Autobiografia, hrsg. von Justyna Kiliańczyk-Zięba, Krakau 2005.
Der Bruder unseres Gottes/Strahlung des Vaters. Zwei Dramen, übersetzt von
   Theo Mechtenberg, Freiburg i. B. 1981.
Dzieje Polski [*Geschichte Polens*], hrsg. von Andrzej Zwoliński, Radom 2011.
Geschenk und Geheimnis. Zum 50. Jahrestag meiner Priesterweihe, übersetzt
   von Sigrid Spath, Graz 1997.
Ich bin ganz in Gottes Hand. Persönliche Notizen 1962–2003, übersetzt von
   Anna und Stefan Meetschen, Freiburg i. B. 2014.
Miłość i odpowiedzialność [*Liebe und Verantwortung*], Lublin 1982.

2. Memoiren

Dziwisz, Kard. Stanisław: W rozmowie z Gian Franco Svidercoschim: Świadectwo
   [*Im Gespräch mit Gian Franco Svidercoschi. Zeugnis*], Posen 2007.
Fischer, Heinz-Joachim: Die Jahre mit Johannes Paul II. Rechenschaft über ein
   politisches Pontifikat, Freiburg i. B. 1998.
Kydryński, Juliusz (Hrsg.): Młodzieńcze lata Karola Wojtyły. Wspomnienia [*Die
   Jugendjahre von Karol Wojtyła. Erinnerungen*], Krakau 1990.
Maliński, Mieczysław: Życiorys Karola Wojtyły [*Der Lebenslauf von Karol
   Wojtyła*], Krakau 1979.
Maliński, Mieczysław: Johannes Paul II. Sein Leben, von einem Freund erzählt,
   übersetzt von Paul Rother, Freiburg i. B. 1979.
Ratzinger, Joseph/Benedikt XVI.: Aus meinem Leben. Erinnerungen, Stuttgart
   2015.

3. Biographien

Bernstein, Carl/Politi, Marco: Seine Heiligkeit Johannes Paul II. Macht und Menschlichkeit des Papstes, übersetzt von Christoph Arndt u.a., München 1997.

Boniecki, Adam: Kalendarium życia Karola Wojtyły [*Kalender des Lebens von Karol Wojtyła*], Krakau 2000.

Moskwa, Jacek: Droga Karola Wojtyły [*Der Weg Karol Wojtyłas*], Warschau 2010–2014.
Bd. 1. Na tron Apostołów 1920–1978 [*Auf den Thron der Apostel*].
Bd. 2. Zwiastun wyzwolenia 1978–1989 [*Vorschau auf die Befreiung*].
Bd. 3. W trzecie tysiąclecie 1990–1998 [*Ins dritte Jahrtausend*].
Bd. 4. Do Domu Ojca. Ostatnia dekada [*Ins Haus des Vaters. Das letzte Jahrzehnt*].

Szulc, Tad: Johannes Paul II. Die Biographie, übersetzt von Rüdiger Hipp, Stuttgart 1996.

Weigel, George: Zeuge der Hoffnung. Johannes Paul II. Eine Biographie, übersetzt von Christina Goldmann u.a., Paderborn 2002.

Weigel, George: Der Papst der Freiheit – Johannes Paul II. Seine letzten Jahre und sein Vermächtnis, übersetzt von Christine Goldmann, Paderborn 2011.

4. Studien und Dokumente

Corley, Felix: Soviet Reactions to the Election of Pope John Paul II, in: Religion, State and Society, 22/1(1994), S. 37–64.

Dorsch-Jungsberger, Petra E.: Papstkirche und Volkskirche im Konflikt. Die Kommunikationsstrategien von Johannes Paul II., Benedikt und Franziskus, Berlin 2014.

Fischer, Heinz-Joachim: Päpste und Juden. Die Wende unter Johannes Paul II. und Benedikt XVI., Berlin 2012.

Gössmann, Elisabeth: Die Zeit der Frau. Apostolisches Schreiben ‹Mulieris Dignitatem› Papst Johannes Pauls II., Freiburg i. B. 1988.

Guz, Eugeniusz: Zamach na papieża. Mroczne siły nienawiści [*Attentat auf den Papst. Finstere Kräfte des Hasses*], Warschau 2006.

Hodolska, Magdalena: Śmierć Papieża, narodziny mitu [*Der Tod des Papstes, die Geburt des Mythos*], Krakau 2010.

Kamiński, Łukasz: PZPR wobec pielgrzymki Jana Pawła II do Ojczyzny w 1979 roku [*Die Polnische Vereinigte Arbeiterpartei und die Pilgerreise Johannes Pauls II. in die Heimat 1979*], in: Biuletyn Instytutu Pamięci Narodowej, 7(2002), S. 39–42.

Kopp, Matthias: Dialog und Religionsfreiheit. Johannes Paul II. und der Islam. In: Herder-Korrespondenz, 11(2001), S. 551–555.

Kowalczuk, Zygmunt: Jan Paweł II wobec komunizmu [*Johannes Paul II. und der Kommunismus*], Krakau 2014.

Lasota, Marek: Donos na Wojtyłą [*Die Denunzierung Wojtyłas*], Krakau 2006.

Lasota, Marek: Wojtyła na podsłuchu [*Wojtyła abgehört*], Krakau 2014.

Lintner, Martin M.: Von Humanae Vitae bis Amoris Laetitia. Die Geschichte einer umstrittenen Lehre, Innsbruck 2018.

Łatka, Rafał (Hrsg.): Pielgrzymki Jana Pawła II do Krakowa w oczach SB. Wybór dokumentów [*Die Pilgerfahrten Johannes Pauls II. nach Krakau in den Augen des SB. Auswahl an Dokumenten*], Krakau 2012.

Marecki, ks. Józef/Filip Musiał (Hrsg.): Niezłomni. Ku prawdzie i wolności. Komunistyczna bezpieka wobec kard. Karola Wojtyły [*Die Ungebrochenen. Für Wahrheit und Freiheit. Die kommunistische Stasi zu Kard. Karol Wojtyła*], Krakau 2009.

O'Brien, Darcy: Der unbekannte Papst. Karol Wojtyła und Jerzy Kluger. Die Geschichte einer lebenslangen Freundschaft, die das Verhältnis zwischen Katholiken und Juden änderte, übersetzt von Anita Krätzer und Bernd Rullkötter, Bergisch Gladbach 1999.

Oder, Sławomir: Darum ist er heilig. Der wahre Johannes Paul II. Erzählt aus der Sicht seines Postulators im Seligsprechungsprozess, übersetzt von Anna und Stefan Meetschen, Kisslegg 2014.

Pieronek, ks. Tadeusz/Roman M. Zawadzki: Wojtyła jako biskup krakowski [*Wojtyła als Bischof von Krakau*], Krakau 1988.

Roques, Valeska v.: Verschwörung gegen den Papst. Warum Ali Ağca auf Papst Johannes Paul II. schoss, München 2001.

Svidercoschi, Gian Franco: Brief an einen jüdischen Freund. Karol Wojtyła und Jerzy Kluger, übersetzt von Crista Kramer von Reisswitz, Graz 1993.

Szczypka, Józef: Jan Paweł II. Rodowód [*Johannes Paul II. Der Stammbaum*], Warschau 1990.

Szymowski, Leszek: Agenci SB kontra Jan Paweł II [*SB-Agenten gegen Johannes Paul II.*], Warschau 2012.

Tacik, Jacek: Zamach. Jan Paweł II – 13 maja 1981. Spisek śledztwo spowiedź [*Das Attentat. Johannes Paul II. am 13. Mai 1981. Verschwörung – Untersuchung – Beichte*], Krakau 2017.

Wilanowski, Cyprian (Hrsg.): Teczki Wojtyły [*Die Akten Wojtyłas*], Warschau 2003.

Wilk, Marian/Łukasz Donaj (Hrsg.): Jan Paweł II – w kręgu myśli politycznej i dyplomacji. [*Johannes Paul II. im Kreis des politischen Denkens und der Diplomatie*], Lodz 2009.

Anhang

ABBILDUNGSNACHWEIS

ullstein bild – Roger-Viollet / Viviane Rivière: S. 16, 17, 19, 21, 30, 32, 233
ullstein bild – PAI-Foto.pl: S. 233
ullstein bild – AP: S. 299
Getty images: S. 26 (Laski Diffusion / Hulton Archive), 29 (Hans Wild / The LIFE Picture Collection), 164 (Peter Turnley), 231 (Vatican Pool / Hulton Archive)
© KNA-Bild: S. 48, 67, 80, 123, 167, 185
Alamy Stock Photo: S. 109 (RealyEasyStar/ Fotografia Felici), 153 (agencja FORUM)
akg-images: S. 148 (picture-alliance / Roland Scheid), 302 (Album / Prisma)
ap/dpa/picture alliance/Süddeutsche Zeitung Photo: S. 175
dailymail.co.uk: S. 200
© dpa – Bildarchiv: S. 214

PERSONENREGISTER

Anhang

Nguyên Van Thuân, François Xavier 277
Norwid, Cyprian 25, 38, 41

O'Keefe, Vincent 165
Olszowski, Stefan 126, 173
Orlandi, Emanuela 174
Ortega, Daniel 203
Ottaviani, Alfredo 93, 103, 192

Pacelli, Eugenio s. Pius XII.
Paetz, Juliusz 287
Paul IV. 210
Paul VI. 86, 89, 91 f., 94, 96, 98, 102–105, 107, 109, 111, 113, 115 f., 118, 121, 129, 134–136, 138, 140, 142–144, 148, 151, 158, 160 f., 163, 165, 192, 195, 211, 218, 220, 273, 277
Pell, George 287, 307
Pérez de Cuéllar, Javier 244
Pétain, Philippe 220
Piłsudski, Józef 16–18, 28
Pimen I. 228 f.
Pio von Pietrelcina 54
Pius IX. 9, 132, 294
Pius X. 116, 132, 220, 220
Pius XI. 103, 133
Pius XII. 35, 45, 50–52, 56, 59–61, 70 f., 84, 88, 93, 95, 98, 104, 117, 133 f., 148, 170, 216, 245, 291
Puschkin, Alexander 226
Putin, Wladimir 269

Rahner, Karl 91
Ratzinger, Joseph 90 f., 122 f., 146, 148 f., 159 f., 191–195, 198, 205, 208, 210, 212, 216, 219, 221 f., 234, 250 f., 253 f., 256, 271, 276, 288, 290, 295, 298, 303–308, 310

Reagan, Ronald 179, 181,183, 204, 227, 295
Riccardi, Andrea 212
Romero, Óscar 202, 204
Różycki, Ignacy 73
Rubin, Władysław 108, 113, 119
Ruiz, Samuel 206
Rydzyk, Tadeusz 242, 305

Saddam Hussein 244, 275, 284 f.
Sandri, Leonardo 298, 300
Santos, Lúcia de 170
Sapieha, Adam Stefan 29 f., 45–47, 51 f., 54, 63–65, 71
Scheler, Max 56, 73–75
Schewardnadse, Eduard 267
Schillebeeckx, Edward 91, 116, 162
Schönborn, Christoph 253
Schuman, Robert 291
Sienkiewicz, Henryk 23 f., 39, 127, 169
Simonis, Adrianus 163
Sin, Jamine 207
Sipe, Richard 288
Siri, Giuseppe 117, 120 f.
Sixtus V. 134, 218
Slipyj, Jossif 130 f.
Słowacki, Juliusz 24 f., 40–42, 64, 126, 150
Sobrino, Jon 206
Sodano, Angelo 288, 290
Sofía von Griechenland 303
Somoza, Anastasio 199
Sperling, Leon 22
Spiegel, Paul 277
Splett, Carl Maria 50, 60
Stalin, Josef 54, 59, 67, 72, 76, 128, 228, 268
Stanisław von Krakau 43, 150
Stein, Edith 155, 212, 226